ZENDEL

OEUVRES
DE
PIRON

PRÉCÉDÉES

D'UNE NOTICE D'APRÈS DES DOCUMENTS NOUVEAUX

PAR

ÉDOUARD FOURNIER

LA MÉTROMANIE

ARLEQUIN-DEUCALION

ÉPITRES. — ODES. — CONTES. — FABLES

POÉSIES DIVERSES. — CANTATES

CHANSONS. — ÉPIGRAMMES

ESPRIT DE PIRON

PARIS

ADOLPHE DELAHAYS, ÉDITEUR

4-6, RUE VOLTAIRE, 4-6

1857

OEUVRES

DE PIRON

PARIS. — IMP. SIMON RAÇON ET COMP., RUE D'ERFURTH, 1.

OEUVRES

DE

PIRON

PRÉCÉDÉES

D'UNE NOTICE D'APRÈS DES DOCUMENTS NOUVEAUX

PAR

ÉDOUARD FOURNIER

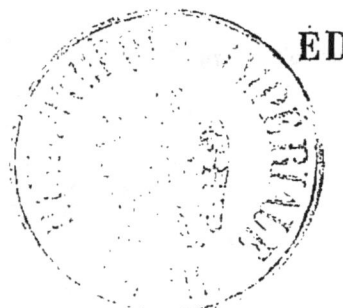

PARIS
ADOLPHE DELAHAYS, LIBRAIRE-ÉDITEUR
4-6, RUE VOLTAIRE, 4-6

1857

NOTICE SUR PIRON

D'APRÈS

DES DOCUMENTS NOUVEAUX

I

« Une réputation détestable !
« Et si je vaux mieux qu'elle ? »
Voilà ce que dit le comte dans le *Mariage de Figaro*[1], et ce que lui riposte vivement le barbier : voilà aussi ce que dit tout le monde au seul nom de Piron, et ce que réplique d'une façon non moins vive et non moins triomphante la vie tout entière du poëte.

Oui certes, comme tout ce qui va suivre le prouve, Piron vaut mieux cent fois que la réputation qu'on lui a faite, lorsque, insistant trop sur les quelques œuvres *badines* — c'est l'épithète consacrée — qui, la malice et l'envie aidant, furent les premières à calomnier sa vie, on semble prendre plaisir à oublier, pour n'avoir pas à lui en tenir compte, et les qualités sérieuses de ses autres ouvrages, et son caractère, constamment honorable, et la pureté de ses mœurs, qu'on peut dire irréprochables, surtout lorsqu'on les compare aux mœurs environnantes. Tout cela, sans doute, ne détruit pas le scandale du

---

[1] Acte III, scène v.

reste ; mais la faute, du moins, s'en trouve, selon moi, bien atténuée. Prouver en effet qu'un auteur aux œuvres licencieuses ne prêcha point d'exemple, et que sa vie ne fut jamais la complice de ses écrits ; faire voir que s'il tomba dans ces écarts, ce ne fut point par conviction de libertinage, mais seulement par l'entraînement d'une verve trop prompte à s'allumer, d'un esprit trop facile à suivre l'élan de toutes les émulations, et ne sachant surtout rien refuser aux ivresses de la gaieté ; montrer, par la contradiction même de ses habitudes réelles avec celles que ses vers pourraient lui faire supposer, ce qu'il y eut dans son fait, si audacieusement scandaleux à l'apparence, et d'inconséquence étourdie et pour ainsi dire d'ingénuité : c'est, si je ne me trompe, le justifier presque, le réhabiliter à demi.

Piron savait bien que chez lui l'homme pouvait seul faire excuser l'auteur ; la vie privée, l'œuvre devenue malheureusement publique. Aussi lorsque, dans la *Métromanie*, à ces vers dits par l'oncle :

Poursuivi, condamné, proscrit sur ces clameurs,
A qui veux-tu qu'un homme en appelle ?

il fait répondre par Damis avec tant de laconique dignité :

A ses mœurs,

c'est pour lui-même qu'il parle ; c'est une réplique personnelle, et toute à sa propre décharge, qu'il prête là à son métromane.

Dans l'éloquente préface qu'il a mise en tête de cette comédie, il ne s'est pas défendu d'avoir fait l'allusion. Se trouvant sur le seuil même de l'œuvre qui restera son monument, il s'est senti plus fort, et il n'a pas craint de parler de celle dont sans pitié, sans merci, l'on s'obstine à lui faire une honte éternelle. Il ose là tout avouer, tout dire, excepté pourtant le titre même de l'*ode* trop fameuse, et cette pudeur est encore une justification, puisqu'elle est un repentir. « Pauvre poëte, » il ne les dément pas, « ces deux heures de fol enthousiasme...

de feu mal employé dans sa première jeunesse; » il ne veut pas les excuser surtout. Ne s'écrie-t-il pas le premier : « C'est une folie très-blâmable; on ne peut trop le dire ni trop le répéter; mais si courte, ajoute-t-il, qu'en faveur de l'âge — il n'avait que vingt ans — et des circonstances, un sage, un vrai dévot même, n'aurait attendu qu'à peine au lendemain pour passer l'éponge dessus, n'eût-ce été que pour étouffer le scandale à sa naissance. » D'ailleurs, et ce dernier argument, le même que j'invoquais pour lui tout à l'heure, est le meilleur de tous; oui, d'ailleurs, à ceux qui lui reprochent si amèrement « une débauche d'esprit fugitive et momentanée, une exagération burlesque, un croquis non moins informe qu'inconsidéré auquel son cœur ne peut pas être plus accusé d'avoir pris part que celui d'un peintre ne peut avoir à de légères études d'après le nu... » à ces « honnêtes zélateurs » qui lui font un si grand crime « de rimes cousues presque en pleine table à de la prose qui s'égayait à la ronde sur la fin d'un repas, » ne peut-il pas opposer « quarante années de repentir sincère, de mœurs irréprochables, d'ouvrages approuvés et décents?... »

Oui, certes, il avait droit au pardon; mais vainement l'espéra-t-il, et le vit-on écrire dans cette même préface : « Le temps dévoile enfin la vérité, et l'on vous réintègre, vous, ou votre mémoire. » Notre siècle n'a pas été plus équitable pour Piron que le sien ne l'avait été. La proscription n'a fait que continuer[1]. La postérité, en persistant à le juger sur les parties mauvaises de son bagage, est pour lui tout aussi prude et tout aussi bégueule que l'avait été l'Académie, qui le fit *immortel* sous bénéfice d'inventaire, c'est-à-dire le nomma, mais ne le reçut point.

---

[1] Citons pourtant un excellent article de M. Ludovic Lalanne dans l'*Athenæum* (2 février 1856), où se trouve pour le poëte une première tentative de réhabilitation. Piron, ce qu'on n'attendait guère, y est surtout considéré comme auteur religieux. Une fort belle pièce de lui est donnée comme preuve. Ses *Poésies sacrées*, trois odes, une hymne à la Vierge et une paraphrase des sept psaumes se trouvent dans la grande édition de ses OEuvres, t. VII, p. 367-424.

Il est populaire, c'est vrai ; mais cette popularité même est une injustice, et un reproche permanent, puisqu'elle s'appuie sur ce qu'il reniait avec tant de repentir ; puisque Piron, pour le plus grand nombre, doit de n'être pas oublié aujourd'hui aux écrits seuls qu'il eut si constamment à cœur de faire rentrer dans l'oubli.

Que faire donc pour lui obtenir ce qu'il n'obtint pas lui-même ? Que tenter pour faire accorder à sa mémoire ce que tant de longues années de repentir et de mœurs sans reproche ne purent conquérir pour sa vieillesse ? Recommencer le récit de sa vie, et, ce qui sera plus décisif, le lui faire reprendre par lui-même, non pas seulement comme tout à l'heure, à l'aide des *préfaces* de ses comédies, qui sont peut-être des plaidoyers un peu trop intéressés pour que tout le monde les croie complétement sincères et sans réplique, mais à l'aide de preuves moins préparées, imprévues, nouvelles, c'est-à-dire à l'aide de ses lettres partout éparses, les unes inédites, les autres perdues dans les *revues* qui voulaient les faire connaître, celles-ci imprimées à petit nombre pour les amateurs, celles-là enfin publiées déjà dans ses œuvres complètes, mais toutes, je le répète, inconnues ou négligées. Composer avec ces documents tout neufs un ensemble tout nouveau : voilà, je crois, ce qu'on pouvait faire de mieux pour Piron et de plus favorable pour sa mémoire. On en jugera en voyant ce que nous avons tenté.

Ce qu'on va lire ici sera donc moins une notice qu'une sorte d'autobiographie, où nous n'aurons fourni que le lien rattachant et nouant entre elles les particularités glanées dans la correspondance de Piron, ses *préfaces*, les notules mises au bas de ses épigrammes ou de ses autres poésies, et enfin dans les *mémoires* et les écrits des contemporains.

Alexis Piron naquit à Dijon, le 9 juillet 1689, d'Aimé Piron, apothicaire, et d'Anne Dubois, sa seconde femme. Ils n'avaient eu que des fils, et Alexis était le dernier, le troisième. Sans qu'il y parût, car jamais que je sache officine d'apothicaire n'a pu faire croire au commerce des muses, comme on disait alors, il se trouvait qu'Alexis naissait là dans une famille prédestinée, déjà vouée par avance à la poésie et aux arts. L'apothicaire Aimé Piron était très-féru du goût des lettres. Il se piquait de rimer, surtout en patois bourguignon, et il s'en tirait à miracle. Les noëls qu'il composait *chaque avent*[1] sont restés fameux dans la province. A peine le cèdent-ils à ceux que la Monnoye, son ami de quatre-vingts ans, écrivit d'après son conseil, et qui sont pour ainsi dire classiques, quoique en patois. Aimé Piron n'était pas aussi heureux lorsqu'il s'en prenait à la langue française ; il n'y était que rimeur assez médiocre ; mais il s'en dédommageait dans la conversation, où il émerveillait par le jet intarissable, irrésistible des bons mots. Son fils, qui fut le plus étincelant des causeurs gais de son époque, tenait de lui pour cette qualité rare, si estimée en ce temps où dans les entretiens on savait encore avoir de l'esprit argent comptant, et où cet esprit savait encore rire. A voir cette tradition de verve petillante passer du père au fils sans s'éteindre, et bien mieux pour y gagner encore en pointe et en verdeur, l'on eût dit que cette lignée des Piron était comme un cep des vignes de Champagne poussé au beau milieu des vignobles bourguignons. Aucun jouteur ne pouvait entrer en rivalité avec Aimé Piron pour ces luttes de gai babil et de reparties. Un jour, Santeul, que M. le prince de Conti avait amené à sa suite aux états de Bourgogne, voulut s'y risquer, et, quoiqu'il fût expert en bonnes répliques, en bouffonneries de haut goût, il fut battu. De ce duel à ripostes courtoises, dont Son Altesse avait voulu se donner le spectacle, notre victorin s'en alla tout déconfit par le maître apothicaire[2].

Piron, le poëte jovial, le causeur scintillant, a donc vraiment dans son père son plus digne précurseur. Par sa mère, il tenait

---

[1] *Bibliothèque de Bourgogne*, t. II, p. 112, aux *additions*.
[2] C'est Aimé Piron qui lui porta les secours les plus empressés à ce souper où le pauvre Santeul fut empoisonné par des femmes qui avaient versé dans son verre une pleine boîte de tabac d'Espagne. Voyez, pour ce fait dénaturé par Saint-Simon, notre travail sur la Bruyère, *Revue française*, numéro du 20 janvier 1857.

aux arts, dont il fut toujours un peu engoué, comme amateur : son aïeul maternel était le sculpteur Jean Dubois, très-grand artiste, si j'en croyais les admirations dijonnaises, mais qui, tout bien considéré, à l'apprécier même d'après ceux dont le jugement s'est le mieux dégagé des excès de partialité de l'enthousiasme local, n'en doit pas moins être estimé, à ce qu'il paraît, comme un homme de mérite et d'une habile fécondité [1].

Lorsque Alexis, pour l'éducation duquel on n'avait négligé que les choses trop profanes et d'agrément, fut en âge de se pourvoir d'un métier, ses parents, dont il était le dernier-né, avaient un peu vieilli. Maître Aimé n'était plus aussi bon rieur. Il aurait eu même volontiers scrupule de son esprit et de sa gaieté d'autrefois. Il avait tourné à la dévotion. Du moins est-ce Piron qui nous le donne à penser quand il dit de son père et de sa mère [2] : « C'étaient de ces bons Gaulois qui, s'il en existe encore, sont le jouet du siècle poli : on m'entend, je crois, de ces bonnes âmes... cent fois plus occupées de leur salut et de celui des leurs que de tout ce qui s'appelle ici-bas gloire et fortune. » Les régents du collége furent consultés sur la capacité de l'écolier ; leur réponse était toute prête : depuis longtemps on ne lui en supposait aucune. « De ce que j'étais de ces jeunes égrillards qui ne sont pas uniquement occupés de leurs tristes devoirs, ces maîtres m'avaient déclaré atteint et convaincu d'une incapacité totale et perpétuelle. Voilà, ajoute Piron, de leurs oracles rigoureux quand il ne s'agit pas de l'horoscope d'un faiseur de thèmes sans faute ! » Avec un peu de complaisance cependant, et pour peu que la vocation rachetât en ferveur ce qui manquait en capacité, on aurait bien pu faire d'Alexis un pauvre prêtre. Mais la vocation ! qu'ai-je dit là ? Rien chez lui ne manquait davantage. On n'en crut pas son na-

---

[1] Sur cet artiste célèbre, « surtout dans sa patrie », comme dit fort bien Perret dans son *Éloge de Piron*, 1774, in-8, p. 1, on peut consulter Ph. de Chennevières, *Recherches sur la vie et sur les ouvrages de quelques peintres provinciaux de l'ancienne France*, t. III, p. 43-53.

[2] *OEuvres*, in-8, t. II, p. 229. Préface de la *Métromanie*.

turel, qui déjà cependant débordait de partout en gaietés inquiétantes pour la robe qu'on lui rêvait; on lui proposa de se mettre dans les ordres. Sa réponse fut ce qu'on devait attendre de sa façon d'être ordinaire : un refus net et sans hypocrisie. « Cela, dit-il, chagrina beaucoup. » En effet, Piron, le père, avait, en corrigeant ses habitudes, singulièrement modifié ses idées. Il avait vu avec joie l'aîné de ses fils, qui s'appelait Aimé comme lui, entrer dans la congrégation de l'Oratoire ; et, pendant que le second, qu'on nommait Jean, lui succéderait dans sa boutique d'apothicaire, ce qui fut en effet, il ne lui aurait pas déplu de voir le troisième embrasser aussi l'état ecclésiastique. Cette façon de placer ses trois enfants, sans bourse délier, sans dot à donner que sa survivance d'apothicaire, lui souriait d'autant mieux qu'il n'était pas riche. Il en était pour lui comme pour tout le monde, surtout pour les gens de métier, la vieillesse malaisée était l'expiation de la jeunesse trop joyeuse. D'ailleurs, comme dit Piron, « les familles n'aiment rien tant que de voir les enfants s'embarquer dans un genre de vie qui débarrasse d'eux à peu de frais, et qui ne laisse pas d'attirer souvent de la considération et presque toujours de mettre à l'aise. » Mais, après son refus sans réticence, il n'y avait plus à songer à le faire prêtre.

On lui chercha donc un autre métier. La finance parut devoir être le meilleur. En effet, on était en 1770, au lendemain de *Turcaret*; les affaires étaient bonnes ; mais honorables, c'est autre chose. Piron, qui se tâtait toujours à l'endroit de la conscience, eut la sottise de croire que ce dernier détail ne serait pas à dédaigner. Il refusa donc encore. Il avait toutefois été plus loin que pour la prêtrise. Traitant *stagiaire* « sous la protection d'un des plus excellents maîtres, » il vit pendant quelques mois la finance en plein exercice. Il s'édifia sur les manières de dévorer l'argent public et de le digérer pour en faire de bonnes grosses fortunes particulières; rien ne lui échappa des évolutions de conscience auxquelles il se faut soumettre pour arriver « par ce chemin très-court, très-facile et très-battu; » c'est ce qui le dégoûta. « Deux choses, dit-il, me rebutèrent de cette sorte d'élévation : l'aller et le revenir, la façon d'y parvenir et le désagrément d'y être parvenu. » Voilà, si je ne me trompe, une phrase d'homme d'esprit bien honnête homme.

Se fera-t-il médecin? Il n'y veut pas songer, pour cent raisons qu'il donne. Avocat? Il y pense, et va prendre ses degrés à Besançon; mais à peine est-il revenu à Dijon, où il prétend exercer, que le désordre achève de se mettre dans les affaires de son père. Sans ressource, n'ayant plus rien à espérer de sa famille, qui, au contraire, lui demanderait de l'aider maintenant, comment pourra-t-il attendre les causes? Il voit que le métier d'avocat sans clients est une paresse qu'il ne peut plus se permettre; il y renonce et cherche ailleurs. Il ne trouve rien que des occupations pour sa verve déjà fameuse, pour son esprit, dont on vante partout les bons mots, les épigrammes et les chansons. Tout le monde le recherche, et il se donne à tout le monde avec une prodigalité de bonne humeur et de caractère, un laisser aller, une abondance d'esprit dont un succès, arrosé des bons vins d'un gai souper, est l'ordinaire récompense, mais dont le jeûne du lendemain est aussi l'ordinaire repentir. Si encore ce repentir eût été le seul; mais c'est alors, dans une de ces orgies de gaieté, qu'il fit l'ode fameuse dont je vous ai déjà parlé. On s'était défié : Jehannin, qui fut depuis conseiller au parlement de Dijon, était entré le premier en lice avec des stances où la paresse, dans son plus voluptueux et son plus simple appareil, se trouvait célébrée. Piron soutint qu'il ferait mieux, et il tint parole. La terrible pièce fut pour ainsi dire improvisée dans ce moment de chaleur où tout incendiait sa verve, l'émulation, la jeunesse et le vin. Jehannin se déclara vaincu, et de trop bonne grâce, car il alla montrer partout, avec mille fanfares d'admiration, les vers qui avaient éclipsé les siens. Le plus cruel des ennemis de Piron n'aurait pas fait pis contre lui.

Ce ne fut qu'un long cri de pudeur indignée dans toute la basoche dijonnaise, un peu jalouse déjà de la renommée de cet avocat sans robe, et que la nouvelle pièce, déplorable chef-d'œuvre, offusquait plus encore par son trop d'esprit que par son trop de nudité. Le président Bouhier, qui se la fit lire, fut le seul qui pardonna. L'érudition, et il en avait plus que personne, surtout de la latine, celle qui *brave* le plus l'*honnêteté*, rend d'ordinaire indulgent pour les audaces de la littérature licencieuse. Il manda Piron, lui fit plus de compliments que de reproches, et lui dit que, si on l'inquiétait, il répondît bravement que l'ode n'avait qu'un véritable auteur : lui, Bouhier, président ! Piron s'en défendit d'abord, mais n'y manqua pas. Lorsque le procureur général le fit venir et l'interrogea du ton le plus menaçant, il ne lui répondit pas autre chose. Le procureur général ne fut pas dupe, bien entendu, mais n'ajouta rien. L'affaire s'assoupit ainsi ; malheureusement c'était pour se réveiller plus tard. Les jaloux ont de la mémoire.

Quelques années plus tard, lorsqu'il était encore à Dijon, cherchant toujours les moyens de vivre et ne trouvant que jeux pour sa verve et pour sa malice, Piron eut avec les gens de Beaune cette fameuse querelle où il faillit encore se repentir d'avoir trop d'esprit, et, comme on dit, en payer les pots cassés. Je ne vous en conterai point toutes les péripéties bouffonnes ; elles sont trop connues et courent trop de livres.

Quelques mots seulement où nous tâcherons de faire parler Piron plus que nous, et ce sera tout.

Dijon avait une compagnie de chevaliers de l'arquebuse, qui, en 1715, invita les compagnies des villes voisines à venir chez elle lui disputer le prix. Les Beaunois furent vainqueurs. Piron, dans un élan de malice patriotique, voulut mettre un peu de satire dans leur triomphe, et leur décocha, avant le départ, un trait qui n'alla pas moins droit au but que celui auquel ils devaient leur belle victoire. C'était une ode burlesque où ces pauvres *ânes de Beaune* — vous savez qu'on les surnommait ainsi — étaient étrillés de la bonne manière.

. . . .
Mais un bruit soudain vole aux cieux !
Dit-on : Vive Beaune ou la Saône ? —

a.

C'est Beaune, ou je suis bien surpris;
Comment donc! Beaune aurait le prix!
Non, non : jugement téméraire! —
Vive Beaune! — Ouais! encore? abus!
Sabaoth! — Hélas! j'entends braire :
Pour le coup, je n'en doute plus.

Quoi! le chétif ruisseau de Beaune,
Fier du renom de ses enfants,
Les verra venir triomphants,
Malgré le Doubs, l'Ouche ou la Saône!
Sur tous les Bourguignons unis
Un Beaunois remporte le prix!
Ah! rare et cruelle aventure,
Un Beaunois nous a tous vaincus.
Et Silène voit sa monture
Triompher du fils de Bacchus!

. . . .

Clairons, qui brisez nos oreilles,
Et vous, impertinents tambours,
Allez aux moulins d'alentours
Porter le bruit de ces merveilles;
C'est là qu'au nom de ces vainqueurs
Vous verrez tressaillir les cœurs
Par un effet de sympathie,
Et que, pour le prix remporté,
Chacun chantera sa partie
En signe de fraternité.

. . . .

Pour moi, sûr de ma destinée,
Je donne à lire mes couplets;
Du bruit funeste des sifflets
Ma muse n'est point alarmée.
Allez, mes vers, bons ou mauvais,
Ne craignez rien, allez en paix
Chercher une gloire assurée.
De quoi me pourrais-je effrayer,
Quand je vois dans cette contrée
Les ânes cueillir des lauriers [1] ?

---

[1] Cette *ode satirique* ne se trouve dans aucune des éditions de Piron. Elle n'a été publiée que dans le *Voyage de Piron à Beaune*

Les Beaunois voulurent répliquer; mais ils avaient à qui parler : Piron leur rendit riposte pour riposte en épigrammes, en couplets, de toutes manières. Rien n'épuisait la fécondité et la diversité de sa malice. Aux champs, il la mettait en action : il moissonnait à coups de canne toutes les têtes de chardons qu'il trouvait, et quand on lui demandait pourquoi : « Je suis en guerre avec les Beaunois, disait-il; je leur coupe les vivres! » Les Beaunois, quoiqu'ils fussent toute une population contre un homme, furent plus vite que Piron à bout d'esprit. Il y eut forcément armistice. Piron dut se taire, faute de pouvoir espérer une réponse. En 1717, reprise des hostilités, et, cette fois, comme vous allez voir, les Beaunois jurèrent bien d'user de leur seul avantage, le nombre.

Ils rendaient aux Dijonnais leur politesse : ils les invitaient à venir chez eux disputer à leur tour le prix de l'arquebuse. Piron voulut être de la fête. On lui avait dit de se défier; M. Michel, l'un de ses amis, lui avait écrit : « Si jamais vous avez à passer par Beaune, n'y passez, mon cher, qu'*incognito*, et croyez-moi. » Il n'en tint compte. Pendant que la compagnie de Dijon partait de son côté, il alla du sien. Il s'était bien recommandé la prudence. Mais, à Nuits, gaieté, chansons et malice se réveillèrent au premier coup qu'il but. C'était la faute du bon vin ! Il ne put retenir ce couplet, qui voulait sortir :

<blockquote>
A moi, garçon ! vite un grand trait,
   Verse à toute la bande :
A toi, Pontoise ! à toi, Maret !
   A ta santé, Deslande !
Pour savourer un jus si bon
   Que ce pays nous donne,
Que n'ai-je le col aussi long
   Qu'on a l'oreille à Beaune !
</blockquote>

écrit par lui-même. Dijon, V. Lagier, 1847. Ce voyage, dont un recueil peu connu n'avait donné qu'un texte défiguré, était lui-même pour ainsi dire inédit. C'est en raison de cette rareté que nous en détacherons plusieurs fragments.

A peine arrivé, sa première visite fut au cabaret des *Trois-Maures*, puis à l'église, où le diable de la satire le tenta, comme partout. Ce furent les dévotes de Beaune qui profitèrent de son épigramme de bienvenue. « N'allez pas là-dessus, dit-il après l'avoir décochée, tirer des conséquences contre le sexe de Beaune; la laideur n'y est pas générale, comme la bêtise. On trouve de la fleur ou du son dans un sac de farine ; mais, ma foi! je pense qu'on l'avait blutée, et que le diable avait emporté la fleur et Dieu le son. »

Mais voici le défilé des chevaliers de l'arquebuse, la troupe des beaux tireurs de la Bourgogne en guerrier équipage. Tout le monde est aux fenêtres ; Piron est resté dans la rue avec la canaille. « Ceux de Chaumont, comme les étrangers les plus éloignés, dit-il, avaient le pas. Nos Dijonnais suivaient ; ils voulurent, en passant, m'emmener à toute force avec eux, me disant à l'oreille qu'ils m'avaient entendu menacer. Je m'excusai opiniâtrément de les suivre, sous prétexte que j'étais sans épée. Quant aux menaces, je leur dis :

> Allez, je ne crains point leur impuissant courroux,
> Et, quand je serais seul, je les *bâterais* tous. »

Les chevaliers de Beaune paraissent à leur tour sous la verte livrée. Piron est aperçu. Toutes les mains se portent à la garde de l'épée, qu'il appelle cimeterre pour rester dans la couleur tragique ; on dégaîne, les pointes brillent. « Vous me croyez perdu! s'écrie-t-il ; tant s'en faut. Toutes ces pointes, baissées avec l'étendard, m'honorèrent d'un salut militaire, qu'au milieu d'un vacarme enragé je reçus d'un air reconnaissant, le bonnet au poing et l'index de la main droite sur la bouche en signe de discrétion. » On n'est pas plus courtois. Mais voici qui va tout gâter et rallumer la querelle. Le bataillon des arquebusiers suit la compagnie des chevaliers et remplit toute la rue; par malheur, la pluie de la nuit fait couler abondamment le ruisseau qui est au milieu; les fantassins bourgeois craignent de se crotter, mais, ne voulant point pourtant rompre leurs rangs, se mettent à écarter les jambes et continuent le défilé dans la posture du colosse de Rhodes. Le poëte rit, et cet éclat de rire équivaut à une déclaration de guerre. « La superbe infanterie, dit-il, me fit une décharge de regards terribles. » Plus de paix, plus d'amitié! A qui la faute? aux Beaunois : ils ont été ridicules, ils ont provoqué Piron.

Il ne marchande plus avec eux. En passant par la grande rue, il voit un âne attaché à des barreaux. Il ramasse une touffe de rubans verts tombée de quelque chapeau d'arquebusier, l'ajuste coquettement sur l'oreille du baudet, le détache et lui crie : « Va aux buttes! » Les gens qui étaient là n'appartenaient pas à la ville, et ils rirent de bon cœur; mais les Beaunois qui étaient aux fenêtres firent une grimace de sinistre augure. Piron, brisé de fatigue, n'alla point au feu d'artifice, tout enguirlandé, qui fut tiré le soir assez tard. Le lendemain, il en demanda des nouvelles à quelques bourgeois, qui lui dirent « que le bruit du canon avait donné un beau spectacle, et que le feu des serpentins avait brûlé les *épitaphes* entourés d'*irlandes* qui ornaient le feu. » Comment tenir de rire devant de pareilles gens? Aussi Piron ne tint-il pas. La journée qu'il passa à l'Oratoire, auprès de son frère aîné, fut toutefois assez bonne. S'il risqua une épigramme, ce fut tout. Il se réservait pour le soir, au théâtre; les Beaunois se réservaient aussi, mais avec d'autres armes, comme vous allez voir.

« Voici, dit-il quand il en arrive là, voici le commencement de mes infortunes. J'en précipiterai le récit, parce qu'il vous chagrinera si vous m'aimez, et qu'il vous ennuiera si je vous suis indifférent. » Comme vous l'aimez, vous le laisserez continuer, dùt-il, il est vrai, vous chagriner un peu. « Je m'avisai, sur les dix heures du soir, après souper, d'aller à la comédie [1]. La première et la meilleure scène que j'en eus fut la réponse d'un Beaunois du bel air, à qui je demandais quelle pièce on jouait : « Les *Fureurs de Scapin*, me répondit-il gravement. « — On m'avait dit, repris-je, que c'étaient les *Fourberies*

---

[1] C'était un plaisir d'exception pour les Beaunois. Ils n'avaient trouvé qu'une pauvre grange pour installer la troupe de comédiens de campagne enrôlée tout exprès.

« *d'Oreste.* » A ce mot, qui fut hébreu pour lui, nous entrâmes tous deux, lui sur le théâtre, moi dans le parterre. J'y fus reconnu d'un troupeau de jeunes bourgeois qui se carraient sur la scène, aussi fiers que quand on les étrille. Ils m'envoyèrent des quolibets tels quels, et je n'y répondis que trop, quand les comédiens, qui commencèrent, me firent finir, au grand regret des rieurs. Telle chèvre, telle laitue, c'est-à-dire que la pièce fut jouée selon les spectateurs, pitoyablement. Cependant, comme il y a bien des coups donnés dans cette farce, elle emporta l'applaudissement général.

« Un petit-maître de Beaune, de ceux qui m'avaient entrepris avant la pièce, enthousiasmé de la scène du sac, s'écria : « Paix donc là ! on n'entend rien. » Je lui criai sur le même ton : « Parbleu, ce n'est pourtant pas faute d'oreilles. » Ce fut là ma condamnation : tous les offensés jurèrent ma perte. La pièce finie, ces braves coururent m'attendre au passage. A peine eus-je le nez à l'air, que me voilà relancé de vingt ou trente épées nues. Je ne pus si bien faire qu'en un moment je ne m'en visse environné. Je n'avais qu'une canne, qu'après un moment de folle résistance je jetai contre terre pour désarmer cette meute affamée de ma carcasse; mais, quand je vis qu'on ne m'en faisait pas plus de quartier, donnant alors à travers de tous ceux qui se trouvaient devant moi, j'esquivai la moitié des coups, j'essuyai l'autre et je disparus. Vous concevez ce que je veux dire : je disparus, c'est-à-dire que mes pieds me mirent à l'abri de cet orage, avec un seul coup de pointe très-léger dans le flanc. » Avouez que ces messieurs de Beaune entendaient raillerie d'une façon assez inusitée, Dieu merci, et qu'avec eux il ne faisait pas bon à aimer le mot pour rire...

« Minuit sonnait, continue Piron : les rues étaient calmes et désertes, et la lune y tombait d'aplomb. Le *hic* était de regagner mon logis; je le cherchais pas à pas dans l'ombre. Je l'apercevais déjà et je commençais à rire de mon aventure, quand je vis courir mes gens à moi, flamberge au vent. Il fallut donc fuir encore ou mourir. Je tournai gaiement les talons, et j'eus à peine un peu d'avance, que je m'arrêtai pour les complimenter sur leur grand courage et leur aversion pour les duels. Mes discours redoublèrent leur course; leur course redoubla la mienne. »

Bref, après mille tours et détours, où à chaque coin de rue retentit le vaillant éclat de rire de Piron, pendant que grogne l'escouade enragée de ces Beaunois, et que luit au clair de lune le reflet de leurs brettes poltronnes, tout finit sans carnage, et même à la façon romanesque d'une aventure romaine ou espagnole. « C'était fait de moi, dit Piron : je n'espérais plus rien. Poursuivi depuis près d'une heure par une légion d'épées, au travers de rues inconnues qui me remettaient à tout moments au milieu de mes bourreaux, sans armes, en un mot sans secours, je songeais au *Libera*, et je faisais des réflexions bien laxatives, quand je me vis secouru de la plus jolie main que j'eusse pu choisir. Une jeune demoiselle, regardant par une fenêtre basse, et me voyant fuir à la pointe de tant d'épées, s'écria qu'on allait tuer un homme. Son frère, qui regardait à la fenêtre haute, lui dit d'ouvrir vite; elle le fit, j'entrai, l'on referma, et j'offris visage de bois à mon escouade assassine [1]. Comme j'étais fort abattu, je me laissai mener sans compliment dans une chambre où l'on me fit coucher. Le lendemain matin, cherchant par la maison qui remercier avant d'en sortir, j'entrai dans l'appartement où couchait ma belle libératrice. Au bruit que je fis, elle ouvrit son rideau... Belle et rare conjoncture pour un esprit romanesque. C'était là l'endroit de mettre *Cyrus* en longs compliments. Je les fis les plus précis et les plus énergiques que je pus, et, mon adieu fini, je vins à mon auberge, où je trouvai ma mère, qui me fit partir sur-le-champ. »

Voilà bien, s'il en fut, une équipée de vrai jeune homme. Piron ne l'était plus cependant. Il avait vingt-huit ans bien

[1] Rigoley de Juvigny, qui ne connaissait pas cette *relation* et qui s'en écarte par plus d'un point dans sa biographie pourtant si complète, dit que c'est le maire de Beaune lui-même qui sauva Piron; mais c'est plutôt celui-ci qu'il faut croire.

sonnés, et ce doit être l'âge de raison, même pour les gens de lettres, l'âge surtout d'avoir un état. Or, de tout cela, qu'avait-il? Rien pour ainsi dire; presque pas de raison, pas le moindre métier. L'envie ne lui manquait, il est vrai, ni pour l'un ni pour l'autre; mais c'est en pure perte qu'il s'y évertuait. Il n'avait réussi, comme dit Rigoley de Juvigny, « qu'à devenir de plus en plus à charge à ses parents, » et qu'à les mécontenter, à les inquiéter par ses escapades. Maître Aimé, attristé par l'âge, assombri par une gêne qui approchait du besoin, grondait à journée faite contre ce grand garçon de vingt-huit ans qui n'avait pas encore eu l'esprit de pouvoir se suffire; contre ce *binbin*, comme on dit en ce patois; contre ce grand enfant de cinq pieds huit pouces, car Piron n'avait pas moins que cette haute taille, dont le plus bel exploit jusqu'alors avait été d'échapper, à force de longues enjambées, aux brettes d'une bande de Beaunois. L'apothicaire ne pardonnait pas à son fils d'avoir pour si peu risqué sa vie. « Mon père, dit Piron, me témoigna un mécontentement inflexible. » Ce qui, ajouté aux gronderies quotidiennes, dut certes lui rendre la vie bien plus dure encore. Mais que faire enfin? Eh, mon Dieu! ce qu'il fit après plus d'un an encore de cette existence, où tout, même la paresse, lui devenait torture; oui, ce qu'il fit et ce qu'il va vous dire [1].

« En pareil cas, un provincial infortuné, pour cacher sa misère ou pour y subvenir, n'a d'asile que Paris. M'y voilà donc, nouveau débarqué, un peu plus qu'adolescent, sans yeux, — j'étais né presque aveugle, avait-il dit un peu plus haut, — sans industrie, sans connaissance, et non-seulement sans protecteurs, mais même entièrement dénué de tout ce qui contribue à s'en procurer... Voilà donc, ajoute-t-il, ma nacelle au milieu d'une mer inconnue, le jouet des vents, des flots et des écueils; elle faisait eau de tous côtés; je me noyais, quand la poésie, bien ou mal à propos, me revint à la mémoire. Je m'en saisis, comme de la seule et dernière planche de salut que je voyais

---

[1] Préface de la *Métromanie*.

flotter autour de moi dans mon naufrage. Je sais trop quelle épithète on va donner à cette planche; mais que veut-on? par inclination peut-être autant que par extrémité, toute métaphore cessant, j'embrassai l'unique et bizarre espèce de profession dont le début et l'exercice n'exigent outils, chefs-d'œuvre, lettres de maîtrise, avances, degrés, naissance, crédit, ni protection. L'on s'établit comme on peut. » C'est vrai; mais, quoiqu'il n'y faille ni outils, ni chefs-d'œuvre — ce mot serait ici volontiers à double entente — ni lettres de maîtrise, ni avance, ni enfin tout ce que dit Piron, et peut-être même, parce que, rien de tout cela n'étant indispensable, la concurrence s'y trouve plus à l'aise, ce métier des lettres était et est encore celui de tous où le plus petit établissement demande le plus de peine. Que de gens l'ont appris à leurs dépens! Piron, avant eux, en fit la même expérience.

II

Piron, arrivant à Paris, n'avait en poche, comme ressources d'avenir, que quelques lettres de recommandation. Les unes lui avaient été données par M. de Barbisey, alors premier président du parlement de Dijon, et elles étaient sans doute adressées à de graves magistrats près desquels il ne se sentait pas d'humeur à parvenir et de caractère à rester ; aussi ne paraît-il qu'il fit rien de ces lettres. Les autres lui venaient du marquis de Montmain. C'est à ses deux beaux-frères, le comte et le chevalier de Belle-Isle, que M. de Montmain recommandait Piron. A quel titre? Je ne sais, mais comme joyeux convive sans doute, comme aimable causeur à table et poëte de dessert: c'était une fonction alors. Pendant les premiers services d'un dîner, le poëte invité était volontiers laissé à lui-même; mais, au dessert, comme il devait être suffisamment repu et allumé, il fallait qu'il fût aux autres. Il devait se servir avec le champagne. C'était l'usage; Piron le savait et n'y répugnait pas, surtout chez les grands seigneurs, qui ont toujours eu cette science ignorée des parvenus, ce tact obligeant qui consiste à s'amuser sans dédain de l'esprit qu'on veut bien avoir pour eux, et même à ne paraître jamais complétement quittes envers ceux qui font de tels frais.

Piron pouvait penser que MM. de Belle-Isle étaient de cette humeur si familière aux gens de cour de ce temps-là; il comptait donc sur un bon accueil. Il se trompait. Ces deux petits-fils de Fouquet ne s'étaient pas encore complétement relevés de la disgrâce de leur aïeul, ils vivaient à l'écart, couvant dans cet isolement, à peu près forcé, une ambition qui fut satisfaite pour l'un, puisqu'il devint maréchal de France, ministre, etc., et qui peut-être aurait eu les mêmes succès pour l'autre, s'il n'eût été tué trop tôt à l'attaque du fort d'Exiles. Ils rêvaient les grandes affaires, et s'y préparaient par l'étude, conscience toujours rare, et à l'époque dont nous parlons plus qu'en tout autre temps. Ils étudiaient la guerre et aussi la politique, que M. de Boulainvilliers alors venait d'ériger en science ou plutôt en algèbre. Ce n'était pas chose pour rire; aussi Piron, qui avait mis son espoir en ces maisons, y fut-il assez mal venu. Le comte, sans même daigner le recevoir, le renvoya au chevalier. Il y courut, mais sans plus de bonheur. La première fois qu'il se présenta, on lui laissa faire longuement antichambre, puis on lui dit de revenir. Afin de s'épargner de nouvelles courses jusqu'à l'hôtel de Belle-Isle, le même dont la cour monumentale s'ouvre presque au coin de la rue de Lille et de la rue du Bac, et dont vous voyez la haute terrasse dominer l'entrée du quai d'Orsay; il s'avisa de rédiger en son meilleur style et d'écrire de sa plus belle plume une requête au chevalier. Il la joignit sous une enveloppe à la lettre de M. de Montmain, et porta le tout chez le suisse de l'hôtel. Il n'y retourna que lorsqu'il put penser qu'on aurait pris la peine de le lire. La réponse l'attendait; sa requête avait plu, et même avait été remarquée; mais ne croyez pas que ce fût pour le mérite qu'il s'était surtout appliqué à y faire briller. Ce beau style, où il avait mis tout son art, n'avait été qu'un accessoire inaperçu ; ce qu'on avait vu, c'était sa belle écriture! Si on l'agréait moyennant quarante sous la journée, ce n'était point parce que la bonne rédaction de sa requête annonçait un homme intelligent, mais parce que la page calligraphiée promettait une plume d'une grande netteté, des copies d'une régularité irréprochable [1].

Quarante sous par jour, c'était le pain quotidien en ce temps-là ; c'était comme six francs aujourd'hui. Piron fit taire en lui le poëte orgueilleux qui voulait les refuser, et laissa l'humble copiste tendre la main pour les prendre. Il se mit à sa maussade besogne, imposa silence autant qu'il put à ces mille fredons de jeunesse, à ces mille rêves jaseurs qui malheureusement ne bourdonnent jamais mieux dans la pensée du poëte que lorsque son corps s'attelle à des travaux où elle n'a pas à le suivre, et, sa tâche accomplie, il attendit le salaire. Naïf, il y comptait, ne sachant point encore quelle lenteur tout argent de grand seigneur mettait alors pour arriver jusqu'au créancier, fût-il, comme l'était Piron, le plus humble, le plus besogneux. Il ne fut pas payé; les semaines se passaient, son hôte grondait d'une façon menaçante. Que faire? s'adresser au chevalier; il n'osait. D'ailleurs, il le voyait si peu : les jours où il pensait qu'il aurait le courage de lui faire sa petite réclamation étaient justement ceux où il ne l'apercevait pas. Il prit un moyen désespéré. Le lévrier du maître, « son chien de chasse favori, » venait jouer souvent dans le bureau où travaillait le poëte ; l'idée lui vint d'en faire le messager, le facteur d'une requête. Il la fit très-courte, en vingt vers au plus, l'écrivit de cette belle écriture qu'aimait tant, mais que payait si mal le chevalier, l'enroula autour du collier du chien chéri, et le lança

---

[1] « Il ne dut qu'à sa belle écriture, aussi nette que le burin, une place qui le confondoit avec des gens dont elle faisoit le principal mérite. » (Perret, *Éloge de Piron*, p. 16.)

dans l'appartement du maître. Le lévrier revint sans le papier, mais l'argent ne suivit pas : Piron en fut pour ses vers. Les voici ; vous verrez qu'ils méritaient un meilleur sort :

> Preux chevalier, que Mars et sa maîtresse
> Puissent couvrir de gloire et de lauriers !
> Or, écoutez un hère en grand' détresse,
> Qui craint bien Dieu, puis après les huissiers.
> Mon aubergiste, un de mes créanciers,
> Pour qui le plus je me sens de tendresse
> (Même deux fois par jour lui fais caresse)
> Jà me reçoit si très-peu volontiers,
> Qu'il ferme l'huis dès qu'il voit que j'arrive :
> Si faut-il vivre et griffonner pour vous,
> Je le voudrois ; mais comment, entre nous,
> Si n'ai pécune, entend-on que je vive ?
> Bien mieux : comment (je le demande à tous),
> Si ne vis pas, entend-on que j'écrive ?
> Je ne le sais. Or, donnez-moi de quoi.
> Voilà le point. Puis, excusez ma Muse,
> De vous offrir vers de pareil aloi.
> Faim fait faillir : je l'ai : c'est mon excuse.
> Vous déplaît-elle ? Eh bien, ôtez-la-moi [1]

L'argent n'arrivant pas de ce côté, Piron chercha d'un autre. Dans ses loisirs, et jugez alors ce qu'il lui en restait pour la muse ! il s'était fait copiste aux gages du comte de..., représentant d'une cour étrangère près de celle de France. Toujours il avait été bien payé par là ; il avait même reçu de petites gratifications. Il pouvait donc risquer une supplique, et c'est ce qu'il fit. Elle est trop longue pour que je vous la donne toute ; mais j'en transcrirai quelques vers :

> Secourez-moi, noble et généreux comte,
> Dont jà parfois j'ai senti les bontés !
> En tel étrif, pour Dieu ne me quittez.
> Très-peu d'argent seroit très-bien mon compte.

---

[1] *Œuvres*, t. VI, p 9.

> Donnez-m'en donc; je vous dirais prêtez :
> Mais, las! depuis que Clément le bonhomme,
> Du roi François, sans autres sûretés
> Que sa parole, emprunta quelque somme,
> Nous autres tous sommes décrédités[1].

La réponse fut-elle bonne et palpable? J'en doute, car, peu de temps après, l'hôtelier continuant de gronder, il y avait pour Piron urgence de présenter requête nouvelle. C'est au chevalier de Belle-Isle qu'il s'adressa cette fois encore, en prenant toujours le lévrier pour messager. Pour le coup l'argent suivit. Piron espérait qu'en le payant on lui ferait, ne fût-ce que pour les intérêts, quelque compliment de ses vers; on ne lui en dit pas un mot, et pourtant on l'avait lu. Le salaire, enfin arrivé, en était bien la preuve; alors pourquoi ce silence, qu'il trouvait si désobligeant? Vous allez le savoir.

M. Blin, secrétaire du chevalier de Belle-Isle, celui qui dirigeait dans la maison les travaux de copie et qui les payait, vous venez de voir avec quelle exactitude! se mêlait aussi de bel esprit. C'est même peut-être par distraction poétique qu'il avait oublié de payer le poëte! Afin que les récréations qu'il se donnait ainsi ne fussent pas trop en désaccord avec ses graves fonctions, c'est par le côté le plus sérieux qu'il attaquait le métier; M. Blin faisait des tragédies! Vous pensez que lorsqu'il s'aperçut que son subordonné, que ce copiste en qui jusqu'alors il n'avait reconnu pour tout mérite qu'une belle main, de l'exactitude et beaucoup de douceur, se piquait aussi de faire des vers, et même de les bien faire, il ne fut pas médiocrement mécontent. Feindre de n'avoir rien vu, pour n'avoir aucun éloge à faire, lui sembla un moyen fort adroit, et il l'employa, comme je viens de vous le dire, à la grande satisfaction de Piron, qui ne savait pas encore que le silence discret et pincé est l'une des grandes ressources de la jalousie, surtout en littérature. Il ne s'en tint pas là : pour doubler la besogne du pauvre garçon et le mettre hors d'état d'écrire autre chose que des co-

---

[1] Œuvres, t. VI, p. 11.

pies, il congédia un soldat aux gardes, « César à quatre sous par jour, » comme dit Rigolley de Juvigny, qui depuis longtemps était employé à titre d'expéditionnaire chez le chevalier. De cette manière, il fut bien sûr que Piron, écrasé sous le travail abrutissant, ne pourrait plus lui faire concurrence, et il se crut le seul poëte en exercice dans la maison.

M. Blin venait d'achever une tragédie, et, ainsi que tout rimeur, bon ou mauvais, son œuvre faite, il ne cherchait plus que quelqu'un à qui la lire. Comme concurrent, il lui avait semblé adroit d'écarter Piron et de le mettre hors d'état d'entrer en rivalité active; mais, comme auditeur, comme admirateur même, car dans la naïveté de son amour-propre on commence par compter toujours sur l'admiration de tout le monde, voire sur celle de ses confrères, il lui semblait au contraire très-bon de le rapprocher. Le copiste dédaigné figura donc en première ligne dans le petit comité d'amateurs choisis que M. Blin organisa pour faire entendre sa tragédie. Je n'en connais pas les autres membres; mais ce devaient être quelques intendants des hôtels voisins, le procureur de MM. de Belle-Isle, leur notaire ou tous autres gens de même sorte, intéressés à plaire à M. le secrétaire, et prêts à l'applaudir sur parole. Piron, dont M. Blin ne paraissait pas se méfier, était le seul juge à craindre, non point par partialité rancunière, le pauvre garçon était incapable d'avoir de tels sentiments bas et mauvais, mais par cette brusquerie de franchise qui fut toujours l'un des ressorts, l'une des pointes de son esprit à boutades primesautières. A la première scène, il avait déjà interrompu l'auteur, qui, par un geste hautain, le pria impérativement de se taire. Il obéit; mais il attendait l'entr'acte, et là lui fit la critique de tout ce qui venait d'être lu avec une telle volubilité, et en même temps avec une telle sûreté d'argument, que M. le secrétaire ne sut que répondre. Il enroula piteusement son manuscrit, supposa je ne sais quel prétexte et congédia son comité.

Piron avait fait son devoir d'homme de goût et d'homme sincère, et il ne pensait pas qu'il dût avoir lieu de rien craindre. Or, cette fois, par exception, son ingénuité n'eut pas tort. En mille, j'aurais parié le contraire. Mais M. Blin était brave homme au fond ; il y avait du bon sens sous son ridicule : il fut donc d'humeur plus accommodante que ne l'avait été l'archevêque de Grenade, peut-être parce qu'il était moins grand seigneur, peut-être aussi parce que Piron avait été plus sincère que Gil-Blas. En pareil cas, rien ne vaut mieux que la complète franchise, la brutalité même s'il le faut. Les demi-moyens, les atténuations de critique, n'aboutissent à rien ; ils ne font croire qu'à une chose : à l'envie secrète de celui qui les emploie ; tandis qu'une bonne critique, formulée nettement, carrément, sans ambage, et bien appuyée de raisonnement, impose je ne sais quel respect pour celui qui l'a faite, et souvent même, quoique bien plus rarement, la conviction qu'on s'est en effet trompé. C'est ce qui arriva ici. M. Blin, rentré en lui-même, s'avoua que ce copiste, après tout, était un homme d'un redoutable bon sens, et qu'en l'examinant de près sa tragédie était bien tout entière ce qu'il l'avait déclarée d'après le premier acte, c'est-à-dire détestable. Il la jeta au feu, et vint trouver son juge, lui fit mille amitiés, ne lui cacha pas l'*auto-da-fé* repentant qu'il venait de donner pour dénoûment à son œuvre tragique, l'encouragea à se vouer lui-même à ce métier, dont il venait si bien de le dégoûter, et, pour son compte, jura de ne plus recommencer. Je ne sais s'il tint parole, mais ce qui est certain, c'est que Piron ne resta pas longtemps après chez M. le chevalier de Belle-Isle, soit que M. Blin, sous prétexte de le pousser mieux à la littérature, mais en réalité parce qu'il voulait rester le seul homme littéraire de l'hôtel, lui eût persuadé de quitter pour jamais ces maussades besognes de copiste ; soit qu'il s'en fût dégoûté de lui-même, et que dans un beau mouvement poétique il eût demandé son congé. Il partit donc, et sans emporter de cette maison de Belle-Isle un souvenir bien reconnaissant. Rien, si ce n'est une épigramme, ne nous témoigne qu'il y ait pensé depuis. Lorsque, en 1761, le maréchal de Belle-Isle mourut, on songea, comme vous savez, à lui donner place à Saint-Denis auprès du tombeau de Turenne.

Piron ne fut pas consulté ; mais il dit nettement son avis dans ce vers, qui est resté :

Ci-gît le glorieux à côté de la gloire.

Ce fut sa seule revanche des dédains de M. le comte. Il ne fait pas bon se prendre aux gens d'esprit : tôt ou tard leur vengeance arrive, et le malheur, c'est qu'elle frappe souvent au défaut de l'armure et laisse des traces.

Voilà donc Piron émancipé de ces besognes ingrates, et peut-être pensez-vous qu'il n'y retournera plus : point du tout. Ne trouvant pas le gagne-pain espéré dans les travaux qu'il aime, force lui est de revenir bientôt à ce qu'il a quitté de si bon cœur. Il cherche une place de secrétaire et n'y parvient pas[1] : ce que M. Blin avait trouvé lui échappe ! Une seule ressource lui reste, c'est de se faire de nouveau commis ; il s'y décide. Malgré la répulsion que lui avaient inspirée les manœuvres de la finance, il rentre chez un financier[2], et, comme s'il fallait que rien ne manque à son dégoût quand il consent à se replonger dans ces répugnantes affaires, on est au plus scandaleux moment de la banque de Law, à l'heure de la débâcle et de l'inextricable gâchis. Il n'y tient pas longtemps, la nausée le prend, et il s'enfuit du repaire, aimant mieux mourir de faim autre part que vivre là de ces désordres calculés qui l'indignent et l'écœurent. C'est alors qu'on lui vit faire, par nécessité réelle, ce que Jean-Jacques Rousseau fit plus tard, moins par besoin que par ostentation de pauvreté. Il copia de la musique pour vivre[3] ; mais on ne vit pas de ces métiers-là, on en meurt à la journée. C'est sans doute ce qui attendait Piron, si son salut ne lui fût venu d'ailleurs.

---

[1] Perret, p. 17, dit qu'il brigua cet emploi chez un militaire d'un ordre distingué.

[2] *Journal encyclopédique*, février 1773.

[3] On ne trouve cette anecdote que dans l'une des lettres de Piron à M. Maret, secrétaire perpétuel de l'Académie de Dijon.

La Providence, pour arriver à lui, ne prit pas une forme bien attrayante : un moins malheureux en aurait eu peur. La femme de chambre de madame de Mimeure, vieille fille de trente-cinq ans environ, le prit en amitié, lui ouvrit la maison de la marquise, et là lui donna part à cette aisance confortable que tout domestique entendu prélève, comme une grasse dîme pour lui et les siens, sur l'opulence du maître. Elle s'appelait mademoiselle Quenaudon, selon Rigoley de Juvigny[1]. Collé, que j'en croirais plutôt, car il semble l'avoir fort bien connue, lui donne un autre nom : « Elle se nommait Debar, » dit-il[2]; puis, continuant par un portrait peu flatteur, mais très-précieux, il ajoute : « Elle était laide à faire peur ; moi, qui la connaissais depuis vingt-trois ans, je l'ai toujours vue vieille. C'était une de ces physionomies malheureuses qui n'ont jamais été jeunes[3]. » Vous voyez, comme je vous le disais, que l'ange sauveur de Piron ne s'était pas mis en grands frais pour donner un peu de charme à sa bienfaisance, et qu'il ne fallait pas moins que mourir de faim pour accepter ses secours, d'autant que d'une vieille fille à un gaillard de la trempe et de l'encolure de maître Alexis ils ne durent jamais être complétement désintéressés.

Je n'ai pu découvrir comment Piron fit cette connaissance, mais ce fut sans doute à l'époque de la catastrophe de Law, dont je vous ai parlé déjà, alors que notre pauvre poëte végétait en enrageant dans les bureaux de son financier. Madame de Mimeure, comme toutes les grandes dames du temps, s'était fort lancée dans ces affaires, et sa fortune s'y était gravement compromise. On le sait par une lettre que Voltaire lui écrivait de Villars dans l'automne de 1719 : « Je crains bien, lui dit-il, que les petites tracasseries que M. Law a eues avec le peuple de Paris ne rendent les acquisitions un peu difficiles. Je songe toujours à vous lorsqu'on me parle des affaires présentes, et, dans la ruine totale que quelques gens craignent, comptez que

---

[1] *Vie de Piron*, en tête des *OEuvres*, t. I, p. 108.

[2] Piron lui donne aussi ce nom dans une lettre à l'abbé Trublet, mai 1751.

[3] *Journal* de Collé, t. I, p. 392.

c'est votre intérêt qui m'alarme le plus. — Vous méritiez assurément une autre fortune que celle que vous avez ; mais encore faut-il que vous en jouissiez tranquillement et qu'on ne vous l'écorne pas. Quelque chose qui arrive, on ne vous ôtera pas les agréments de l'esprit. Mais, si on y va toujours du même train, on pourra bien ne vous laisser que cela ; et, franchement, ce n'est pas assez pour vivre commodément et pour avoir une maison de campagne où je puisse avoir l'honneur de passer quelque temps avec vous. » Peut-être mademoiselle Debar, qui était une fille très-entendue et en qui sa maîtresse semble avoir toujours mis la plus entière confiance, eut-elle souvent à venir pour les malheureuses affaires de la marquise chez le financier qui employait Piron, et peut-être est-ce ainsi que des relations bientôt fort intimes s'établirent entre eux [1].

Ils étaient, il faut le dire, d'humeur à se comprendre vite l'un et l'autre. La demoiselle, Collé vient de vous l'apprendre, n'était pas de figure engageante ; mais elle était fille d'esprit, et pour Piron ce détail-là rachetait bien des choses. Bien plus, cet esprit était de ceux dont sa franche gaieté s'accommodait le mieux, un peu trivial, brusque même, sentant son fruit, un peu vert peut-être, et sans bon goût ; mais, si Collé, trop délicat quand il ne se jugeait pas lui-même, trouvait là-dessus à redire, Piron, plus facile à satisfaire, y prenait à peine garde, et même, à la longue, un peu par inclination naturelle, beaucoup par habitude, il se laissa gagner à l'influence de ce goût, qui, selon Collé, était l'antipode du bon. « Je conviens même, dit celui-ci, parlant toujours de mademoiselle Debar, qu'elle n'a pas peu contribué à détourner Piron de tâcher d'en avoir ! » Cette fille avait d'ailleurs une certaine instruction qu'elle s'était faite elle-même, à sa guise, et par des lectures que Collé pouvait trouver baroques, mais qui avaient dû entretenir en elle cette

---

[1] C'est en effet en 1719, l'année même de son arrivée à Paris, que Piron connut la femme de chambre de madame de Mimeure. Collé, parlant de sa mort, qui eut lieu en mai 1751, nous dit qu'elle et Piron s'étaient vus pour la première fois à trente-deux ans de là Nous arrivons bien ainsi à 1719.

verdeur de franc esprit, et mettre tout d'abord son intelligence au diapason de celle de maître Alexis, assez amoureux des vieux tours de notre ancien langage, comme vous savez, et très-féru des grâces du style marotique; bref, « elle avait, dit Collé tout étonné, une érudition singulière pour une femme; elle possédait le gaulois. Ses livres favoris étaient le *Roman de la Rose*, *Villon*, *Rabelais*, les *Amadis*, *Perceforêt;* enfin, tous nos anciens faisaient ses délices [1]. »

Grâce à mademoiselle Debar, Piron, à ses heures de disette, sut donc où trouver de quoi mettre sous la dent. L'office de l'hôtel de Mimeure fut sa terre promise; plus tard, il n'y eut pas seulement le vivre, mais aussi le couvert : il fut de la maison. Pour en arriver là, il fallait que graduellement il fût parvenu jusqu'au salon, qu'il eût ses grandes entrées près de la dame; et cela ne pouvait se faire que le jour où le nom du poëte, déjà murmuré à la marquise par sa fille de chambre, lui reviendrait recommandé par le meilleur des patronages : un bel et bon succès. Ce jour-là, qui fut pour lui le vrai jour de présentation à l'hôtel Mimeure, devait tarder deux ans encore [2]. S'il n'eût fallu consulter que l'ardeur de Piron, l'activité de ses désirs et de son talent, il eût été bien plus prochain.

---

[1] Rigoley de Juvigny dit la même chose : « Elle était très-versée dans la connaissance de nos vieux romanciers, dont elle possédait supérieurement le vieux langage : elle imitait leur style à s'y tromper. Les beaux esprits qu'elle voyait chez la marquise de Mimeure consultaient souvent son goût sur leurs ouvrages. » Ainsi ce n'était pas une servante ordinaire. Moins fille de chambre que confidente, elle était dans la maison de madame de Mimeure ce que Marton était par exemple dans celle de l'Araminte des *Fausses Confidences*. C'est une nuance de domesticité qui a disparu.

[2] Rien ne nous prouve que Piron ait été vraiment en faveur près de la marquise avant 1722. Rigoley de Juvigny nous dit (t. I, p. 45) que le marquis, mort en 1719, l'avait honoré de son amitié. J'en doute fort. Cette amitié se fût manifestée par quelques témoignages de protection efficace; or, nous le voyons, c'est ce qui alors manqua le plus à Piron. M. de Mimeure était d'autant plus à même de lui être utile, qu'il tenait à l'armée et aux lettres. Lieutenant général, il eût pu le pousser dans les bureaux de la guerre; membre

Ces deux années ne furent qu'un long stage dont il dépensa les heures à courir tout en fièvre chez ceux qui pouvaient le protéger, et qui ne daignaient même pas le recevoir; chez les auteurs, tels que le Sage, Dorneval, Fuzelier, à qui il demandait vainement alors la charité d'une petite part de collaboration, qu'ils furent trop heureux de lui offrir plus tard; enfin chez les comédiens, non pas ceux du Tréâtre-Français, il ne visait pas si haut encore, mais ceux du théâtre de la Foire, qui, superbes pour cet inconnu, lui faisaient faire antichambre, comme s'ils eussent été de la troupe royale. Francisque, le directeur, ne voulut même jamais lui ouvrir sa porte.

Le hasard préparait à Piron une belle revanche. Le moment arriva où les rôles changèrent : ce ne fut plus lui qui courut après Francisque, mais Francisque qui courut après lui.

Les comédiens du Théâtre-Français, que les parodies de la Foire blessaient au vif dans leur vanité et dans leurs succès, obtinrent, en 1722, qu'on interdirait à Francisque le droit de servir autre chose à ses spectateurs que des danses de corde et des voltiges. On réduisait le directeur de troupe comique à la portion congrue du saltimbanque. Il se crut ruiné. Tout dernièrement, à Lyon, un incendie avait détruit la défroque de ses acteurs[1], et voilà maintenant qu'on supprime ces acteurs eux-mêmes. C'est trop à la fois, il est perdu. Pourtant il tente un suprême effort qui lui réussit. Il parvient à sauver un acteur, un seul, de ce grand naufrage. Après mille supplications, on lui permet de jouer des pièces à *un* personnage! C'est un avantage obtenu ; mais qui voudra l'aider à en tirer parti? Quel

---

de l'Académie française, il pouvait lui ouvrir avec avantage la voie dans laquelle il désirait entrer. De ce que rien de cela n'arriva, je crois que Rigolley se trompe. Piron entrevit peut-être le marquis, mais certes il ne fut pas son protégé. Il existe une lettre de Boileau à M. de Mimeure, qui fut, dit-on, publiée d'après la communication que Piron en avait faite. C'est la marquise qui l'avait donnée à celui-ci. V. *OEuvres* de Boileau, édit. Viollet-Leduc, gr. in-8, p. 355.

[1] Piron y fait allusion dans le prologue de son *Tirésias*, joué aussi en 1722.

est l'auteur qui consentira à subir le joug, à se laisser lier sur ce lit de Procuste du monologue continu? Pas un n'y consent; tous désertent, ils vont aux Marionnettes, à qui l'on a laissé la parole [1]. Francisque sent sa planche de salut qui s'enfonce sous lui : il va sombrer, quand le souvenir de ce grand gaillard se disant auteur et à qui il a si longtemps défendu sa porte lui revient à l'esprit. « Voilà mon homme, » se dit-il. Et il court chez Piron, tout en se répétant sans doute : « Dieu veuille qu'il ait de l'esprit! » Il sut bientôt à quoi s'en tenir. Piron le laissa parler; tenter quelques récriminations taquines, se plaindre du passé, eût été perdre du temps, et, en ce moment, une minute même était chose précieuse. Quand il eut bien compris ce que voulait Francisque : un monologue en trois actes, à grand spectacle, aussi comique et aussi vivant que possible, il se recueillit un moment, puis lui dit que dans deux jours l'affaire serait prête. Francisque émerveillé le lui fit répéter, et, quand il vit que Piron parlait en homme convaincu et qui sait qu'il tiendra parole, il s'enfuit sans ajouter un mot. En restant une seconde de plus, il se fût volé lui-même. Avant de partir, il avait, comme par mégarde, laissé sur la table un sac de trois cents francs. Piron ne le remarqua pas d'abord; il ne l'aperçut que lorsqu'il eut fini d'écrire ses trois actes avec cette impétuosité de verve, cette ardeur prodigue qu'a si bien tout esprit de bonne trempe qui, pour la première fois, n'a plus à se contenir et s'abandonne à lui-même. A l'heure dite, c'est-à-dire après deux jours à peine, la pièce fut faite, et c'est un des chefs-d'œuvre de Piron. Sujet choisi à merveille et approprié, avec un art et une fécondité de ressources infinis, à l'exigence du monologue obligé; verdeur toute rabelaisienne du style, abondance de malice, jet inépuisable de traits acérés pleuvant comme grêle sur tous les ridicules à cribler; intarissable bonne humeur; bon rire, largement, franchement épanoui, et semblant même n'avoir pas assez de ces trois actes, vers et prose, pour s'étendre

---

[1] Ch. Magnin, *Hist. des Marionnettes*, p. 156.

en son plein éclat : tout se trouve dans cet *Arlequin-Deucalion*[1].
Piron ne s'en doutait guère. Il croyait ingénument, au contraire, avoir fait la plus piètre des parodies. Rien n'est plus triste et plus piteusement défiant qu'un auteur — je dis des bons, car les mauvais ne doutent jamais — lorsque, la fièvre de l'inspiration calmée, il roule son manuscrit et va le porter où on l'attend, mais plus souvent où on ne l'attend pas. Mieux il a fait, plus il doute. Piron en était là quand il se rendit chez Francisque, son *Deucalion* dans la poche et le sac de cent écus dans la main. S'il l'avait enfin aperçu, c'était pour se dire qu'il ne l'avait pas gagné ; et il le reportait, bien décidé à n'en rien accepter, du moment où, comme il le craignait, sa pièce ne serait pas trouvée bonne. Francisque n'eut qu'à la parcourir pour la déclarer merveilleuse. Il vit d'un coup d'œil qu'il tenait là un succès et une vengeance. En effet, avec le malin drôle mis sur pied par Piron, tous ceux qui avaient intrigué pour faire ôter la parole à ses acteurs allaient, ma foi, trouver à qui parler. Cet arlequin tout seul, ainsi stylé, valait en malice une troupe au complet déclamante et chantante, et Messieurs et Mesdames de la Comédie-Française n'avaient qu'à se bien tenir. Francisque fit à Piron mille compliments ; au lieu de reprendre les cent écus qu'il lui voyait dans une main, il lui en mit tout autant dans l'autre, et, sans tarder, l'emmena pour distribuer les rôles, ce qui ne fut pas long.

La pièce eut un succès immense. Piron, comme vous voyez, entrait par la grande porte au théâtre de la Foire [2] ; il y resta quelques années, prêt à tout, improvisant sur commande, suivant les besoins du théâtre et les exigences de l'à-propos ; faisant parler qui l'on voulait, voire des marionnettes, comme il

---

[1] M. de Soleinne possédait un manuscrit venant de Guelette, où cette pièce se trouvait avec des changements, ainsi que le *Tirésias*. Voy. *Catal. de sa Bibliothèque*; t. III, p. 177, n° 3410.

[2] Peu de mois après, il y donna l'*Antre de Trophonius*, où il eut plus de liberté que pour Deucalion. On était en effet à la dernière semaine de carême, comme il nous l'apprend lui-même, « tous les théâtres étant fermés, et le privilége des comédiens n'ayant plus lieu, ous les acteurs parlaient. » (*Œuvres*, t. III, p. 96.)

n'y fut que trop tôt forcé, lorsque Francisque, n'ayant plus même le droit de donner des pièces à *un seul* acteur *parlant*, eut été réduit, comme ses voisins la Place et Dolet [1], à la troupe de bois que lui avait fabriquée son tourneur [2].

La facilité de Piron, la souplesse de son esprit et de son caractère, si excellents tous les deux, le servirent ici à merveille. Les auteurs des anecdotes dramatiques ont rendu bon témoignage de sa complaisante fécondité, lorsqu'ils ont parlé de l'*Enrôlement d'Arlequin*, qui fut joué, en 1726, à la foire Saint-Germain, dans un de ces moments de pénurie où la verve de notre homme était l'unique ressource de l'Opéra-Comique forain. « Cette pièce, disent-ils, est une de celles que M. Piron s'amusait à faire sur le coin de la table, lorsque les entrepreneurs de l'Opéra-Comique manquaient de pièces. »

Il n'eût fallu que cette qualité de promptitude et de souplesse pour mettre Piron en crédit auprès des directions foraines. Aujourd'hui, par exemple, on ne demande guère autre chose; l'esprit n'arrive que par surcroît; c'est le superflu. Alors c'était le nécessaire, même pour les œuvres les plus humbles. En cela, Dieu merci, Piron se trouvait en fonds, non moins que pour le reste; c'est ce qui consolida sa faveur et la rendit aussi durable qu'il le voulut. Le moment vint où tout le monde le rechercha : directeurs, comédiens, collaborateurs. Le Sage et Dorneval, qui l'avaient dédaigné et tenu superbement à distance, lorsqu'il n'avait, pour se recommander, que sa pauvre mine de

---

[1] Piron donna, l'année suivante, sur le théâtre de celui-ci, son opéra-comique de l'*Endriague*, dont la musique était de Rameau.

[2] Francisque s'était attiré cette nouvelle interdiction en s'obstinant à faire jouer par sa troupe *parlante* l'opéra-comique de *Tirésias*, dont Piron était aussi l'auteur. On commença par l'envoyer coucher, lui et sa troupe, « dans un cul de basse-fosse, » puis on le condamna aux marionnettes forcées, mais non pas à perpétuité, Dieu merci !— Il avait tout fait pour obtenir de la police la permission qu'il s'était enfin donnée lui-même. « Il avait même voulu acheter le droit de contravention, mais on l'avait mis à si haut prix, qu'il s'en était passé ! » (*OEuvres*, t. IV, p. 440.)

provincial frais débarqué, furent des premiers à revenir à lui. Il se laissa faire, comme toujours ; il ne leur garda pas plus de rancune qu'il n'en avait gardé à Francisque. Le succès l'avait trop bien mis en joie pour lui laisser une ombre de mauvaise humeur. Quand la foire Saint-Germain de 1723 s'ouvrit, Piron avait déjà fait avec eux un opéra-comique en trois actes, les *Trois Commères*[1], dont il avait fourni la meilleure et la plus amusante partie[2]. En même temps, on représentait de lui, à la foire Saint-Laurent, sur le théâtre des *Marionnettes* de Francisque, *Colombine-Nitetis*, vive parodie de *Nitetis*, tragédie du pesant Danchet[3]. Ainsi ce pauvre *binbin* de province, qu'un an auparavant personne ne voulait même recevoir, se trouvait joué dans la même soirée sur deux théâtres à la fois. Mais à quoi bon s'étonner? C'est l'éternelle histoire de tous les nouveaux venus qui ont du talent. Laissez-les arriver, ils ne s'arrêtent plus, si pourtant on ne les arrête. Or, du temps de Piron, comme nous le ferons voir, l'envie se chargeait déjà de ce soin-là. Maintenant il est en plein succès, et il faut l'y laisser tout joyeux, même un peu vain, mais par ingénuité seulement, et faute d'être habitué à ce bonheur, dont il est surpris le premier. Naïf, il ne peut s'empêcher de le conter à tout le monde, et il va jusqu'à le faire dire au public, qui vient voir l'une de ses deux pièces.

« Est-ce que tu ne vas pas rester ici? dit Pierrot au docteur à la fin du prologue de *Colombine-Nitetis*.

Le docteur. Non, je vais aux *Trois Commères;* on dit que les compères qui ont travaillé après ces commères-là sont d'habiles gens.

Pierrot. Diable, oui.

---

[1] M. de Soleinne en possédait le manuscrit, *Catal. de sa Biblioth.*, t. III, p. 7.

[2] Voy. *Dict. des Théâtres*, 1747, in-8, t. II, p. 134.

[3] M. Charles Magnin (*Hist. des Marionnettes*, p. 159) remarque avec raison que Rigoley de Juvigny, qui donne à la représentation de cette parodie la date de 1722, s'est trompé, puisque la tragédie parodiée fut jouée seulement le 11 février 1723.

Le docteur. On dit pourtant qu'ils ont mis chacun quinze jours à faire le premier et le troisième acte, qui ne valent rien.

Pierrot. Oui, mais ils n'ont pas mis un moment à faire le second, qui est le meilleur. »

Voilà une *réclame* en règle, mais avec correctif, et contenant autant de critique au moins que d'éloges. Je vous disais bien que Piron l'avait faite par ingénuité.

Cette pièce des *Trois Commères*, que Piron se donnait le plaisir de recommander lui-même, contenait, entre autres malices, quelques traits fort bien aiguisés à l'adresse du *Banquet des sept Sages*, pièce en trois actes de de l'Isle, qui venait de tomber à la Comédie-Italienne. La meilleure partie de la quinzième scène du prologue roulait sur cette déconvenue :

« Le Diable. On va vous donner un Banquet qui vient de nous arriver de l'autre monde.

Pierrot. Je vais gager que c'est le *Banquet des sept Sages*.

Le Diable. Tout juste.

M. Martin. Nous ne voulons point des restes de là-haut.

Le Diable. On n'y a presque pas touché.

Pierrot. N'importe, cela sera bon.

Le Diable. Il n'y a qu'à le faire réchauffer.

M. Martin. Fi donc! c'est du maigre; les sauces tourneront. »

On aurait pu se fâcher de cette satire à la Comédie-Italienne; on aima mieux en rire et tâcher même de s'attacher l'homme dont l'esprit marchandait si peu celui des autres. Alors, en effet, sur toutes les scènes secondaires, et le théâtre des Italiens n'était pas encore autre chose, on faisait beaucoup moins d'art que de critique; on cherchait moins à se pourvoir de pièces originales que de parodies : battre en brèche par le ridicule les grandes scènes aux écrasants priviléges, la Comédie-Française et l'Opéra; se venger, par une moquerie toujours en éveil, de l'inégalité dans laquelle vous confinaient ces souverains du monde comique et chantant, telles étaient, chez les Italiens comme à la Foire, la pensée, l'occupation de tout le monde. Quand l'occasion manquait, ce qui était rare, on se critiquait entre soi, comme vous l'avez vu, pour se tenir en haleine et s'entretenir la main. Une bonne plume toujours prête, toujours aiguisée, comme l'était celle de Piron, se trouvait être une vraie fortune dans ces circonstances de malice militante ; aussi était-ce à qui l'aurait.

La critique qu'il avait faite de leur *Banquet des sept Sages* l'ayant donc recommandé aux Italiens, ils vinrent le trouver et le prièrent de mettre en parodie la *Philomèle* de Roy, musique de la Coste, qu'on venait de reprendre à l'Opéra. C'était une grosse tragédie lyrique à moitié tombée en 1705, et qu'on essayait de relever en 1723. Il s'agissait de la pousser un peu, pour que cette fois elle tombât tout à fait. Piron était homme à le bien faire ; il s'en chargea, mais ne voulut pas de collaborateurs. Le Sage et Dorneval, dont ces sortes de parodies étaient le monopole, et qui ne pouvaient s'imaginer qu'on osât s'y risquer sans l'aide de leur esprit, grondèrent tout bas, voyant Piron si hardi, et surtout se trouvant devancés par lui. N'eût-il pas été convenable qu'après avoir fait une pièce avec eux, il les admît, en bon confrère, pour une part dans cette pièce nouvelle? Piron, très-indépendant par nature, et à qui les collaborations n'agréèrent jamais beaucoup, apprit ce que grondaient entre leurs dents ses deux collaborateurs, et il se promit de les en remercier, en leur donnant la première place dans sa parodie. En effet, ils figurent au prologue de sa *Philomèle* : Dorneval, sous le nom de M. *Sans-Raison*, qu'il méritait sans doute un peu déjà, mais que plus tard il mérita bien mieux encore, lorsqu'il se fut plongé dans les chimères de l'alchimie [1] ; le Sage, sous le sobriquet moins méchant, mais tout aussi juste, de M. *Sans-Rime* [2]. On sait qu'il n'a jamais pu tourner un couplet, et que c'est ce qui le

[1] *Biblioth. des théâtres*, 1784, in-12, t. III, p. 157.

[2] Dans *Arlequin-Deucalion*, Piron avait déjà donné cette petite atteinte à le Sage : « Pourquoi le *fou* ne dirait-il pas quelquefois de bonnes choses, puisque le Sage, de temps en temps, en dit de

força de prendre toujours un collaborateur pour ses farces de la
Foire. Dorneval, qui, faute du reste, avait au moins ce qui
manquait là à l'auteur de *Gil Blas*, était son second le plus
habituel. Ce n'est pas seulement à ces surnoms transparents
qu'on les reconnaît dans ce *Prologue*, mais à mille traits encore.
A la scène III, Piron fait offrir par M. *Sans-Raison*, au crieur
qui vend les brochures, « deux tomes nouveaux du *Théâtre-
Foire* qui vont bientôt paraître. » Et, si ce n'est Dorneval ou
le Sage, qui pouvait s'intéresser autant à la vente d'un ouvrage
dans lequel leurs pièces entraient pour une si grande part?
« Nous sommes les coryphées dans ce genre-là, » avait déjà
dit M. *Sans-Raison* à la scène II, et c'est bien encore là un
propos de Dorneval. Au commencement de la même scène,
M. *Sans-Rime*, à qui M. *Sans-Raison* demandait d'où il venait, avait répondu : « Du café, passer, moyennant six sols,
ma journée à mon ordinaire : à jouer aux échecs, à dire des
nouvelles, à berner les auteurs et à dire du bien de moi. »
Sauf le dernier trait, dont je ne répondrais pas, rien ne m'attes-
tant que l'auteur de *Gil Blas* ait été un homme aussi médisant
et aussi personnel, voilà bien la façon de vivre de le Sage. Plus
vieux, ses grands ouvrages étant achevés, il s'acoquina davantage dans ces habitudes, et c'est ce qui nous explique les nom-
breuses scènes de la vie de café qu'il nous a racontées dans son
dernier livre, le *Mélange amusant*.

Dorneval et lui se reconnurent sans doute, puisque je les ai
bien reconnus; mais il ne paraît pas qu'ils en aient gardé à Piron
une éternelle rancune. Entre gens qui en faisaient métier, ces
petites méchancetés ne tiraient pas à conséquence. On se les
passait, comme choses d'habitude, et par amour de l'art. Moins
de trois ans après, Piron, Dorneval et le Sage étaient raccom-
modés, et si bien, qu'ils renouaient une collaboration et donnaient de compagnie, à la foire Saint-Germain de 1726, la
Robe de dissension, ou le faux Prodige, deux actes d'opéra-

---

si mauvaises? » Ce qui n'empêcha pas, comme on l'a vu, leur collaboration pour les *Trois Commères*.

comique faits dans ce goût espagnol que le Sage aimait tant[1].

Peu de temps avant la représentation de cette dernière pièce, Piron avait eu maille à partir avec les entrepreneurs et acteurs de l'Opéra-Comique, au sujet de sa pièce du *Fâcheux Veuvage*, jouée à la foire Saint-Laurent de 1725. Lésé dans ses intérêts, il avait dû présenter un beau mémoire, admirablement calligraphié, à M. le lieutenant de police[2]. Mais, ayant eu gain de cause de par un arrêt de ce magistrat, en date du 21 septembre 1725, il s'était déclaré satisfait, et, avec cette condescendance de caractère que nous lui connaissons déjà, il était retourné vers la troupe foraine. Sa vengeance fut un beau succès, le plus complet de ceux qu'il ait eus à la Foire. L'*Ane d'or*, qu'il donna cette même année sur le théâtre du faubourg Saint-Laurent, « eut quarante représentations consécutives, et pendant quarante jours; et je n'en fus, dit-il, ni plus vain ni plus modeste pour cela. »

Les querelles entre auteurs, directeurs et acteurs, comme vous voyez, n'étaient pas très-envenimées alors. Elles ne le sont guère plus aujourd'hui. On crie bien fort dans ce monde-là, on médit davantage, mais il est rare qu'il y ait au fond un gros levain de rancune. On sent bien qu'on est de la même famille, et, la dispute ayant fini son tapage, le raccommodement suit de lui-même. Voulez-vous une preuve nouvelle de la facilité qu'on

---

[1] En 1730, Piron ayant à peu près quitté la Foire pour le Théâtre-Français, mais le Sage y travaillant toujours, le moment de la revanche sans représailles arriva pour celui-ci, dans les deux pièces de l'*Opéra-Comique assiégé* et des *Couplets en procès*. Il s'égaya fort aux dépens du *Callisthène*, de Piron, qui venait d'être donné à la Comédie-Française.

[2] Voy. *Catal. d'autogr.*, 22 mars 1847, p. 44, n° 375. — Piron, nous l'avons déjà dit, avait une fort belle écriture; cependant les manuscrits soigneusement calligraphiés qu'on peut rencontrer de ses différents ouvrages ne sont pas tous de sa main. Son neveu, fils de son frère l'apothicaire, en avait copié la plupart. On le sait par une lettre de Piron à son frère, du 14 août 1750. Avis aux amateurs d'autographes qui ont pu croire longtemps que Piron avait deux écritures. V. le *Bulletin des Arts*, 10 oct. 1847, p. 130-131.

mettait alors à se pardonner et même à s'obliger après les plus grands chamaillis de médisance? La voici : la pièce du *Fâcheux Veuvage* ayant été interrompue dans ses représentations par la contestation dont je vous ai parlé tout à l'heure, Piron cherchait où lui trouver un refuge. A qui s'adressa-t-il? Je vous le donne en mille. A l'Opéra, dont, l'année précédente, il avait si vivement malmené la *Philomène*; et l'Opéra, bon prince, lui ouvrit ses portes. Vers la fin de la durée de la foire, il donna trois représentations de la pièce de Piron. Encore une fois, on se querellait, on se critiquait volontiers; mais on se rendait service de meilleur cœur encore.

L'année 1726 fut un moment de crise pour l'Opéra-Comique. On lui prit sa loge de la foire Saint-Germain, dont l'emplacement fut aussitôt occupé par un marché. Il se mit en quête d'une nouvelle salle, la trouva non loin de là, rue de Buci, et s'y établit; mais il fallait achalander ce théâtre neuf, et, pour cela, ce n'était pas trop de tous les gais esprits qui avaient fait la fortune de l'ancien. C'est en ce moment de péril qu'eut lieu entre Piron et le Sage cette réconciliation, au moins provisoire, dont la pièce du *Faux Prodige* fut le résultat et le gage.

Le Sage aimait le théâtre de la Foire. Son caractère, qui était un peu de la nature de celui de Piron, s'y trouvait à l'aise et comme chez lui, sans avoir à redouter cette gêne gourmée et ces grands airs pleins de superbe qui lui avaient rendu odieuse la Comédie-Française, et l'en avaient chassé après son grand succès de *Turcaret*. Ce que son caractère un peu farouche et cherchant les lieux bas avait ainsi gagné au sans-gêne, son esprit réduit à des besognes inférieures l'avait perdu en dignité. Le Sage se l'avouait sans doute; s'il pardonnait les égratignures que pouvait lui faire un confrère, il était au contraire d'une grande susceptibilité d'épiderme pour toutes les attaques dirigées par d'autres contre ses pièces de la Foire, et surtout contre l'infériorité du genre dans lequel s'usait son talent. Il le fit bien voir en cette circonstance.

On avait demandé au P. Porée de faire, pour la porte du nouveau marché, une inscription latine; et, fidèle aux principes de sa Compagnie, le jésuite n'avait pas manqué l'occasion de lancer un trait contre le théâtre, si utilement remplacé selon lui. Voici son distique :

> Quam bene Mercurius merces nunc vendit opimas
> Momus ubi fatuos vendidit ante sales

En parlant d'un latin si dégagé des plates plaisanteries du théâtre de la Foire, *fatuos sales*, comme il disait, le P. Porée oubliait les piètres comédies et les sottes tragédies que les jésuites faisaient jouer tous les ans sur les théâtres de leurs colléges. Le Sage s'en souvint pour lui. Il composait justement alors la seconde partie de son *Diable boiteux*, qui parut à la fin de cette année 1726. La seconde page du chapitre XVIII, *Ce que le diable fit encore remarquer à dom Cléophas*, fut chargée de sa vengeance. Il y changea les rôles, supposa qu'au lieu d'un théâtre de vrais comédiens, c'était un collége de jésuites qui avait été remplacé par le marché, et il écrivit : « L'écolier, apercevant des manœuvres qui travailloient à une porte fort haute, demanda si c'étoit un portail d'église qu'ils faisoient. — Non, répondit Asmodée, c'est la porte d'un nouveau marché; elle est magnifique, comme vous voyez. Cependant, quand ils l'élèveroient jusqu'aux nues, jamais elle ne sera digne des deux vers latins qu'on doit mettre dessus (suit le distique).

« — Il y a dans ces deux vers un jeu de mots le plus joli du monde. Je n'en sens pas encore toute la beauté, dit l'écolier ; je ne sais pas bien ce que signifient ces *fatuos sales*. — Vous ignorez donc, reprit le diable, que la place où l'on bâtit ce marché pour y vendre des denrées fut autrefois un collége de moines qui enseignoient à la jeunesse les humanités? Les régents de ce collége y faisoient représenter, par leurs écoliers, des drames, des pièces de théâtre fades et entremêlées de ballets si extravagants, qu'on y voyoit danser jusqu'aux *prétérits* et aux *supins!* — Oh! ne m'en dites pas davantage, interrompit Zambulo ; je sais bien quelle drogue c'est que les pièces de colléges. L'inscription me paroît admirable. »

Pendant que le Sage vengeait ainsi l'ancienne salle, Piron,

de son côté, se mettait en frais d'esprit pour dignement inaugurer la nouvelle. Comme toujours, c'est en prodigue qu'il faisait cette dépense. D'abord il donnait la parodie d'*Atis*, un acte précédé d'un prologue, qui eut, comme il dit dans une note, « l'étrenne de la nouvelle loge[1]; » ensuite, avec le Sage et Dorneval, cette pièce du *Faux Prodige*, dont je vous ai déjà parlé; puis les *Chimères*, deux actes avec prologue; puis encore, et toujours dans la même saison, un autre opéra-comique en un acte, *Crédit est mort*. Quand il fit cette dernière pièce, le titre qu'il lui donna aurait pu lui servir d'enseigne à lui-même. Quoiqu'il eût beaucoup travaillé depuis son premier succès, car en outre des farces dont je vous ai dressé la liste, il avait fait, en 1724, le *Claperman*, puis le *Caprice*, qui fut joué le 16 août à l'Opéra-Comique; en 1725, pour les Italiens, les *Enfants de la joie* et les *Huit Mariannes*, dont il sera parlé en temps utile; quoiqu'il eût, je le répète, produit autant et plus qu'aucun des plus féconds, il était toujours dans le besoin. Ce n'est pas qu'il aimât la dépense; mais l'esprit se payait si mal en ce temps-là! Point de droits d'auteurs réguliers; quelques écus une fois donnés, et tout était dit, la pièce appartenait en toute propriété au théâtre. Il n'en était peut-être pas tout à fait ainsi aux Italiens; mais à la Foire, où il travailla le plus, c'est de cette façon cavalièrement économique que l'on procédait. Il ne faut donc pas s'étonner si Piron avait toujours quelques dettes criardes piaillant après ses chausses. Ce n'est point sans raison que j'emploie cette métaphore. Son tailleur était de tous ses créanciers le plus mal payé, et partant le plus intraitable. Un matin que, selon son habitude, il était venu relancer Piron, celui-ci, à bout d'excuses, lui jeta au nez un opéra-comique dont il venait justement d'écrire la dernière ligne, et lui cria : « Porte cela au directeur de la Foire, il t'en donnera cent écus. » C'était beaucoup dire, mais en pareille extrémité on ne calcule guère. L'autre avait la réplique : « Je ne me paye pas de chansons! » cria-t-il; et, ripostant d'un geste qui renvoya le manuscrit au milieu

---

[1] Tome V, p. 542.

de la chambre, il décampa, mais pour revenir le lendemain[1].

Piron trouva le mot bon, ramassa son manuscrit et l'alla porter lui-même. Cette fois, il eut du malheur. La pièce ne fut pas mieux reçue par le directeur qu'elle ne l'avait été par l'ouvrier. Il la trouva trop leste, et même, pour la Foire, d'une grivoiserie d'allusions par trop transparentes. Il parla de la sévérité du lieutenant de police[2], d'une fermeture à craindre pour son théâtre, ce qui eût été bien fâcheux, puisqu'il ne venait que d'ouvrir ; et, bref, bien que Piron lui eût rendu de vrais services en cette année 1726, et que cette pièce fût la cinquième au moins qu'il eût écrite pour lui en cette seule saison, il refusa de la jouer. Piron la reprit, et n'y pensa plus. Mais, dix-huit ans après, on y pensa pour lui ; Monnet, alors directeur tout nouveau de l'Opéra-Comique, fut trop heureux de la trouver, et de faire du succès qu'il en avait tout d'abord espéré la planche de salut de son spectacle. Piron, quoiqu'il ne s'occupât plus du théâtre des chansons, se prêta volontiers à cette résurrection d'un ouvrage qu'il avait cru mort-né. A la place du premier titre, que l'excessive pruderie de notre langue va m'empêcher d'écrire ici, il mit celui-ci, les *Jardins de l'hymen, ou la Rose*. Le lieutenant de police, M. Hérault, ayant mis, comme son devancier, des obstacles à la représentation, il sut les lever par une lettre irrésistible qu'il écrivit à M. de Maurepas[3], et la pièce fut enfin donnée. Pour en achever l'histoire, nous allons laisser Monnet vous raconter, dans les *Mémoires de sa vie*, comment son théâtre, ainsi que je l'ai dit, y trouva réellement son salut. Il commence par quelques détails sur l'Opéra-Comique, qui ne seront pas de trop ici après tout ce que cette partie de la vie de Piron m'a entraîné à vous dire déjà sur ce spectacle : « L'Opéra-Comique, dit Monnet... avait ruiné mes prédécesseurs. Le sieur Pontau, alors posses-

---

[1] Je n'ai trouvé cette anecdote que dans les *Spectacles de Paris*, 7ᵉ partie pour l'année 1786.

[2] On alla même jusqu'à la lui soumettre, et c'est lui qui en défendit positivement la représentation. (*Anecdotes dramat.*, t I, p. 475.)

[3] Voy. *OEuvres*, t. III, p. 455, et *Anecdotes dramat.*, t. I, p. 475.

seur du privilége, homme d'esprit, mais faible, et peu propre aux détails d'une pareille direction, avait laissé tomber ce spectacle dans un tel avilissement, qu'il en avait absolument éloigné la bonne compagnie. La livrée y était en possession du parterre ; elle décidait des pièces, sifflait les acteurs, et quelquefois même les maîtres, quand ils s'avançaient sur le devant de la scène. Les loges des actrices étaient ouvertes à tout le monde. La salle, le théâtre, étaient construits à peu près comme les loges des baladins de la foire Saint-Ovide. La garde s'y faisait par un officier de police et sept à huit soldats de robe courte. L'orchestre était composé par des gens qui jouaient aux noces et aux guinguettes. La plupart des danseurs figuraient avec des bas noirs et des culottes de drap de couleur. Rien en un mot n'était si négligé, si sale, si dégoûtant même que les accessoires de ce spectacle. Voulant y mettre de la décence et de l'ordre, j'obtins une ordonnance du roi qui défendait les entrées à la livrée. Je fis construire un amphithéâtre, réparer et décorer la salle à neuf. Il était question de trouver des sujets ; on m'indiqua, comme la meilleure troupe de province, celle du sieur Duchemin, à Rouen, où était le sieur Préville, qui remplissait déjà avec distinction l'emploi de premier comique. J'en voulus juger par moi-même, et j'allai à Rouen. Les talents, l'esprit, le naturel et la gaieté de cet acteur firent une si grande impression sur moi, que je n'étais plus occupé que des moyens de l'attacher à mon spectacle. Je le laissai le maître de ses appointements, et de faire tout ce qui pourrait lui être agréable, dans la place qu'il occuperait. Aussi flatté de ces avantages que du désir d'être à Paris, il s'engagea pour la foire Saint-Laurent. Je fis alors la découverte d'un opéra-comique, le P......., *ou la Rose*, production de la jeunesse de M. Piron, dont on n'avait voulu permettre ni l'impression ni la représentation à Paris, et qu'on avait laissé jouer une seule fois sur le théâtre de Rouen. Un magistrat de cette ville, qui en avait conservé une copie, me la donna en échange d'un petit recueil de chansons assez gaies que j'avais en ma possession. »

En 1744, lorsque cela se passait, Piron, je l'ai dit, n'était plus, depuis bien longtemps déjà, un des coryphées de la Foire. Après cette saison de 1726, qui l'avait vu en si belle dépense d'esprit, il avait définitivement dit adieu à l'Opéra-Comique, soit que la déconvenue de son allégorie de la *Rose* l'eût enfin dégoûté de ce genre frivole qui, entre autres désagréments, avait celui de ne pas toujours plaire aux prudes, notamment à la police; soit que, cédant aux instances qui lui venaient de tous côtés, il eût pris le parti de se faire enfin un auteur sérieux, et de travailler pour la Comédie-Française.

Il y songeait depuis longtemps; bien mieux, quoique volontiers défiant de lui-même, il s'y sentait propre; mais les obstacles que son caractère trop faible redoutait, tandis que son esprit s'en moquait peut-être, l'avaient toujours tenu à distance. La crainte d'y trouver sur son chemin certaines gens à figure hostile l'avait éloigné plus que le reste. Voltaire était de ces gens-là. Je vais en peu de mots vous dire comment ils s'étaient connus et ce qui se passa entre eux. Ce sera vous faire du même coup toute l'histoire de Piron à la Comédie-Française.

III

Voltaire était fort bien vu à l'hôtel de Mimeure, qui fut, comme vous savez, la première maison un peu considérable dont la porte s'ouvrit pour Piron. Il prit ombrage de cette arrivée. Tout nouveau venu dans un salon, où son esprit tenait le haut bout, avait le don de lui déplaire, s'il n'y entrait pas pour se réduire au rôle de donneur de réplique ou d'admirateur muet; s'il y venait enfin non pour écouter, mais pour parler aussi. Or Piron n'était pas de ces silencieux; au contraire : l'homme à peine annoncé, l'esprit paraissait. Jugez par là du bon accueil que M. Arouet — on ne l'appelait pas encore autrement — dut faire chez madame Mimeure à ce partenaire assez osé pour se mettre d'une partie où il aimait tant à jouer tout seul. Un jeune homme de beaucoup d'esprit, M. de Genonville, fort joli garçon, rimeur très-aimable, avait eu déjà l'audace, dans ce même salon de madame de Mimeure, d'entrer avec lui en rivalité de poésie galante et de propos brillants. Arouet ne s'était point caché de la jalousie qu'il en avait conçue; dans une lettre écrite à la marquise, en 1719, se trouve ce passage significatif : « Le petit Genonville m'a écrit une lettre en vers qui est très-jolie : je lui ai fait réponse, mais non pas si bien. Je souhaite quelquefois que vous ne le connaissiez point, car vous ne pourriez plus me souffrir. » Pour cette dernière phrase, supposez Piron, au lieu de Genonville, et vous connaîtrez le fond du cœur de Voltaire à son égard, vous pressentirez déjà le bien qu'il pouvait lui vouloir auprès de la marquise.

Pour Genonville, il s'en tint à ce que vous venez de lire; mais, pour Piron, il alla plus loin. Informations prises, il sut qu'il serait facile de lui nuire mortellement. Il ne lui fallait que les moyens, il se les procura sans peine, et tout aussitôt il en usa.

C'est en 1723; il y avait un an que Piron, recommandé par ses premiers succès de l'Opéra-Comique, avait ses grandes entrées chez madame de Mimeure et était tout à fait de la maison. Cette faveur croissante n'avait pas, vous le pensez bien, augmenté la sympathie d'Arouet pour lui. Il savait d'ailleurs que l'esprit de Piron ne l'épargnait pas. Ses traits étaient sans malice sans doute, mais un mot suffisait avec Voltaire : il ne fallait qu'une piqûre d'épingle pour transpercer au vif son épiderme de sensitive. La citation un peu ironique qu'*Arlequin-Deucalion* avait faite de deux vers de son *Artémire*, tragédie récemment tombée, lui avait été surtout une injure mortelle. Le soir même, en pleine scène, il avait voulu s'en expliquer avec Piron; dès la première riposte, celui-ci l'avait désarçonné par un bon mot [1]. Arouet avait ri, mais n'avait pas pardonné. C'eût été d'une bonne âme cependant, le trait était si bénin;

---

[1] Voy. Rigoley de Juvigny, *Notice*, p. 44-45.

et puis, dans une occasion récente, Piron s'était conduit d'une si louable manière! En cette même année, en effet, Voltaire, comme vous savez, avait doublement couru le danger de mourir : il avait eu la petite vérole au château de Maisons, et, à peine quitte avec la maladie, il avait failli être entraîné dans la chute du plancher de sa chambre. Personne n'avait été plus heureux que Piron lorsqu'il avait appris que ces accidents, tous deux de nature à être bel et bien mortels, n'avaient pas eu de suite fâcheuse pour Voltaire. Il l'en avait même complimenté dans une épître en vers marotiques sur sa *convalescence* [1]. Comment Voltaire le remercia-t-il de cette politesse? Vous allez le savoir. Il commença par lui faire de son épître une assez verte critique : bien qu'à vers louangeurs on ne doive pas regarder à la rime, il lui indiqua nombre de choses défectueuses, qu'il lui conseillait de retoucher, ce que fit Piron de la meilleure grâce du monde, « autant et du mieux qu'il put [2], » sans s'apercevoir qu'ici l'écolier avait six ou sept ans de plus que le pédagogue. Mais cela n'est rien auprès du reste. Croiriez-vous que c'est le jour même où Piron, naïf, reporta chez Voltaire son épître retouchée que celui-ci choisit justement pour lui jouer près de la marquise le mauvais tour dont il faut vous parler enfin, et que Rigoley de Juvigny va vous conter pour moi : « Un jour, M. A... [3], dit-il, arrive chez la marquise d'un air triomphant, tenant à la main le scandaleux chef-

---

[1] Elle n'a été publiée que dans les *Mémoires* de Longchamps, t. II, p. 521-525.

[2] Ces mots se trouvent textuellement dans les quelques lignes de prose qui précèdent l'épître.

[3] Remarquez ici la précaution de Rigoley de Juvigny voulant dire la vérité, mais en même temps ménager Voltaire, que partout ailleurs il traite fort bien dans cette notice. Il croit tout concilier en tâchant de ne pas le faire reconnaître derrière cette initiale, qui est celle du nom d'Arouet, le seul, comme je l'ai dit, que Voltaire portât encore. Personne ne prit le change, pas même celui-ci, qui, loin d'être reconnaissant de ce ménagement, traite fort mal dans ses lettres « ce Rigoley de Juvigny », comme il l'appelle. V. ses lettres du 19 avril 1776 à la Harpe et à d'Argental.

d'œuvre dont Piron s'était rendu coupable, et qu'il croyait enseveli depuis quinze ans dans l'oubli le plus profond. Dès la porte de l'appartement de la marquise, M. A... s'écrie : « Madame, voici « du neuf : il y a bien un peu de gravelure, mais un bon esprit « comme le vôtre n'y regarde pas de si près. » Et de suite il se met à déclamer la première strophe, continue hardiment la lecture de la seconde, malgré l'étonnement de la marquise, qui lui ordonne en vain de se taire. Il n'en fait rien : elle se bouche les oreilles, il élève sa voix davantage ; elle appelle ses gens, il en rit, poursuit jusqu'à la fin, gagne la porte en disant à la marquise : « C'est pourtant l'ouvrage de cet innocent que vous « appelez votre grand benêt. »

« M. A... n'avait pas fait trois pas dans la rue, qu'il rencontra Piron face à face. Celui-ci, charmé de cette rencontre, lui dit qu'il revenait de chez lui pour lui porter une épître en vers marotiques sur sa convalescence. « Je la crois bonne, « répondit M. A..., car je n'ignore pas ce que vous savez « faire [1]. Je viens, dans le moment même, d'en entretenir la « marquise : entrez-y, vous y serez bien reçu. »

L'accueil ne fut pas bienveillant, en effet, vous vous le figurez sans peine : madame de Mimeure commença par dire à Piron qu'elle en était à se demander si elle ne lui fermerait pas sa porte ; puis, sur une question toute stupéfaite du pauvre diable, elle lui raconta la scène qui venait de se passer. Il resta comme écrasé sous le coup et ne sut d'abord que répondre. Il y avait en effet dans cette méchanceté de Voltaire, tirant de l'oubli une œuvre morte depuis quinze ans, et venant à l'improviste relancer contre Piron la fatalité d'un scandale déjà cruellement expié, mais dont cependant il ne pourrait jamais récuser la faute, quelque chose d'impitoyable et de presque satanique, capable d'interdire un moins coupable et de frapper de mutisme même

---

[1] R. de Juvigny ne connaissait pas la lettre ni par conséquent le détail des corrections indiquées par Voltaire et que Piron avait faites lorsqu'il le rencontra. Il suppose les paroles qu'il prête ici au premier d'après ce qu'il savait.

un plus éloquent. Il sentit toutefois que son salut était dans une pleine franchise, et il n'en chercha point d'autre. Dès qu'il put parler, il avoua tout, et cela avec une telle sincérité, une telle effusion de repentir, qu'à moins de supposer, ce qui n'était certes pas, que madame de Mimeure avait un cœur de rocher, son pardon devait inévitablement suivre; et c'est ce qui arriva. « Il était si pénétré, si ému, si tremblant, dit Rigoley de Juvigny, que la marquise en fut touchée : « Asseyez-« vous là, grand nigaud, lui dit-elle; dans le fond, j'en dois « plus vouloir au délateur qu'au pénitent. Il est vrai, je l'avoue, « qu'à votre air de simplicité je ne vous aurais jamais cru ca-« pable d'un pareil écart, et il ne fallait pas moins que votre « aveu pour me désabuser. » Piron, ajoute R. de Juvigny, acheva de se justifier pleinement en racontant à la marquise ce qui avait donné lieu à cette pièce scandaleuse qui faisait et ferait toujours le tourment de sa vie. »

Le biographe a raison ici de faire dire à madame de Mimeure : « J'en dois plus vouloir au délateur qu'au pénitent. » Tout nous prouve en effet que, si elle pardonna à Piron, elle ne fut pas aussi indulgente pour Voltaire. Une femme, surtout de ce monde et de ce temps, pouvait, en faisant effort de bonne volonté, excuser un écart, voire une débauche d'esprit, et l'œuvre de Piron en était une des plus excessives; mais pour une malice aussi préméditée que l'était celle de Voltaire et accompagnée de circonstances aussi aggravantes, c'était différent.

Il est probable qu'à peu de jours de là elle lui dit nettement son fait, et que la discussion qui dut s'ensuivre fut pour quelque chose dans leur brouille. Elle durait encore l'année suivante. Nous savons par Voltaire lui-même qu'il ne revit alors qu'une seule fois la marquise; encore fallut-il une bien douloureuse circonstance pour les rapprocher un instant. Madame de Mimeure venait de se faire couper le sein. « Je n'ai pu, écrit Voltaire à la présidente de Bernière, m'empêcher de l'aller voir dans cette cruelle occasion[1]. » Mais il s'en tint à « cette

---
[1] Lettre d'octobre 1724.

démarche très-chrétienne[1], » comme lui-même appelle sa visite; rien du moins ne nous donne à penser que leurs relations se renouèrent. Faut-il croire que sa liaison, alors de plus en plus étroite, avec la présidente, qui était fort amoureuse de lui et fort jalouse, en fut cause, comme la dernière lettre que je viens de citer le ferait supposer? ou faut-il voir là, de l'un et l'autre côté, une persistance de la rancune soulevée entre eux par l'affaire de Piron? Mon avis est qu'il y eut de tout cela dans leur mésintelligence, et qu'en somme la marquise ne pardonna jamais à Voltaire sa mauvaise action.

Pour Piron, c'était une première vengeance; mais il lui fallait mieux, et il sut bientôt s'en donner d'autres lui-même. Voltaire ne lui en fit pas attendre l'occasion; on pourrait même dire qu'il mit de la complaisance à prêter le flanc. C'est en cette année 1724, en effet, qu'il fit jouer *Marianne*, la plus mauvaise de ses premières tragédies. Elle tomba de la plus burlesque manière et ne fut jouée qu'une fois. C'eût été conscience de frapper un ennemi aussi platement par terre. Piron en eut donc pitié. Il attendit pour lancer son trait que la pièce se fût relevée sous un autre titre. Il connaissait son homme, et savait, depuis *Artémire*, qu'avec lui une première chute n'était pas le dernier mot d'une tragédie. L'année suivante, en effet, bien remise sur pied, baptisée à neuf, elle reparut. Piron la prit au bond, et, pour surcroît de résurrection, lui donna l'insigne honneur de revivre côte à côte avec la *Marianne* du vieux Tristan l'Ermite, dans la parodie qu'il fit représenter sans désemparer sur le Théâtre-Italien, et qu'il intitula les *Huit Mariannes*. Il n'est pas besoin de vous dire que la plus belle part de cette fustigation de tragédies revint de droit à celle de Voltaire, qui en avait été le motif.

Voltaire, pour avoir sa revanche, attendait Piron au Théâtre-Français, vers lequel, dès 1725, celui-ci avait porté toutes les préoccupations et toutes les espérances de son esprit, voué trop

---

[1] Lettre de novembre 1724.

longtemps, il l'avait enfin senti, aux bagatelles du théâtre de la Foire.

C'est en 1728 qu'il donna sa première comédie sérieuse. trop sérieuse même[1]. Elle avait d'abord pour titre les *Fils ingrats;* mais une plaisanterie de l'abbé Desfontaines, qui plus tard la paya bien, comme on le verra, lui en fit substituer un autre. La pièce n'avait pas eu, le premier soir, un très-éclatant succès, et l'abbé avait dit en sortant que ces *Fils ingrats* avaient bien mérité leur nom, puisqu'ils venaient de ternir la réputation de leur père[2]. Piron sut le mot, et, avec un froncement de sourcils tout plein d'orages et d'épigrammes, il écrivit, à la place du premier titre, l'*École des Pères*. C'est la seule méchanceté, et certes elle était bien bénigne, que je trouve sur les trousses de cette pièce d'abord peu favorisée. Voltaire s'en permit plus d'une sans doute, mais elles ne nous sont point parvenues. Je ne sache point non plus qu'il ait rien essayé pour en entraver la représentation, comme il fit pour plusieurs autres pièces de Piron. Il se réservait.

Aux représentations qui suivirent, les *Fils ingrats* se relevèrent et fournirent une carrière de vingt-trois soirées suffisamment brillantes et fructueuses. C'était encourageant pour le poëte, et il travaillait avec ardeur, caressant à la fois deux sujets, dont le premier ne tarda pas à éclore sous forme de tragédie : c'étaient tout ensemble et *Callisthène* et *Gustave*, qui ne parut que trois ans après l'autre. Sa sérieuse comédie avait assombri Piron, et il se croyait fait pour des choses plus graves encore. C'est sans rire que ce bon plaisant se regardait comme un poëte tragique. Il ne fallut rien moins que la *Métromanie* pour le détromper, et même, comme il ne persista pas dans la voie que ce chef-d'œuvre lui ouvrit, il paraîtrait qu'il ne fut convaincu qu'à moitié. Pour ses tragédies il n'avait

---

[1] « Il est singulier, dit Imbert, que Piron ait le premier introduit ce comique larmoyant qui depuis s'est si bien naturalisé chez nous. » (*Élégie sur la mort de Piron*, 1773, in-8, p. IV, note.)

[2] Perret, *Éloge de Piron*, p. 22.

pas la moindre défiance en son talent; il ne doutait que de celui des interprètes. Il faut l'entendre, dans une de ses lettres à l'abbé Legendre, déplorer le sort de ses deux chefs-d'œuvre à naître et que ces ineptes du cénacle tragique attendent pour en faire leur pâture :

« Je m'avise qu'hier, écrit-il, il y eut un début aux Français dans le rôle d'Andronic, et que le jeune prince y était aussi sot, aussi vilain, aussi mal doué qu'il y en eût en France. Sarrazin avait l'air d'un roi auprès de lui. Belle espérance pour nos muses! Je jetterais tout au diable, quand je vois cela. Comment, morbleu! mon sublime pétera dans la main d'une troupe de polissons! Il naîtra mille perles tragiques dans l'huître éclatante de mon noble cerveau, pour être jetées à des pourceaux! O mon Dieu! que vous savez bien par où humilier les mortels qualifiés des dons les plus distingués! Vous me faites penser comme les plus grands rois, et j'ai la chiasse de la lie pour organes! O malheureux *Callisthène!* ô pauvre *Gustave!* ô chimères infortunées qui errez encore dans le vague du néant de mon imagination, et qui, avant que d'éclore, êtes déjà menacées du sort de vos prédécesseurs! »

C'est à Sarrazin surtout qu'il gardait rancune. Vous voyez comment il vient de le traiter en passant; chaque fois qu'il avait à parler de lui, il l'apostrophait de même sorte et souvent plus durement. Se rappelant que ce roi de théâtre avait débuté dans la prêtrise, mais avec moins de succès encore que sur la scène, il disait : « Il n'a pas mérité d'être sacré à vingt-quatre ans, et il n'est pas digne d'être excommunié à soixante! »

En dépit de tout, quoiqu'il n'eût que ces piètres acteurs en perspective et leur talent pour espérance, il se laissait emporter à ce qu'il croyait être sa vocation tragique; il écrivait *Callisthène.* Afin de l'élaborer plus à loisir, il s'était éloigné des distractions profanes de ce Paris où on le faisait rire malgré lui, où son génie, s'évertuant à être sombre, se compromettait à avoir de la gaieté et de l'esprit. C'est à Rouen, dans un petit logement solitaire de la *Cour de la Vicomté de l'eau,* qu'il s'était réfugié; mais, imprudent! il avait donné son adresse, et les distractions qu'il fuyait lui arrivèrent sous forme de petits vers grivois, venant sournoisement, entre deux scènes lugubres, lui chatouiller la verve et le provoquer à rire et à répondre. Ils furent les mal venus, les mal reçus. Ils étaient mauvais, et, en pareil cas, c'était une circonstance aggravante. A Paris, il eût pardonné ; à Rouen, tête à tête avec son œuvre, il fut impitoyable. La tragédie aigrit le caractère. Voici ce qu'il répondit, entre autres choses aimables, à l'abbé Legendre, qui s'était rendu coupable du malencontreux envoi : « J'ai par-dessus vous trois grands avantages de nature : folie, gueuerie et vanité ; trois bases du noble métier des vers, sans lesquelles on passe tout doucement son chemin comme honnêtes gens, sans rat, sans faute et sans foux ; et je ne donnerais pas un fétu de qui s'embarque sur la mer d'Hippocrène sans cette cargaison. De cette disette provient l'horrible méchanceté de vos ouvrages... Voyez là-dessus à vous consoler. » A la fin, comme en post-scriptum, il parle de sa tragédie, qui touchait à son dénoûment, — on l'a bien vu à l'humeur noire du poëte, — et il se rassérène un peu : « Je suis venu, dit-il, finir ma tragédie en Normandie, et mes héros y sont venus chercher leur catastrophe, contre la façon de faire de ceux du pays, qui vont ordinairement chercher la leur partout ailleurs[1]. »

C'est le 7 novembre 1728 que Piron écrivait cela ; à la fin de l'année, sa tragédie était achevée et il était revenu à Paris pour lui faire faire son chemin à travers toutes les embûches des rivaux

---

[1] Cette lettre est la première du *Recueil* publié au tome IV des *Mélanges de la Société des Bibliophiles*, c'est-à-dire à un très-petit nombre d'exemplaires. En 1744, le libraire Prault avait dû en donner une édition. Il avait même obtenu déjà l'autorisation de la censure. Je ne sais pourquoi la publication n'eut pas lieu. L'abbé Legendre, à qui elles sont pour la plupart adressées, était prieur de Saint-Ouen et frère de madame Doublet de Persan, chez qui s'élaboraient les *Nouvelles à la main* qui devinrent les *Mémoires secrets* de Bachaumont. V. le livre charmant de MM. Edmond et Jules de Goncourt, *Portraits intimes du dix-huitième siècle*. Paris, Dentu, 1857, in-12, p. 52.

malveillants, les infatigables mauvais vouloirs des comédiens et les difficultés que la police ne manquait jamais de soulever, s'agit-il, comme ici, de la tragédie la plus morale. La meilleure partie de l'année 1729 se passa dans ces traverses. La pièce fut présentée. J'ignore si, par une habitude qui dénote une singulière force de mémoire et qui lui était commune avec Crébillon, son compatriote, Piron vint réciter et non lire ses cinq actes, comme il avait déjà fait pour les *Fils ingrats*[1], dont il n'écrivit les premiers vers que la pièce une fois récitée et reçue; mais je sais que *Callisthène* — qu'il fût ou non recommandé à l'étonnement des acteurs par ce nouveau tour de force — fut accueilli très-favorablement. On le mit aussitôt à l'étude, et il fut décidé que la première représentation aurait lieu à Versailles.

C'était un honneur, mais hérissé de formalités. Il fallait que la pièce à représenter devant la cour passât par le crible d'une censure extraordinaire. *Callisthène* partit pour Versailles entre les mains du lieutenant de police, et, pendant plusieurs semaines, Piron n'en eut pas de nouvelles. Inquiet, effaré, il allait s'en enquérir partout, et rien ne lui répondait. Enfin il prit le parti d'en écrire à l'abbé Legendre[2] : « *Pater bone*, lui dit-il, je cours comme une brebis égarée pour ravoir mon *Callisthène*, dont je n'ai plus ouï parler depuis que M. Hérault l'a porté à Versailles. M. Daminy voudrait-il bien prendre la peine d'en parler à M. de Meynières, que je ne puis joindre, non plus qu'approcher M. Hérault? » L'abbé n'avait pas de rancune. Il ne se souvint pas de l'algarade que Piron avait faite à ses vers; comme revanche, il lui rendit service. Il n'était que poëte amateur; un rimeur de profession eût, j'en réponds, fait le contraire.

La pièce bien sue, on partit pour Versailles; mais là autre affaire. Il ne s'agit de rien moins que de rengaîner la tragédie.

---

[1] Voyez Gaillard, *Mélanges académiques*, t. IV, p. 119.
[2] Lettre XIII du *Recueil* contenu au t. IV des *Mélanges de la Société des Bibliophiles*.

Callisthène, sur le point de naître, fut menacé de rentrer plus profondément que jamais dans son néant. On alla jusqu'à le signifier aux comédiens. « Le compliment, dit Piron, leur fut fait devant moi, sur qui ils tournaient pitoyablement les yeux. Je répondis en demandant si l'on vendait de bon vin à Versailles, et, quand un gros valet de théâtre très-désintéressé m'eut crié qu'oui, je demandai qui diable les pouvait contrarier[1]. » Ce n'était, Dieu merci, qu'une fausse alerte, suscitée, à en croire Piron, « par les suppôts de la Lecouvreur. » *Callisthène* fut joué, et avec succès.

Dans le parti hostile, « ces suppôts de la Lecouvreur, » vous avez sans doute reconnu Voltaire avec la coterie qui, ayant l'illustre comédienne en tête, s'était formée pour lui au Théâtre-Français. S'opposer aux représentations des pièces de Piron, battre en brèche ses succès, était pour cette petite faction tragi-comique des prouesses qui devaient la recommander aux sourires du maître, et dont, par conséquent, elle n'avait pas dû se faire faute. Piron, une fois l'orage passé, ne s'en souvint plus. Les applaudissements de la cour lui firent tout pardonner. Quand la pauvre Lecouvreur mourut, à quelque temps de là, il fut des premiers à la regretter[2]. C'est Sylva le médecin qui, disait-on, l'avait tuée. Comme cette mort coïncidait, pour la date, avec de nombreux assassinats commis dans les bois environnant Paris, Piron écrivit, le 30 avril 1730, à son ami le marquis Senas d'Orgeval[3] : « Je n'ose plus aller travailler à l'accoutumée aux bois de Boulogne et de Meudon, parce qu'on y trouve de temps en temps des gens égorgés. Voilà pour le passe-temps de la campagne. Ceux de la ville et de la cour ne sont guère moins tragiques, depuis la publication qu'a faite Sylva sur la saignée du pied. Comme la pratique aime à soutenir la théorie, on expédie ici je ne sais combien de monde. La pau-

---

[1] Lettre XII.
[2] Elle avait d'ailleurs joué un rôle, celui d'Angélique, dans les *Fils ingrats*, et il l'en avait remerciée par des strophes qui sont dans ses *Œuvres*, p. 100.
[3] Cette lettre est la XLVIIIe du *Recueil des Bibliophiles*.

vre Lecouvreur est une des victimes. M. Sylva était son médecin; on m'a prié de faire une épitaphe, la voici :

> L'enfer, abondant en supplices,
> Est doublement notre bourreau,
> En nous enlevant nos délices
> Et nous laissant notre fléau.
> O comble affreux, mais pas nouveau,
> De ces horreurs dont il s'honore !
> La Lecouvreur est au tombeau,
> Et son médecin vit encore. »

Avant de faire agir sa coterie contre la pièce de Piron, Voltaire avait agi lui-même. Malgré les petites méchancetés réciproques qu'ils échangeaient, ils n'avaient jamais cessé de se voir et de se parler. A quoi bon se garder rancune en effet? Ils étaient gens à se valoir en fait de médisance, et, si ce n'est pour les petites intrigues sournoises et les noirceurs, où Piron devait toujours être en reste avec Voltaire, chaque fois qu'ils se rencontraient, ils pouvaient se dire : « Nous sommes quittes, » signer la quittance d'une accolade, et, en bons ennemis très-francs, recommencer sur frais nouveaux. Je ne sais où ils en étaient de leur compte de malices à cette époque; mais Voltaire prit alors une avance qui donna à Piron beau jeu pour une longue revanche.

Ce qu'il fallait, c'était tâcher de mettre au plus mal l'auteur des *Fils ingrats* avec le tripot comique, en suscitant entre eux des discussions, un procès même, si la chose était possible; puis arriver ainsi à faire fermer à Piron les portes de la Comédie, et du même coup étouffer dans l'œuf toutes ses œuvres à naître, tragédies et comédies. A ce qu'on lui vit tenter là, on eût dit que Voltaire pressentait déjà que Piron ferait un jour la *Métromanie*. La question des droits d'auteur lui sembla l'utile guêpier dans lequel il serait bon d'engager le naïf *binbin*. L'y pousser, l'y tenir jusqu'à ce qu'il s'y fût perdu corps et biens, puis recueillir, de ce conflit dans lequel il aurait sombré, quelques bribes favorables à ses intérêts, voilà ce qu'il fallait faire, et ce que maître Arouet essaya. Par bonheur,

Piron aperçut à temps le piége et l'évita sans une avarie. L'affaire est assez bien racontée par Rigoley de Juvigny[1], qui, chose étonnante, arrive presque cette fois à démêler l'intention de Voltaire. Il ne déclare rien ; mais, sous ses grandes phrases élogieuses, il laisse deviner qu'il soupçonne une manœuvre : c'est beaucoup de sa part. « Tout le monde, dit-il, sait la modicité du prix qu'on met aux veilles d'un poëte dramatique, même le plus accrédité. *Brutus* et *Inès* devaient suivre immédiatement *Callisthène*. Les célèbres auteurs de ces deux tragédies murmuraient depuis longtemps, comme bien d'autres, de l'inégalité d'un partage où le profit demeurait entièrement aux comédiens. M. de Voltaire, que son admirable et prodigieuse fécondité rendait plus intéressé qu'aucun autre à faire cesser l'injustice, ne voulut pas néanmoins hasarder la première tentative. Il invita par écrit Piron à se trouver chez M. de la Motte. Piron s'y rendit. M. de Voltaire lui fit part de son projet, qu'il lui détailla, et, après l'avoir instruit de la conduite qu'il devait tenir avec les comédiens, le sollicita de ne point leur livrer sa tragédie de *Callisthène*, qu'il ne les eût forcés à prendre des arrangements plus convenables aux intérêts des gens de lettres. Il mit beaucoup de chaleur, ainsi que la Motte, dans les raisons qu'ils alléguèrent pour lui persuader que c'était à lui à entamer cette affaire. Piron les écouta froidement tous deux et parut étonné qu'on l'eût choisi pour faire cette démarche, lui qui n'avait encore qu'une réputation naissante ; tandis que M. de la Motte et M. de Voltaire surtout, comme seul possesseur de la scène tragique, pouvaient parler en maîtres et donner la loi. Il déclara donc formellement qu'il ne se chargerait point de cette proposition. M. de Voltaire insista vainement, en lui disant qu'il ne devait pas négliger ainsi son propre avantage ; « car, ajouta-t-il, vous n'êtes pas riche, mon pauvre « Piron. — Cela est vrai, répliqua Piron, mais je m'en... c'est « comme si je l'étais. » Sur quoi il prit congé de ces messieurs, en vrai poëte, plus avide de gloire que d'argent. »

---

[1] Notice sur Piron, en tête du t. Ier de ses *OEuvres*, in-8, p. 75-76.

Piron, qui n'eut jamais nulle part plus de caractère, se sauva ainsi du danger d'être le bouc émissaire dans une entreprise où, comme je l'ai montré, tout eût profité à Voltaire, puisque voir Piron compromis eût été une joie pour son âme jalouse, et mettre la main sur les quelques avantages qui eussent pu résulter, en faveur de la gent poétique, de la lutte engagée par Piron contre les comédiens, eût été une vive satisfaction pour son amour du lucre. Tous ces petits bonheurs de malveillance lui échappèrent; mais il eut celui de voir tomber à la ville le pauvre *Callisthène*[1] applaudi à la cour. Lui et sa cabale furent-ils pour quelque chose dans ce revirement de fortune, et faut-il leur en imputer la cause autant qu'à ce fâcheux hasard qui plaça sous la main d'un des personnages un poignard disloqué, dont, quand vint le dénoûment, les débris jonchèrent la scène aux grands éclats de rire du public? Je ne sais; mais il est certain que, lorsqu'une pièce tombe pour si peu de chose, il faut qu'on ait aidé à son malheur : or je jurerais que la cabale de Voltaire guettait ces accidents et se tenait prête à les faire naître, ou du moins à en tirer bon parti. Ce qu'elle voulut faire un peu plus tard, et plus ostensiblement, pour *Gustave* m'en est une preuve.

Voltaire, un soir qu'il rencontra Piron encore meurtri de cette déconvenue, le prit avec lui sur le ton protecteur. Il le conseilla de haut; mais l'autre le rembarra bien. C'était après le *Brutus*, qui, joué en décembre 1730, c'est-à-dire six mois plus tard que *Callisthène*, avait eu à la ville le succès de première soirée que celui-ci n'avait que trop bien vu lui échapper. Voltaire savait s'y prendre : depuis *Marianne*, il avait juré d'être infaillible au théâtre, et il l'était[2]. Dans cette rencontre

---

[1] Gaillard, dans les *Mélanges académiques*, t. IV, p. 116, a dit de cette pièce : « Il y a des mots fins et hardis dans *Callisthène*; mais ils sont maladroitement amenés et entassés sans goût. » C'est très-sévère, mais assez juste.

[2] Cependant il ne répondait pas toujours de la seconde représentation. C'est justement ce qui arriva pour *Brutus*, « que, dit Piron, la cabale de Voltaire soutint à la première, mais fut obligée d'a-

avec Piron il croyait donc avoir beau jeu, mais il comptait sans la présence d'esprit du Bourguignon, et cette verve de réplique qui lui donnait toujours raison en lui laissant le dernier mot. Lui-même, dans sa lettre du 31 décembre 1730, à Sénas d'Orgeval, va nous raconter cette petite escarmouche de passage : « Venons au théâtre, dit-il. Il paraît une tragédie de Voltaire intitulée *Brutus;* c'est celui qui condamne ses fils à mort, sujet traité par Fontenelle, sous le nom d'une demoiselle Bernard, il y a quelque vingt ans. Cet illustre prend la chose en très-mauvaise part, l'autre s'en moque ; l'habit est recousu de beau fil blanc et raccommodé avec de belles pièces de pourpre ; la friperie triomphe, et malheur aux curieux ! Les succès ne sont pas pour moi. Voltaire me conseillait là-dessus, l'autre jour, assez désobligeamment, en me disant de mettre plus de temps à mes ouvrages : « Le temps, lui dis-je, ne fait rien à « l'affaire ; mais c'est que j'ai la rage des sujets originaux qui « n'ont ni père ni mère. » Il n'y entendit point malice et continua de se moquer de mes sujets, qu'il rhabillera peut-être dans le temps[1]. »

Piron alors écrivait sa tragédie de *Gustave*. Elle fut bientôt achevée, la réception ne s'en fit pas attendre ; mais il fallut deux ans pour qu'elle fût jouée. Voltaire était plus heureux : en trois semaines, au moins le disait-il, il composait sa *Zaïre*, et, deux mois après, elle était représentée. Ainsi le 25 juin, il écrit à M. de Formont : « Ma pièce est faite, » et, dans les premiers jours de septembre, il l'entretient déjà de son succès. Si du moins il n'eût pas abusé de ce bonheur pour s'en faire une puissance contre les autres, s'il n'eût point pris plaisir à en-

bandonner à la seconde. » Cette phrase est le commentaire de ces vers de sa satire la *Calotte au public :*

> Vu l'infortune sans pareille
> De ce pauvre consul romain,
> Claqué, bien reclaqué la veille
> Et déserté le lendemain.
> *OEuvres*, t. IV, 31-32.

[1] Cette lettre est la XLI° du *Recueil*.

tasser sur leur route les obstacles qu'il rencontrait si peu sur la sienne, on n'eût peut-être pas trop crié contre la faveur et le privilége ; mais ériger le succès en sorte de monopole, ne laisser passer personne, même lentement, à grand'peine, sur cette voie que ses lestes triomphes lui faisaient si allégrement arpenter, tel était son invariable système, et il eût fallu être bien patient pour ne pas s'indigner. Partout où il pouvait servir ses intérêts et nuire un peu à ceux d'autrui, on était sûr de le trouver.

Piron l'avait de longue date appris à ses dépens ; et, pour une fois, le désir de voir enfin représenter *Gustave* venant le pousser en dehors de ses habitudes de confiance un peu nonchalante et casanière, il prit le parti de surveiller de plus près les affaires de sa tragédie, de s'attacher aux comédiens, comme faisait Voltaire ; en un mot, mais dans l'étroite limite de ses intérêts, et sans aucune pensée mauvaise contre ceux des autres, il résolut d'agir avec la persistance, et, si c'était possible, avec l'adresse qui avait si bien réussi à l'auteur de *Brutus* et de *Zaïre*.

Dans l'automne de 1732, toute la Comédie partit pour Fontainebleau, où était la cour. Piron trouva moyen de se mettre du voyage. Il avait fait là un grand effort, il s'était singulièrement contrarié et violenté lui-même ; mais Voltaire était là-bas depuis quinze jours, et il n'ignorait pas qu'il aurait tout à craindre de ses intrigues, surtout s'il se donnait le tort d'être absent pendant qu'il agirait ; c'est ce qui l'avait décidé. Il s'embarqua le 14 octobre dans les carrosses de la Comédie : « Bérénice et Titus, écrit-il, se disaient des douceurs qui ne furent jamais du style d'élégie. Le roi buvait avec ses gardes, qui lui donnaient des croquignoles. Gustave et Christiern (ce pauvre Piron pensa toujours à sa pièce) étaient les meilleurs amis du monde ; enfin, je puis dire que j'étais témoin du renversement de cent tragédies [1]. »

Pendant les premiers jours, il ne vit point Voltaire, qui,

[1] Lettre xx.

perdu dans les hauteurs, ne pouvait guère se rencontrer de plain-pied avec le modeste Piron. Il était à tout et partout, faisant en détail, en actions et par écrit, son métier d'homme universel. A la fin de ce voyage aux mille évolutions d'esprit et d'intrigue, et dont ses lettres permettent à peine de suivre le mouvement, il se trouve qu'il s'était donné le plaisir de s'entretenir longuement avec Maupertuis « du grand principe de l'attraction de M. Newton [1]; » qu'il avait activement sollicité, par l'entremise de madame du Deffant, une place de lecteur de la duchesse du Maine pour son ami Linant; qu'il n'avait pas manqué un spectacle, même lorsque Newton l'occupait le plus [2]; qu'il avait surveillé de très-près les représentations de ses pièces; et qu'avec non moins de soins il avait avisé à ce qu'on ne jouât pas celles des autres, si c'était possible. Il ne se cache point de ce méfait de confrère. Sa lettre à mademoiselle de Lubert, datée du 29 octobre, contient le détail de ses manœuvres contre une pièce qu'il parvint à faire proscrire ainsi, en dépit des princesses qui la patronnaient : « Je vois, dit-il, que vous êtes instruite des tracasseries que j'ai eues avec mon parlement, — ce sont les comédiens, — et de la combustion où toute la cour a été pendant trois ou quatre jours au sujet d'une mauvaise comédie que j'ai empêché d'être représentée. J'ai eu un crédit étonnant en fait de bagatelles, et j'ai remporté des victoires signalées sur des choses où il ne s'agit de rien du tout. Il s'est formé deux partis : l'un de la reine et des dames du palais, et l'autre des princesses et de leurs adhérents. La reine a été victorieuse, et j'ai fait la paix avec les princesses. Il n'en a coûté pour cette importante affaire que quelques petits vers médiocres, mais qui ont été trouvés fort bons par celles à qui ils avaient été adressés; car il n'y a point de déesse qui ne soit réjouie de l'amour de l'encens. » Vous avez vu avec quel

[1] Lettres des 30 octobre, 3 et 5 novembre.
[2] Il écrit à Maupertuis, le 5 novembre, après lui avoir fait une longue démonstration sur le mouvement de la lune et l'effort de la pesanteur : « Je m'en vais entendre la musique de *Tancrède*. » C'était l'opéra de Danchet et de Camps.

sans-gêne il parle de cette comédie dont il a empêché la représentation ; jugez par là si Piron a eu tort de venir ici lui-même veiller sur son *Gustave*, et s'il y a une défiance inconsidérée dans le regard paternel dont il couve son œuvre guettée et menacée par cet émerillon.

Un jour enfin ils se rencontrèrent, et rien n'est plus curieux que cette scène d'entrevue et de conversation au vol, car Voltaire tourbillonnait toujours; rien n'est plus amusant surtout que la manière dont Piron la raconte.

C'est à l'abbé Legendre qu'il en écrit [1]. Après avoir longuement parlé de la cour et de tout ce qui s'y fait, il ajoute : « Je n'y vois rien de plus vrai que la physionomie des Suisses. Ce sont les seuls philosophes de la cour : avec leur hallebarde sur l'épaule, leurs grosses moustaches et leur air tranquille, on dirait qu'ils regardent tous ces affamés de fortune comme des gens qui courent après ce qu'eux, pauvres Suisses qu'ils sont, ils ont attrapé dès longtemps. J'avais à cet égard-là l'air assez suisse, et je regardais encore hier à mon aise Voltaire roulant comme un petit pois vert à travers les flots de jeanfesse quand il m'aperçut. « — Ah! bonjour, mon cher Piron, que venez-« vous faire à la cour? J'y suis depuis trois semaines, on y « joua l'autre soir ma *Marianne*, on y jouera *Zaïre*; à quand « *Gustave?* Comment vous portez-vous?... Ah! monsieur le « duc, un mot, je vous cherchais! » Tout cela dit l'un sur l'autre, et moi resté planté là pour reverdir, si bien que ce matin, l'ayant rencontré, je l'ai abordé en lui disant : « Fort « bien, monsieur, et prêt à vous servir. » Il ne savait ce que je lui voulais dire, et je l'ai fait ressouvenir qu'il m'avait quitté la veille en me demandant comment je me portais, et que je n'avais pas pu lui répondre plus tôt. »

Vous venez d'entendre Voltaire dire à Piron : « A quand *Gustave?* » C'était pure politesse. Il le savait aussi bien et mieux que Piron lui-même, comme nous allons vous le prouver.

[1] Lettre xx.

IV

Pour voir jouer enfin sa pauvre tragédie, il ne lui fallut pas attendre moins de quatre mois encore, après le retour de Fontainebleau. Voltaire, qui lui en demandait perfidement des nouvelles, savait bien, comme je l'ai dit, que les choses n'iraient pas plus vite. Il en avait fait son affaire; en bon camarade, il n'avait rien négligé pour que les retards, qui renaissent si bien d'eux-mêmes au théâtre, se multipliassent à plaisir autour du malheureux *Gustave*. Au commencement de 1733, Piron en était encore réduit à l'espérance. Il voyait sa pièce dans une perspective plus rapprochée, mais toutefois il ne pouvait dire quand elle poindrait définitivement. Ce qu'il savait à n'en pas douter, c'est à qui il devait tous ces ajournements. S'il ne saisissait pas encore tous les fils de la trame dont on enchevêtrait son œuvre pour empêcher sa marche et la faire trébucher, du moins n'ignorait-il pas quelle était la main qui l'avait tissée, cette trame, et qui l'avait tendue. Le 1er janvier 1733, il écrit au marquis d'Orgeval : « Ma tragédie se donnera sur la fin de ce mois; elle eût été déjà donnée il y a longtemps, sans Voltaire, qui m'a barré par des menées et des souterrains qui me sont inconnus, mais qui finiront. » Là-dessus, et vous conviendrez que c'était un peu son droit, il saisit l'occasion de faire une sortie contre *Zaïre*, dont l'insolent bonheur et les prompts triomphes l'avaient si bien nargué au milieu de ces lenteurs forcées. « Il vient, ajoute-t-il, de donner une pièce intitulée *Zaïre*, qui occupe le théâtre depuis quatre grands mois, qu'il publie avoir faite en vingt-deux jours [1], et qu'il

---

[1] Voltaire s'en vante en effet dans sa lettre du 25 juin 1752 à M. de Formont.

croit excellente à cause du succès. Mais la pure vérité est
qu'elle n'a eu que vingt-huit représentations pendant un si long
temps ; que le plan et la pièce avaient été faits en entier par
un bel esprit de ses intimes ; qu'il a mis trois grands mois à la
très-mal versifier, et que, si elle eût été de tout autre auteur
moins plein de manéges, elle eût été sifflée à quadruple carillon. Bientôt la lecture en fera foi, et tout son succès se doit
à ses intrigues [1]. »

Je ne dirai pas, comme Piron, que c'est là réellement la
« pure vérité. » L'aigreur s'y mêle trop pour ne pas la frelater
un peu ; mais il n'est pas moins certain que, lorsque Voltaire
travaillait à sa *Zaïre*, M. de Formont, *l'un de ses intimes*,
lui avait adressé, sur le même sujet, un plan de tragédie qui,
quoi qu'il en ait dit [2], put fort bien ne pas arriver en retard.
Il est plus avéré encore que la pièce, à la première représentation, fut trouvée très-négligée de style, et que si Voltaire
n'eût pris la peine d'en retoucher un à un presque tous les vers
pour les représentations qui suivirent, et surtout pour l'impression, l'insuccès de lecture eût donné complétement raison à ce
que Piron vient de dire. « Je suis bien fâché, écrit Voltaire à
M. de Formont [3], que vous n'ayez vu que la première représentation de *Zaïre*. Les acteurs jouaient mal, le parterre était
tumultueux, et j'avais laissé dans la pièce quelques endroits
négligés qui furent relevés avec un tel acharnement, que tout
l'intérêt était détruit... Je vais travailler la pièce comme si elle
était tombée. Je sais que le public, qui est quelquefois indulgent au théâtre par caprice, est sévère à la lecture par raison.
Il ne demande pas mieux qu'à se dédire et à siffler ce qu'il a
applaudi. » Vous voyez que Piron, bien qu'un peu d'exagération dans la médisance eût été excusable de sa part, est à peine
sorti de la vérité la plus stricte, et qu'il n'en a pas dit beaucoup plus que Voltaire n'en a lui-même avoué. Cela servira de

[1] Cette lettre est la LV° du *Recueil des Bibliophiles*.
[2] Voir la même lettre.
[3] Septembre 1733.

caution à sa sincérité pour ce que nous en avons dit et pour ce que nous aurons à en dire.

Enfin, le 6 février 1733, *Gustave* fut joué. Voltaire avait bien voulu que *Zaïre* lui cédât la place; mais ce n'avait été toutefois qu'à son corps défendant et avec de secrètes intentions de nuire, de certaines velléités de cabale, contre lesquelles Piron fit fort bien de se tenir en garde. Le lieutenant de police, qui, sur la recommandation de M. de Livry, l'avait en amitié, lui en fournit les moyens. Aux amis de Voltaire, beaucoup trop chauds pour leur patron, et trop menaçants pour la pièce nouvelle, il opposa toute une escouade de soldats du guet, qui, disséminés dans l'orageux parterre, l'obligèrent à l'attention et au silence[1]. Piron ne voulait pas autre chose. Pour peu qu'on l'écoutât, non point pourtant avec cette admiration préméditée qui dès les premiers vers ne manquait jamais de faire enthousiasme autour des tragédies de Voltaire, mais avec recueillement ou du moins avec convenance, il était content; c'est tout ce qu'il réclamait du public. Le ministre aidant, il y parvint; mais bien lui prit que sa pièce fût bonne. Ce recueillement un peu forcé était en effet de nature à dégénérer contre elle en un silence de mort, si rien ne venait en secouer la torpeur de commande et faire jaillir le succès. Heureusement, *Gustave*, qui aujourd'hui ne nous étonnerait d'aucune manière, avait pour son temps des mérites d'originalité et d'audace qui tout d'abord remuèrent profondément le public, et le poussèrent tout enflammé aux applaudissements[2]. Ce fut un triomphe et sans encombre encore une fois, grâce à messieurs du guet, qui

---

[1] Note de Piron au bas d'une de ses épîtres, *OEuvres complètes*, t. VII, p. 99.

[2] Piron y avait poussé l'effet dramatique à l'extrême, et cela de propos délibéré. Le 6 décembre 1731, il écrit au marquis d'Orgeval (lettre xxxixe) : « Nos comédiens, depuis la mort de Baron et de la Lecouvreur, n'ont plus de quoi faire valoir les choses fortes et majestueuses. Il faut outrer le pathétique pour tirer quelque parti du théâtre; le merveilleux romanesque des situations sauve la mal-façon des acteurs. »

n'eussent pas mieux demandé que de crier *holà* aux cabaleurs.

Piron dédia sa pièce à M. de Livry. Depuis *Callisthène*, dont il s'était fait l'inébranlable admirateur [1], M. de Livry était le Mécène le plus chéri de notre poëte.

Lorsqu'il n'était pas chez madame de Mimeure, son excellente et fidèle protectrice [2], ou bien à Saint-Ouen, dans cette charmante et grasse métairie, « prioral ermitage » de l'abbé Legendre, dont il a fait un si friand éloge dans sa jolie épître à mademoiselle Cheré [3]; lorsqu'il n'était pas en retraite poétique dans quelque coin de la Normandie, comme à l'époque où nous l'avons vu finir *Callisthène* [4]; lorsqu'il ne dînait pas chez mademoiselle Quinault [5], rue d'Anjou-Dauphine; lorsqu'il ne soupait point enfin au milieu de la ménagerie de gens d'esprit qu'hébergeait madame de Tencin [6], vous pouviez l'aller chercher à coup sûr chez M. de Livry, soit à son hôtel de la rue du Pot-de-Fer [7],

---

[1] Rigoley de Juvigny, *Notice*, p. 58.

[2] Il logeait encore chez elle à cette époque. Dans la lettre à l'abbé Legendre, du 17 mars 1735, la XLIX° du *Recueil des Bibliophiles*, il donne son adresse : « Chez madame la marquise de Mimeure, rue des Saints-Pères. » Mais, le plus souvent, il logeait chez Chanoine, un baigneur voisin.

[3] *OEuvres*, t. VI, p. 24-32. Mademoiselle Cheré était une actrice de la Comédie de Marseille. Laus de Boissy, dans son *Secrétaire du Parnasse*, ayant attribué cette jolie pièce à Voltaire, celui-ci s'en défendit dans une lettre qu'il lui écrivit le 7 décembre 1770.

[4] Il y retourna une fois avec les deux Crébillon, père et fils, qui, sans le faire connaître, le menèrent chez le marquis de Janisy. *OEuvres*, t. VI, p. 67.

[5] Il n'y trouvait pas toujours la cuisine bien fournie. *OEuvres*, t. VI, p. 102-103.

[6] *OEuvres*, t. VI, p. 45. On sait que madame de Tencin les appelait ses *bêtes*, et qu'elle leur donnait tous les ans aux étrennes deux aunes de velours pour qu'ils s'en fissent faire des culottes. *OEuvres*, t. VII, p. 192.

[7] *OEuvres*, t. VI, p. 94.

soit à Livry, soit encore au Raincy, qui était alors la propriété de l'aimable seigneur [1].

Il y rencontrait souvent Voltaire, et il tâchait alors de vivre du mieux qu'il pouvait avec lui. Autant qu'il lui était possible, il imposait silence à son esprit, qui, devant cet adversaire, ne demandait qu'à entrer en escarmouche et à chamailler vivement. C'était pour lui une dure extrémité; mais il y allait, il le savait, de la tranquillité de la noble maison qui lui était si hospitalière, et même du repos conjugal de M. de Livry. Une querelle entre Piron et Voltaire n'eût été rien moins qu'une affaire de guerre civile dans le ménage. Le marquis tenait pour Piron ; mais la marquise, vive et romanesque Provençale, trop engouée des « exquises chansonnettes du gracieux Goudouli [2] » pour priser comme il fallait la verve et la verdeur de notre Bourguignon, tenait vaillamment pour Voltaire, qui l'avait prise au trébuchet de ses madrigaux, au miel de ses poétiques louanges. Lorsque les deux champions se trouvaient face à face dans le salon de Livry, force leur était donc d'en venir aux armes courtoises, d'éteindre leurs feux ou tout au moins de n'en faire qu'une artillerie de fête et de plaisir. C'est ce que dit beaucoup mieux que nous Piron, dans l'épître qu'à ce sujet même il adresse à M. de Livry [3]. Que Voltaire, dit-il dans une longue périphrase :

> Soit le poëte de madame
> Et moi celui de monsieur ;
> Apollon vous les envoie
> Comme beaux faiseurs de feux
> Et d'artifice et de joie.
> Ils seraient bien malheureux
> De ne pas valoir tous deux,
> Deux perroquets ou deux singes.

Puis il entre dans la description de ces gerbes croisées, de ces

---

[1] Voir une *Lettre* de la Chaussée, *Revue rétrospective*, 31 janvier 1738, p. 34.

[2] Œuvres de Piron, t. VI, p. 22.

[3] *Œuvres*, t. VI, p. 17-24.

deux esprits qui ne demanderaient qu'à s'entre-choquer, mais
qui s'évitent, et qui se contentent d'éclater sans incendies, d'é
tinceler à l'amiable chacun à son tour. *L'un*, c'est Voltaire :

> L'un joli newtonien,
> Historien algébriste,
> Jamais ne doute de rien ;
> L'autre, un peu pyrrhonien,
> Est bon pantagruéliste.
> Cavalier ambitieux,
> L'un, piquant droit vers les cieux,
> Met Pégase hors d'haleine ;
> L'autre va, rasant la plaine,
> Mais assez haut pour ne pas
> Tremper ses ailes dans l'onde,
> En même temps assez bas
> Pour que la cire ne fonde.

Chacun aura brillé à sa manière, chacun aura donc sa récompense à part :

> Pour jetons (car en ce monde
> Chacun vit de son métier :
> De son tracas Radegonde,
> Barnabas de son psautier),
> Pour jetons, chaque séance
> Pourra valoir au premier
> Le plus beau souris de France,
> Souris plein de bienséance
> Et de finesse et d'esprit.
> . . . .
> C'est payer son poëte en reine.
> Vous fournirez le pendant :
> Le vôtre aura cependant,
> Dans un seau de porcelaine.
> Vin natal à son côté.
> Soif de chantre, hiver, été,
> Égal appétit, sans faute,
> Esprit et cœur en gaieté,
> Excellent visage d'hôte,
> Grande chère et liberté.

Quoi que Piron en dise ici, et quoique, par la bonn- hu

d.

meur qu'il met à les chanter, il fasse croire à celle qu'il apportait dans ces joutes d'esprit, ne croyez pas qu'il s'y complût jamais beaucoup et les abordât avec plaisir. Voltaire ne les recherchait pas davantage. Il en est de ces passades de bel esprit comme de toutes les luttes : elles plaisent à la galerie, mais rarement à ceux qui y payent de leur personne; soit que, ayant d'eux-mêmes cette secrète défiance qui saisit les plus sûrs et les plus fiers, ils craignent de déchoir par la comparaison, et c'est le sentiment qu'éprouvait Voltaire, surtout lorsqu'il avait Piron pour antagoniste; soit qu'il y ait de leur part nonchalance à entrer en lice, paresse à s'allumer. Or c'est justement ce qui dominait notre poëte, à qui ses nombreux succès de causeur n'avaient donné aucune assurance pour en conquérir d'autres, et qui, chaque fois qu'il se trouvait dans un salon, était aussi empêché, aussi timide que le premier jour qu'il était entré dans le monde. Il est vrai qu'au premier mot il était en verve, la fusée partait et ne s'éteignait plus. Mais il fallait ce premier mot, et, plutôt que de l'attendre, Piron ne venait pas.

Il aimait mieux, lorsqu'il était à Paris, s'aller perdre tout rêveur sous les arbres du bois de Boulogne, le but préféré de ses promenades, comme lui-même nous l'a déjà dit; ou bien, quand il était au Raincy ou à Livry, s'égarer sous les grands arbres du parc, au risque de donner contre tous les piéges, chausses-trapes ou autres que sa distraction toute poétique ne lui eût pas fait éviter, quand même sa mauvaise vue lui eût permis de les voir. C'est à Livry qu'il fit le plus beau de ces sauts périlleux. On voulut en marquer la place pour avertir les autres et lui-même à l'avenir, si c'était possible. On planta un long pieu au sommet duquel quatre P gigantesques se lisaient sur un écriteau. Ils voulaient dire : « Piron pensant pensa périr. » Lui-même s'est amusé de son accident et de l'écriteau. Là, dit-il dans son épître sur *Livry, ou le vrai Parnasse*[1] :

> Là, comme une belle anecdote,
> On montre le tertre escarpé,

[1] *Œuvres*, t. VI, p. 89

Célèbre par les quatre P
Du général de la Calotte [1].

Tout endroit lui était bon, pour peu qu'il y fût seul à rimer
ou à se réciter ses vers. Un jour, c'est dans le temps qu'il faisait *Gustave*, ne le trouva-t-on pas qui avait gaillardement enfourché le sommet de la double échelle qui servait à tondre les
charmilles! On se garda bien de le déranger : distraire un poëte
si haut perché, c'était au moins aussi périlleux que de réveiller
un somnambule sur un pignon; seulement, le lendemain,
quand il regrimpa sur ces hauteurs branlantes qui le mettaient
de plain-pied avec celles de sa tragédie, il trouva son Pégase
plus au complet : on l'avait muni d'une selle et d'étriers!
Charmé de cette attention galante, il ne manqua pas d'indiquer
ce sommet caparaçonné aux poëtes en quête d'idées élevées :

> Si votre esprit, comme à Piron,
> Tarde à s'élever en extase,
> Sous votre main est un Pégase
> Qui caracole tout le long
> De la haute et verte charmille :
> Vous le montez par échelon,
> Par degré la veine pétille,
> Et sur la monture gentille
> Vous mettant à califourchon,
> La rime heureuse et sans cheville
> Se présente à vous et fourmille
> Dans la moyenne région,
> Si, plus quinteuse qu'une mule,
> Elle osait vous échapper là,
> Tenez bon et rattrapez-la,
> Ou traitez-moi de ridicule.

La pleine liberté du propos et de la pensée, une complète
facilité pour vivre à sa guise, à son caprice, et pour prendre ses
aises, même à la façon de tout à l'heure, c'est-à-dire la plus incommode et la plus périlleuse du monde; un petit coin, mais

[1] C'est-à-dire des fous sans nombre qui composaient le fameux
régiment de la *Calotte*.

qui eût de l'écho, où il pût, à ses heures, songer ou rire, déclamer ou chanter, le tout en buvant un peu : voilà ce qu'il fallait à Piron, rien de plus. Ah! si l'on ne l'eût pas dérangé, comme il eût été heureux! Mais, fuyait-il le monde, le monde, et je dis le plus beau, le mieux tiré, venait chez lui et prenait d'assaut sa mansarde. Son esprit était un traître, il le dénonçait à toutes sortes de gens qui venaient lui voler son doux loisir de songe creux et sa bonne paresse. Un soir du mois d'octobre 1733, qui croyez-vous qui vint heurter à sa porte? Je vous le donnerais en mille. C'étaient MM. de Nevers, d'Anville, de la Trémouille, trois ducs, rien que cela, puis le prince Charles, et avec lui cinq autres des premiers seigneurs de la cour. Pourquoi cette escalade, cette invasion? Je ne sais; mais je jurerais que Piron, toujours farouche, avait longtemps évité leurs petits soupers, et que, pour n'y rien perdre, la très-noble compagnie avait fait le complot de venir manger le sien. Le tour était bon; ce fut l'avis du joyeux gaillard pris au piége, et bravement il leur fit fête.

> Dans mon tabernacle enchanté
> Le même jour je bus en brave
> Neuf rasades à la santé
> Des neuf grands qui chez leur esclave
> Dirent leur *Benedicite*.
> Toute grande solennité
> Toujours mérite son octave[1].

Il a beau dire, ce qui lui plaît le mieux, ce ne sont pas les repas pris avec de tels convives, quelle que soit l'aise que l'ivresse environnante y donne à son esprit, quel que soit l'applaudissement émerveillé qui salue chaque trait de sa verve; ce sont plutôt ces bons petits soupers bourgeois où il rit, boit et s'amuse sans spectateurs, où il est aux autres aussi peu qu'il veut et à lui-même autant qu'il lui convient; ces soirées de famille qui sont des fêtes parce qu'elles ne visent point à l'être, où,

---

[1] *Journal du mois d'octobre 1733*, à M. de Livry. Œuvres, t. VI, p. 98.

après boire, chacun se rencogne en ce qui lui plaît le mieux : qui dans ses rêveries, qui dans une bonne causerie sur des choses qui lui agréent, qui dans une partie de cartes où l'on joue petit jeu, selon l'usage des bourgeois et même des poëtes de ce temps-là. « Savez-vous où tout en est à présent? écrit-il un soir à l'abbé Legendre au milieu du bourdonnant tapage d'une de ces soirées, et tout jubilant lui-même de cette liesse bourgeoise. On brouille les cartes, on remue la mitraille, ma tante tricote, les petits chiens tettent, et moi, je songe à vous, moi uniquement ; car, des autres, l'un a peur d'avoir mauvais jeu, l'autre de perdre une maille, Roliche de perdre un petit. Morbleu! la belle lettre! Voilà comme on devrait écrire : les Épîtres ne feraient pas partie de l'Écriture sainte, mais elles seraient plus pleines de vérités. Adieu, mon cher supérieur, à demain. — Quel feu! quelle abondance! ajoute-t-il encore avant de clore cette lettre très-longue, dont je ne vous donne qu'un fragment. Dame! voilà Piron : bien des mots, point de sens, point de monde [1]! »

Le mot est lâché : « Point de monde! » c'est-à-dire une complète indépendance de tout usage et de toute gêne [2]; l'ignorance la plus absolue de l'étiquette et le plus ardent désir de l'ignorer toujours ; oui, c'est bien là Piron tout entier. Il ne faudrait que cet aveu-là pour vous expliquer ce que je vous disais tout à l'heure sur sa répugnance à se mêler aux gens avec lesquels ce savoir-vivre, dont il tenait tant à rester émancipé, devenait indispensable. Je ne veux pas non plus autre chose pour comprendre ce qu'il écrit encore au même abbé Legendre, qui voulait l'introduire dans la société de sa sœur, madame Doublet.

Là, Piron sait bien qu'il se trouvera dans une société toute de mélange, où la médisance fait l'égalité, où, s'il y a supério-

---

[1] Cette lettre est la IIe du *Recueil des Bibliophiles*.

[2] Il se donnait pourtant celle d'être exact. Au moins, ce qui n'est peut-être pas la même chose, l'exigeait-il des autres ; on le voit par sa lettre à Fuzelier, qu'a publiée l'*Isographie*.

rité et noblesse, c'est pour l'homme d'esprit ; n'importe, il se défie, il se connaît gauche et embarrassé, petit défaut de nature sur lequel se jugent volontiers les nouveaux venus. Comment saluera-t-il? que dira-t-il? trouvera-t-il même un mot? Il en est à se faire ces questions, et, en fin de compte, toujours pressé par l'abbé, il lui écrit : « Annoncez bien une bête à madame Doublet, et j'y ferai bon [1]. » Le jour de se rendre à l'invitation approche, et il se raisonne encore; n'était le respect humain et certain espoir en l'indulgence de la dame et des gens du lieu, il reculerait presque. Oh! que les sots n'ont point de ces timidités et de ces terreurs-là! Il écrit de nouveau à l'abbé Legendre : « Je me rendrai samedi, à midi trois quarts, chez madame Doublet, dont vous m'envoyez l'adresse; j'y ferai maussadement la révérence, j'y boirai, j'y mangerai, je dirai grand merci et je m'en reviendrai. Tout cela vaut fait. Quant à l'idée que j'y laisserai de moi, ce sont les affaires de Dieu, caprice de ma part et de la déesse Indulgence de la part des autres, et voilà tout. »

Errer dans les allées des Tuileries, se perdre sous les taillis du bois de Boulogne, puis revenir à Paris pour s'égarer encore tout en rêvant, tout en rimant dans les rues, sur les quais, aux endroits les plus populeux, les plus animés, car on eût dit que sa verve fatiguée dans la solitude prenait plaisir à se délasser dans le bruit : telle était la vie de Piron à ses bons jours.

Il aimait le peuple de Paris ; il sentait qu'il y avait entre eux comme une sympathie de franchise et d'esprit. Il a fait pour ce populaire, à qui plaisaient tant alors les couplets et les bons mots, nombre de chansons, non pas celles qu'on lui prête et qu'on réimprime si souvent, ce qui est un double tort, mais d'autres qu'on ne songe pas à faire connaître, ce qui est un tort aussi. Elles roulent sur les seuls sujets qui fussent patriotiques à cette époque, le retour du roi, par exemple, qui fut une si

---

[1] Lettre v^e.

grande fête en 1744; la naissance du Dauphin[1], etc., etc. Piron mettait en couplets à rimes gaillardes et grivoises ce que d'autres étendaient en odes sottes et pompeuses. N'avait-il pas bien raison? Sa chanson était bientôt troussée, il ne la faisait que le moment venu, et ne courait pas ainsi les mêmes risques que ce pauvre abbé Pellegrin, qui, après avoir passé six mois à rimer pour la naissance d'un prince, eut le chagrin d'apprendre que la reine avait mis au monde une princesse. Par bonheur, ses vers retrouvèrent leur emploi l'année d'après. « On fait des prières publiques pour obtenir un Dauphin du Seigneur et du roi, écrit Piron le 6 octobre 1732[2]. Il est sûr qu'un Dauphin réjouirait bien la maison royale, la France, l'Europe et l'abbé Pellegrin, qui avait fait un millier de vers à la naissance de la dernière fille dans l'espérance que ce serait un garçon. »

Quand sa chanson était faite et lancée, Piron se donnait le plaisir d'aller l'entendre brailler sur le pont Neuf, l'un des endroits de Paris où, même sans que sa vanité d'auteur l'y appelât, il aimait le plus à flâner et à observer. Lors des réjouissances dont la naissance tant désirée du Dauphin fut l'occasion, il y fut témoin d'une scène qu'on nous saura gré, j'en suis sûr, de lui laisser raconter ici, car il a fait passer dans son récit tout l'amusement qu'il dut y prendre :

« Le grand Thomas, écrit-il donc[3],

Si bien connu de vous et de toute la terre,

a voulu se mettre des magnificences qu'on a faites en réjouissance du Dauphin. Il fit distribuer des billets à la main avant-

---

[1] Le tome IV des *Mélanges des Bibliophiles* contient aussi un certain nombre de ces chansons.

[2] Lettre XLII°.

[3] Lettre XL°. — Nous avons parlé de cette curieuse scène dans le sixième chapitre de notre *Histoire du pont Neuf*. (*Revue française*, n° 41, p. 264.)

hier, par lesquels il donnait avis au public qu'il arracherait quinze jours durant les dents *gratis* et qu'il tiendrait un jour entier table ouverte sur le pont Neuf. Il avait marqué la salle à manger dans le préau grillé où est la statue de Henri IV. Il avait fait, entre autres provisions, celle de six cents cervelas. Plusieurs honnêtes gens avaient retenu des fenêtres pour voir servir un si noble repas. Mais l'homme propose, et Dieu dispose. M. le lieutenant de police, on ne sait pourquoi (on dit que c'est parce que les billets d'avis étaient imprimés sans sa permission), a envoyé saisir le repas hier, jour de l'invitation, avec défense au grand Thomas de se montrer de la journée sur le pont Neuf. Cependant arrivèrent les conviés, n'ayant pour robe nuptiale que leur chemise sale, des bonnets gras, des tabliers de cuir et des sabots. Ces messieurs, n'ayant trouvé sur le pont Neuf ni pot-au-feu ni écuelles lavées, se rabattirent au quai Conti, où demeure l'amphitryon. Ils frappèrent insolemment et dirent que le public était sacré et qu'on ne se moquait pas ainsi de lui. Le grand Thomas, se présentant à une fenêtre comme à une tribune, crut pacifier ces affamés par l'aspect de son auguste visage et cette éloquence publique dont il a depuis si longtemps l'usage. Ventre à jeun n'a pas d'oreilles. Les convives se mutinèrent à tel point, que le grand Thomas fut contraint, dans cette extrémité, de tirer dehors le seul plat que lui avait laissé l'inspecteur de police; il sortit avec un gourdin, dont il régala les plus pressés. Je vis servir ces entrées-là, j'eus même le plaisir d'offrir un cure-dent à un crocheteur qui se plaignait des épaules. Amphitryon passa la journée à voir casser ses vitres, et à faire des sorties de temps en temps, au grand plaisir de ceux qui étaient loin des miettes de la table. Grébert et moi, présents à ce festin, en avons tant ri, que les reins nous en ont fait presque aussi mal qu'aux convives. »

Quel dommage que Piron n'ait pas, comme cette fois, mis à profit toutes ses flâneries et n'ait pas écrit en ce style l'histoire des rues de Paris de son temps!

V

Piron fut toujours le plus désintéressé des hommes, et de tous les poëtes le moins quêteur de bienfaits. Sans doute, et ce qui nous reste à dire le fera bien voir, la générosité des grands seigneurs lui vint souvent en aide, car en ce temps-là toutes les prodigalités ne se dépensaient pas en plaisirs : dans chaque luxe bien entendu, l'homme de lettres de la maison, le poëte familier, avait toujours sa part : Piron du moins ne réclama jamais la sienne. Il se laissa faire par cette bienfaisance intelligente et discrète, mais ne la sollicita point. Dans ses lettres, on le voit souvent qui remercie, jamais on ne l'entend qui demande. Écoutez, par exemple, ce qu'il écrit le 6 décembre 1731 à Senas d'Orgeval[1] : « J'ai reçu, mon cher et généreux marquis, votre lettre de change de onze cent vingt livres. Il n'y a que moi et Dieu qui sachions le bien que je vous en veux et le compte que je vous en tiens ; je connais trop ce que l'on vend l'argent à la jeunesse et combien les gens de condition sont plus propres à faire des créanciers que des débiteurs. » N'est-ce pas là un charmant *récépissé*, et peut-on remercier avec plus d'esprit et moins d'humilité ? Il est vrai qu'avec le marquis c'était presque une quittance. Il lui avait rendu service en mainte occasion. Resté avocat, même après être passé poëte, Piron avait aidé M. d'Orgeval de ses conseils dans les nombreux procès qu'il soutenait à Paris[2], et c'est moins comme prêt que comme à compte qu'il avait dû recevoir la lettre de change ; mais que

---

[1] Lettre xxxixe du *Recueil des Bibliophiles*.
[2] Voir la lettre xxxviiie, et *Revue rétrospective*, 2e série, t. IV, p. 465. Piron était plus fort en droit qu'il ne voulait le paraître. Il avait fait de bonnes études, qu'il n'avait pas oubliées. La bibliothèque de Dijon possède deux ou trois volumes in-folio de jurisprudence transcrits tout entiers de sa main. *Bulletin de l'Alliance des Arts*, 10 octobre 1847, p. 170-171.

ce fût l'un ou l'autre, avouez qu'on ne pouvait plus délicatement en accuser réception. Demander, même lorsqu'il en avait mieux le droit, était pour Piron la chose la plus pénible du monde. Ce qui lui arriva avec M. le comte de Tessin, ambassadeur de Suède, en est bien la preuve. De longue date il connaissait ce seigneur [1]; il n'avait qu'à dire un mot pour obtenir de lui un très-riche présent; la reine, dont M. de Tessin était le ministre en France, avait elle-même donné des ordres; mais, au moment de parler, au lieu du mot nécessaire, je ne sais quelle boutade trop patriotique et trop désintéressée lui vint à l'esprit; il la lança, fut applaudi, mais n'obtint rien. Du reste, voici l'anecdote telle qu'il l'a racontée lui-même dans une lettre à sa mère datée du 2 avril 1737 [2] : « Vous me parlez, dit-il, d'une aventure altérée par les rapports; c'est au sujet de la reine de Suède [3]. La vérité du fait est que cette princesse est la dernière tête vivante du sang de Gustave, et qu'ayant fait une tragédie, il y a quelques années, sous le nom de ce héros, qui eut du succès, j'osai, comme cela paraissait assez naturel, en adresser un exemplaire à Sa Majesté par son ambassadeur, que j'avais l'honneur de connaître. La reliure et les armes de la reine, que je fis mettre en or dessus, me coûtèrent un louis; et j'accompagnai l'envoi de vers convenables, autant qu'il fut possible à mon petit esprit [4]. Elle écrivit à son ambassadeur, et, au bas d'une longue lettre écrite par un secrétaire de son cabinet, elle écrivit par apostille de sa propre main : « J'ai reçu la « tragédie de *Gustave*, et l'ai lue avec un vrai plaisir. Témoi« gnez-en ma satisfaction à l'auteur, et faites-lui de ma part un « présent tel qu'il convient que je lui fasse. Je m'en remets à « vous là-dessus. » L'ambassadeur montra sa lettre à Versailles,

---

[1] Voir, dans les *OEuvres*, in-8°, t. II, p. 569, une lettre de ce ministre à Piron.

[2] *Revue rétrospective*, t. I, p. 101. Le fait se trouvait aussi raconté dans l'*Encyclopédiana*.

[3] Ulrique-Éléonore, sœur de Charles XII.

[4] Ce sont des stances qui se trouvent dans les *OEuvres*, t. II, p. 120.

au souper. M. le comte de Livry, à qui ma reconnaissance a dédié cet ouvrage, et qui, par conséquent, s'intéresse à ce qui me concerne, me vint chercher le lendemain pour me présenter en cette qualité à l'ambassadeur de Suède. Son Excellence me fit toutes les politesses imaginables, et me fit lire ce que la reine avait apostillé de sa main. M. de Livry me dit là-dessus de notifier l'espèce de présent que je souhaitais qu'on me fît. On était en guerre en ce temps-là, et la cour de France négociait avec la Suède pour en obtenir du secours. Je répondis en bon citoyen et très-gaiement. Je dis que je ne demandais pour tout plaisir à la reine que d'envoyer dix mille hommes au roi Stanislas. » Cette demande fit rire et fut généralement applaudie à la cour, à qui M. de Livry se fit un plaisir de la rapporter. Mais, ce que personne n'aurait cru, tout en resta là, et j'en fus pour mon désintéressement romain ; en quoi l'ambassadeur, à qui je n'en ai jamais reparlé depuis, est généralement désapprouvé, n'y ayant ici aucun ministre étranger qui n'eût souhaité d'avoir une pareille commission pour s'en acquitter au mieux. Voilà le fait exactement. J'en ai été pour les frais d'exemplaires, et c'est où se réduit ce beau présent que votre public me donne de sa grâce. »

Ce cadeau, quel qu'il fût, mais sans doute, suivant une très-sage habitude des Mécènes de ce temps-là, on l'eût donné en bel argent comptant, aurait cependant été le bienvenu dans l'humble logis du poëte. Il n'était guère en richesse alors, et de Dijon, sa mère, restée veuve depuis 1727, lui criait souvent misère. Il lui avait laissé tout le bien paternel sans lui demander le moindre compte ; son intention, ainsi qu'il le lui écrivait à elle-même le 16 décembre de cette année-là, étant qu'elle fût en paix, et qu'on ne l'inquiétât d'aucune sorte pour ses intérêts, qu'il remettait entre ses mains en se recommandant à la Providence [1]. Par malheur, ces intérêts reposaient sur un bien maigre avoir. Quoiqu'on lui eût tout abandonné,

---

[1] Cette lettre est analysée dans le *Catalogue* d'autographes dont la vente eut lieu le 18 mai 1857, p. 51-52, n. 404.

la pauvre femme n'eut pas de quoi vivre dans la chétive retraite qu'elle s'était donnée à Dijon, près du cimetière Saint-Jean. Il lui fallut recourir à ses enfants, et faire saigner le cœur de ce bon Alexis chaque fois que, recevant une de ces lettres suppliantes, il tâtait sa bourse et n'y trouvait rien. C'est alors qu'il faisait les réflexions les plus amères, et que, désespéré d'être aussi pauvre, il retombait le plus tristement sur lui-même. « Les temps sont bien durs, » voilà ce qu'il est contraint de répondre à sa mère chaque fois que ses petites suppliques lui arrivent; et puis, pauvre homme, il se croit obligé de s'excuser de sa pauvreté, de lui en donner les raisons. C'est pour cela, par exemple, qu'il lui a tout à l'heure raconté son aventure avec l'ambassadeur de Suède, et lui a dit ce qu'il y perd. Cependant il a si bien cherché dans tous les recoins de ses tiroirs, qu'il a trouvé cinquante-quatre livres, et il les lui envoie. « C'est tout au monde ce qu'il peut faire pour le présent, lui écrit-il, cette année-là lui ayant été peu favorable. » Cette année-là! pauvre Piron! mais toutes se sont ressemblées pour lui. Oublie-t-il donc celles qui sont passées? ne pense-t-il pas à celles qui vont venir? Le 27 mars 1747, il enverra encore pareille somme pour sa mère, — c'est à quoi montait, à ce qu'il paraît, le trimestre de la pension qu'il s'était engagé à lui servir, — et, voyant le peu qu'il peut faire, comparé à ce que son bon cœur désire, il se répand en plaintes vraiment poignantes. Rien n'est plus triste en effet que le découragement de ces gais esprits quand l'affliction les gagne; le contraste de ce rire qui leur est si ordinaire fait paraître leur tristesse plus sombre et semble donner plus d'amertume à leurs larmes. « Vous ne doutez pas, écrit-il à son frère en lui adressant cette petite somme pour leur mère, vous ne doutez pas que je n'aie ici mes peines et mes chagrins à dévorer comme vous. Nous avons eu l'éducation (je le répéterai toujours) comme il le fallait pour que nous ne pussions réparer de notre vie les disgrâces que nous préparait le mauvais ordre que nos père et mère mettaient à leurs affaires. » Ainsi tout leur a été fatal. Laissés dans leur sphère modeste, ils auraient pu trouver à vivre ; mais, détournés de leur voie par une éducation qui n'était pas faite pour eux, ils n'ont plus eu qu'à végéter maigrement, comme des plantes changées de terrain. Ce n'est pas tout : l'esprit des parents s'est aigri de cette misère même; voyant leurs fils sans position certaine, ils sont devenus moroses, s'en prenant chaque jour à ceux mêmes qui les premiers en portaient la peine. « Leurs mercuriales trop humiliantes, dit Piron, ne nous inspiraient que de l'abattement et de la pusillanimité, où le besoin que nous devions avoir un jour de nous-mêmes eût exigé, tout au contraire, qu'on nous eût encouragé l'esprit par la douceur et par la liberté. J'ai peut-être, ajoute-t-il, le plus souffert de nous trois d'un malheur si irrémédiable, tant à cause de l'extrême sensibilité dont je suis qu'à cause de ma mauvaise vue... Mais quelle différence énorme il y aurait de l'état très-médiocre où je rampe en comparaison de celui où je me serais élevé avec un peu de cette audace et de cette téméraire assurance qui me reculent derrière mille mauvais sujets [1] ! »

Quand on regarde à la date de cette lettre, et lorsqu'on pense qu'en l'année 1747, époque où il l'écrivit, Piron, loin d'être, comme on le croirait à ses plaintes, un nouveau venu de la littérature, avait déjà composé ses principales œuvres; lorsqu'on songe qu'il était depuis dix ans l'auteur de la *Métromanie*, on s'étonne de le trouver aussi amèrement désespéré; mais, lorsqu'on va plus avant au fond des choses, lorsqu'on examine ce qu'il y a sous ses succès de mécomptes de toutes sortes; lorsqu'on oppose la somme énorme des peines et du talent dépensés à la somme misérable des profits perçus, on est beaucoup moins surpris, je vous assure. On comprend même qu'il dut être alors beaucoup plus découragé qu'à l'époque de son arrivée à Paris. En 1719, il avait toutes les espérances de la jeunesse ; en 1747, l'épreuve était faite et l'illusion s'y était usée.

L'année qui suivit *Gustave*, c'est-à-dire en 1734, il eut dans

---

[1] *Catalogue* des autographes vendus le 31 janvier 1854, p. 103, n° 848.

une même soirée, le 30 août, un succès et une chute. La fraîche et gracieuse pastorale des *Courses de Tempé* était le succès; l'*Amant mystérieux* était la pièce tombée. Il y avait compensation, me direz-vous; pas complète, pourtant : la pastorale n'avait qu'un acte, et la comédie en avait trois. Toujours modeste, il attribua le bonheur de l'une au talent de Rameau, qui avait mis en musique le divertissement; quant à la chute de l'autre, n'ayant à s'en prendre qu'à lui-même, il se prit à en rire pour s'en consoler mieux [1]. Il est curieux de lire les annotations qu'il mit au bas des pages de la pièce imprimée, et dans lesquelles il se juge et se raille : « *Cette première scène fit assez rire*, » écrit-il en commençant; par malheur, tout se gâte bientôt. Il n'est pas arrivé à la fin de la scène qu'il lui faut déjà mettre à propos d'un trait qu'il fait dire à Pasquin : « *On me reprocha cette plaisanterie.* » A la scène III, autre malheur : un effet comique sur lequel il comptait beaucoup, que, pour plus de sûreté, il avait souvent essayé dans les conversations, et toujours avec succès, rata complétement. Attendons le second acte, ce sera bien pis : « *Oh! que cela fut bien sifflé!* » dit-il dès la première scène; puis, un instant après : « *Cela ne fit point rire, et j'y comptais.* » Les sifflets continuent, et, pour le coup, il se révolte : « *Mais*, s'écrie la note effarouchée, *est-ce que ces vers-là ne sont pas bons? ils ne firent point d'effet.* » Il les relit, et la conscience l'emportant sur la vanité : « *Réflexion faite*, écrit-il, *je crois que l'idée pouvait être un peu plus clairement rendue.* »

Ne vous semble-t-il pas entendre le Damis de la *Métromanie* assistant, du fond des coulisses, à la première représentation de sa pièce, la raisonnant, la corrigeant après coup, se prenant à parti, lui et les sifflets? C'est qu'en effet Piron et Damis, le créateur et le type créé, ne sont, à tout prendre, qu'un seul et même personnage : l'un, continuel reflet de l'autre avec ses naïvetés, ses entraînements faciles, ses petites présomptions, ses

---

[1] Voir l'une de ses *épîtres-gazettes* à M. de Livry, OEuvres, t. VII, p. 114.

égarements de vanité, ses retours de franchise, enfin avec toutes les alternatives de bon sens et de folie qui sont, pour me servir d'un mot vulgaire, comme les hauts et les bas des natures poétiques, et sur tout cela, comme pour colorer ces bulles de savon toujours renaissantes, toujours heurtées l'une contre l'autre et se brisant à leur propre choc, les mille feux de l'esprit, les mille étincelles de la gaieté et de la verve : voilà Piron, voilà Damis. C'est Voltaire que le poëte rêvait pour son métromane ; et, sans qu'il s'en doutât, sa nature l'emportant, c'est lui-même, c'est lui seul qu'il a peint. Nous y avons gagné d'avoir un type vrai. Au lieu de la caricature qu'il n'eût pas manqué de faire s'il eût pu suivre ses premières velléités de rancune, nous tenons un portrait réel, vivant et parlant, quoiqu'il l'ait achevé sans s'être regardé, sans s'être écouté. C'est toujours Piron qui est en scène, et si bien, comme l'a fort ingénieusement remarqué M. Villemain, qu'on est toujours tenté de se demander si c'est l'auteur qu'on entend ou le personnage :

Est-ce vous qui parlez, ou si c'est votre rôle ?

dit dans la pièce le métromane à M. Baliveau [1] ; et de même, à chaque scène, on se ferait volontiers cette question : Est-ce Piron qui parle, est-ce Damis ? Ce n'est pas un fait bien rare en littérature dramatique que cette sorte d'incorporation du poëte dans son personnage. Lorsque, chez un auteur, l'esprit, qui n'est, après tout, au théâtre, qu'une qualité de forme et tout accessoire, l'emporte sur l'observation, qualité de fonds et indispensable, c'est toujours ce qui arrive. L'auteur ainsi doué ne peut parvenir à s'effacer, à s'oublier ; il parle au lieu de faire parler. Dans un sujet comme la *Métromanie*, le mal n'était pas grand ; on peut même dire que ce qui ailleurs eût été un défaut se trouvait là être un mérite. Piron, ayant à faire parler un poëte, ne pouvait trop parler lui-même. Il fit donc un chef-d'œuvre. Une seconde fois, abordant un sujet tout autre, aurait-il aussi bien réussi ? J'en doute. L'entraînement de sa

[1] Acte III, scène VI.

verve l'empêchant de s'arrêter aux détails de pure observation, il s'y fût pris sans doute, comme la plupart des auteurs dramatiques du dix-huitième siècle, comme Voltaire tout le premier dans ses comédies, il n'eût fait que de l'esprit à côté ; et la qualité fût ainsi redevenue un défaut. Eut-il conscience de son impuissance à recommencer après avoir si bien fait ? comprit-il ce qui lui eût manqué dans un sujet moins personnel pour lui que ne l'était la *Métromanie?* et est-ce pour cela qu'il ne tenta pas l'épreuve d'une seconde comédie de cette importance ? Je ne sais ; mais il est certain, du moins, qu'il sentait ce qu'un auteur gagne en aisance et en naturel lorsqu'au lieu de personnages en dehors de ses habitudes il a soin de se prendre à des types qui lui sont familiers et pour lesquels son esprit peut parler comme pour lui-même. La seule comédie qu'il manifesta l'intention d'écrire après la *Métromanie* se serait appelée le *Railleur*[1]. Or, en ce sujet-là, mais moins pourtant qu'en celui du poëte, car les mauvais côtés de son type lui manquaient heureusement à lui-même, Piron se fût encore trouvé sur son terrain.

J'ai dit que, dans la *Métromanie,* son idée avait été de jouer Voltaire. Voici comment : la fable de sa pièce roule sur une aventure bien connue de tout le monde à cette époque, et dans laquelle Voltaire avait été pris pour dupe. Piron dressa le même piége pour son métromane, et l'y fit tomber de la même manière, de sorte qu'on cria : « Bien joué, c'est de Voltaire qu'il se moque ! » Il n'y avait pourtant entre Damis et lui que ce point de ressemblance. Vous connaissez l'histoire[2], c'est celle de M. Desforges-Maillard, rimeur bas-breton, qui, pour accréditer ses vers, fit comme le Francaleu de la *Métromanie,* son sosie, c'est-à-dire les mit sous le nom d'une muse, mademoiselle Malcrais de la Vigne. La substitution lui réussit à merveille : tous les Damis du temps furent ses dupes, Voltaire le premier.

[1] « Souvent Piron parla du projet qu'il avait de mettre le *Railleur* à la scène. » (Perret, *Éloge de Piron,* p. 46.)

[2] Piron la raconte lui-même fort au long dans la Préface de la *Métromanie.*

Il eût bel et bien jeté au feu les vers du gentillâtre du Croisic s'ils se fussent aventurés jusqu'à lui avec l'étiquette paternelle; parés du nom d'une jolie Bretonne, ils reçurent de lui le plus aimable accueil. On eût fermé la porte au nez du poëte, on l'ouvrit toute grande à la muse, on lui répondit même de la façon la plus galante; et mon Desforges de rire sous ses fausses cornettes, et tout le monde de faire comme lui, quand, ce qui ne tarda guère, la ruse fut découverte. Voltaire était du côté des moqués; pour se faire la partie belle, il émigra du côté des rieurs, et, plus que personne, il se mit à rire de lui-même. L'apparence était sauve, c'est tout ce qu'il lui fallait. Quand Piron eut repris au bond le ridicule de toute cette affaire et l'eut immortalisé en en faisant le fonds comique de son chef-d'œuvre, Voltaire, qui en fut prévenu, fit tout aussi bonne contenance. La pièce fut jouée le 17 janvier 1738; il était bien loin de là, à Cirey, mais on veillait pour lui à Paris; le 25 il savait tout, et déjà il écrivait à Thiriot : « Je suis bien aise que Piron gagne quelque chose à me tourner en ridicule. L'aventure de la Malcrais-Maillard est assez plaisante. Elle prouve au moins que nous sommes très-galants; car, lorsque Maillard nous écrivait, nous ne lisions pas ses vers; quand mademoiselle de la Vigne nous écrivit, nous lui fîmes des déclarations. »

Si, comme tant d'autres l'eussent fait à sa place, Piron n'eût tiré de là qu'une pièce de circonstance, dont l'à-propos eût été l'unique mérite, il se fût singulièrement fourvoyé. Selon son habitude, en effet, il fit, l'ayant en poche, assez longtemps antichambre au Théâtre-Français pour voir perdre à son œuvre tout le profit de l'actualité. Par bonheur, elle n'avait pas besoin de cet attrait secondaire. Elle était faite pour l'immortalité, elle pouvait attendre. En 1734, il y travaillait déjà, et ce n'est que plus d'un an et demi après qu'elle était achevée. Lui-même, vous le voyez, se préoccupait bien peu de l'à-propos. Le 10 novembre 1736, il écrit à Senas d'Orgeval, à la fin d'une lettre où il avait parlé de ses procès : « Adieu, mon généreux marquis. Je ne la fais pas longue comme je voudrais, parce que je suis au centre des travaux d'Hercule. Je viens de

e.

promettre aux comédiens français une lecture pour dans quelques jours. Je n'y saurais manquer sans un tort capital. Je songe donc à tenir parole. La pièce que je vais donner a deux mille cinq cents vers aussi précis que ceux du *Requin*. Tout autre versificateur que moi y en eût mis vingt mille. Vous en conviendrez à la lecture [1]. » Les comédiens n'en convinrent pas, ils refusèrent la *Métromanie*; du moins Piron, et il faut l'en croire, nous l'assure-t-il quelque part [2] : « Il fallut, dit-il, que M. de Maurepas, à qui elle fut dédiée, la fît jouer d'autorité ! » Le tripot comique se soumit, mais non pas sans le faire payer cher au poëte : il eut à subir d'impitoyables coupures. Enfin la représentation eut lieu, et obtint un succès immense. Les comédiens purent voir ainsi quel tort ils avaient eu de n'y pas mettre plus de bonne grâce ; ils n'en restèrent pourtant pas moins dans l'impénitence de leur refus. Le succès même les fâcha presque ; ils encaissèrent tout en grondant l'argent des vingt-trois représentations très-fructueuses que la pièce eut dans sa nouveauté ; puis, après cette première vogue, ils tâchèrent de l'étouffer. « Ils furent dix ans sans la jouer, dit Piron, et elle serait oubliée si Grandval n'en eût proposé la reprise, où il triompha et triomphe encore. »

C'était à désespérer de tout ; Piron semble en effet n'avoir plus su alors à quoi se prendre à Paris. Autrefois, dans ses grands découragements d'amour-propre, il avait où se consoler ; Dancourt, aux jours de disgrâce, allait au cabaret, chez Chevet, *à la Cornemuse*, rue des Prouvaires ; Piron suivait le même système, il allait au *Caveau*, rue de Buci. Là, en compagnie de quelques bons esprits qu'émancipait la gaieté, tous de bonne humeur, soit par nature, soit par exception, car dans le nombre, et je n'aurais besoin que de citer Crébillon le père, il en était dont le rire n'était pas l'ordinaire allure ; là, dis-je, en société des gens d'esprit les meilleurs vivants d'alors, Gentil-Bernard, Saurin [3], Gallet, l'épicier chansonnier ; Collé, tout

---

[1] *Revue rétrospective*, 2ᵉ série, t. IV, p. 405.

[2] Les Queues, *vision de Binbin*. — *OEuvres*, t. VII, p. 145, note.

[3] Celui-ci, dans son *Épître à Collé*, a donné sur cette société du

jeune encore; la Bruère, le faiseur d'opéras; Jélyotte, le chanteur, etc., etc., *il noyait* bravement *ses ennuis dans les pots*, comme dit la Fontaine, et faisait le plus allègrement du monde contre fortune bon cœur et bonne humeur. Malheureusement, en 1758, le *Caveau* n'existait plus. Ce n'est pas que Landel, leur hôte, eût fermé boutique; mais, pour des causes auxquelles ne furent sans doute pas étrangères certaines blessures d'amour-propre faites sans malice dans la pleine franchise de l'ivresse, on s'était peu à peu désuni, puis séparé. Le premier malaise datait du renvoi de Gallet, qu'on avait poliment congédié à cause des vilains petits trafics qu'il menait de front avec l'épicerie et la chanson. Ne fût-ce que pour la rareté du fait, on lui avait permis de cumuler celle-ci avec celle-là; mais y joindre le métier d'usurier de bas étage, de prêteur à la petite semaine, c'était trop, et on l'avait mis à la porte[1]. Ce premier vide fait, la confiance complète ne s'était pas rétablie entre les amis du *Caveau*; la glace se forma pour ne plus se rompre, les picoteries dont je parlais tout à l'heure s'en mêlèrent, et le sauve-qui-peut commença. D'abord, un premier s'absenta, puis un second, puis un troisième, enfin il ne vint plus personne. On avait d'abord pensé que ce n'était pas une désunion définitive et que la société finirait bien par se reconstituer. Piron avait écrit à l'abbé Legendre, qui était souvent venu en invité boire quelques rasades et débiter quelque chanson bachi-élégiaque dans cette compagnie de bons buveurs et de bons juges : « Il faut espérer que le Caveau se rééditiera, et que vous avalerez encore quelques tonneaux[2]. » Vain espoir, y il avait longtemps déjà que Piron avait formé ce souhait de poëte altéré, et, quand la *Métromanie* fut jouée, le Caveau n'était pas encore rétabli. Il ne sut donc, encore une fois, où porter alors le cha-

premier *Caveau* quelques détails curieux, mais malheureusement empâtés dans une poésie trop lourde.

[1] Voir, sur cette affaire, le *Journal* de Collé et sa préface en tête des *Parades inédites*, publiées par M. Fr. Barrière; la *Cour et la Ville*, p. 144.

[2] Cette lettre est la v° du *Recueil des Bibliophiles*.

grin des nouvelles avanies que les comédiens venaient de lui faire.

Las de Paris, que son succès lui aurait rendu cher si l'ennui dont on l'avait assaisonné n'en eût gâté l'agrément, ayant d'ailleurs en poche quelque argent, seul produit net de son triomphe, il partit pour Bruxelles [1]. J. B. Rousseau, qu'il avait connu lors d'un premier voyage fait en Hollande [2], l'invitait depuis longtemps à revenir le voir dans son exil; et certes, ne sachant à Paris dans quelle âme de poëte épancher ses plaintes, il ne pouvait choisir un confident plus sympathique, c'est-à-dire qui fût mieux disposé par ses propres mécontentements à compatir à ceux des autres. Piron et Rousseau se comprirent donc à merveille. Ils firent, j'en suis sûr, assaut de médisance contre leur prochain de la littérature et de la comédie; tous deux étaient malheureux, il faut donc leur pardonner cette petite vengeance à distance, et qui d'ailleurs ne fit de mal à qui que ce fût. Aucune des épigrammes qu'ils durent certainement ébaucher dans ces causeries de récriminations amères et vengeresses n'a survécu. Je suis tenté de dire : C'est dommage. — Elles devaient être bonnes. C'est un genre que Piron entendait aussi bien que personne, et il se trouvait avoir là pour collaborateur son maître et son modèle. Jean-Baptiste s'était un peu jeté dans la dévotion, mais ce n'était pas une raison pour qu'il se refusât désormais tous les petits plaisirs de la méchanceté; au contraire, diront les mauvaises langues. Ce qui est certain du moins, c'est qu'il ne paraît pas que ces aspirations dévotes l'aient entraîné à faire de nouvelles odes sacrées, tandis que, de l'aveu de Piron, il persistait à caresser la gaillardise du conte épigrammatique et grivois. « Malgré sa dévotion, écrivait celui-ci

---

[1] Son départ n'eut lieu toutefois qu'en 1740, c'est-à-dire assez longtemps après que le premier succès de nouveauté de la *Métromanie* eut été tout à fait épuisé.

[2] Vers la fin de 1737. Voir la *Lettre* à sa mère, citée plus haut. Il allait y remercier une personne qui lui avait fait un riche présent, après l'hommage d'un exemplaire de *Gustave*. *Notice* de Rigoley de Juvigny, p. 101-102.

à madame de Mimeure, j'ai vu qu'il tenait encore un peu aux premières idées dont il forma ses épigrammes, car il me donna la matière d'un conte assez gaillard que je mis en vers, par complaisance pour lui, et dont il me parut content[1]. » En toutes choses, comme en cela, pour le caractère aussi bien que pour l'esprit, Rousseau se montra pleinement satisfait de Piron. On peut dire que les jours qu'il passa avec lui, et qui précédèrent sa mort de moins d'une année, furent ses derniers jours heureux. Quoiqu'il fût peu communicatif, surtout au sujet des consolations qui venaient atténuer par échappées les déplaisirs de son exil, il ne put s'empêcher d'écrire à un ami tout le bonheur qu'il avait ressenti de ses entretiens avec Piron. « Je possède ici depuis quelques jours, écrit-il le 24 juillet 1740 [2], un de mes compatriotes au Parnasse, M. Piron, que le ciel semble m'avoir envoyé pour passer le temps agréablement dans un séjour où je ne fais qu'assister tristement aux plus grands repas du monde. M. Piron est un excellent préservatif contre l'ennui. Mais il retourne à Paris, et je vais retomber dans mes langueurs. » Remarquez bien ce *mais* qui commence la dernière phrase ; on en fit sortir une grosse méchanceté contre Piron. La lettre ayant été donnée tout entière dans l'édition in-4° des Œuvres de Rousseau que Séguy publia en 1743, l'abbé Desfontaines en parla dans l'article qu'il fit sur ce beau livre, et, de charmante qu'elle était pour notre homme, il trouva moyen de la faire on ne peut plus désagréable. L'abbé était fort ingénieux en matière de malice. Toute la méchanceté fut dans la manière dont il arrêta la citation. Il écrivit : « M. Piron est un excellent préservatif contre l'ennui. Mais... » ; puis, coupant court après ce traître mot, il mit des points qui laissaient supposer le correctif le plus désobligeant. Le trait était noir, et Piron n'en rit pas. « Ce fatal *mais* l'irrita, écrit Rigoley de Juvigny, et fut l'origine des épigrammes sanglantes dont il accabla l'abbé Desfontaines et que tout le monde sait par cœur. »

---

[1] *Notice* de Rigoley de Juvigny, p. 103.
[2] *Notice* par Rigoley de Juvigny, p. 104, 105.

Ce ne fut qu'un nuage. Piron était alors plus tranquille. Il avait philosophiquement pris son parti des ennuis dont le théâtre avait été la source pour lui, et, afin de n'y pas retomber de longtemps, il ne travaillait que languissamment à sa tragédie de *Fernand Cortez*. Sa préoccupation depuis son retour de Bruxelles avait été d'une tout autre nature : il s'était marié. Il aurait pu, j'en conviens, ne faire en cela que changer d'ennuis, et des chagrins publics tomber dans les chagrins intimes du ménage, qui souvent ne sont pas moins amers. Ne craignez rien. Piron était homme de précaution. Afin d'être bien sûr qu'il ne courrait aucun risque, du moins sous le rapport des incompatibilités d'humeur, il avait fait d'avance une très-longue et très-intime expérience du caractère de celle dont il faisait sa femme. Avant l'union définitive, et comme essai de mariage, il n'y avait pas eu entre eux moins de vingt ans de prévention conjugale. Vous voyez qu'on ne peut pas être plus prudent.

C'est, vous l'avez deviné, notre ancienne connaissance, mademoiselle Debar, qu'il épousait enfin. Elle avait quelque fortune gagnée au service de madame de Mimeure, qui l'eut jusqu'à sa mort pour dame de compagnie. Collé, qui connut au mieux les affaires de ce ménage, dit qu'elle possédait « sept cent cinquante livres de rente au principal, au denier quarante, de trente mille livres... outre cela, environ deux mille cinq cents livres de rente viagère[1]. »

Quant à Piron, il avait aussi en viager six cents livres de rente que lui avait constituées M. de Livry[2]. » Par leur contrat de mariage, ils se firent donation mutuelle de tout ce qu'ils possédaient, et, ajoute Collé, comme réflexion d'une moralité douteuse : « S'ils avaient pu avec sûreté se donner l'un à l'autre leurs biens sans se marier, ils n'en auraient jamais fait la cérémonie. »

Après comme avant le sacrement, Piron fut le meilleur des maris. Il n'eut que trop à en donner des preuves pendant les

---

[1] *Journal* de Collé, t. I, p. 394.
[2] *OEuvres*, t. II, p. 87, et *Notice*, t. I, p. 108.

dernières années de la vie de sa femme en des circonstances qu'il nous faut raconter.

Madame la marquise de Mimeure mourut ; un de ses neveux, M. de Carvoisin[1], hérita de la plus grande partie de sa fortune, ce qui, joint à ce qu'il avait eu de la dot de sa femme, le rendit fort riche. Madame Piron, qui avait toute la confiance de la marquise, avait activement servi ce neveu dans son esprit et n'avait pas peu contribué à ce que le testament lui fût favorable. Il voulut en être reconnaissant, et crut n'avoir rien de mieux à faire que de retirer chez lui le ménage du poëte. Piron résista. Le petit logis qu'il avait définitivement pris rue des Saints-Pères lui plaisait fort, il y était depuis longues années ; homme d'habitude, il pensait que nulle part il ne se trouverait aussi bien. Son instinct lui faisait voir juste, et il aurait dû continuer à l'écouter. Malheureusement, sur de nouvelles instances de M. de Carvoisin, il céda, déménagea en hâte, quoique grondant encore, et sa femme et lui vinrent s'installer dans un bel appartement, au second étage de l'hôtel de leur nouveau protecteur. Ils y étaient à peine, que notre grand seigneur monte tout penaud leur dire que sa belle-mère s'est fâchée tout rouge quand elle a su qu'un poëte logeait sous le même toit qu'elle, et qu'enfin elle exige leur départ. Ils reprirent donc leurs paquets et délogèrent encore[2]. Piron avait de la force, il tint bon ; mais toutes ces secousses physiques et morales avaient été autant de coups de foudre pour sa pauvre femme. Elle tomba et ne se releva plus. — « Le deuxième jour de notre aménagement ici[3], écrit-il à son frère le 21 mai 1749, ma pauvre femme, excédée de fatigue et de chagrin, tomba sans parole et sans connaissance, et est restée cinq jours en cet état. Elle n'en relève qu'avec une paralysie sur le côté gauche, et, qui pis est, sur la

---

[1] Rigoley de Juvigny, qui épargne tout le monde dans sa notice, a soin de ne pas le nommer. — Madame de Mimeure était de son nom une Carvoisin d'Achi.

[2] Rigoley de Juvigny, qui se trompe souvent, dit depuis six mois.

[3] Chez M. Allcaume, notaire, rue Condé.

langue. Jugez de mon affliction et de l'étrange embarras où j'ai été et où je suis menacé d'être le reste de mes jours. Cela n'est pas exprimable, et tout cela pour nous être laissé gagner aux importunités d'un ami devenu tout à coup très-riche, qui nous a tirés presque violemment de notre ancienne habitation pour nous loger dans son nouveau palais, et qui, du jour précis où le dernier clou fut mis, se trouva forcé encore plus violemment lui-même de nous faire le plus mauvais compliment du monde[1]. » Six mois après, rien n'allait mieux dans le ménage si fatalement frappé. Piron, pour comble de malheur, était à bout de ressources, et il lui fallait, quoique le cœur lui en saignât, demander à son frère quelques petites sommes dont le partage n'avait pas encore été fait entre eux. Il lui écrit le 29 octobre, et, toujours préoccupé de la triste situation de sa femme, il lui dit : « Ce qu'il y a de pire à tout cela, c'est que je ne puis sortir sans la laisser en danger, et que, ne pas sortir, pour moi, c'est pour un ouvrier fermer boutique et ne plus rien faire... Voilà une étrange révolution dans nos destinées. Depuis plus de trente ans, nous coulions la vie du monde la plus douce et la plus aisée dans la rue des Saints-Pères. Un ami nous force de déménager pour nous loger une fois mieux ; tous les frais et le mouvement faits, l'affaire échoue, et nous périssons depuis ce temps-là de fatigue, de dépense, de misère et de chagrin. Voyez donc si vous pourriez m'aider du reste de compte qui est à faire entre nous. Il ne fallait pas moins que de telles extrémités pour que je vous en parlasse ; pardonnez-le-moi donc, et plaignez-moi. » Un an se passe, et cette horrible position continue. Au mois d'avril 1750, Piron a dû déloger encore[2], et, après six cents francs de dépenses nouvelles, après des fatigues sans nombre : « Je ne

---

[1] Cette lettre et les deux dont la citation va suivre ont été publiées pour la première fois par M. L. Paris, dans le *Cabinet historique*, t. I, p. 184-186.

[2] Il donne ainsi son adresse à son frère : « *Rue Saint-Honoré, la deuxième porte cochère après la place Vendôme, vis-à-vis le mur des Capucins, au second, à Paris.* »

compté encore sur rien, écrit-il à son frère... Ma femme, ajoute-t-il, est toujours en même et triste état. » Ce qu'il ne dit pas, le pauvre homme, mais ce qu'on a su par Collé, qui l'allait voir souvent, c'est tout ce qu'il avait à souffrir de cette malheureuse, devenue folle à lier. « Elle fut pendant deux ans furieuse jusqu'à battre son mari, » écrit Collé dans son *Journal*. On le pressait de s'en séparer, et il n'y voulut jamais consentir. Tous deux pourtant s'en fussent mieux trouvés : il eût ressaisi un peu de calme, elle aurait eu des soins meilleurs; mais il ne put se décider à la laisser partir. C'est encore Collé qui nous apprend tout cela. « M. de Fleury, le procureur général, dit-il, lui avait offert une maison où elle serait bien traitée et bien soignée moyennant quatre cents livres de pension ; cette pension n'avait rien d'odieux ni de malhonnête; ce n'était ni l'hôpital ni les petites-maisons. Piron n'a jamais voulu se prêter à cet arrangement, et il a cependant souffert tout ce qu'on peut souffrir d'une personne qui a perdu entièrement la raison et qui se portait souvent aux dernières violences. »

Comment venir à bout de cette obstination dans le dévouement? Que faire contre cet homme qui s'entête à souffrir et à être la constante victime de son bon cœur? Le contraindre au moins à accepter des secours[1], lui venir en aide malgré lui. Or c'est ce qui fut fait de la manière la plus adroitement, la plus délicatement cachée. Jamais, comme vous allez voir, on ne mit plus exquise dissimulation dans le bienfait.

Un jour qu'il était chez mademoiselle Quinault, elle le pria de lui donner son baptistère. Il s'étonne, demande pourquoi; elle lui répond que c'est pour une gageure qu'on a faite sur son âge[2]. Il n'est pas dupe de la réponse; mais, comme il soupçonne que ceux qui lui font « cette importunité mystérieuse n'en veulent pas faire mauvais usage[3] », il s'exécute, et prie son frère

---

[1] Le maréchal de Saxe y songea le premier. Il lui envoya vingt-cinq louis. « Il accompagna ce présent d'une lettre si honnête et si obligeante, que Piron ne put refuser. » (*Notice*, p. 113.)

[2] *Journal* de Collé, t. I, p. 288.

[3] Ce sont les termes mêmes d'une lettre qu'il écrivit à son frère

de lui envoyer la pièce demandée. Peu de jours après qu'il l'a remise à mademoiselle Quinault, arrive un billet anonyme qui l'invite à passer chez un notaire dont on lui donne l'adresse : c'était Doyen. Il y court, et là on lui fait signer et accepter un contrat de rente viagère de six cents livres sur la maison de Condé. Pour comble de gracieuseté, on lui compte sur-le-champ vingt-cinq louis pour un semestre d'avance. Il revient chez mademoiselle Quinault, l'accable de questions, nomme celui-ci, nomme celui-là : M. de Nevers, M. de Maurepas [1], M. de Lassay [2], M. de Saint-Florentin; elle ne dit mot, et cela pour une bonne raison, c'est que, sur ses grands dieux, elle jure ne rien savoir. Du moins n'est-ce pas elle, car la pauvre fille, malgré son bon cœur, « ne serait nullement en état d'avoir fait la chose. » Informations prises partout sans plus de résultat, après tout un grand mois de recherches minutieuses, il écrit à son frère le 6 octobre : « C'est donc à moi de prendre le parti de ma rente en patience et d'admirer un coup de la Providence aussi imprévu et aussi singulier que celui-là. Cela ne laisse pas, dans sa façon, d'être piquant. Qui est-ce? qui n'est-ce pas? voilà un gros os à ronger pour ma reconnaissance d'ici à longtemps si je vis encore longtemps. J'ai fait part de la nouvelle au public en la mettant dans le *Mercure* du mois, en attendant mieux [3]. Le bienfaiteur secret a de quoi rire sous sa barbe par les différents discours que fait tenir aux spéculateurs et aux moralistes une aventure de si belle et si unique espèce. En effet, rien n'est plus bizarre ni plus plaisant que les jugements qu'on en porte, chacun suivant sa façon de

le 6 octobre 1750, et dont le reste sera cité plus loin en grande partie. Elle fut publiée par Amanton dans le *Journal de Dijon et de la Côte-d'Or*, du 25 août 1819. C'est à l'obligeance de notre ami Albert de la Fizelière que nous devons de la connaître, ainsi que plusieurs autres qui viennent de la même source.

[1] On pensa longtemps que c'était ce seigneur. (Perret, *Éloge de Piron*, p. 26.)

[2] Il paraît certain que ce fut lui.

[3] Il écrivit à ce sujet une lettre à l'abbé Raynal, alors directeur du *Mercure*. Elle est dans ses *Œuvres*, t. VII, p. 495. V. auss., *id.*, p. 149.

penser; mais tout cela ne m'éclaircit de rien. Ceux qui n'aiment à rien dire ni penser que d'extraordinaire, sans le moindre égard aux vraisemblances, ont poussé le paradoxe jusqu'à en accuser Voltaire, assez riche, à la vérité, pour l'avoir pu, mais, sur cent démonstrations, trop loin de cela pour l'avoir voulu. Pour que les choses se rangeassent à leur place, il faudrait que ce fût M. de Carvoisin; car c'est à peu près ce qu'il m'a coûté par sa faute l'an passé, sans compter le triste état où il m'a laissé ma pauvre femme, qui est un malheur au-dessus de tout dommage et intérêt; mais c'est ce que je n'ai que trop de raisons pour ne pouvoir ni ne devoir soupçonner; c'est lui comme c'est Voltaire, rien n'est plus sûr.

« En un mot, voilà mon aventure; il m'en est arrivé plus qu'à nul autre dans le cours de ma vie, et même de très-particulières : il faut avouer que celle-là les efface toutes, sinon pour la singularité, du moins pour l'agrément. Et, quoi qu'en puissent dire les faux délicats et les envieux, de l'aveu de tous les gens de bien, elle a même pour moi quelque côté honorable, puisqu'elle témoigne que je suis bien sincèrement aimé de quelqu'un bien estimable. »

C'est vrai; et vous tous qui le connaissez maintenant, vous avouerez qu'il le méritait bien.

Son frère lui répondit sans retard; il avait été frappé de l'idée par trop paradoxale que Voltaire pourrait bien être l'auteur anonyme du bienfait, et sa lettre roulait principalement sur la sottise de cette invraisemblance. C'était prêcher l'incrédulité à un incrédule. Piron regretta qu'il eût pris tant de peine. A quoi bon s'arrêter à de telles imaginations ? Voltaire, d'ailleurs, si la chose était possible, n'aurait voulu que l'insulter; au lieu d'un bienfait, il y aurait là une humiliation; « et, ajoute-t-il dans sa lettre, il ne m'humilierait pas longtemps; car la malice et l'ostentation ne gardent pas longtemps le silence en un pareil triomphe; et, sur-le-champ, vous pouvez bien compter que je lui restituerais bien vite et le fonds et le fruit perçus, fussent-ils de vingt ans [1]. »

---

[1] *Catalogue* des autographes vendus le 31 janvier 1854, p. 104.

Vous voyez quelle ténacité de haine il y avait entre ces deux hommes.

Dans le temps même où le secours imprévu et béni était arrivé à Piron, la maladie de sa femme était entrée dans une phase d'affaissement qui lui avait rendu à lui-même un peu plus de calme. « Sa fureur était tombée, dit Collé, et avait dégénéré en imbécillité. » Cet état de prostration dura huit mois environ, et la mort suivit[1]. Piron ne vit pas que c'était pour lui une sorte de délivrance ; il pleura sa femme comme s'il l'eût perdue dans la force de la santé et de la raison. « Il l'aimait effectivement, écrit Collé ; je viens de le voir dans la plus grande affliction et abîmé dans une véritable douleur. »

Le plus beau de son revenu, les deux mille cinq cents francs de rente viagère de madame Piron s'en allaient avec elle, et, cela manquant, adieu l'aisance pour le pauvre poëte. C'est la seule chose à laquelle il ne pensa point. Ses amis y pensèrent pour lui, et ils avisèrent au moyen de remplacer par une autre la ressource qui venait de s'éteindre. La pension attachée au titre d'académicien eût convenu à merveille, et il était d'autant plus naturel d'y songer, que personne mieux que Piron n'avait droit à être l'un des quarante. Dans les premiers temps de la maladie de sa femme, et avant le bienfait anonyme, cette idée était déjà venue à l'un de ses meilleurs amis, à Collé. « Il faudrait à Piron l'Académie pour qu'il fût à son aise, » écrivait-il alors ; et, d'accord avec quelques autres, il l'avait poussé à se mettre sur les rangs. Piron avait résisté ; il n'aimait pas les honneurs, disait-il, et moins encore les formalités par lesquelles il faut passer pour y parvenir. Il lui répugnait surtout de faire les visites d'usage. Enfin, pourtant, à force de lui remontrer que c'est pour le profit et non pour autre chose que, pauvre comme il l'était, il avait besoin d'arriver à l'Académie, on le fit céder. Terrasson venait de mourir, une place était à prendre ; il se mit en course. Il n'alla pas bien loin pour se trouver ridicule : une fois cette idée en tête, il ne crut mieux faire que de

---

[1] Madame Piron mourut le 17 mai 1751.

se dédommager par quelque bonne malice du sot rôle qu'à son avis on lui faisait jouer.

Il frappe à la maison de M. de la Chaussée, l'un de ceux justement qu'il aimait le moins. Le portier lui répond qu'il est sorti, et lui présente le livre sur lequel il était d'usage alors que les visiteurs inscrivissent leur nom. Piron prend la plume, écrit :

> En passant par ici, j'ai cru de mon devoir
> De joindre le plaisir à l'honneur de vous voir,

et signe. Ces deux vers incroyables se trouvaient dans l'*École de la jeunesse*, comédie très-larmoyante de la Chaussée, jouée l'année précédente, et ils avaient été sifflés comme ils le méritaient[1]. Vous jugez si l'académicien dut pardonner à Piron de les lui avoir rappelés. Il tonna contre lui avec une virulence sans pareille et empêcha qu'il fût même proposé comme candidat[2]. Piron en prit occasion de remontrer à ses amis combien les visites académiques étaient plus nuisibles qu'utiles, et leur jura qu'il n'en ferait plus. Il tint parole. En 1753, cependant, les choses prirent une tout autre tournure, et, pour le coup, ma foi! Piron l'échappa belle. Le roi avait appris, je ne sais comment, qu'il n'était pas de l'Académie, et cela lui avait semblé une injustice criante, qu'il fallait réparer à tout prix. Il le fit savoir aux quarante, qui s'empressèrent de s'exécuter. Piron, qui tenait bon contre les visites, en fut à peu près exempté ; jour fut pris pour le vote, et, d'avance, on décida qu'il serait unanime. C'en était donc fait, du moins tout le monde pouvait le croire, et Piron tout le premier, quand on apprend que l'évêque de Mirepoix s'est rendu à Versailles, qu'il a vu le roi, qu'il lui a donné une copie de l'*ode à Priape*, et que Sa Majesté, scandalisée, a dé-

---

[1] Cette anecdote se trouve dans la *Notice* mise par Peignot en tête de son édition du *Voyage de Piron à Beaune*, p. 55; Rigoley l'avait aussi racontée, mais avec moins de détail. Nulle part on n'avait dit, ce qui donne bien plus de piquant à l'aventure, la source des deux vers.

[2] *Journal* de Collé, t. I, p. 247.

claré qu'il serait désormais malséant de passer outre à cette élection, bien qu'elle eût daigné la provoquer elle-même. Là-dessus, Piron, redevenu Gros-Jean comme devant, mais pas plus désolé pour cela, se met très-philosophiquement à écrire à son frère toutes les circonstances de l'affaire. Vous n'en connaissez que le sommaire, personne ne peut mieux que lui vous en raconter les détails ; voici donc un long fragment de sa lettre, qui porte la date du 17 août 1753[1] : « A la dernière réception, qui fut celle de M. de Bissy, le roi, comme je vous le mandai dans le temps, fit dire en pleine séance à l'Académie qu'il était surpris qu'on ne m'eût pas nommé. Ce fut M. de Richelieu qui porta la parole, et c'était une espèce d'ordre de me nommer à la première place vacante, et cela, joint au cri public et même au vœu de la plus saine et de la plus grande partie de la compagnie, la jeta dans un grand embarras, parce que j'étais d'usage, à toutes les places vacantes, de ne remuer ni pied ni patte, et qu'un de ses principaux règlements est de ne recevoir personne qui ne le demande et qui n'ait constaté sa prétention par une visite rendue à chacun des académiciens. Tous ont passé par cette épreuve depuis plus de cent ans : ducs, maréchaux, évêques et cardinaux ; c'était bien à un fils d'*oubleio* (oublieur) à s'y vouloir soustraire ! Mais, enfin, rampe qui veut ; ces messieurs avaient leur sorte d'orgueil et moi la mienne ! Je n'en voulais rien, je n'en demandais rien. Les voilà donc bien embarrassés pour me faire vouloir ce qu'il fallait qu'ils fissent. Qu'ont-ils imaginé pour ne se point compromettre ? M. de Bissy reçu, ils ont abrogé l'ancien règlement des visites et l'ont restreint à n'en faire qu'une au directeur, pour dire au moins qu'on en veut être. Je n'en ai pas été plus ardent. Je n'ai bougé. Deux bonnes raisons : 1° je ne m'en suis jamais soucié, puisque, depuis quinze ou vingt ans, j'encours l'indignité par des plaisanteries assez en place qui courent les cabinets ; 2° non-seulement à cette heure je ne m'en soucie plus, mais même j'y

---

[1] Elle n'a été publiée que par Amanton dans le *Journal de Dijon et de la Côte-d'Or*, du 11 sept. 1819.

répugne horriblement. Ces messieurs, ne me voyant donc point venir, par une grâce qui n'eut et qui n'aura jamais d'exemple, ont fait enfin les avances, et me nommaient tout d'une voix : j'étais pris pour le coup, il n'y avait plus à reculer, et j'avais le malheur d'être un des quarante, quand un coquin bien caché, dans tout autre dessein que celui de me servir, déterre heureusement une priapée faite il y a trente-cinq ou quarante ans, la porte honnêtement au précepteur de M. le Dauphin, qui est académicien, lequel, tout brûlant de zèle, va la lire pontificalement au roi. Tout bon soit-il et tout instruit qu'il était depuis longtemps de ce fait, que veut-on qu'il fit vis-à-vis le grave personnage dont les cheveux gris se dressaient à chaque mot qu'il lisait et prononçait tout haut? Le bon prince fut contraint de me condamner à ce que l'évêque voulait, c'est-à-dire d'envoyer dire à l'Académie de ne point m'élire[1]. *Salutem ex inimicis nostris, et de manu omnium qui oderunt nos.* Me voilà libre, visité, caressé, fêté des honnêtes gens et des dévots, qui improuvent tous qu'on ait sévi contre une misère prescrite depuis si longtemps. »

C'était une élection cassée ; mais, comme Piron aurait pu dire en son style, les morceaux en furent bons. En effet, il en était là de sa lettre quand un billet lui arrive. Il l'ouvre : c'est M. de Montesquieu qui le lui écrit. Il a vu madame de Pompadour, elle a parlé au roi, et Piron obtient une pension de mille livres sur la cassette de Sa Majesté. Un instant après, autre épître : elle est du ministre, et elle confirme la bonne nouvelle que vient de mander le président. « Ah! parbleu! dit Piron à son frère en reprenant la plume pour écrire le plus joyeux des *post-scriptum*, les cartes ont bien tourné : j'allais fermer cette lettre quand j'ai appris, par celle du ministre qui s'intéresse à moi, que le roi me donne une pension de mille livres sur sa cassette. Vous êtes le premier que j'en informe.

---

[1] Rigoley de Juvigny, *Notice*, p. 128, dit que l'élection avait eu lieu. Qui faut-il croire, Piron ou son biographe? Il n'y a pas, je crois, à hésiter.

Si je prenais encore quelque part aux vanités de ce monde, je serais bien aise et bien glorieux; car me voilà dans une belle passe de toutes façons. J'ai les honneurs littéraires, puisque j'ai eu tous les suffrages sans en avoir mendié un; j'ai quatre cents livres plus que ne valent les jetons, et l'exemption d'assister aux assemblées : c'est avoir tous les bénéfices sans les charges. »

Tout le monde applaudit à cet acte de munificence et de justice, hormis Voltaire, qui trouva moyen d'en médire de la façon la plus désobligeante pour le roi, de qui venait le bienfait, et pour Piron, qui le recevait. Plus tard, en effet, lorsque le chevalier de la Barre eut été exécuté, pour avoir, disait-on, récité la malheureuse ode devant un crucifix, Voltaire n'eut pas honte d'écrire à d'Alembert que, « connu pour cette seule ode à la cour, Piron en avait été récompensé par une pension de douze cents livres sur la cassette [1]. » Non content d'avoir fait une fois cette calomnieuse gentillesse, il la débita de nouveau à madame du Deffand [2], puis à madame la duchesse d'Enville [3]; seulement, comme pour ajouter à l'infamie de cette pension, ainsi dénaturée dans son motif, il crut bon d'en augmenter perfidement la somme. Dans la lettre à madame d'Enville, il la porte du chiffre de douze cents, qui était déjà exagéré, à celui de quinze cents livres.

Chaque fois qu'il s'agissait de Piron, Voltaire ne brillait point par la sincérité. Lui en parlait-on, il allait jusqu'à dire qu'il ne l'avait jamais connu. « A l'égard de Gille Piron, qui, à mon avis, n'a jamais travaillé que pour la Foire, écrit-il à la Harpe le 19 avril 1776, je ne crois pas l'avoir vu trois fois dans ma vie. » Voltaire est ici par trop oublieux; pour savoir au juste combien de fois il avait rencontré l'auteur de la *Métromanie*, il n'avait qu'à compter ses blessures. Une de leurs dernières escarmouches de passage avait eu lieu au mois d'août 1748, le soir de la première représentation de *Sémiramis*.

---

[1] Lettres du 28 sept. et du 29 oct. 1774.
[2] Lettre du 7 sept. 1774.
[3] Lettre du 24 novembre.

La pièce venait de finir après bien des secousses; Voltaire rencontre Piron au foyer, et naïvement, en homme qui n'a pas tout à fait conscience de ce qui lui arrive, il lui demande ce qu'il pense de sa tragédie : « — Ma foi, dit Piron, qui connaissait de longtemps ses bienveillantes intentions pour lui, je pense que vous voudriez bien que je l'eusse faite. — Je vous aime assez pour cela, » répondit Voltaire, qui feignit de ne pas comprendre.

Bien loin qu'il en fût comme Voltaire l'a dit tout à l'heure, ces deux hommes étaient faits pour se rencontrer et pour s'entre-choquer toujours ; étaient-ils éloignés l'un de l'autre, leurs ouvrages prenaient leur place et continuaient entre eux l'escarmouche. Vous avez vu *Zaïre*, par exemple, prendre le pas sur *Gustave* et lui barrer le passage; je pourrais de même vous faire voir les répétitions de *Mérope* se jetant au travers des représentations de *Fernand Cortez* et parvenant à les entraver [1]; mais, quoique nous ne vous ayons presque rien dit de cette dernière tragédie, donnée en janvier 1748, et qui fut l'adieu de Piron au théâtre, les autres événements de sa vie nous ont emmené trop loin de ces temps pour que nous devions y revenir, même en courant.

A cette époque, Piron en était venu à ne plus guère penser aux travaux et aux vanités du théâtre. S'il vivait encore un peu pour la littérature, c'était par l'épigramme. Ce qu'il fit de plus vif en ce genre date du moment où, rentré tout à fait en lui-même, mais l'œil toujours au guet sur les autres, il put à loisir ruminer son esprit, et, pour ainsi parler, le confire lentement en malice. — « Les mains me démangent, écrit-il, le 14 décembre 1755, au président de l'Académie de Caen [2]; un lévrier n'est pas plus âpre sur les pinces du cerf. J'ai le nez haut : il y fait monter la moutarde; et, avant de finir, j'ai encore des milliers d'épigrammes à éternuer. » Le temps était bon pour qui voulait faire campagne de médisance contre les

---

[1] V. la préface de cette pièce, *OEuvres*, t. II, p. 438.
[2] L'*Artiste* de 1850 a donné un *fac-simile* de cette curieuse lettre.

choses littéraires : ce n'était partout que sottise, platitude, insuccès. Voltaire, par exemple, et, comme vous pensez, c'est celui-là surtout qu'il guette et qu'il attrape, Voltaire venait de faire jouer l'*Orphelin de la Chine*, et la chute avait été complète. Au même moment, Piron avait à se plaindre d'une certaine madame Curé, connue dans la littérature des cafés de ce temps-là sous le nom de la *Muse limonadière*, et qui s'était avisée de le prendre pour parrain forcé de quelques-uns de ses vers. « Voilà, écrit-il le 27 août 1755 à M. de Fontette, voilà, je vous l'avoue, une étrange femelle ! » Puis, venant à son homme : « Tout méchant qu'est Voltaire, ajoute-t-il, il ne m'a jamais joué un si méchant tour, à moi ni à qui que ce soit : il n'a jamais imputé ses vers à personne ; au contraire, il nous a fait presque à tous l'honneur de s'imputer les nôtres ; la dernière pièce de lui, dont on donne aujourd'hui la deuxième représentation, en est une preuve après mille autres ; depuis le grand Corneille jusqu'à Marmontel, qui court partout criant au voleur, nous y avons tous fourni des plumes au coquin de geai. Il en est châtié, sa pièce est aussi mal reçue que l'auteur l'est partout lui-même [1]. » L'année d'après, le niveau littéraire est encore baissé, et Piron en écrit de nouveau à M. de Fontette. Voici un curieux fragment de ses lettres à M. de Fontette, sorte de gazette datée du 7 janvier 1756 : « Tout se meurt ici d'inanition, Voltaire est à ses derniers hoquets et moi à mes derniers éternuments. Crébillon a tout dit, et par delà. Chateaubrun, après une pépie de trente-cinq ans, avait ressifflé deux ou trois vieux airs dont le succès l'avait enhardi à un dernier, qui fut hier sifflé et ressifflé par tout autre que par lui [2]. Mécontent, Sainte-Foix jure, sur le pommeau de son épée, qu'on n'aura plus rien de lui ; Gallet est mort ; Cahuzac tient la lyre du roi à l'aide du grand Rameau ; Collé fait encore des chansons assez jolies. Lanoue va donner une grande comédie en cinq ac-

---

[1] *Catalogue* des autographes vendus le 16 avril 1846.
[2] C'est la tragédie d'*Astianax*, que Chateaubrun avait cru pouvoir risquer, après ses succès des *Troyennes* et de *Philoctète*, mais qui fut en effet cruellement sifflée.

tes; on vient de refuser un *Tamerlan,* soi-disant de Voltaire avant la lecture, et transporté à un inconnu après le refus. *Quæ sit rebus fortuna videtis* [1]. »

Toutes les lettres de Piron à cette époque de sa vieillesse semblent être les bulletins d'une sorte de croisade misanthropique, mais non pas morose, qu'il a entreprise contre les sottises et les abus; la malice, toujours en éveil, marche en éclaireur, sa gaieté sonne la fanfare. Il a des traits pour tout le monde. Ici il dit son mot à certaine dame — sans doute madame Geoffrin — qui tient bureau d'esprit « et deux fois la semaine donne à dîner à tous les illustres parasites de nos trois Académies, depuis d'Alembert jusqu'à Marmontel inclusivement [2]. » Il n'aime pas ces écornifleurs-littérateurs, surtout depuis que lui-même ne dîne plus en ville. Là il prend à partie l'un des chevaliers de cette table ronde; il ne le nomme pas, mais on a bientôt reconnu la Harpe. « Il en paraît un sur l'horizon poétique, âgé de vingt-trois ou vingt-quatre ans, qui crie déjà aux autres tout haut, et tout bas sans doute à lui-même : Gare! gare! que je passe, vous n'avez encore rien vu! Vous le connaissez, et saurez qu'en dire si vous avez lu *Warwick...* glorieux imitateur de Voltaire qui a recommencé notre Crébillon, et parle aussi de me recommencer; il promet après sa pièce d'aujourd'hui un *Gustave* de sa façon. Il n'y a que Dieu qui sache si je serai rajeuni comme Éson ou comme Pélias [3]. »

La fortune qu'en ce temps-là, comme au nôtre, on faisait aux courtisanes de théâtre, lui tenait aussi vivement au cœur : chaque fois qu'il avait occasion de s'en expliquer, il le faisait avec une singulière netteté d'indignation, avec une franchise d'honnêteté presque pudibonde que la réputation qu'on lui a si cruellement maintenue ne faisait guère attendre de lui. Écoutez, par exemple, ce qu'il écrit à l'abbé Trublet sur l'espèce d'auréole

---

[1] *Catalogue* d'autographes vendus le 14 mai 1845.

[2] Lettre du 4 août 1764 (*Catalogue* des autographes vendus le 7 décembre 1854, p. 98.)

[3] Même *Lettre.* Ailleurs, il revient sur le *Gustave* de la Harpe. V. Œuvres, t. VI, p. 404.

éhontée dont on parait alors la Gaussin et les autres. C'est à propos de Ninon [1], digne ancêtre de ces courtisanes, qu'il commence cette attaque de bonnes vérités; leurs descendantes d'aujourd'hui en auront les éclaboussures. « La Lenclos, dit-il, peut avoir été un sujet digne d'amuser son temps tout au plus; mais, passé la dernière faveur dont l'abbé Gedoin, digne amateur de l'antique, s'enorgueillissoit si fort, il falloit mettre cette bonne demoiselle avec la vache à panier. A la vérité, les vilains débauchés ne pensent pas comme cela. La Gaussin les intéresse plus que tout le mérite du monde rassemblé dans un grand homme. On a du respect même pour qui n'a pas même le respect humain. Si l'on n'était pas vicieux par goût, on le serait par fatuité. De là l'espèce de canonisation d'une Lenclos et de ses pareilles [2]. »

Chez Piron vieillissant, tout s'était affaibli, sa vue surtout, qui n'avait jamais été bonne; en lui enfin il n'y avait guère que l'esprit qui n'avait pas pris ses invalides. Les jambes aussi allaient toujours à peu près leur train, et avec cela il se moquait du reste. « Dame nature, écrit-il le 16 mai 1763, dix ans avant sa mort, m'a crevé les yeux, arraché les dents, creusé la poitrine, affaibli l'estomac et fait encore pire à mesure qu'elle a descendu; je n'ai plus de ma première constitution que les jambes et la tête, trois espèces de folles qui, se moquant du reste, veulent toujours être en l'air. »

A partir de février 1765, il demeurait rue des Moulins, dans un petit appartement qu'il me semble voir d'ici, tout tapissé de tableaux, de gravures, car il les avait toujours aimés : ici, quelque esquisse de Boucher donnée par le peintre en récompense de l'aimable requête que le poëte avait présentée pour lui à M. de Tournehem [3]; là, quelques jolies miniatures de Macé [4]; peut-être aussi quelques charmants pastels de la Ro-

---

[1] Sa *Vie*, par Bret, venait de paraître.
[2] Lettre du 30 mai 1751. *Catalogue* des autographes de M. la Lande (29 avril 1850), p. 66.
[3] *OEuvres*, t. VI, p. 214.
[4] *OEuvres*, t. VII, p. 53.

salba, dont il aimait tant le talent et qu'il proposait si bien pour modèle à madame de Boullongne[1] ; ailleurs, en belle évidence, la merveilleuse montagne d'émail où Raux avait figuré le monde de la tragédie, à l'imitation du Parnasse français de Titon du Tillet.

C'étaient là des joyaux de prince ; Piron n'en était pas plus fier et n'en vivait pas moins modestement. Une parente assez éloignée, la petite Soisson, comme on l'appelait dans la famille, composait tout son domestique, et était souvent sa seule compagnie. Avant la mort de sa femme, elle était déjà de la maison, et Piron avait eu beaucoup à se louer des soins qu'elle avait pris de la pauvre folle. Depuis, il l'avait toujours gardée ; elle avait pris l'habitude de l'appeler mon oncle, et il la laissait dire, si bien que, pour tout le monde, même pour Rigoley de Juvigny, elle a passé pour être vraiment sa nièce[2]. Dans les derniers temps, elle se lassa d'être fille, fit connaissance d'un petit musicien du voisinage dont Piron souffrait volontiers les visites et l'épousa à la sourdine. Le musicien ne quittait plus le logis, mais on trouvait mille raisons pour excuser ses assiduités. Piron faisait la dupe et s'amusait beaucoup de paraître ce qu'il n'était pas. « J'en rirai bien après ma mort, disait-il à ses amis ; » puis plus mystérieusement il ajoutait : « Nanette a le paquet. » Nanette, c'était la nièce ; le paquet, c'était le testament de Piron. La première ligne qu'on lut quand il fut ouvert, était celle-ci : « *Je lègue à Nanette, femme de Capron, musicien,* » etc... Voilà l'innocente mystification d'outre-tombe dont l'excellent homme s'amusait d'avance[3].

Le luxe auquel Piron fut le plus fidèle, le seul qu'il se per-

---

[1] *OEuvres*, t. VII, p. 97.

[2] Imbert, qui allait souvent chez Piron, le croyait aussi. « Madame Capron, nièce de Piron, dit-il, a passé vingt-quatre années auprès de son oncle, et son attachement pour lui ne s'est pas démenti un seul instant. » (*Élégie sur la mort de Piron*, 1773, in-8°, p. iv, note.)

[3] Voir cette histoire avec quelques détails de plus dans notre *Paris démoli*, 2e édition, p. 207 et 367.

mit jusqu'au dernier jour, fut le luxe d'une cave bien garnie. Il avait assez d'aisance pour se permettre cette fantaisie toute bourguignonne. Grâce à M. de Saint-Florentin [1], sa pension, constituée sur le *Mercure* au lieu d'être prise sur la cassette, avait été portée au chiffre de deux mille francs, et, bien qu'il fallût toujours faire quelques démarches pour arriver à la toucher [2], c'était un revenu certain; d'un autre côté, la rente anonyme n'avait pas cessé d'être payée exactement. Ainsi, lors même qu'on ne lui eût pas envoyé de temps à autre de bachiques étrennes, comme Mirey, l'illustre cabaretier, qui lui adressait de beaux paniers de vin blanc de la cave de Despréaux [3]; comme madame de Moras, qui lui fit souvent de gracieux envois de vin de Champagne [4]; comme cet anonyme, dont les bouteilles de vin d'Espagne furent si bien reçues par lui, en dépit de leur nombre trop académique de quarante [5]; même sans tout cela, dis-je, Piron, avec ses propres ressources, aurait pu largement satisfaire à son goût natal. « Mon Dieu! veillez sur nos vignes! s'écrie-t-il dans une lettre : je n'ai plus que douze tonneaux de vin dans ma cave. Personne que moi n'en boit; mais, si ce temps-là dure (on était au mois d'août 1763), et que je vive

---

[1] Voir les vers que Piron lui adressa pour l'en remercier, *OEuvres*, t. VII, p. 170, 171, 176. M. de Saint-Florentin fut le dernier des protecteurs de Piron, qui fit pour lui, en 1760, un recueil intitulé *Binbiana*, dont le titre dit la matière. M. Bernard Joliet en possède le manuscrit in-4°.

[2] C'est l'abbé Damay qui faisait ces démarches pour Piron. M. Parison possédait la copie de dix-huit lettres que celui-ci écrivait à ce bon abbé pour l'en remercier. Voir *Catalogue* des autographes du cabinet de M. Parison, p. 74. A la suite des *Contes* de Guichard, 1801, in-12, p. 226, se trouve imprimée une lettre de remercîment du même genre écrite par Piron.

[3] *OEuvres*, t. VII, p. 225.

[4] *OEuvres*, p. 107. — Cazotte, qui en 1765 était à Pierry, près d'Épernay, lui envoyait aussi du vin du cru. Voir une lettre *inédite* de Piron publiée par M. J. Ravenel, *Journal de l'amateur de livres*, t. I, p. 47, 48.

[5] *Notice* de Rigoley, p. 150.

encore six mois, je suis un homme mort de soif au printemps. Comptez combien de coups j'aurai bus d'ici là à votre santé[1]. »

C'est, disait-il, ce qui le faisait vivre. « La nuit éternelle approche, et son vilain crépuscule m'affuble de ses voiles ; je ne marche, n'agis et n'écris plus qu'à tâtons, près de me plonger dans le dernier pot au noir. » Une bonne rasade du vin paternel tirait au moins son esprit de ces ombres, et une vive épigramme était le subit rayon de ce réveil. Jusqu'au dernier moment, il en fit contre tout le monde, hormis pourtant contre les jésuites. Lui-même en convient, mais s'en étonne un peu, car les bons pères l'avaient bien fouetté jadis. « Admirez ma bonhomie, écrit-il ; malgré ce malheur et mon talent pour les épigrammes, de mille que j'ai faites ou que je puis faire, je n'en ferai ni n'en ai jamais fait contre ces bons pères[2]. » Notez ce point : il n'en fera jamais. En effet, on est en 1765, et Piron alors s'est fait presque dévot. Est-ce par conviction chrétienne ? C'est plutôt, je crois, et ce n'est pas la même chose, par conviction de rancune. Il ne veut plus se rencontrer nulle part avec Voltaire, même dans l'irréligion. Il est donc passé bravement dans le camp contraire ; il met en vers les *Sept Psaumes de la pénitence* ; il paraphrase en strophes le *De profundis* ; il se laisse féliciter publiquement de sa piété par l'abbé Sabathier de Castres[3] ; lui-même il fait acte de pieux repentir dans les journaux[4], et il se montre tout heureux que M. Tannevot, auteur de la tragédie d'*Adam et Ève*, lui écrive pour le féliciter de sa palinodie chrétienne. Il lui répond qu'elle est sincère, et il est prêt à le répéter partout, dût-il être ridiculisé par « les demi-beaux-esprits et les quarts de philosophes[5]. »

Je ne répondrais pas de sa sincérité autant qu'il en répond lui-même ; je ne jurerais pas qu'il ne jouât un rôle ; mais du

---

[1] *Catalogue* des autographes du cabinet de M. A. Martin, p. 39, 40.
[2] *Ibid.*
[3] *Siècles littéraires*, t. III, p. 83.
[4] *Ibid.*
[5] Cette lettre de Piron se trouve dans le *Nécrologe* de 1774, *Éloges* de M. Tannevot.

moins y trouvé-je une raison d'assurer que, s'il le prit une fois, il dut le soutenir jusqu'au bout. Je ne crois donc, en aucune sorte, au scandale *in extremis* dont les *Mémoires secrets* prétendent sans preuve qu'il donna le triste spectacle sur son lit de mort.

Une chute avait hâté sa fin; il s'éteignit le 21 janvier 1773, âgé de quatre-vingt-trois ans et six mois.

Dans une sorte de testament, mis par lui à la suite d'une lettre à l'Académie française, dont Rigoley de Juvigny[1] raconte longuement l'histoire, Piron avait écrit : « Je lègue aux jeunes insensés qui auront la malheureuse démangeaison de se signaler par des écrits licencieux et corrupteurs, je leur laisse, dis-je, mon exemple, ma punition et mon repentir sincère et public. »

Ces lignes seront la moralité de cette longue notice; mais, Piron étant ainsi bien connu et après ce dernier *mea culpa*, faudra-t-il lui refuser encore une définitive absolution?

Puisque nous le nommons encore, n'oublions pas de dire que la notice qu'il fit sur Piron lui fut commandée par Piron lui-même. Imbert nous le dit, et Rigoley s'en vante aussi dans une note autographe mise par lui sur l'exemplaire des *OEuvres* de Piron que lui avait donné madame Capron. Voir *Catalogue Leber*, t. I, p. 298. — Rigoley, quoiqu'il eût écrit pour ainsi dire sous la dictée de Piron, oublia plus d'un fait dans sa notice; par exemple, il ne mentionne pas l'emploi que notre auteur occupa chez un financier après sa sortie de chez le chevalier de Belle-Isle. L'épisode ne nous avait pas échappé; nous ignorions seulement le nom de l'homme de finance. Nous venons de l'apprendre : il s'appelait M. d'Harnoncourt, et était receveur général. En 1725, l'abbé Pellegrin, menacé d'une parodie que Piron devait faire contre son opéra de *Télégone*, s'adressa à M. d'Harnoncourt, pour qu'il fît arrêter, par le lieutenant de police, cette parodie de M. Pyron (sic), son ancien commis. La défense eut lieu, car aucune pièce du genre de celle qui effrayait tant l'abbé ne se trouve parmi celles de Piron. Une lettre inédite de Pellegrin, publiée par M. David Viallet dans le *Messager des Théâtres* du 14 juin 1857, nous a révélé ces faits au dernier moment.

OEUVRES
DE PIRON

LA MÉTROMANIE

COMÉDIE EN CINQ ACTES, EN VERS

REPRÉSENTÉE POUR LA PREMIÈRE FOIS PAR LES COMÉDIENS DU THÉÂTRE FRANÇAIS, LE 7 JANVIER 1733.

PRÉFACE DE LA MÉTROMANIE

Un chasseur passionné qui se trouve en automne, au lever d'une belle aurore, dans une plaine ou dans une forêt fertile en gibier, ne se sent pas le cœur plus réjoui que dut l'être l'esprit de Molière, quand, après avoir fait le plan du *Misanthrope*, il entra dans ce champ vaste, où tous les ridicules du monde se venaient présenter en foule et comme d'eux-mêmes aux traits qu'il savait si bien lancer. La belle journée de philosophe! Pouvait-elle manquer d'être l'époque du chef-d'œuvre de notre théâtre?

Telle était la réflexion continuelle que je faisais en composant la *Métromanie*, le versificateur se trouvant ici dans son élément, à peu près comme ce grand poëte et ce sage persécuteur du ridicule s'était trouvé là dans le sien ; mais avec la différence bien fâcheuse pour moi que, dans le *Misanthrope*, le poëte était souverainement doué des talents nécessaires au philosophe, au lieu qu'ici les talents nécessaires au poëte manquaient totalement au versificateur. De là s'élevait en moi, comme s'élèvera sans doute aussi dans l'âme du lecteur, un vif regret que le maître ne se soit pas avisé de traiter un sujet assez fécond, assez piquant, pour n'avoir pu même être tout à fait malheureux entre les mains du disciple. Que n'eût pas dit en effet ce grand homme, où j'ai dit si peu? Quelles fleurs n'eût-il pas fait briller, quels fruits n'eût-il pas fait naître sur un terrain plus connu de lui que de nul autre, et que je n'aurai tout au plus tapissé que d'un peu de mousse et de verdure?

Pénétré donc de mon insuffisance à si juste titre, la plume à chaque vers eût dû me tomber de la main ; mais que peut le raisonnement contre la planète, et de quel poids sont des réflexions balancées par l'ascendant? Je ne prétends point, par les grands mots de planète et d'ascendant, me donner pour un de ces hommes heureusement nés sous l'astre qui forme les vrais poëtes ; je ne viens pas de me rendre justice tout à l'heure pour me contredire sitôt. Je ne me donne que pour ce que je suis, que pour un de ces esprits trop ordinaires, qui reçoivent le jour, non sous l'astre bénin dont l'influence est si rare, mais sous cet astre pestilentiel et non moins dominant, qui fait qu'on a la fureur d'être poëte, et souvent, qui pis est, celle de se le croire.

Je cédai donc à la force majeure : ainsi peut bien s'appeler cette manie, qui fait tout à la fois l'excuse bonne ou mauvaise de l'auteur et le titre de la pièce, et je lui cédai d'autant plus naturellement, qu'après tout le bien et le mal qu'elle m'a causé, je ne pouvais manquer d'avoir une vive démangeaison d'en dire tout le mal et le bien que j'en pense.

Que de douceurs imaginaires et que d'amertumes bien réelles n'a-t-elle pas en effet répandues sur le cours de ma vie! A commencer par les amertumes, que de persécutions dès mon enfance, et qui n'aboutirent qu'à l'effet ordinaire des persécutions, c'est-à-dire qu'à rengréger le mal! Je ne péchai plus qu'en secret; et si des pécheurs c'est l'espèce la moins scandaleuse, c'est aussi, comme on sait, la plus endurcie. Que ceux qui veillaient à mon éducation n'eurent-ils un peu d'adresse et de patience, j'étais peut-être sauvé : peut-être que s'ils m'eussent laissé faire, soit dégoût ou légèreté, je me fusse redressé de moi-même. Cette façon de s'y prendre, toute simple qu'elle est, a corrigé plus d'une sorte de fous. Pourquoi notre jeunesse, par exemple, ne s'égare-t-elle plus dans les douces illusions du tendre amour? A quel heureux manége a-t-elle acquis sur ce point un degré de sagesse auquel nos pères, avec toute la leur, n'arrivaient qu'à peine sur la fin de leur vie? Elle doit ce bonheur au bel usage où sont aujourd'hui les parents de ne la plus réprimer dans ses premières saillies; de l'abandonner à la fougue des passions naissantes, et même de pousser souvent la complaisance jusqu'à vouloir bien prendre la peine de lui donner l'exemple.

Mais je veux que la persécution qu'on me faisait fût juste; comment l'entendait-on, puisque, tandis qu'à la maison ce n'était que châtiments de toute espèce pour rompre l'enchantement, au collége, au contraire, on n'épargnait rien pour en augmenter la force? Les régents nous mettaient en main les poëtes classiques, en chargeaient nos mémoires, en abreuvaient nos esprits, nous en faisaient sentir, et par-delà, l'élégance et les grâces, les exaltaient avec enthousiasme, et finissaient par nommer ce langage le langage des dieux. Pour moi, qui les écoutais avidement et de la meilleure foi du monde, je n'en rabattais rien dans ma faible judiciaire. J'observais de plus que ces poëtes, sans avoir essuyé ni la fatigue ni le danger des armes, et moins encore l'embarras des richesses, sans avoir été ni des *Cyrus* ni des *Crésus*, n'avaient pas laissé, dans le calme de leur cabinet, que de se faire une célébrité sinon plus grande, au moins plus pure, plus personnelle sans doute, et plus durable peut-être que celle de ces hommes si fameux. Est-il jeune tête, pour peu qu'il y petille déjà quelque bluette de feu poétique, qui soit assez ferme pour ne pas se tourner vers un point de vue si brillant? Se connaissant si peu, que ne présume-t-on pas de soi? Je ne serais pas surpris que l'étourneau sous l'aile encore de la mère, apercevant l'aigle au haut des nues, se flattât de l'y suivre au sortir du nid. Un de mes camarades de classe, jeune homme vif et bien fait, *né* brave (car il en est, je crois, du brave comme du poëte : *nascitur uterque*); celui-ci donc, l'imagination échauffée à sa façon de la lecture de l'*Iliade*, de l'*Énéide* et de nos merveilleux romanciers, s'enrôla dès l'âge de quinze ans dans les dragons. Je n'en avais que douze ou treize alors; et j'en étais encore à mon premier enthousiasme, quand ce jeune étourdi partait tout rempli du sien. *Adieu, mon ami*, me dit-il d'un ton d'Artaban : *J'y perdrai la vie, ou je ferai voir jusqu'où peut monter un brave soldat.* Il croyait déjà tenir à coup sûr et son épée et le bâton du maréchal Fabert dans le même fourreau. *Courage, ami*, lui répondis-je à peu près du même air, *et moi, de mon côté, j'y perdrai mon latin ou j'aurai moissonné d'aussi beaux lauriers que les tiens. Reviens en Achille, et sois sûr de retrouver en moi, à ton retour, un Homère qui te chantera comme tu l'auras mérité.* Tels furent nos adieux héroïques. Nous nous séparâmes, et depuis nous avons tous les deux atteint notre but à peu près l'un comme l'autre. Le pauvre garçon, avec quarante-cinq ans de plus et un bras de moins, est mort soldat aux Invalides.

Revenant à mon propos, je crois donc pouvoir dire que les enfants ne sont pas si peu des hommes qu'ils ne soient déjà presque aussi vains que père et mère. Or des vanités, comme de raison, la plus folle doit avoir chez eux le droit de préférence. A l'attrait de celle-ci, qui riait à ma sotte imagination, se joignait l'amour du passe-temps; ajoutons-y le glorieux plaisir de la difficulté vaincue : plaisir vraiment puéril, et qui, si j'ai bonne mémoire, entre pour quelque chose dans tous les jeux de l'enfance aussi bien que dans notre ancienne poésie et notre nouvelle musique. Tout cela posé, n'est-ce pas pour un vieil enfant de dix à douze ans une amusette assez propre à lui piquer le goût que celle d'agencer, d'enfiler et de scander des syllabes françaises; de les arranger ensuite en lignes, et d'ourler enfin ces lignes de rimes qui, selon lui, sont le caractère essentiel de notre poésie? Cependant des mots, petit à petit, naissent les pensées; des pensées, les figures; des figures, les images : l'esprit s'accoutume au mouvement qui, l'échauffant de plus en plus, le fait enfin parvenir jusqu'à former des plans tels quels. Qu'on y réfléchisse un peu, ne serait-ce pas quelquefois cette marche qui, parmi nous, aurait fait insensiblement du petit rimeur un versificateur de profession, comme une version couronnée en *troisième* aura fait par hasard d'un écolier un traducteur? Peut-être n'est-ce même qu'à la faveur de ces premiers pas enfantins que nos vrais poëtes (sans en excepter les plus illustres) se seront aperçus de la supériorité de leur étoile. Le premier ressort, qui fait mouvoir tous ceux du cœur et de l'esprit humain, est toujours quelque chose de bien caché. En combien d'erreurs l'envie de découvrir ce premier mobile n'avait-elle pas induit le jugement des spéculateurs? L'essaim d'abeilles qui par hasard se posa sur le berceau de Platon et sur celui de saint Ambroise ne passa que pour un présage de leur éloquence; qui sait s'il n'en fut pas la cause? Cette éloquence, en eux, s'éveilla peut-être moins par leurs dispositions naturelles que de ce qu'on leur dit que ces abeilles, symboles alors de l'éloquence, s'étaient posées sur le berceau. Quoi qu'il en soit, laissant là de si hautes destinées et sans sortir davantage de mon sujet ni de mon humble sphère, tels furent les derniers jeux de mon enfance et mes premiers pas vers le Parnasse. Aux boules de savon, aux châteaux de cartes, succédèrent immédiatement le badinage de la rime et les châteaux en Espagne.

L'adolescence arrivée, tout cela s'évanouit et s'éboula comme ce qui l'avait précédée. Il fallut malgré moi songer au solide, et répondre au sage empressement de mes parents, qui me prescrivirent le choix d'un état proportionné à la médiocrité de leur fortune et de ma naissance. Ils auraient bien voulu, laissant agir la simple vocation, attendre en moi quelque talent décidé qui me déterminât par moi-même; mais le témoignage de mes régents les avait habitués à ne m'en supposer aucun. De ce que j'étais de ces jeunes égrillards qui ne sont pas toujours uniquement occupés de leurs tristes devoirs, ces maîtres m'avaient déclaré atteint et convaincu d'une incapacité totale et perpétuelle. Voilà de leurs oracles rigoureux, quand il ne s'agit pas de l'horoscope d'un faiseur de thèmes sans faute ou d'un écolier appartenant à gens d'une certaine importance, soit par la naissance, par les emplois ou par les richesses ; car alors ils n'adoucissent que trop les termes ; et quelles en sont les suites ? J'ai assez vécu pour en avoir été longtemps le témoin. La plupart de ces héros des classes ont été durant leur vie le rebut de la société ; *et secus*.

Je pensais dès lors assez sensément et assez haut de l'état ecclésiastique pour m'être bien persuadé moi-même et pour avoir également persuadé les autres que ce ne pouvait ni ne devait jamais être le mien. Cela chagrina beaucoup. Les familles, tant pauvres que riches, n'aiment rien tant que de voir les enfants s'embarquer dans un genre de vie qui débarrasse d'eux à peu de frais, et qui ne laisse pas d'attirer souvent de la considération et presque toujours de mettre à l'aise. Mais mes parents n'étaient pas gens à me blâmer ni même à jamais oser insister le moins du monde là-dessus. C'étaient de ces bons Gaulois, qui, s'il en existe encore, sont le jouet du siècle poli ; on m'entend, je crois : de ces bonnes âmes devenues aussi rares que ridicules, cent fois plus occupées de leur salut et de celui des leurs que de tout ce qui s'appelle ici-bas gloire et fortune. Le ciel les en a bénis dans la personne d'un frère que je viens de perdre chez les PP. de l'Oratoire, et qui, pour ses longs travaux comme pour sa piété, meurt honoré des regrets de son illustre congrégation.

Ce saint état donc mis à part, et s'agissant de fixer un peu les irrésolutions du jeune écervelé, on me mit vis-à-vis de *Justinien*, de *Barême* et d'*Hippocrate*, et l'on me dit de choisir. Je le demande à qui m'a pu connaître : étais-je mieux appelé à pas un de ces trois états qu'au premier ? Riant, ouvert, ingénu, sensible et compatissant jusqu'à la faiblesse, élevé dans les principes et sous les exemples de la simplicité la plus franche et la plus naïve, qui pis est, par conséquent nulle ardeur du gain, pas la moindre étincelle ni d'ambition ni de bonne opinion, étaient-ce là des dispositions pour des états dans lesquels on n'entre et l'on ne réussit plus guère qu'autant qu'avec des qualités toutes contraires à celles-ci on a la gloire et la fortune en vue? Était-ce être fait surtout pour la finance dont on m'insinua l'option, j'entends pour la finance telle qu'alors[1] on la pratiquait? Car, maintenant, ce qu'avec admiration j'apprends au fond de ma retraite, tout est changé de mal en bien, et, malgré le *nos nequiores mox daturos*, tout va de bien en mieux. Le manteau de la sainte philosophie s'est étendu, dit-on, sur toutes les conditions, au point que dans celle-ci même l'urbanité, la rectitude et le désintéressement règnent autant qu'en toute autre; de sorte que nous voilà, grâce au ciel, arrivés à l'âge inespéré où l'on ne peut plus s'écrier qu'en bonne part: *O tempora! ô mores!*

« Mis sur les voies et sous la protection d'un des plus excellents maîtres, je vis donc en vain que, né sous le chaume, on pouvait en ce temps-là, par un chemin très-court, très-facile et très-battu, se flatter de vivre un jour sous des lambris dorés, et, de millions en millions, s'élever par degrés jusqu'à mourir gendre ou beau-père de tout ce qu'il y avait de mieux : tout cela ne me gagna point; deux choses me rebutèrent de cette sorte d'élévation : l'aller et le revenir, la façon d'y parvenir et le désagrément d'y être parvenu.

La médecine et la jurisprudence me durent donc infiniment plus tenter. Tout frivole que j'étais, je regardais déjà ces arts du même œil que je les vois encore aujourd'hui. Eh! quoi de plus digne de l'homme en effet que la science de la nature et des lois? Quoi de plus noble que des emplois dont l'objet est de veiller à la conservation des biens, de l'honneur ou de la vie des citoyens? Né loin des grandeurs et de l'opulence, un homme obscur se peut-il mieux tirer du pair que par l'une ou l'autre

---

[1] En 1710.

de ces deux professions, qui le font également rechercher du peuple, des grands et du prince ? Est-il, en un mot, deux plus belles portes ouvertes à des gens de cœur pour sortir du second néant dans lequel, en les tirant du premier, il a plu, pour ainsi dire, à la Providence, de les faire entrer sous la malheureuse enveloppe et le fâcheux titre d'homme de néant ?

Mais, 1° moi médecin, moi qui, par-dessus tous les faibles que je viens d'annoncer, eus toujours celui d'aimer à savoir à peu près ce que je dis, et sans comparaison plus encore ce que je fais, quand surtout il y va, comme il y eût été ici, du plus précieux intérêt de mon cher prochain ; moi, dis-je, oser prendre possession d'un bénéfice à charge de corps ? oser exercer un art où le plus grand savoir souvent ne guérit de rien, et dans lequel une bévue, une impéritie, n'exposent pas à moins qu'à commettre un homicide ! Prenons que malheureusement l'habitude et le mauvais exemple m'eussent assez aguerri, pour que bientôt je ne me fusse pas beaucoup soucié d'une faute involontaire dont on ne croit pas avoir un certain compte à rendre à Dieu, aux hommes ni à soi-même : serait-ce donc tout ? La roue d'Ixion, le rocher de Sisyphe, sont-ils pires que ce que je considère au delà ? Eh quoi ! avoir à soutenir de sang-froid, à combattre, à dissiper sans cesse les tristes visions d'un hypocondre ! Avoir à calmer les impatiences du vrai malade, ou les justes alarmes de l'homme en danger ! Avoir à répondre aux questions sans nombre d'une famille sensible ou dénaturée qui les environne ! Avoir enfin, vingt fois par jour, à laisser de porte en porte, et d'un ton décisif en s'en allant, l'espérance ou le désespoir à la ronde, au hasard d'essuyer à son retour les plus sanglants démentis ! Quels dons, quels talents, quel courage, ne faut-il pas pour faire d'un si fâcheux rôle son rôle unique et perpétuel ? *Gaudeant benè nati !* Pour moi, du premier coup d'œil, je reculai d'épouvante, et, franchement, ni la fortune solide et le puissant crédit de nos médecins, ni leur belle sécurité au milieu de tant d'écueils et de dégoûts, ne m'ont pu faire un moment repentir d'en avoir eu peur et de les avoir évités.

Restait à prendre le parti du barreau ; je le pris donc, et ne le pris pas encore sans bien trembler. Cet état, du côté de l'incapacité, n'expose pas une âme délicate à moins de scrupules que le précédent. Car enfin l'avocat, outre la défense des biens de ses concitoyens, a quelquefois encore en main celle de leur vie, et souvent, qui plus est, celle de leur honneur. Une chose me rassurait, c'est qu'ici du moins, outre les principes d'équité naturelle dont tout le monde a sa portion, l'esprit humain a pour second point d'appui l'étude opiniâtre des lois et des coutumes, océan vaste à la vérité, mer qui, comme les autres, a ses bras, ses détroits, ses courants, ses golfes et ses baies, mais dont l'étendue immense, après tout, n'est pas à comparer à l'abîme impénétrable des règles et des caprices de la nature, qui, tous les jours au chevet du lit des malades, se joue de la doctrine la plus ferrée et de la plus longue expérience.

Ce qu'il devrait y avoir, à mon gré, de plus rebutant pour un candidat du barreau, c'est que les fruits d'une si belle et si longue étude ne puissent percer ni se recueillir qu'à travers les gravois et les halliers de la chicane. Pour moi, j'avais courageusement franchi toutes ces landes. Déjà je possédais assez joliment *Péreze*, *Daumat* et le *praticien François*. J'allais enfin débuter, au grand soulagement des curieux bien ou mal prévenus, et tous également impatientés de tant d'apprêts et de précautions, quand un revers de fortune, accablant tout à coup mes pauvres parents, renversa mes projets et ruina tant d'espérances vaines ou malignes. Devenu du jour au lendemain plus à plaindre cent fois que bien des veuves et des orphelins, ce fut à moi à me reposer de leurs intérêts sur d'autres défenseurs, et à ne plus songer qu'à me tirer moi-même d'affaire par toute autre voie; car celle-ci me devenait absolument impraticable, la profession d'avocat étant, ce me semble, trop noble pour être compatible avec le besoin d'un écu. Il y fallut donc ou renoncer ou déroger ; et je n'hésitai point, j'y renonçai. En quoi je ne fis pas, à tout prendre, un bien grand sacrifice. Quel regret au fond pourrais-je en avoir, puisque de la trempe singulière dont je suis, de même qu'à mon premier malade enterré, j'aurais cru devoir abdiquer le doctorat, je sens également que j'eusse mis robe, sac et bonnet bas à la première bonne cause que j'aurais perdue? Et à qui ce malheur-ci n'arrive-t-il point?

Quant aux autres métiers, depuis le plus honorable, qui, si l'on veut, est celui des armes, jusqu'au plus abject qu'il plaira d'imaginer, la nature me les avait tous interdits : j'étais né presque aveugle.

En pareil cas, un provincial infortuné, pour cacher sa misère ou pour y subvenir, n'a d'asile que Paris. M'y voilà donc nouveau débarqué, un peu plus qu'adolescent, sans yeux, sans industrie, sans connaissances, et non-seulement sans protecteurs, mais même entièrement dénué de tout ce qui contribue à s'en procurer. Où voudrait-on que je me fusse pourvu de ces rares qualités? Où les aurais-je acquis, ces airs aisés, souples, avantageux, insinuants, capables seuls d'impatroniser le premier sot qui les a partout où bon lui semble de se présenter? Aurait-ce été dans la poussière d'un collège de province? Dans la solitude obscure des foyers paternels? Dans l'austérité d'une éducation simple, grave et singulière, au point d'avoir voulu me faire passer le chant, la danse, les lectures profanes, toutes sortes de liaisons, en un mot tout ce qui peut orner le corps et l'esprit, pour des mondanités dangereuses qu'il était bon d'ignorer ou de négliger toute la vie? Quelle école en comparaison des colléges et des académies de la capitale, d'où le jeune homme, quel qu'il soit, s'introduit gaiement et de plain-pied aux toilettes des hommes et des femmes, va s'asseoir aux grandes tables, figurer sur les bancs d'un théâtre, et tenir la place d'un rayon dans ces cercles appelés *bonnes compagnies*, sources de lumières, de bonnes fortunes et de protections! Hélas! c'était peu d'avoir été privé de ces dernières ressources! Je ne savais pas, je ne pouvais pas douter qu'elles existassent; qui me les eût indiquées me les eût même indiquées vainement : ou je ne l'en aurais pu croire, ou cette malheureuse modestie, si naturelle à la jeunesse trop étroitement morigénée, m'en aurait plus écarté qu'approché.

Voilà donc, comme je viens de le dire, ma nacelle au milieu d'une mer inconnue, le jouet des vents, des flots et des écueils ; elle faisait eau de tous côtés ; je me noyais, quand la poésie, bien ou mal à propos, me revint à la mémoire. Je m'en saisis comme de la seule et dernière planche que je voyais flotter autour de moi dans mon naufrage. Je sais trop quelle épithète on va donner à cette planche ; mais que veut-on ? Par inclination peut-être autant que par extrémité, toute métaphore cessant, j'embrassai l'unique et bizarre espèce de profession dont le début et l'exercice n'exigent outils, chefs-d'œuvre, lettres de maîtrise, avances, degrés, naissance, crédit ni protection. L'on s'établit comme on peut.

Je n'entretiens mon lecteur de si petites choses, et n'ose parler de moi si longtemps contre la loi du sage, qu'en vue de me justifier humblement devant la société, dont bientôt je me sépare dans un âge avancé, sans avoir eu le bonheur de lui pouvoir être utile ni nécessaire, n'ayant labouré, bâti, calculé, médicamenté, plaidé, jugé, prêché ni combattu ; n'ayant fait pour elle, en un mot, que des vers, et quels vers encore ! Des vers, comme on vient de le voir, moins inspirés par Minerve que par la nécessité. Celle-ci, dit-on, est la mère des arts ; c'est donc le nôtre excepté, car chacun sait où en était le bonhomme Horace quand il disait *ohé ;* et, si de la nécessité ou de la poésie l'une de ces deux doit la naissance à l'autre, je suis payé pour croire que c'est à la poésie que sont dus les honneurs de la maternité. Quoi qu'il en soit, n'ayant contribué qu'en si chétive monnaie à ce que la société a droit d'exiger de tous ses membres, je me trouve à son égard dans un tort qui mérite bien, étant involontaire, qu'en partant je le diminue par quelques excuses mêlées à mes derniers adieux.

Du reste, si mon esprit, dans sa maturité, se rapprocha des folies de mon premier âge, on ne doit pas douter, après ce que je viens de dire, que ce ne fût bien tristement et dans des idées fort éloignées de celles qui dans ce premier âge m'avaient enchanté. Quelle différence en effet entre ce qui ne fut qu'un amusement et ce qui devint une dernière ressource ! N'envisagéant pour lors la poésie française que par son vrai côté, j'espérai peu et présumai encore moins. Quelle carrière à courir en effet sur les pas de tant de grands hommes, qui par leurs ouvrages inimitables semblent l'avoir fermée plutôt qu'ouverte à ceux qui les y veulent suivre! Mais disons tout aussi : plus d'une pensée consolante me soutenait dans ce coup de désespoir. Le goût pour la retraite, les douceurs de l'indépendance, l'innocence d'un métier dont l'exercice, entre mes mains surtout, ne pouvait ni ne devait faire ombrage, envie ni tort à personne ; enfin la satisfaction de songer que du moins je saurais, dès les premiers pas, si je m'étais bien ou mal engagé, n'étant guère possible, quelque illusion qu'on se fasse partout ailleurs, de se la faire ici longtemps. Car ici le but se manque ou se touche du premier coup à ne laisser aucun doute. Au théâtre, une comédie fait rire ou bâiller, une tragédie pleurer ou rire; dès lors le maître a prononcé et prononce sans appel : au lieu qu'en tout autre canton des Muses, dans les sciences d'esprit, de mémoire et de raison, dans les hautes et dans les exactes, comme dans les autres, le point de décision, le tort et le droit du savant, demeurent à jamais suspendus. Histoire, jurisprudence, physique, morale, une autre science encore sans comparaison plus importante et plus ennemie du problème : tout cela, salles d'armes éternellement ouvertes aux assauts du pour et du contre. Le lecteur et l'écrivain, le professeur et l'étudiant, l'orateur et l'auditoire, le littérateur, son antagoniste, et leurs juges, tout reste en l'air. L'un propose, l'autre objecte, tous veulent opiner. C'est que ce sont de grandes matières qui intéressent le repos ou l'orgueil de l'esprit humain ; et dès lors il n'est petit ni grand qui ne veuille intervenir ; on combat pour sa dame, pour la souveraine de ses pensées, pour la vérité, dont il sied bien à tous, même à des *Sancho Panças*, d'être les *Dons Quichottes*. D'abord on ne cherchait peut-être d'assez bonne foi qu'à s'éclairer les uns les autres ; bientôt la dispute et l'aigreur s'en sont mises, et de toute part ensuite il y est allé de la gloire à n'en pas démordre ; aussi ne démord-on plus nulle part. De là des controverses à perte de vue, qui, de sophisme en sophisme, jettent les fondements ténébreux d'un pyrrhonisme éternel. Quel supplice pour les amateurs et pour les défenseurs du vrai, mais surtout pour les auteurs qui seraient pressés de savoir s'ils sont à leur place ou non! Chez nous, par bonheur, il ne s'agit que de fables amusantes; le succès de si petites choses ne méritant pas d'exciter la moindre jalousie et n'intéressant pas plus sérieusement l'amour-propre des juges du camp que le véritable honneur des champions, notre cause se décide militairement, et d'ordinaire assez bien. La récolte, il est vrai, de part et d'autre, est ici proportionnée à la valeur du fond; la perte et le gain, des deux côtés, sont on ne peut moins considérables; il en revient à nos auditeurs une heure ou deux de divertissement ou d'ennui; à nous, un peu de vent dans la tête ou un peu de rougeur au front; rien par delà pour les premiers; mais pour nous, ce qu'au moins nous en rapportons de plus et d'un peu réel, c'est la certitude d'avoir eu tort ou raison de nous en être mêlés; et, sachant ainsi à quoi s'en tenir, pour peu qu'il soit sensé, s'en va d'entre nous content ou corrigé qui veut, perspective qui, selon moi, ne laisse pas d'avoir son agrément.

Mais des perspectives, la plus belle, au gré

Du Souriceau tout jeune et qui n'avait rien vu[1],

c'était l'idée touchante que je m'étais formée de nos auteurs contemporains, dont, en nouveau confrère, je me réjouissais de rechercher la fréquentation; car je ne devais pas douter qu'elle ne fût délicieuse, l'amour des lettres, ce me semble, supposant une âme et des mœurs pareilles à celles des premiers temps. Me voilà, me disais-je en moi-même, ce que le vulgaire appelle un homme à plaindre. O vulgaire bien plus à plaindre que moi! le serai-je donc en fraternisant avec ce qui te ressemble si peu, avec ce que je conçois de plus rare et de meilleur en ce monde, avec les restes précieux de l'âge d'or?

[1] La Fontaine, fable CVIII, page 135. Édit. 1730.

Où se trouvaient-ils en effet, les restes de ce bel âge, si ce n'est parmi les seules gens qui le dépeignent si bien et qui sans cesse le regrettent si fort? Enfin je vais n'être et ne respirer qu'avec le bel esprit, la saine raison, l'aimable candeur et le désintéressement philosophique! Quel état ravissant! Comme eux, sans cupidité, sans prétention, sans artifice, puis-je manquer de sympathiser avec eux? Ils seront mes amis et mes protecteurs. Vivent de pareils appuis, et non les riches et les grands,

> Gens faisant tel bruit, tel fracas,
> Que moi qui, grâce au ciel, de courage me pique,
> J'en ai pris la fuite de peur [1].

Ceux-là [2], *doux, benins, modestes, veloutés, d'humble contenance*, sont bien mieux mon fait. Ils m'aideront dans mes tentatives, me relèveront dans mes chutes, me prôneront dans mes succès. L'amour du travail, avec de tels secours, s'il ne me tient lieu de talent, m'en donnera du moins l'apparence, qui souvent mène plus loin que le talent même. Pensant et raisonnant ainsi, je ne craignais, je ne désirais presque plus rien. Je pleurais de joie. Cette belle espérance, au sein de la misère, était un rayon de lumière, qui du plus léger crépuscule en moi faisait d'avance un bel orient, et déjà de l'espèce d'enfer où j'étais un paradis terrestre.

Il y eut bien dans tout cela quelque petite erreur de calcul. Les riches et les grands (la reconnaissance me force à l'avouer) ont un peu plus fait pour moi que messieurs de l'âge d'or. A tout bon compte revenir. Somme toute, restèrent de net, comme je l'ai dit plus haut, quelques plaisirs chimériques et nombre de maux réels, dont le souvenir m'induisit à composer la *Métromanie*.

Je ne compte pas entre ces maux réels le manque de gloire

---

[1] Même Fable.
[2] Même Fable.

et de fortune qui m'a tenu si fidèle compagnie dans tout le cours de ma carrière. J'eus toujours trop mollement l'une et 'autre en vue, pour avoir dû me trouver fort sensible à ces deux privations. J'espère qu'on m'en croira facilement quant au mépris de la fortune. Ce mépris est inné dans tout cœur passionné pour la liberté. Être libre et faire fortune, on le sait trop, ce sont deux bonheurs incompatibles; qui veut jouir de l'un doit absolument lui sacrifier l'autre. Où l'on pourrait donc n'en pas croire aisément ici le poëte à sa parole, c'est lorsqu'il tranche encore de l'indifférent pour la gloire, s'entend pour cette gloire de succès passagers et d'honneurs littéraires si vivement poursuivis par les auteurs, et dont aucun d'eux n'ose parler du ton que je fais, sans se faire aussitôt jeter au nez la fable du *Renard et les Raisins.* En effet, la manie de versifier passant pour un travers, persuaderai-je qu'un travers jouisse d'un des plus solides avantages de la vertu, en soutenant, comme il est pourtant vrai, qu'il se peut suffire comme elle, et seul se servir à lui-même de récompense? Non, je n'y parviendrai point. Faisons donc mieux : supposons, pour avoir la paix, accordons même, s'il le faut, qu'en moi seul soit rassemblé tout le sot orgueil dont on veut que notre espèce entière soit enivrée; la belle indifférence dont je me pare n'en restera pas pour cela moins naturelle ni moins vraisemblable. Eh! qui ne sait que le sot orgueil, en cas de revers, a des ressources infinies, et que, plus il est mortifié, plus il est ingénieux à se forger des motifs de consolation? Or n'entrevoit-on pas d'ici ceux qui, sur l'article de la gloire dont je parle, peuvent s'offrir tout d'un coup à l'esprit d'un auteur présomptueux et mécontent? Le disgracié, dans son chagrin, n'a qu'à se représenter non-seulement par quelles voies et sur quels fronts le plus souvent tombent aujourd'hui les couronnes littéraires, mais encore combien de gens célèbres sont morts sans les obtenir. Avec le talent que sans faute il aura de savoir altérer un peu le fond des choses à son avantage, il trouvera là bientôt de quoi se consoler, et même, sans de grands efforts de raisonnement, de quoi se faire de son propre abaissement un triomphe secret et fondé. Eh bien, me suis-je enfin rendu croyable? Est-on content?

Les seuls et vrais malheurs qui mirent donc et qui durent mettre ma faible constance à l'épreuve, ce sont ceux dont l'oncle menace le neveu, acte III, sc. vii, quand il dit :

> Tremble, et vois sous tes pieds mille abîmes ouverts !
> L'impudence d'autrui va devenir ton crime;
> On mettra sur ton compte un libelle anonyme.
> Poursuivi, condamné, proscrit sur ces rumeurs,
> A qui veux-tu qu'un homme en appelle?

Le poëte répond laconiquement :

> A ses mœurs.

Réponse de théâtre, bout-rimé. Le plaisant bouclier que les meilleures mœurs du monde à présenter aux traits de la calomnie, appuyée sourdement par des rivaux accrédités, malfaisants et rusés! La scélératesse attaquée en opposerait un d'Ajax, où la probité nue n'en aurait jamais d'autres que la négative et les larmes. Irréprochable tant qu'il vous plaira, la perversité qui jura votre perte de sang-froid, peut-être par passe-temps, le croirait-on? et simplement pour exercer son industrie, n'en sera que plus âpre et que plus subtile à dresser ses machines. Les ressorts jouent; voyons ce qu'ici fera pour vous cette innocence étonnée, peu sur ses gardes, et, comme je dis, moins versée mille fois que le crime dans l'art de se défendre; bien pis, ignorant même le plus souvent qu'elle est accusée au moment qu'on la flétrit et qu'elle succombe. Le temps, je le veux, dévoile enfin la vérité. On vous réintègre vous ou votre mémoire. A la bonne heure, quoique toujours trop tard; mais jusque-là que n'aurez-vous pas souffert pendant que vos bourreaux auront savouré tranquillement votre affliction? Et n'ont-ils pas encore de reste, pour se consoler de la justice qui vous est enfin rendue, la secrète et damnable satisfaction de vous laisser sur le *papier rouge?* Le sage à cela vous crie : Que vous importe? et déclame des merveilles. Mon Dieu, le sage voit les choses de moins près que l'affligé ne les sent! J'en atteste ces victimes reconnues sans tache à la fin d'une vie traînée dans l'humiliation, tandis que leurs persécuteurs triomphants n'en haussaient que plus orgueilleusement la tête et le sourcil.

Que sera-ce donc, pauvre poëte, si jadis vous avez donné malheureusement à ces faux inquisiteurs la moindre prise sur vous par une heure ou deux de feu mal employé dans votre première jeunesse? Ce n'auront pas été, comme on croit bien, des volumes de contes lascifs et dangereux, ni des livres complets de satires mordantes, dont le fiel aura distillé sur l'honneur du prochain, et peut-être sur ce qu'on reconnaît de plus sacré dans ce monde-ci et dans l'autre; oh! non sans doute; une si prodigieuse dépense n'est pas l'iniquité ni l'ouvrage d'un moment. Ce n'aura même heureusement rien été de comparable à tout cela; rien de satirique, de séduisant ni d'impie; rien que vous ayez ni produit au grand jour ni même avoué jamais. Qu'aura-ce donc été? Une folie, une débauche d'esprit fugitive et momentanée, une exagération burlesque, un croquis non moins informe qu'inconsidéré, auquel votre cœur ne doit pas être plus accusé d'avoir eu part que celui d'un peintre en peut avoir à de légères études d'après le nu; que celui de nos poëtes tragiques en eut à l'expression qu'ils donnent aux sentiments affreux de leurs scélérats et d'un personnage incestueux, perfide, sacrilége ou sanguinaire. Que vous dirai-je enfin? Ce n'auront été que des rimes cousues presque en pleine table à de la prose qui s'égayait à la ronde sur la fin d'un repas. Folie très-blâmable; on ne peut trop le dire ni trop le répéter; mais si courte, qu'en faveur et de l'âge et des circonstances un sage, un vrai dévot même n'aurait attendu qu'à peine au lendemain pour passer l'éponge dessus, n'eût-ce été que pour étouffer le scandale à sa naissance. Belle intention qui n'est pas celle des méchants.

> Périsse le pécheur, et vive le scandale!
> En ces sortes de cas, voilà de leur morale.

Vous vous êtes mis à dos cette peste de la société, qui, sans se soucier de la vertu, sans se donner même la peine de la pratiquer extérieurement, sans la connaître enfin que de nom, s'arme de ce nom si beau, dès qu'il est question de nuire, et l'arbore alors effrontément : semblables à ces pirates qui, selon la rencontre et le besoin, font usage de tout pavillon. Plus de prescription pour vous. Quarante années de repentir sincère, de mœurs irrépréhensibles, d'ouvrages approuvés et décents ; oui, ces quarante années, vis-à-vis de deux heures de fol enthousiasme, ne seront plus pour vous, grâce à la charité de ces honnêtes zélateurs, qu'un moment, et qu'un moment perdu.

En effet, au bout de ce temps, quelques succès vous ouvrent-ils passage aux honneurs de votre profession ; c'est à ce passage étroit qu'on vous attend. Vous ne le tenterez pas, dites-vous ; vous ne rechercherez point ces honneurs, soit par une modestie extrêmement en place, et de peur même qu'en les recherchant, par cela même, vous ne les méritiez encore moins ; soit par prudence seulement, et pour échapper à la malveillance embusquée. Fort bien ; mais à quoi bon, si, malgré cette inaction louable ou judicieuse, vous n'échappez point à la bienveillance de ceux qui confèrent ces sortes d'honneurs ? Ne vous y fiez pas ! Oui, vous dis-je, il peut arriver par un hasard bien rare à la vérité, mais non sans exemple, que ces sages, quoique instruits des saillies de votre jeunesse, d'une voix unanime, et de leur propre mouvement, daignent vous appeler entre eux. Plus votre bonheur alors paraît grand, plus votre malheur va le devenir. Au bruit d'une si glorieuse acclamation, l'Envie, inquiète, éveillée par conséquent avant vous et debout la première, se revêt en prude, et vole au tribunal de la vraie piété, trop simple souvent, pour n'être pas quelquefois un peu crédule, souvent aussi trop délicate pour n'être pas d'autres fois un peu trop sévère ou trop prompte. Là, votre ennemie,

> Sous le dehors plâtré d'un zèle spécieux [1],

vous dénonce humblement ; ouvre en gémissant et comme à re-

---

[1] Molière, *Tartufe*, acte I, sc. v.

gret son mémorial scandaleux ; y donne à lire sur votre compte deux ou trois lignes presque effacées par vétusté ; aide elle-même, en se signant, à les déchiffrer ; y joint des faits et des écrits supposés ; et, de cette sorte, armée à la fois et d'une lueur de vérité et d'un nuage épais de mensonge, forte surtout du sommeil d'un accusé, qui ne se doute cependant ni de son danger ni de sa gloire, elle allume la foudre à son aise, et vous écrase en riant. Le beau triomphe ! Ne vaut-il pas mieux encore être sous les roues que sur le char ?

Mais je m'aperçois que, sans le vouloir et d'abondance de cœur, tout en déclamant contre la calomnie et la détraction qui l'une et l'autre m'ont, de tous les temps, poursuivi sans relâche, j'ai insensiblement fait un Factum, et conté ma propre histoire. Ce l'est en effet. Qu'on m'y reconnaisse : je l'adopte en rougissant, et la ratifie dans tous ses points. Aussi bien vient-on de la manifester, en l'incrustant assez malproprement dans un éloge funèbre de M. le président DE MONTESQUIEU, prononcé à *Berlin* en pleine Académie. Ah ! si ce grand homme (qu'on me pardonne ce cri de la nature), si ce grand homme, du haut des demeures célestes où sa belle âme a revolé sans doute, s'intéresse encore aux misères d'ici-bas, on se le doit peindre bien surpris d'avoir été l'occasion d'un écrit si bizarre et si peu décent ! Comment ne le désavouerait-il pas avec indignation ? Lui la sagesse, l'équité, la politesse et l'humanité mêmes ! lui qui m'honora d'une si constante amitié ! vrai philosophe qui, malgré mille vertus reconnues et couronnées, ayant essuyé comme un autre les plus vives persécutions, voyait ma faute et ma disgrâce d'un œil si différent de celui de son dur panégyriste ? Cette faute était toutefois de nature à mériter plus d'indulgence de ce dernier que de qui que ce soit ; car enfin

> Ce sage qui si haut, crûment et sans détour,
> Relève les excès de la gaieté cynique,
>   Qui, du Nord au Midi, va battant le tambour,
>   Et contant ma disgrâce aux échos d'alentour,
> Pour la rendre plus grande en la rendant publique ;
> Ce philosophe errant de portique en portique,

>   A *Vénus Uranie* a-t-il bien fait sa cour
>   Quand sa muse accoucha de la *Vénus physique?*
>   Cette muse, aujourd'hui si grave et si pudique,
>   Avant d'être sur le retour,
>   A-t-elle été si pure et si morigénée,
>   Qu'on ne lui puisse rien reprocher à son tour?
>   Et ne lisons-nous pas dans un livre du jour,
>   Qu'en demoiselle assez mal née,
>   Qui de Paphos aimait *outrément* le séjour,
>   Elle envia la destinée
>   Des colimaçons en amour?

Mais, en loyal adversaire, au lieu d'user de représailles en badinant avec un tel agresseur, je prends au contraire fort sérieusement le parti de le seconder, en confessant de tout mon cœur, et pour une première fois de ma vie, la fâcheuse vérité qu'il craignait si fort qu'on ignorât. A vingt ans (mauvais exemple, jeunesse, mais bonnes leçons), à vingt ans, je tombai dans le court égarement dont je viens de parler, et je le payai cher à soixante. Sans parler de plus d'une grâce accordée sous nos yeux en des cas peut-être plus graves, ne devais-je pas du moins un peu compter sur la double prescription? Puisse enfin cet humiliant et libre aveu, qui d'ailleurs manquait essentiellement au sceau de ma condamnation, achever d'expier une si vieille extravagance! Puisse le regret mortel que j'en eus presque en la commettant, regret que ma vénération pour les bonnes mœurs me fait emporter au tombeau ; puisse-t-il me mériter le pardon dans les deux mondes! Du reste, comme il est très-juste, *veniam petimusque damusque vicissim*; je veux dire que de ma part je pardonne aussi très-sincèrement tant à mes délateurs qu'à leur suppôt. Ce me serait même une espèce d'ingratitude envers les premiers, de conserver le moindre ressentiment contre eux, vu l'heureux tour que l'affaire a pris, grâce, il est vrai, à la noble et courageuse amitié d'un Montesquieu; au puissant crédit d'une Dame qui n'en use que pour le signaler par des bienfaits; à la généreuse protection d'un Ministre également bien voulu du royaume et du roi ; grâce enfin à l'extrême bonté de ce Roi, le plus clément, le plus aimé, le plus auguste et le plus admiré des monarques. Quel rare concours de forces et de vertus, nécessaire au salut d'un malheureux dont un homme ou deux de mauvaise volonté, sans haine particulière et de gaieté de cœur, avaient médité la ruine ! L'oncle a-t-il donc tort de dire à son neveu :

Tremble, et vois sous tes pieds mille abîmes ouverts?

Celui-ci, que je m'étais creusé si follement, n'est pas même si bien cicatrisé, malgré tant de puissance et de bénignité conciliées en ma faveur, qu'il n'en sorte encore, comme on voit, de terribles exhalaisons. Elles ne me suffoquent pas ; je respire ; mais non si fort à l'aise, qu'il ne m'en reste encore un peu d'oppression. C'est ce qui me fit dire dans le temps :

D'être gai, *Paul* a cent raisons pour une :
Des gens de bien il est goûté, chéri ;
Tous, en leurs cœurs, ont plaint son infortune,
Quelques méchants seulement avaient ri.
D'Achille enfin la pique a tout guéri ;
Paul toutefois n'est pas si gai qu'on pense.
En France heureux, *Paul* est un peu marri
Qu'en Prusse, *Pierre* ait crié sa sentence.

Passons de ce qui peine à ce qui soulage ; et, puisque de l'entier et volontaire aveu de nos fautes s'ensuit naturellement le droit de protester contre celles qui nous sont faussement imputées, saisissons l'occasion de m'inscrire ici contre mille misères en tout genre, répandues sur mon compte dans des recueils abominables, dont les compilateurs, après avoir foulé aux pieds toute pudeur et tout respect humain, ne se sont pas moins fait un jeu de nos réputations et de nos noms. La pièce sur laquelle, entre tant d'autres, depuis longues années, je vois le mien avec le plus de douleur, en est une intitulée, le *Débauché converti* ; mélange horrible et révoltant d'ordures et d'impiétés. Le *Débauché* devenu peut-être depuis ce qu'assurément alors il était fort peu, ferait beaucoup à l'acquit de sa conscience, si, pour pénitence, il s'imposait le juste et pieux effort de me laver, en faisant sa confession publique ainsi que je fais la mienne. N'a-t-il pas assez joui de mon malheur? S'il pense autrement, et qu'il fasse état d'en jouir longtemps encore, je lui parle ainsi :

Qu'il soit prudent du moins, s'il n'est pas généreux.

Qu'il se garde de ces écumeurs de manuscrits, dont le plus fameux et le plus vigilant de nos poëtes vivants a plus que jamais à se plaindre aujourd'hui, et dont en effet il se plaint si fort. Qu'il jette au feu son portefeuille, enflé, dit-on, de pièces d'un style et d'un goût pareils, qui, publiées, le déclaeraient sans réplique, et, me justifiant malgré lui, me récompenseraient enfin de la plus méritoire peut-être et de la plus pénible des discrétions.

Les sottises d'autrui souvent, comme on voit, sont donc mises sous notre nom; souvent aussi ce que nous aurons pu faire d'un peu raisonnable, sera mis sous le nom d'autrui. Ainsi, déshonorés d'un côté sous les plumes du geai, de l'autre quelquefois nous voyons le geai se glorifier sous les nôtres. Tels sont les jolis émoluments du métier. Mais de ses vrais malheurs et de ses grands dangers dont je me suis plaint d'abord, passer à ses désagréments, ce serait, par une gradation vicieuse, passer à l'infini, et descendre dans des détails qui doivent être aussi indifférents au public qu'ils lui peuvent être connus par les contes qu'on n'en fait que trop. Qui ne sait nos sécheresses, nos insomnies, nos tortures pendant le cours des compositions? Qui ne rit de ce que doivent nous coûter ensuite les cérémonies d'une lecture et d'une réception; les corrections qu'on nous demande, et qui nous répugnent peut-être avec raison; les pas qu'il faut faire, les ménagements sans nombre qu'il faut avoir à la distribution des rôles? L'un dédaigne le sien, l'autre envie celui de son camarade. Est-ce du tragique; l'actrice en faveur, à qui vous présentez le sceptre, vous dira majestueusement : *Que M. un tel (désagréable au public) soit prince, ou cherchez vos princesses.* Dans le comique, tout de même : *Que mademoiselle une telle*, vous dit fièrement l'Hector ou le Sganarelle en vogue, *fasse la soubrette, ou cherchez vos valets*, etc., etc. Que faire? L'auteur eût-il la réputation d'un Corneille, le crédit d'un Molière, la force d'un parterre, il faut qu'il cède ou qu'il laisse tout là. En est-il aux répétitions, autre galère. *Ce rôle-ci est trop long, celui-là trop court.* On vous rogne l'un de pleine autorité; on vous force d'allonger l'autre. N'est ce pas être logé chez cet hôte inhumain, qui, faisant coucher les passants dans son lit, les tiraillait ou les tronquait par la tête ou par les pieds, selon qu'ils étaient plus ou moins longs que ce maudit lit; et qui ne cessait d'accourcir ou d'étendre, que l'homme et le lit ne fussent de niveau? Tel est, à peu près, le traitement que reçoivent nos pièces. Quel ensemble, après ces dislocations et ces démembrements faits à la hâte, veut-on qu'il reste d'un corps organisé par des années de travail et de réflexions? Plus d'un bon ouvrage pourrait bien y avoir péri. La toile enfin se lève; et ce sont ici les grandes angoisses. Pour se les peindre, on n'aura qu'à passer au monologue, par où s'ouvre le cinquième acte. Cependant d'un rôle mutilé, d'un autre défiguré, de celui-là mal su, de celui-ci joué à contresens, du *ferment* d'une cabale, d'une *lubie* du parterre, de tout cela joint à nos propres fautes, résultent assez naturellement des chutes; et, de ces chutes, mille beaux compliments de condoléance de la part de gens qui seraient bien fâchés d'en avoir d'autres à nous faire. Ne soyons guère moins contents qu'eux; car, si par hasard nous eussions réussi, mieux nous eût valu peut-être cent fois avoir essuyé les disgrâces du théâtre que celles qui nous eussent ailleurs été machinées par l'envie active et souterraine. Nous ne laissons pas de nous rembarquer tous les jours du milieu de ces dégoûts, et de bien d'autres que je tais, parce qu'après tout, avec un peu d'ardeur, de verve ou de virilité, le *métromane*, sans un grand fond de philosophie, les oublie ou les brave aisément.

A travers ces milliers d'épines, avant que de finir, j'en distinguerai seulement encore une, qui, pour n'être pas tout à fait si *poignante* que celles dont j'ai parlé d'abord, ne laisse pas d'incommoder étrangement la marche de tout honnête écrivain. J'en ai touché quelque chose dans la Préface de ma Pastorale, *pages* 16 *et suiv.* Ce sont les allusions indécentes, et les applications dangereuses que la sottise, le libertinage ou la malignité savent tirer de nos productions les plus mesurées; écueil d'autant plus à craindre, que, vu la tournure des esprits du jour, il devient de plus en plus inévitable à la circonspection la plus en garde ; et circonspection dont on nous doit tenir d'autant plus de compte, que tandis qu'il n'y a qu'à perdre, à plus d'un égard, en tâchant d'éviter cet écueil, nous voyons sur les cheminées, les toilettes et le théâtre même, qu'il y a tout à gagner, d'une certaine façon, à le heurter de pleine proue, la corruption exercée à tourner toujours la décence en ridicule ne manquant jamais, par le même principe, d'applaudir à la licence ouverte. Et c'est un abus qui fut de tous les temps :

Dat veniam corvis, vexat censura columbas.

Le mal ne se soutient qu'en détruisant le bien ;
Et ne détruit le bien qu'en soutenant le mal.

Mais nous manquent à jamais tous suffrages, plutôt que jamais nous en méritions un seul, ni l'obtenions à pareil prix !

D'après un sentiment si juste et si naturel, à force d'attention, je m'étais flatté d'être parvenu à mettre ces *hourets de haut nez* en défaut, du moins quant aux applications. J'avais espéré l'impossible. Je fus relancé, et relancé par les aboyeurs dont je me devais le moins défier, parce qu'étant ceux dont justement je m'étais défié le plus, j'avais pris, pour leur échapper, les meilleures mesures que je pouvais prendre. On en va convenir.

En conservant à mon poëte quelques-uns des petits ridicules essentiels à la profession, je n'en avais pas moins fait un jeune homme bon, franc, généreux, brave et désintéressé. C'était, je crois, pour le temps où j'écrivais, se précautionner assez bien contre le danger des applications. Personne aussi ne s'avisa d'en faire : mon poëte, aux yeux de tous, resta l'unique original de son espèce. Seulement deux ou trois jeunes auteurs, alors plus ou moins célèbres, persuadés que parler d'un bon poëte, c'était devoir les montrer au doigt, jugèrent à propos, pour fixer sur eux les regards, de se compromettre un peu, en s'honorant beaucoup, et se plaignirent tous à l'envi qu'ils étaient visiblement personnifiés dans M. de l'Empirée. *Me peut-on méconnaître à ce trait malin?* disait l'un; *et moi, à celui-là?* criait l'autre. C'était, pour ainsi dire, à qui s'arracherait la prétendue insulte des mains; ou plutôt, comme j'ai dit, à qui, voulant bien partager avec ce personnage quelques travers très-excusables, donnerait superbement à entendre qu'il était l'aimable original en entier; comme si le peintre, avec un grain de leur bonne opinion en tête, n'eût pu s'écrier aussi de son côté: *Anch' io son poëta*, et revendiquer ou s'appliquer à titre égal la part bonne ou mauvaise qu'ils prétendaient avoir à son tableau? Mais, fussé-je plus poëte cent fois qu'eux et moi nous ne le sommes, à Dieu ne plaise que jamais j'eusse, à leur place, osé me plaindre ou me parer d'une si glorieuse ressemblance! Le caractère moral de M. de l'Empirée l'emportant sur notre prétendu mérite littéraire, autant que la belle âme l'emporte sur ce qu'on veut bien appeler bel esprit, se plaindre ici de la *personnification*, c'est moins se plaindre que se glorifier; c'est moins jouer le rôle d'un homme offensé que celui d'un *fier-en-fat*. Cela dit une bonne fois, je me repose de mon apologie auprès des complaignants, sur leur modestie, ou sur le secret témoignage de leur conscience.

Véritablement, voyant avec chagrin que dans tous les temps, et chez toutes les nations, les poëtes en général étaient livrés à la risée du public par les poëtes mêmes, et de plus les voyant taxés, par ce public, de bien des vices qui sont, quoi qu'en puisse dire le beau monde, pires que des ridicules, j'avais pris à tâche de présenter sur la scène un poëte qui, sans sortir de son caractère singulier, fût une fois fait de façon à nous relever d'un préjugé si peu favorable; un poëte tel qu'il y en eut sans doute, et qu'il y en peut avoir encore; un poëte enfin, lequel après qu'on a dit:

On peut être honnête homme et faire mal des vers.

pût faire aussi dire et penser,

Qu'en faisant bien des vers, on peut être honnête homme.

J'eus seulement grand soin d'éviter le ton de la nouvelle comédie, qui, tristement guindée sur les échasses de la morale, n'aurait pas manqué de nous régaler ici d'un poëte grave et rengorgé, d'un pédant hérissé de ces trivialités édifiantes auxquelles on applaudit en bâillant, et qui ne passent en effet guère plus à l'âme des spectateurs qu'elles ont l'air de venir de celle de l'auteur. Je crus donc devoir m'y prendre tout d'une autre façon. M. de l'Empirée, honnêtement fourni des ridicules de son état, ne laisse pas d'être leste, gai, doux, sociable et galant ; qualités engageantes qui, jointes aux essentielles, en le rendant agréable et divertissant, ont eu le bonheur d'intéresser pour lui jusqu'à m'attirer des reproches d'avoir négligé sa fortune au dénoûment. Du moins l'Aristarque de ce temps-là le veut-il ainsi persuader. *On est fâché*, dit-il[1], *de lui voir prendre congé des spectateurs, pauvre et déshérité.* Peut-être ce qu'il donne ici pour le sentiment général n'est-il que le sien particulier ; et certes, en ce cas, il y aurait à me féliciter d'avoir su l'attendrir ; mais ne serait-ce pas, aussi bien que son sentiment particulier, une critique déguisée, qui m'avertit que, selon lui, je renvoie les spectateurs mécontents ? A quoi je réponds qu'il faut savoir mieux entrer dans le caractère des gens, quand on veut décider de leur bonheur ou de leur malheur. Si le journaliste eût voulu s'abaisser ou s'élever jusqu'à l'âme d'un vrai poëte, dont, sans en avoir les talents, je conçois très-bien la rare façon de penser, il n'eût pas eu, ou plutôt il n'eût pas affecté une commisération que celui-ci ne demande point. Il se trouve fort bien comme il est. Que M. l'abbé Desfontaines, avant de publier ses observations et son extrait, n'avait-il parcouru la brochure un peu moins légèrement que de coutume ? M. de

---

[1] *Observ. sur les Écr. des Mod.*, lettre CLXXV.

l'Empirée l'aurait, avant moi, redressé là-dessus en vingt endroits ; entre autres, quand il dit positivement, *que sa vertu se borne au mépris des richesses*, etc., et ailleurs

> Ce mélange de gloire et de *gain* m'importune.
> On doit tout à l'honneur, et rien à la *fortune*.
> Le nourrisson du Pinde, ainsi que le guerrier,
> A *tout l'or du Pérou* préfère un beau laurier.

Ou si, pressé par le jour de la vente, il n'eut que le temps de faire transcrire les huit ou neuf pages de vers dont il nourrit sa feuille, et dans lesquelles même ceux-ci se trouvent sans qu'il y ait pris garde ; du moins pouvait-il d'un coup d'œil apercevoir ces deux derniers de la pièce :

> Vous à qui cependant je consacre mes jours,
> Muses, tenez-moi lieu de *fortune* et d'amours !

Faute de cela, il se laisse entraîner à sa façon de penser, laquelle a trop influé sur son raisonnement. Voilà les écrivains périodiques. Sérieusement et par état occupés de ce qu'ils appellent le *solide*, ils n'ont garde de concevoir ni de soupçonner l'héroïsme ou la folie du vrai poëte, qui, vis-à-vis de la misère, pense, en parlant de sa Muse, comme, vis-à-vis d'un avenir menaçant, en parlant de son fils, pensait Agrippine : *Moriar, modo regnet*. Quel soin en effet prirent de leur fortune le *divin* Homère, l'*immortel* Plaute, le *grand* Corneille, le *délicieux* la Fontaine, etc. ? Furent-ils pour cela des objets de pitié ? Pas plus que la mémoire des Midas de leurs temps et des nôtres est digne d'envie.

Je ne dois pas finir sans dire un mot du personnage singulier de *Francaleu*, et d'une partie de son rôle, ni sans bien marquer la distinction qu'il faut faire de ce personnage, en entier de mon imagination, et de son rôle, qui, renfermant un événement du temps, semblerait par là démentir l'attention que j'eus d'écarter toute application maligne. Voici quel fut cet événement.

Un homme d'esprit, de talent et de mérite, s'était diverti pendant deux ou trois ans au fond de la Bretagne, à nous donner le change, en publiant tous les mois, dans les Mercures, des pièces fugitives en vers, sous le nom supposé d'une *mademoiselle de Malcrais de la Vigne*. La mascarade avait parfaitement réussi. Ces pièces ingénieuses et joliment versifiées, en droit par conséquent de plaire déjà par elles-mêmes, ne perdaient rien, comme on peut croire, à se produire sous l'enveloppe d'un sexe dont la seule et charmante idée suffit pour disposer les cœurs à la complaisance, et les esprits à l'admiration. La Sapho supposée fit donc honneur et profit à ces Mercures. Elle triompha au point que la galanterie bientôt mit pour elle en jeu la plume de plus d'un bel esprit qui vit encore, et qui, s'il écrivait jamais son histoire amoureuse, nous soufflerait assurément cette anecdote. Ils rimèrent des fadeurs à *Mademoiselle de Malcrais*. Elle, de riposter ; l'intrigue se noue ; les galants prennent feu de plus en plus ; tout allait le mieux du monde au gré du public amusé ; et la comédie n'était pas pour finir sitôt, si notre poëte breton, ayant ri ce qu'il en voulait, et désirant jouir de sa gloire à visage découvert, n'eût précipité le dénoûment en venant mettre le masque bas à Paris. Il y perdit peu sous les yeux du public, qui, désabusé sur le sexe, ne rabattit presque rien de ses éloges ; en cela plus sage et plus équitable que nos beaux-esprits, chez qui la chose se passa bien différemment, lorsqu'en leurs cabinets, où peut-être ils étaient à polir encore un madrigal pour *mademoiselle de Malcrais*, on la leur vint annoncer. Grand cri de joie ! La plume tombe des mains ; les portes s'ouvrent à deux battants ; on vole au-devant de la Muse les bras en l'air, que.... d'ici l'on voit s'abaisser brusquement à l'aspect de *monsieur des Forges Maillard*. La politesse, après un court éclaircissement, eut beau les relever pour en venir à la froide accolade : la barbe du poëte y piqua si fort, qu'on ne la lui pardonna point. Il faut dire aussi la vérité : certaine espérance frustrée met de bien mauvaise humeur. On ne se souvint pas que *monsieur des Forges Maillard* eût seulement fait un bon vers en sa vie. Les talents et les éloges tombèrent avec le cotillon. Voilà, s'écrie ici *Francaleu*, dans la même situation que ce poëte aussitôt méconnu que démasqué :

> Voilà de vos arrêts, messieurs les gens de goût !
> L'ouvrage est peu de chose ; et le nom seul fait tout.

Apostrophe qui, tous les jours, serait bien de mise en plus d'un cas. Suivons celui-ci. De bonne foi, était-ce une aventure à dérober au plaisir public, sur un théâtre d'où nos mauvais sérieux (car il en est pour le moins autant que de mauvais plaisants) n'ont que trop banni le plaisir et la joie? Pouvais-je imaginer jamais une scène plus comique et plus du ton de mon sujet? Je la produisis donc, mais avec l'attention de ne la produire que sous le jeu d'un personnage dépouillé de tout ce qui pouvait faire tourner les yeux sur le poëte estimable à qui nous la devons d'original, ni sur quelque autre que ce fût. Plutôt que de manquer à cette bienséance, j'aimai mieux pécher à mon escient contre les bonnes règles de la Comédie, qui n'admet que des caractères tels que la société, chaque jour, en présente sur la scène du monde. J'en forgeai de ma tête un qui vraisemblablement n'exista jamais ; un bonhomme qui se plaît à faire de méchants vers, les sachant tels, et ne les faisant que pour son amusement et que pour celui de ses amis, qui s'en divertissent. Aussi le critique observateur ne manque-t-il pas son coup : *C'est*, dit-il fort bien, *un Mécène bourgeois, un riche et vieux rimailleur, qui, connaissant distinctement son impertinence, et la confessant hautement, forme un caractère purement* IDÉAL ET SANS EXEMPLE. J'ai donc très-bien pris mes mesures pour ne compromettre personne. Ainsi Francaleu, non plus que mademoiselle de Malcrais, n'est qu'un fantôme qui n'entraîne aucune application. Ainsi la partie du rôle relative à l'événement du jour ne se peut nommer qu'une réalité encadrée dans une chimère.

Qu'un fait public et tout arrangé comme celui-là, mis sur le théâtre, fasse grand honneur à l'imagination du poëte : je ne le dis pas ; mais que nous devions être jaloux aussi de nous tout devoir à nous-mêmes, jusqu'à dédaigner de nous accommoder quelquefois, en passant, d'un incident qui se trouve heureusement sous la main, et que n'eût peut-être jamais créé cette imagination, ce n'est pas non plus mon sentiment. Qu'importe au plaisir public d'où lui viennent ses sources ? Et que fait tant à notre gloire, après tout, le mérite de l'invention ? Tels auteurs à qui ce don ne fut que médiocrement départi en ont vu, du haut des nues, d'autres qui le possédaient supérieurement ramper bien au-dessous d'eux ; n'eussé-je à citer que *Malherbe* et *Saint-Amand*, que *Racine* et *Th. Corneille*. Pour moi, je prétends si peu me targuer ici de ce don particulier, qu'au contraire je n'entends qu'à regret appeler souvent le sujet de cette pièce une pointe d'aiguille sur laquelle on s'étonne, dit-on, que j'aie entrepris d'élever un édifice de cinq actes. Oui, loin de me prévaloir de l'erreur ou du compliment, j'en reviens au début de cette Préface en la finissant. L'édifice fût-il mieux étoffé cent fois, des seules recoupes l'architecte en élèverait un, bien supérieur à celui que, taillant en pleins matériaux, présente ici le maçon. Enfin, je le répète : sous la plume d'un auteur tel que celui du *Misanthrope*, la *Métromanie*, sans en être plus longue ni moins régulière, contiendrait, à coup sûr, une fois plus, et mille fois mieux.

PERSONNAGES

FRANCALEU, père de Lucile.
BALIVEAU, capitoul, oncle de Damis.
DAMIS, poëte.
DORANTE, amant de Lucile.
LUCILE, fille de Francaleu.
LISETTE, suivante de Lucile.
MONDOR, valet de Damis.

La scène est chez M. Francaleu, dans les jardins d'une maison de plaisance aux portes de Paris.

ACTE PREMIER

SCÈNE PREMIÈRE

MONDOR, LISETTE.

MONDOR.
Cette maison des champs me paraît un bon gîte.
Je voudrais bien ne pas en décamper si vite,
Surtout m'y retrouvant avec tes yeux fripons,
Auprès de qui, pour moi, tous les gîtes sont bons.
Mais, de mon maître ici n'ayant point de nouvelles,
Il faut que je revole à Paris.

LISETTE.
Tu l'appelles?

MONDOR.
Damis. Le connais-tu?

LISETTE.
Non.

MONDOR.
Adieu donc.

LISETTE.
Adieu.

MONDOR, revenant.
On m'a pourtant bien dit : « Chez monsieur Francaleu. »

LISETTE.
C'est ici.

MONDOR.
Vous jouez chez vous la comédie?

LISETTE.
Témoin ce rôle encor qu'il faut que j'étudie.

MONDOR.

Le patron n'a-t-il pas une fille unique?

LISETTE.

Oui.

MONDOR.

Et qui sort du couvent depuis peu?

LISETTE.

D'aujourd'hui.

MONDOR.

Vivement recherchée?

LISETTE.

Et très-digne de l'être.

MONDOR.

Et vous avez grand monde?

LISETTE.

A ne pas nous connaître.

MONDOR.

Illuminations, bal, concert?

LISETTE.

Tout cela.

MONDOR.

Un beau feu d'artifice?

LISETTE.

Il est vrai.

MONDOR.

M'y voilà.
Damis doit être ici, chaque mot me le prouve.
Quand le diable en serait, il faut que je l'y trouve.

LISETTE.

Sa mine? ses habits? son état? sa façon?

MONDOR.

Oh! c'est ce qui n'est pas facile à peindre, non :
Car, selon la pensée où son esprit se plonge,
Sa face, à chaque instant, s'élargit ou s'allonge.
Il se néglige trop, ou se pare à l'excès.
D'état, il n'en a point ni n'en aura jamais.

C'est un homme isolé qui vit en volontaire,
Qui n'est bourgeois, abbé, robin ni militaire;
Qui va, vient, veille, sue, et, se tourmentant bien,
Travaille nuit et jour, et jamais ne fait rien;
Au surplus, rassemblant, dans sa seule personne,
Plusieurs originaux qu'au théâtre on nous donne :
Misanthrope, étourdi, complaisant, glorieux,
Distrait.... ce dernier-ci le désigne le mieux;
Et tiens, s'il est ici, je gage mes oreilles
Qu'il est dans quelque allée à bayer aux corneilles,
S'approchant, pas à pas, d'un haha qui l'attend,
Et qu'il n'apercevra qu'en s'y précipitant.

LISETTE.

Je m'oriente. On a l'homme que tu souhaites.
N'est-ce pas de ces gens que l'on nomme poëtes?

MONDOR.

Oui.

LISETTE.

Nous en avons un.

MONDOR

C'est lui.

LISETTE.

Peut-être bien.

MONDOR.

Quoi donc?.

LISETTE.

Le personnage en tout ressemble au tien,
Sinon que ce n'est pas Damis que l'on le nomme.

MONDOR.

Contente-moi, n'importe, et montre-moi cet homme

LISETTE.

Cherche! il est à rêver là-bas dans ces bosquets.
Mais vas-y seul : on vient, et je crains les caquets.

SCÈNE II

DORANTE, LISETTE.

LISETTE.

Dorante ici! Dorante!

DORANTE.

Ah! Lisette, ah! ma belle,
Que je t'embrasse! Eh bien, dis-moi donc la nouvelle!
Félicite-moi donc! Quel plaisir! L'heureux jour!
Que ce jour a tardé longtemps à mon amour!
De la chose, avant moi, tu dois être avertie.
Que ne me dis-tu donc que Lucile est sortie?
Que je vais..... que je puis.... conçois-tu?.... Baise-moi.

LISETTE.

Mais vous n'êtes pas sage, en vérité.

DORANTE.

Pourquoi?

LISETTE.

Si monsieur vous trouvait?.... Songez donc où vous êtes.
Y pensez-vous, d'oser venir, comme vous faites,
Chez un homme avec qui votre père en procès....

DORANTE.

Bon! m'a-t-il jamais vu ni de loin ni de près?
Je vois le parc ouvert : j'entre.

LISETTE.

Vous le dirai-je?
Eussiez-vous cent fois plus d'audace et de manége,
Lucile même à nous daignât-elle s'unir,
Je ne sais trop comment vous pourrez l'obtenir.

DORANTE.

Oh! je le sais bien, moi. Mon père m'idolâtre;
Il n'a que moi d'enfant; je suis opiniâtre :
Je le veux; qu'il le veuille. Autrement (j'ai des mœurs)
Je ne lui manque point; mais je fais pis : je meurs.

LISETTE.
Mais si le grand procès qu'il a....
DORANTE.
Qu'il y renonce !
Le père du Lucile a gagné. Je prononce.
LISETTE.
Mais si votre père ose en appeler ?
DORANTE.
Jamais.
LISETTE.
Mais, si....
DORANTE.
Finis, de grâce, et laisse là tes mais.
LISETTE.
Croyez-vous donc, monsieur, vous seul avoir un père ?
Le nôtre y voudra-t-il consentir ?
DORANTE.
Je l'espère.
LISETTE.
Moi, je l'espère peu.
DORANTE.
Sois en paix là-dessus.
LISETTE.
Le vieillard est entier.
DORANTE.
Le jeune homme encor plus.
LISETTE.
Lucile est un parti....
DORANTE.
Je suis bon pour Lucile.
LISETTE.
Elle a cent mille écus.
DORANTE.
J'en aurai deux cent mille.
LISETTE.
Mais vous aimera-t-elle ?

DORANTE.
Ah! laisse là ta peur!
Quand je t'en vois douter, tu me perces le cœur.
LISETTE.
Je vous l'ai dit cent fois : c'est une nonchalante
Qui s'abandonne au cours d'une vie indolente;
De l'amour d'elle-même éprise uniquement;
Incapable en cela d'aucun attachement;
Une idole du Nord, une froide femelle,
Qui voudrait qu'on parlât, que l'on pensât pour elle
Et, sans agir, sentir, craindre ni désirer,
N'avoir que l'embarras d'être et de respirer.
Et vous voulez qu'elle aime? Elle, avoir une intrigue!
Y songez-vous, monsieur? Fi donc : cela fatigue.
Voyez, depuis un mois que le cœur vous en dit,
Si votre amour vous laisse un moment de répit.
Et c'est, ma foi, bien pis chez nous que chez les hommes
DORANTE.
Enfin, depuis un mois, sachons où nous en sommes.
LISETTE.
Elle aime éperdument ces vers passionnés
Que votre ami compose et que vous nous donnez;
Et je guette l'instant d'oser dire à la belle
Que ces vers sont de vous, et qu'ils sont faits pour elle.
DORANTE.
Qu'ils sont de moi! mais c'est mentir effrontément.
LISETTE.
Eh bien, je mentirai, mais j'aurai l'agrément
D'intéresser pour vous l'indifférence même.
DORANTE.
Lucile en est encore à savoir que je l'aime!
Que ne profitions-nous de la commodité
De ces vers amoureux dont son goût est flatté?
Un trait pouvait m'y faire aisément reconnaître,
Et, mieux que tu ne crois, m'eût réussi peut-être.

LISETTE.

Eh non! vous dis-je, non! Vous auriez tout gâté.
L'indifférence incline à la sévérité.
Il fallait bien d'abord préparer toutes choses,
De l'empire amoureux lui déplier les roses,
L'induire à se vouloir baisser pour en cueillir.
D'aise, en lisant vos vers, je la vois tressaillir,
Surtout quand un amour qui n'est plus guère en vogue
Y brille sous le titre ou d'idylle ou d'églogue.
Elle n'a plus l'esprit maintenant occupé
Que des bords du Lignon, des vallons de Tempé,
De bergers figurant quelques danses légères,
Ou tout le jour assis aux pieds de leurs bergères,
Et, couronnés de fleurs, au son du chalumeau,
Le soir, à pas comptés, regagnant le hameau.
La voyant s'émouvoir à ces fades esquisses,
Et de ces visions savourer les délices,
J'ai cru devoir mener tout doucement son cœur
De l'amour de l'ouvrage à l'amour de l'auteur.

DORANTE.

C'est une églogue aussi qu'on lui prépare encore.
Damis se lève exprès, chez vous, avant l'aurore.

LISETTE.

Damis?

DORANTE.

  L'auteur des riens dont on fait tant de cas;
Et sa rencontre ici, tout franc, ne me plaît pas.

LISETTE.

Celui que nous nommons monsieur de l'Empirée?

DORANTE.

Oui. Son talent chez nous lui donne aussi l'entrée.
Mon père en est épris jusqu'à l'aimer, je crois,
Un peu plus que ma mère, et presque autant que moi.

LISETTE.

Laissons là son églogue.

DORANTE.

Ah! soit: je l'en dispense.
Sur un pareil emprunt tu sais comme je pense.

LISETTE.

Monsieur de Francaleu ne vous connaît pas?

DORANTE.

Non.

LISETTE.

Faites-vous présenter à lui sous un faux nom.
Ici, l'amour des vers est un tic de famille.
Le père, qui les aime encor plus que la fille,
Regarde votre ami comme un homme divin;
Et vous plairez d'abord, présenté de sa main.

DORANTE.

Il peut me demander la raison qui m'attire?

LISETTE.

Le goût pour le théâtre en est une à lui dire.
Désirez de jouer avec nous. Justement,
Quelques acteurs nous font faux bond en ce moment.

DORANTE.

Oui-da, je les remplace, et je m'offre à tout faire.

LISETTE.

A la pièce du jour rendez-vous nécessaire.
Il s'agit de cela maintenant. Après quoi...

DORANTE.

Voici notre poëte. Adieu. Retire-toi.

SCÈNE III

DORANTE, DAMIS.

DORANTE.

Tout à l'heure, mon cher, il faut prendre la peine...

DAMIS, sans l'écouter.

Non, jamais si beau feu ne m'écnauffa la veine.
Ma foi, j'ai fait pour vous bien des vers jusqu'ici,

Mais je donne ma voix et la palme à ceux-ci.
DORANTE.
Il s'agit...
DAMIS, interrompant continuellement Dorante.
De vous faire une églogue; elle est faite.
DORANTE.
Eh! n'allons pas si vite!...
DAMIS.
Oh! mais faite et parfaite.
DORANTE.
Je le crois...
DAMIS.
Au bon coin ceci sera frappé.
DORANTE.
D'accord...
DAMIS.
Et je le donne en quatre au plus huppé.
DORANTE.
Laissons; je vous demande...
DAMIS.
Oui, du noble et du tendre.
DORANTE, perdant patience.
Non! du tranquille.
DAMIS, tirant ses tablettes.
Aussi, vous en allez entendre.
DORANTE.
Eh! j'en jugerais mal!
DAMIS.
Mieux qu'un autre. Écoutez.
DORANTE.
Je suis sourd.
DAMIS.
Je crierai.
DORANTE.
Vainement!

DAMIS.
>> Permettez.

DORANTE.

Quelle rage!

DAMIS lit.

« *Daphnis et l'Écho*, dialogue.
« Daphnis... »

DORANTE, à part.

Au diable soient l'écho, l'homme et l'églogue!

DAMIS, avec emphase.

« Écho, que je retrouve en ce bocage épais... »

DORANTE, d'une voix éclatante.

Paix! dit l'Écho. Paix! dis-je; une bonne fois, paix!
Sinon...

DAMIS.

Comment, monsieur? Quand pour vous je compose...

DORANTE.

Mais quand de vous, monsieur, on demande autre chose.

DAMIS, reprenant sa volubilité.

Ode? épître? cantate?

DORANTE.

Aïe!

DAMIS.

Élégie?

DORANTE.

Eh bien!

DAMIS.

Portrait? sonnet? bouquet? triolet? ballet?

DORANTE.

Rien.
Mon amour se retranche au langage ordinaire,
Et désormais du vôtre il n'aura plus affaire.

DAMIS, resserrant ses tablettes.

C'est autre chose : alors ces vers seront pour moi.

DORANTE.

Non que je ne ressente, ainsi que je le dois,

ACTE I, SCÈNE III

La bonté que ce jour encor vous avez eue.
J'ai regret à la peine.

DAMIS.

Elle n'est pas perdue.
Mes vers, sans aller loin, sauront où se placer;
Et l'on a, pour son compte, à qui les adresser.

DORANTE, avec émotion.

Ah! vous aimez?

DAMIS.

Qui donc aimerait, je vous prie?
La sensibilité fait tout notre génie.
Le cœur d'un vrai poëte est prompt à s'enflammer;
Et l'on ne l'est qu'autant que l'on sait bien aimer.

DORANTE, à part.
Haut.

Je le crois mon rival. Quelle est votre bergère?

DAMIS.

De la vôtre pour moi le nom fut un mystère;
Que le nom de la mienne en puisse être un pour vous.

DORANTE.

Et votre sort, monsieur, sans doute...

DAMIS.

Est des plus doux.

DORANTE.

Une plume si tendre a de quoi plaire aux belles.

DAMIS.

Ce jour vous en dira peut-être des nouvelles.

DORANTE.

Ce jour?

DAMIS.

Est un grand jour.

DORANTE, à part.
Haut.

Ah! c'est Lucile! Oh çà,
Si vous ne la nommez, du moins dépeignez-la.

DAMIS.

Je le voudrais.

DORANTE.

A part.

A qui tient-il. Son froid me tue!

DAMIS.

Je ne le puis.

DORANTE.

Pourquoi?

DAMIS.

Je ne l'ai jamais vue.

DORANTE, à part.

Haut.

C'est elle. Expliquez-vous.

DAMIS.

Mes termes sont fort clairs.

DORANTE.

D'où naîtraient donc vos feux?

DAMIS.

De son goût pour les vers.

DORANTE, bas.

De son goût pour les vers! Mon infortune est sûre!
Mais n'importe; feignons, et poussons l'aventure.

DAMIS.

Qu'est-ce donc? Qu'avez-vous? D'où vient tant d'*a parte?*

DORANTE.

De mon premier objet c'est trop m'être écarté.
Revenons au plaisir que de vous j'ose attendre.

DAMIS.

Parlez; me voilà prêt. Que faut-il entreprendre?

DORANTE.

Donnez-moi pour acteur à monsieur Françaleu.
Je me sens du talent; et je voudrais un peu,
En m'essayant chez lui, voir ce que je sais faire.

DAMIS.

Venez.

DORANTE.
Mon nom pourrait me nuire.
DAMIS.
Il faut le taire.
Vous êtes mon ami : ce titre suffira.
Écoutez seulement les vers qu'il vous lira.
C'est un fort galant homme, excellent caractère,
Bon ami, bon mari, bon citoyen, bon père.
Mais à l'humanité, si parfait que l'on fût,
Toujours, par quelque faible, on paya le tribut.
Le sien est de vouloir rimer malgré Minerve ;
De s'être, en cheveux gris, avisé de sa verve ;
Si l'on peut nommer verve une démangeaison
Qui fait honte à la rime, ainsi qu'à la raison.
Et, malheureusement, ce qui vicie abonde :
Du torrent de ses vers sans cesse il nous inonde.
Tout le premier lui-même il en raille, il en rit.
Grimace! l'auteur perce ; il les lit, les relit,
Prétend qu'ils fassent rire ; et, pour peu qu'on en rie,
Le poignard sur la gorge, en fait prendre copie,
Rentre en fougue, s'acharne impitoyablement,
Et, charmé du flatteur, le paye en l'assommant.
DORANTE.
Oh! je suis patient! Je veux lasser votre homme ;
Et que de l'encensoir ce soit moi qui l'assomme!
DAMIS.
Pour moi, je meurs, je tombe, écrasé sous le faix.
DORANTE.
Qui vous retient chez lui?
DAMIS.
Des raisons que je tais ;
Et je m'y plairais fort, sans sa Muse funeste,
Dont le poison maudit nous glace et nous empeste.
Heureux quand mon esprit vole à sa région,
S'il n'y porte pas l'air de la contagion!

Le voici. Tout le corps me frissonne à l'approche
Du griffonnage affreux qu'il a toujours en poche.

SCÈNE IV

FRANCALEU, DORANTE, DAMIS.

FRANCALEU.

Peste soit de ces coups où l'on ne s'attend pas!
Voilà ma pièce au diable, et mon théâtre à bas.

DAMIS.

Comment donc?

FRANCALEU.

Trois acteurs : l'amant, l'oncle, le père,
Manquant à point nommé, font cette belle affaire.
L'un est inoculé; l'autre aux eaux; l'autre mort.
C'est bien prendre son temps!

DAMIS.

Le dernier a grand tort.

FRANCALEU.

Je croyais célébrer le retour de ma fille.
A grands frais je convoque amis, parents, famille;
J'assemble un auditoire et nombreux et galant;
Et nous fermons. Cela n'est-il pas régalant?

DAMIS, froidement.

Certes, les trois sujets étaient bons : c'est dommage.

FRANCALEU.

Quelle sérénité! savez-vous, quand j'enrage,
Que j'enrage encor plus, si l'on n'enrage aussi?

DAMIS.

C'est que je vois, monsieur, bon remède à ceci.
Le rôle des vieillards n'est pas de longue haleine;
Les deux premiers venus le rempliront sans peine.

FRANCALEU.

Et l'amant?

DAMIS, présentant Dorante.

Mon ami s'en acquitte à ravir...

DORANTE, à Francaleu.

Vous me voyez, monsieur, tout prêt à vous servir.

FRANCALEU, à Damis.

Il a d'un amoureux tout à fait l'encolure.

DAMIS.

Le jeu bien au-dessus encor de la figure.

FRANCALEU.

Mais il s'agit ici d'un amant maltraité ;
Et peut-être monsieur ne l'a jamais été.
Or il faut, quelque loin qu'un talent puisse atteindre,
Éprouver pour sentir, et sentir pour bien feindre.

DAMIS, avec un rire malin.

Aussi n'ira-t-il pas se chercher en autrui :
Le rôle qu'il accepte est modelé sur lui.
Le pauvre infortuné meurt pour une inhumaine,
Sans oser déclarer son amoureuse peine ;
De façon qu'il en est encore à s'aviser,
Quand peut-être quelque autre est tout prêt d'épouser

DORANTE, outré.

Ma situation sans doute est peu commune ;
Et je sens en effet toute mon infortune.

FRANCALEU.

Bon ! tant mieux ! vous voilà selon notre désir.
Venez ; et, croyez-moi, vous aurez du plaisir.

Il sort avec Dorante.

DAMIS, seul.

J'ai beau le voir parti, je ne m'en crois pas quitte.
Mais, grâce à l'embarras qui l'occupe et l'agite,
Sain et sauf, une fois, j'échappe à mon bourreau.

FRANCALEU, revenant.

Attendez-vous à voir quelque chose de beau.
J'achève de brocher une pièce en six actes.

La rime et la raison n'y sont pas trop exactes;
Mais j'en apprête mieux à rire à mes dépens.

Il s'en retourne.

SCÈNE V

DAMIS.

Et je n'armerais pas contre ce guet-apens?
Ce devrait être fait. Qu'il reste à sa campagne,
Ou me vienne chercher au fond de la Bretagne.
L'amour m'y tend les bras. Mon cœur m'a devancé.
C'est un nœud que de loin l'esprit a commencé.
Il est temps que la vue et l'achève et le serre.
Partons.

SCÈNE VI

DAMIS, MONDOR.

MONDOR, rendant une lettre à Damis.

Ah! grâce au ciel, enfin je vous déterre!
Je vous cherche, monsieur, depuis huit jours entiers,
Et de Paris cent fois j'ai fait tous les quartiers.
J'ai craint, au bord de l'eau, vos visions cornues,
Que, cherchant quelque rime, et lisant dans les nues,
Pégase imprudemment, la bride sur le cou,
N'eût voituré la Muse aux filets de Saint-Cloud.

DAMIS, resserrant la lettre qu'il a lue.

Oh! oh! bon gré, mal gré, voici qui me retarde!

MONDOR.

Écoutez donc, monsieur : ma foi, prenez-y garde.
Un beau jour...

DAMIS.

Un beau jour, ne te tairas-tu point?

ACTE I, SCÈNE VI 47

MONDOR.

A votre aise! après tout, liberté sur ce point.
Enfin quelqu'un m'a dit qu'ici vous pouviez être.
Mais personne, monsieur, ne veut vous y connaître;
Et, dans ce vaste enclos que j'ai tout parcouru,
Je vous manquais encor, si vous n'eussiez paru.

DAMIS.

De mes admirateurs tout cet enclos fourmille...
Mais tu m'as demandé par mon nom de famille?

MONDOR.

Sans doute. Comment donc aurais-je interrogé?

DAMIS.

Je n'ai plus ce nom-là.

MONDOR.

    Vous en avez changé?

DAMIS.

Oui; j'ai, depuis huit jours, imité mes confrères.
Sous leur nom véritable ils ne s'illustrent guères;
Et, parmi ces messieurs, c'est l'usage commun
De prendre un nom de terre ou de s'en forger un.

MONDOR.

Votre nom maintenant, c'est donc...

DAMIS.

      De l'Empirée,
Et j'en oserais bien garantir la durée.

MONDOR.

De l'Empirée? Oui-da! n'ayant sur l'horizon
Ni feu ni lieu qui puisse allonger votre nom,
Et ne possédant rien sous la voûte céleste,
Le nom de l'enveloppe est tout ce qui vous reste.
Voilà donc votre esprit devenu grand terrien!
L'espace est vaste : aussi s'y promène-t-il bien.
Mais quand il va là-haut lui seul à sa campagne,
Que le corps, ici-bas, souffre qu'on l'accompagne.

DAMIS.

Et crois-tu donc qu'un homme à talents, tel que moi,

Puisse régler sa marche, et disposer de soi?
Les gens de mon espèce ont le destin des belles,
Tout le monde voudrait nous enlever comme elles.
Je me laisse entraîner chez monsieur Francaleu,
Par un impertinent que je connaissais peu.
C'est lui qui me présente; et, dupe du manége,
Je sers de passe-port au fat qui me protége.
On tenait table encore On se serre pour nous.
La joie, en circulant, me gagne ainsi qu'eux tous.
Je la sens; j'entre en verve, et le feu prend aux poudres.
Il part de moi des traits, des éclairs et des foudres!
J'ai le vol si rapide et si prodigieux,
Qu'à me suivre on se perd, après moi, dans les cieux :
Et c'est là qu'à grands cris je reçois des convives
Ce nom qui va du Pinde enrichir les archives...

MONDOR.

Qui va nous appauvrir, à coup sûr, tous les deux.

DAMIS.

Ensuite un équipage et commode et pompeux,
Me roule, en un quart d'heure, à ce lieu de plaisance,
Où je ris, chante et bois : le tout par complaisance.

MONDOR.

Par complaisance, soit. Mais vous ne savez pas?

DAMIS

Et quoi?

MONDOR.

Pendant qu'aux champs vous prenez vos ébats,
La fortune, à la ville, en est un peu jalouse.
Monsieur Baliveau...

DAMIS.

Hein?

MONDOR.

Votre oncle de Toulouse...

DAMIS.

Après?

ACTE I, SCÈNE VI

MONDOR.

Est à Paris.

DAMIS.

Qu'il y reste.

MONDOR.

Fort bien.
Sans croire, sans vouloir que vous en sachiez rien.

DAMIS.

Pourquoi donc me le dire?

MONDOR.

Ah! quelle indifférence!
Et rien est-il pour vous de plus de conséquence?
Un oncle riche et vieux dont votre sort dépend;
Qui du bien qu'il vous veut sans cesse se repent;
Prétendant sur son goût régler votre génie;
De vos diables de vers détestant la manie;
Et qui, depuis cinq ans bien comptés, Dieu merci,
Pour faire votre droit, nous pensionne ici!
Attendez-vous, monsieur, à d'horribles tempêtes.
Il vient *incognito*, pour voir où vous en êtes.
Peut-être il sait déjà que, vous donnant l'essor,
Vous n'avez pris ici d'autre licence encor
Que celles qu'il craignait, et que, dans vos rubriques,
Vous nommez, entre vous, licences poétiques.
Ah! monsieur, redoutez son indignation.
Vous aurez encouru l'exhérédation.
Ce mot doit vous toucher, ou votre âme est bien dure.

DAMIS, lui donnant un papier.

Mondor, porte ces vers à l'auteur du Mercure.

MONDOR, refusant de le prendre.

Beau fruit de mon sermon!

DAMIS.

Digne du sermonneur.

MONDOR.

Et que doit nous valoir ce papier?

DAMIS.

De l'honneur.

MONDOR, secouant la tête.

Bon! de l'honneur!

DAMIS.

Tu crois que je dis des sornettes?

MONDOR.

C'est qu'on n'a point d'honneur à mal payer ses dettes,
Et qu'avec celui-ci vous les paierez très-mal.

DAMIS.

Qu'un valet raisonneur est un sot animal!
Eh! fais ce qu'on te dit.

MONDOR.

Aussi, ne vous déplaise,
Vous en parlez, monsieur, un peu trop à votre aise.
Vous avez les plaisirs, et moi tout l'embarras.
Vous et vos créanciers, je vous ai sur les bras.
C'est moi qui les écoute et qui les congédie :
Je suis las de jouer pour vous la comédie,
De vous céler, d'oser remettre au lendemain,
Pour emprunter encore, avec un front d'airain.
Ma probité répugne à ces façons de vivre.
De ce monde aboyant, cherchez qui vous délivre.
Pour moi, plein désormais d'un juste repentir,
J'abandonne le rôle et ne veux plus mentir.
Viennent baigneur, marchand, tailleur, hôte, aubergiste,
Que leur cour vous talonne et vous suive à la piste,
Tirez-vous-en vous seul, et voyons une fois...

DAMIS, lui tendant le même papier.

Tu me rapporteras le Mercure du mois;
Entends-tu?

MONDOR, le prenant.

Trouvez bon aussi que je revienne
Environné des gens que je vous nomme.

DAMIS.

Amène.

MONDOR.

Vous pensez rire?

DAMIS.

Non.

MONDOR.

Vous verrez.

DAMIS.

Je t'attends.

MONDOR, *sortant*.

Oh bien, vous en allez avoir le passe-temps.

DAMIS.

Et toi, celui de voir des gens comblés de joie.

MONDOR, *revenant*.

Les paierez-vous?

DAMIS.

Sans doute.

MONDOR.

Et de quelle monnaie?

DAMIS.

Ne t'embarrasse pas.

MONDOR, *à part*.

Ouais! serait-il en fonds?

DAMIS.

Arrangeons-nous déjà sur ce que nous devons.

MONDOR, *à part*.

Morbleu! c'est pour m'apprendre à peser mes paroles.

DAMIS.

Au répétiteur?

MONDOR, *d'un ton radouci*.

Trente ou quarante pistoles.

DAMIS.

A la lingère? à l'hôte? au perruquier?

MONDOR.

Autant.

DAMIS.

Au tailleur?

MONDOR.
Quatre-vingts.
DAMIS.
A l'aubergiste?
MONDOR.
Cent.
DAMIS.
A toi?
MONDOR, faisant d'humbles révérences.
Monsieur...
DAMIS.
Combien?
MONDOR.
Monsieur...
DAMIS.
Parle.
MONDOR.
J'abuse...
DAMIS.
De ma patience!
MONDOR.
Oui; je vous demande excuse.
Il est vrai que... le zèle... a manqué de... respect;
Mais le passé rendait l'avenir très-suspect.
DAMIS.
Cent écus, supposons. Plus ou moins, il n'importe.
Çà, partageons les prix que dans peu je remporte.
MONDOR.
Les prix?
DAMIS.
Oui, de l'argent, de l'or qu'en lieux divers
La France distribue à qui fait mieux les vers.
A Paris, à Rouen, à Toulouse, à Marseille,
J'ai concouru partout : partout j'ai fait merveille!...
MONDOR.
Ah! si bien que Paris paiera donc le loyer;

Rouen, le maître en droit; Toulouse, le barbier;
Marseille, la lingère, et le Diable, mes gages.

DAMIS.
Tu doutes qu'en tous lieux j'emporte les suffrages?

MONDOR.
Non; ne doutons de rien; et, sur un fond meilleur,
N'hypothéquez-vous pas l'auberge et le tailleur?

DAMIS.
Sans doute, et sur un fonds de la plus noble espèce :
Le Théâtre-Français donne aujourd'hui ma pièce.
Le secret m'est gardé. Hors un acteur et toi,
Personne au monde encor ne sait qu'elle est de moi.
Ce soir même on la joue : en voici la nouvelle.
Mon talent à l'Europe aujourd'hui se révèle.
Vers l'immortalité je fais les premiers pas.
Cher ami, que pour moi ce grand jour a d'appas!
Autre espoir...

MONDOR.
Chimérique...

DAMIS.
Une fille adorable,
Rare, célèbre, unique, habile, incomparable...

MONDOR.
De cette incomparable, après, qu'espérez-vous?

DAMIS.
Aujourd'hui triomphant, demain j'en suis l'époux.
Demain... Où vas-tu donc, Mondor?

MONDOR.
Chercher un maître.

DAMIS.
Et pourquoi tout à coup suis-je indigne de l'être?

MONDOR.
C'est que l'air est, monsieur, un fort sot aliment.

DAMIS.
Qui te veut nourrir d'air? Es-tu fou?

MONDOR.
>Nullement.

DAMIS.
Ma foi, tu n'es pas sage. Eh quoi! tu te révoltes
A la veille, que dis-je? au moment des récoltes!
Car enfin rassemblons (puisqu'il faut avec toi
Descendre à des détails si peu dignes de moi),
Rassemblons en un point de précision sûre
L'état de ma fortune et présente et future.
De tes gages déjà le paiement est certain.
Ce soir une partie, et l'autre après-demain.
Je réussis, j'épouse une femme savante.
Vois le bel avenir qui de là se présente!
Vois naître tour à tour, de nos feux triomphants,
Des pièces de théâtre et de rares enfants.
Les aiglons généreux, et dignes de leurs races,
A peine encore éclos, voleront sur nos traces.
Ayons-en trois. Léguons le comique au premier,
Le tragique au second, le lyrique au dernier.
Par eux seuls, en tous lieux, la scène est occupée.
Qu'à l'envi cependant, donnant dans l'épopée,
Et mon épouse et moi nous ne lâchons par an,
Moi, qu'un demi-poëme, elle, que son roman.
Vers nous, de tous côtés, nous attirons la foule.
Voilà dans la maison l'or et l'argent qui roule;
Et notre esprit qui met, grâce à notre union,
Le théâtre et la presse à contribution.

MONDOR.
En bonne opinion vous êtes un rare homme;
Et sur cet oreiller vous dormez d'un bon somme;
Mais un coup de sifflet peut vous réveiller.

DAMIS, *lui faisant prendre enfin le papier.*
>Puis.

L'embarras où je suis mérite un peu d'égards.
Une pièce affichée, une autre dans la tête;
Une où je joue, une autre à lire toute prête :

Voilà de quoi, sans doute, avoir l'esprit tendu.
MONDOR.
Dites un héritage et bien du temps perdu.

ACTE II

SCÈNE PREMIÈRE

BALIVEAU, FRANCALEU.

BALIVEAU.
L'heureux tempérament! Ma joie en est extrême!
Gai, vif, aimant à rire; enfin toujours le même.
FRANCALEU.
C'est que je vous revois. Oui, mon cher Baliveau,
Embrassons-nous encore, et que, tout de nouveau,
De l'ancienne amitié ce témoignage éclate.
La séparation n'est pas de fraîche date,
Convenez-en; pendant l'intervalle écoulé,
La Parque, à la sourdine, a diablement filé.
En auriez-vous l'humeur moins gaillarde et moins vive?
Pour moi, je suis de tout : joueur, amant, convive;
Fréquentant, fêtoyant les bons faiseurs de vers.
J'en fais même comme eux.
BALIVEAU.
Comme eux?
FRANCALEU.
Oui.
BALIVEAU.
Quel travers!
FRANCALEU.
Pas tout à fait comme eux; car je les fais sans peine.

Aussi me traitent-ils de poëte à la douzaine.
Mais, en dépit d'eux tous, ma muse, en tapinois,
Se fait dans le Mercure applaudir tous les mois.

BALIVEAU.

Comment?

FRANCALEU.

J'y prends le nom d'une Basse-Bretonne.
Sous ce voile étranger, je ris, je plais, j'étonne;
Et le masque femelle, agaçant le lecteur,
De tel qui m'a raillé fait mon adorateur.

BALIVEAU, à part.

Il est devenu fou!

FRANCALEU.

Lisez-vous le Mercure?

BALIVEAU.

Jamais.

FRANCALEU.

Tant pis, morbleu! tant pis! bonne lecture!
Lisez celui du mois; vous y verrez encor
Comme, aux dépens d'un fou, je m'y donne l'essor.
Je ne sais pas qui c'est, mais le benêt s'abuse,
Jusque-là qu'il me nomme une dixième Muse,
Et qu'il me veut pour femme avoir absolument.
Moi, j'ai, par un sonnet, riposté galamment.
Je goûte à ce commerce un plaisir incroyable!
Et vous ne trouvez pas l'aventure impayable?

BALIVEAU.

Ma foi, je n'aime point que vous ayez donné
Dans un goût pour lequel vous étiez si peu né.
Vous, poëte! eh! bon Dieu! depuis quand? Vous!

FRANCALEU.

Moi-même.

Je ne saurais vous dire au juste le quantième.
Dans ma tête, un beau jour ce talent se trouva;
Et j'avais cinquante ans quand cela m'arriva.
Enfin, je veux chez moi que tout chante et tout rie.

L'âge avance, et le goût avec l'âge varie.
Je ne saurais fixer le temps et les désirs,
Mais je fixe du moins chez moi tous les plaisirs.
Aujourd'hui nous jouons une pièce excellente :
J'en suis l'auteur. Elle a pour titre : l'*Indolente*.
Ridicule jamais ne fut si bien daubé;
Et vous êtes, pour rire, on ne peut mieux tombé.

BALIVEAU.

Ne comptez pas sur moi. J'ai quelque affaire en tête,
Qui ne ferait chez vous, de moi, qu'un trouble-fête.

FRANCALEU.

Et quelle affaire encore?

BALIVEAU.

     Un diable de neveu
Me fait, par ses écarts, mourir à petit feu.
C'est un garçon d'esprit, d'assez belle apparence,
De qui j'avais conçu la plus haute espérance;
J'en fis l'unique objet d'un soin tout paternel;
Mais rien ne rectifie un mauvais naturel.
Pour achever son droit, n'est-ce pas une honte?
Il est, depuis cinq ans, à Paris, de bon compte.
J'arrive : je le trouve encore au premier pas,
Endetté, vagabond, sans ce qu'on ne sait pas.
Ne pourrais-je obtenir, pour peu qu'on me seconde,
Un ordre qui le mette en lieu qui m'en réponde?
Ne connaissant personne, et vous sachant ici,
Je venais...

FRANCALEU.

Vous aurez cet ordre.

BALIVEAU.

       Grand merci.

FRANCALEU.

Mais plaisir pour plaisir.

BALIVEAU.

     Pour vous que puis-je faire?

FRANCALEU.

Dans la pièce du jour prendre un rôle de père.

BALIVEAU.

Un rôle ! à moi?

FRANCALEU.

Sans doute, à vous.

BALIVEAU.

C'est tout de bon?

FRANCALEU.

Oui. N'êtes-vous pas bien de l'âge d'un barbon?

BALIVEAU.

Soit. Mais...

FRANCALEU.

Vous en avez les dehors.

BALIVEAU.

Je l'avoue.

FRANCALEU.

Assez l'humeur.

BALIVEAU.

Que trop.

FRANCALEU.

Et tant soit peu la moue.

BALIVEAU.

Avec raison.

FRANCALEU.

Et puis le rôle n'est pas fort.

BALIVEAU.

Quel qu'il soit, j'y répugne.

FRANCALEU.

Il faut faire un effort.

BALIVEAU.

Eh fi ! que dirait-on?

FRANCALEU.

Que voulez-vous qu'on dise?

BALIVEAU.

Un capitoul !

FRANCALEU.

Eh bien?

BALIVEAU.
La gravité!
FRANCALEU.
Sottise!
BALIVEAU.
Ma noblesse, d'ailleurs!
FRANCALEU.
Vous n'êtes pas connu.
BALIVEAU.
D'accord.
FRANCALEU, lui faisant prendre le rôle.
Tenez, tenez.
BALIVEAU.
Quoi! je serais venu...
FRANCALEU.
Pour recevoir ensemble et rendre un bon office.
BALIVEAU.
Je vois bien qu'il faudra qu'à la fin j'obéisse.
Mon coquin paiera donc...
FRANCALEU.
Oui, oui : j'en suis garant :
Demain on vous le coffre au faubourg Saint-Laurent.
BALIVEAU.
Il faudra commencer par savoir où le prendre
FRANCALEU.
Dans son lit.
BALIVEAU.
C'est bien dit, s'il lui plaît de s'y rendre.
Mais son hôte ne sait ce qu'il est devenu.
FRANCALEU.
On saura bien l'avoir, après l'ordre obtenu.
Adieu; car il est temps de vous mettre à l'étude
BALIVEAU.
Je vais donc m'enfoncer dans cette solitude;
Et là, gesticulant et braillant tout le soûl,
Faire un apprentissage, en vérité, bien fou.

SCÈNE II

FRANCALEU, LISETTE.

FRANCALEU.

Moi, je fais l'oncle; et toi, Lisette, es-tu contente?
Tu voulais un beau rôle, et tu fais l'indolente.
Reste à s'en bien tirer. Ma fille est sous tes yeux,
Tâche à la copier, tu ne peux faire mieux :
Le modèle est parfait.

LISETTE.

N'en soyez pas en peine.
Je veux lui ressembler au point qu'on s'y méprenne.
J'ai d'abord un habit en tout pareil au sien;
J'ai sa taille; j'aurai son geste et son maintien;
Enfin, je veux si bien représenter l'idole,
Qu'elle se reconnaisse à la fadeur du rôle;
Et, comme en un miroir s'y voyant traits pour traits,
Que l'insipidité l'en dégoûte à jamais.
Car, monsieur, excusez; mais, vous et votre femme,
Vous avez fait un corps où je veux mettre une âme.

FRANCALEU.

L'indolence, en effet, laisse tout ignorer;
Et combien l'ignorance en fait-elle égarer!
Le danger vole autour de la simple colombe;
Et sans lumière, enfin, le moyen qu'on ne tombe!
Tu feras donc fort bien de la morigéner.
Qu'elle sache connaître, applaudir, condamner.
Qu'à son gré d'elle-même elle dispose ensuite.
Le penchant satisfait répond de la conduite.
C'est contre le torrent du siècle intéressé.
Mais, me regardât-on comme un père insensé :
Je veux qu'à tous égards ma fille soit contente;
Que l'époux qu'elle aura soit selon son attente;
Qu'elle n'écoute qu'elle et que son propre cœur

Sur un choix qui fera sa perte ou son bonheur;
Qu'elle s'explique enfin là-dessus sans finesse.
Ce lieu rassemble exprès une belle jeunesse :
Vingt honnêtes partis, dont le meilleur, je crois,
Ne refusera pas de s'allier à moi.
Ma fille est riche et belle. En un mot, je la donne
Au premier qui lui plaît : je n'excepte personne.

LISETTE.

Pas même le poëte?

FRANCALEU.

Au contraire, c'est lui
Que je préférerais à tout autre aujourd'hui.

LISETTE.

Je ne le crois pas riche.

FRANCALEU.

Eh bien, j'en ai de reste.
J'aurai fait un heureux : c'est passe-temps céleste.
Favorisant ainsi l'honnête homme indigent,
Le mérite une fois aura valu l'argent.

LISETTE.

Je vois, dans ce choix libre, un contre-temps à craindre,
Qui rendrait votre fille extrêmement à plaindre.

FRANCALEU.

Et quel?

LISETTE.

C'est que son choix pourrait tomber très-bien
Sur tel, qui, sur une autre, aurait fixé le sien;
Et pour lors il serait moins aisé qu'on ne pense
De ramener son cœur à de l'indifférence.

SCÈNE III

FRANCALEU; DORANTE, écoutant sans être vu que de Lisette;
LISETTE.

FRANCALEU.

Tu parles juste. Aussi j'ai pris soin de savoir

L'histoire de tous ceux qu'ici j'ai voulu voir.

LISETTE.

Et celle du jeune homme à qui l'on donne un rôle,
La savez-vous?

Dorante redouble ici d'attention.

FRANCALEU.

On dit, à propos, que le drôle...

LISETTE.

Je vous en avertis, il est fort amoureux.
Pour ne pas nous jeter dans un cas dangereux,
Très-positivement songez donc à l'exclure.

FRANCALEU.

J'y cours tout de ce pas, tu peux en être sûre;
Et vais, à la douceur joignant l'autorité,
Laisser un libre choix, ce jeune homme excepté.

SCÈNE IV

DORANTE, LISETTE.

DORANTE, se présentant devant Lisette.

Je ne t'interromps point.

LISETTE.

Bien malgré vous, je gage.

DORANTE.

Non; j'écoute, j'admire et je me tais. Courage!

LISETTE.

Vous vous trouverez bien de n'avoir point parlé!

DORANTE.

En effet, me voilà joliment installé.

LISETTE.

Installé? Tout des mieux! J'en réponds.

DORANTE.

Quelle audace!
Quoi! tu peux, sans rougir, me regarder en face?

LISETTE.
Pourquoi donc, s'il vous plaît, baisserais-je les yeux?
DORANTE.
Après l'exclusion qu'on me donne en ces lieux?
LISETTE.
Eh! c'est le coup de maître.
DORANTE.
        Il est bon là!
LISETTE.
                      Sans doute.
Ne décidons jamais où nous ne voyons goutte.
DORANTE.
De grâce, fais-moi voir...
LISETTE.
        Oh! qui va rondement
Ne daigne pas entrer en éclaircissement.
DORANTE.
Je n'en demande plus. Ma perte était jurée.
Je trouve en mon chemin monsieur de l'Empirée.
Il aime, il a su plaire : oui, je le tiens de lui.
J'ignorais seulement quel était son appui.
Mais, sans voir ta maîtresse, il osait tout écrire,
Tandis qu'en la voyant, moi, je n'osais rien dire;
Et ta bouche infidèle, ouverte en sa faveur,
Des vers que j'empruntais le déclarait l'auteur.
LISETTE.
Vous croyez que je sers le poëte?
DORANTE.
              Oui, perfide!
LISETTE.
Vous ne croyez donc pas que l'intérêt me guide?
Pauvre cervelle! Ainsi je l'ai donc bien servi
Quand j'ai formé le plan que vous avez suivi?
Quand je vous établis dans les lieux où vous êtes?
Quand je songe à tenir les routes toutes prêtes
Pour vous conduire au but où pas un ne parvient?

Et quand enfin... Allez! je ne sais qui me tient...
DORANTE.
Mais cette exclusion, que veux-tu que j'en pense?
LISETTE.
Tout ce qu'il vous plaira. Je hais la défiance.
DORANTE.
Encore? A quoi d'heureux peut-elle préparer?
LISETTE.
A vous tirer du pair, à vous faire adorer.
Tel est le cœur humain, surtout celui des femmes :
Un ascendant mutin fait naître dans nos âmes
Pour ce qu'on nous permet un dégoût triomphant,
Et le goût le plus vif pour ce qu'on nous défend.
DORANTE.
Mais si cet ascendant se taisait dans Lucile?
LISETTE.
Oh! que non. L'indolence est toujours indocile;
Et telle qu'est la sienne, à ce que j'en puis voir,
La contrariété seule peut l'émouvoir.
Ce n'est pas même assez des défenses du père,
Si je ne les seconde en duègne sévère.
DORANTE.
Eh bien, les yeux fermés, je m'abandonne à toi.
LISETTE.
Défense encor d'oser lui parler avant moi.
DORANTE.
Oh! c'est aussi trop loin pousser la patience.
LISETTE.
Dans un quart d'heure au plus je vous livre audience.
DORANTE.
Dans un quart d'heure?
LISETTE.
Au plus. Promenez-vous là-bas;
Tenez, dans un moment j'y conduirai ses pas.
La voici. Partez donc, laissez-nous.

DORANTE, hésitant.

Quel supplice!

LISETTE.

Désirez-vous ou non qu'on vous rende service?

DORANTE.

L'éviter!

LISETTE.

Ou tout perdre.

DORANTE.

Ah! que c'est à regret!

Il fait des révérences à Lucile, qui les lui rend. Il les réitère jusqu'à ce que, par un geste impérieux, Lisette lui fait signe de se retirer, au moment qu'il paraissait tenté d'aborder

SCÈNE V

LISETTE, LUCILE.

LISETTE.

Voilà, mademoiselle, un cavalier bien fait.

LUCILE.

J'y prends peu garde.

LISETTE.

Aimable, autant qu'on le peut être

LUCILE.

Tu le dis, je le crois.

LISETTE.

Vous semblez le connaître?

LUCILE.

Je l'ai vu quelquefois au parloir.

LISETTE.

Sans plaisir?

LUCILE.

Ni chagrin.

LISETTE.

Si j'avais, comme vous, à choisir,

4.

Celui-là, je l'avoue, aurait la préférence.
LUCILE.
La multitude augmente en moi l'indifférence.
Je hais de ces galants le concours importun ;
Et tu ne verras pas que j'en regarde aucun.
LISETTE.
Quoi ! sans yeux pour eux tous ? On vous fera dédire.
LUCILE.
Si j'en ai, ce sera pour un seul.
LISETTE.
C'est-à-dire,
Qu'en faveur de ce seul, votre cœur se résout,
Et que le choix en est déjà fait ?
LUCILE.
Point du tout.
Je ne le veux choisir ni ne le connais même.
Mon père le désigne ; il défend que je l'aime :
J'obéirai : je sais le devoir d'un enfant.
Nous n'oserions aimer lorsqu'on nous le défend.
LISETTE.
Oh ! non.
LUCILE.
Mais devait-on, sachant mon caractère,
M'embarrasser l'esprit d'une défense austère ?
LISETTE.
En effet.
LUCILE.
Exiger par delà ma froideur,
Et de l'obéissance, où m'eût suffi l'humeur ?
LISETTE.
Cela pique.
LUCILE.
Voyons ce conquérant terrible,
Pour qui l'on craint si fort que je ne sois sensible.
La curiosité me fera succomber,
Et sur lui seul, enfin, mes regards vont tomber.

LISETTE.
On vous l'aura donc bien désigné? Lequel est-ce?
LUCILE.
C'est celui qui jouera l'amoureux dans la pièce.
LISETTE.
C'est celui qui jouera...
LUCILE.
Quel air d'austérité!
LISETTE.
Mademoiselle, point de curiosité.
C'est bien innocemment que j'ai pris la licence
De vous insinuer la désobéissance.
LUCILE.
Qu'est-ce à dire?
LISETTE.
Oubliez ce que je vous ai dit.
LUCILE.
Quoi?
LISETTE.
Vous venez de voir celui dont il s'agit.
Ma préférence était un fort mauvais précepte.
LUCILE.
Que me dis-tu? C'est là celui que l'on excepte?
LISETTE.
Lui-même. Rendez grâce à l'inattention
Qui ferma votre cœur à la séduction.
Vous gagnez tout au monde à ne le pas connaître :
Le devoir eût eu peine à se rendre le maître;
Et, sûre de l'aveu d'un père complaisant,
Vous n'eussiez pas remis le choix jusqu'à présent.
LUCILE.
Mille choses de lui maintenant me reviennent,
Qui, véritablement, engagent et préviennent.
LISETTE.
Ce que, depuis un mois, de lui vous avez lu
Témoigne assez combien son esprit vous eût plu.

LUCILE.

Quoi? Ces vers que je lis, que je relis sans cesse....

LISETTE.

Sont les siens.

LUCILE.

Quel esprit! Quelle délicatesse!
De plaisirs et de jeux quel mélange amusant!
Que, sous des traits si doux, l'amour est séduisant!
L'auteur veut plaire, et plaît sans doute à quelque belle,
A qui l'on doit le feu dont sa plume étincelle.

LISETTE.

C'est ce qu'apparemment votre père en conclut,
Et la raison qui fait que son ordre l'exclut.
Il craint que vous n'aimiez la conquête d'une autre....
D'une autre! Mais j'y songe : et s'il était la vôtre?
Vous riez! et moi non. C'est au plus sérieux.
Les vers étaient pour vous. J'ouvre à présent les yeux
Oui, je vous reconnais traits pour traits dans l'image
De celle à qui s'adresse un si galant hommage.

LUCILE.

Je remarque, en effet.... Prenons par ce chemin.
Monsieur de l'Empirée approche, un livre en main.
On m'a, pour le choisir, presque tyrannisée,
Et mon âme jamais n'y fut moins disposée.

LISETTE, seule.

Bon! Ce préliminaire est, je crois, suffisant;
Et Dorante, s'il veut, peut traiter à présent.

SCÈNE VI

LISETTE, MONDOR

MONDOR.

Lisette, ai-je un rival i i? Qu'il disparaisse!

LISETTE.

S'il me plaît.

MONDOR.
Plaise ou non ; tu n'es plus ta maîtresse.
LISETTE.
Comment ?
MONDOR.
Tu m'appartiens.
LISETTE.
Et de quel droit encor ?
MONDOR.
Lucile est à Damis : donc, Lisette à Mondor.
LISETTE.
Lucile est à ton maître ! Ah ! tout beau ! j'en appelle.
MONDOR.
Il ne lui manque plus que l'aveu de la belle.
Celui du père est sûr, à tout ce que j'entends.
LISETTE, s'en allant.
La belle avance !
MONDOR, courant après.
Écoute !
LISETTE.
Oh ! je n'ai pas le temps.

SCÈNE VII

DAMIS, seul, le Mercure à la main.

« Oui, divine inconnue ! oui, céleste Bretonne !
« Possédez seule un cœur que je vous abandonne.
« Sans la fatalité de ce jour où mon front
« Ceint le premier laurier ou rougit d'un affront,
« Je désertais ces lieux et volais où vous êtes. »

SCÈNE VIII

DAMIS, MONDOR.

MONDOR.

Je ne m'étonne plus si nous payons nos dettes.
Entre vingt prétendants, on vous le donne beau
Et vous avez pour vous, monsieur, l'air du bureau.

DAMIS, se croyant toujours seul.

« Si, comme je le crois, ma pièce est applaudie,
« Vous êtes la puissance à qui je la dédie.
« Vous eûtes un esprit que la France admira ;
« J'en eus un qui vous plut. L'univers le saura. »

Il donne à Mondor du livre par le nez.

MONDOR.

Ouf !

DAMIS.

Qui te savait là ? dis.

MONDOR.

Maugrebleu du geste !

DAMIS.

Tu m'écoutais ? Eh bien, raille, blâme, conteste ;
Dis encor que mon art ne sert qu'à m'éblouir.
Tu vois ! Je suis heureux !

MONDOR.

Plus que sage.

DAMIS.

A t'ouïr,
Je ne me repaissais que de vaines chimères.

MONDOR.

Votre bonheur, tout franc, ne se devinait guères.

DAMIS.

Par un sot comme toi.

MONDOR.

Mon Dieu, pas tant d'orgueil !

Vous ne pouviez manquer d'être vu de bon œil.
Vous trouvez un esprit de la trempe du vôtre ;
Mais vous n'eussiez jamais réussi près d'une autre.
DAMIS.
De pas une autre aussi je ne me soucierais.
Celle-ci seule a tout ce que je désirais.
De ma Muse, elle seule épuisant les caresses,
Me fait prendre congé de toutes mes maîtresses.
MONDOR.
Il faudrait en avoir pour en prendre congé.
DAMIS.
Je ne te parle aussi que de celles que j'ai.
MONDOR.
Vous n'en eûtes jamais. J'ai de bons yeux, peut-être !
Un valet veut tout voir, voit tout, et sait son maître
Comme à l'Observatoire un savant sait les cieux ;
Et vous-même, monsieur, ne vous savez pas mieux.
DAMIS.
Pas tant d'orgueil, toi-même, ami ! Va, tu t'abuses.
En fait d'amour, le cœur d'un favori des Muses
Est un astre vers qui l'entendement humain
Dresserait d'ici-bas son télescope en vain.
Sa sphère est au-dessus de toute intelligence.
L'illusion nous frappe autant que l'existence ;
Et, par le sentiment, suffisamment heureux,
De l'amour seulement nous sommes amoureux.
Ainsi le fantastique a droit sur notre hommage,
Et nos feux, pour objet, ne veulent qu'une image.
MONDOR.
Monsieur, à ma portée ajustez-vous un peu,
Et, de grâce, en français mettez-moi cet hébreu.
DAMIS.
Volontiers. Imagine une jeune merveille ;
Élégance, fraîcheur et beauté sans pareille ;
Taille de nymphe....

MONDOR, *regardant aux loges.*
Après ? Je vois cela d'ici.
DAMIS.
C'est de mes premiers feux l'objet en raccourci.
T'accommoderais-tu d'une femme ainsi faite ?
MONDOR.
La peste !
DAMIS.
Aussi ma flamme a-t-elle été parfaite.
MONDOR.
Mais je n'ai jamais vu cet objet plein d'appas.
DAMIS.
Parbleu ! je le crois bien, puisqu'il n'existait pas.
MONDOR.
Et vous l'aimiez ?
DAMIS.
Très-fort.
MONDOR.
D'honneur ?
DAMIS.
A la folie !
MONDOR.
Une maîtresse en l'air et qui n'eut jamais vie !
DAMIS.
Oui, je l'aimais avec autant de volupté
Que le vulgaire en trouve à la réalité.
La réalité même est moins satisfaisante.
Sous une même forme elle se représente ;
Mais une Iris en l'air en prend mille en un jour.
La mienne était bergère et nymphe tour à tour ;
Brune ou blonde, coquette ou prude, fille ou veuve ;
Et, comme tu crois bien, fidèle à toute épreuve.
MONDOR.
Monsieur, parlez tout bas.
DAMIS.
Et par quelles raisons ?

ACTE II, SCÈNE VIII

MONDOR.

C'est qu'on pourrait vous mettre aux Petites-Maisons.

DAMIS.

Cet amour, il est vrai, me parut un peu vide,
Et je ne pus tenir à l'appât du solide.
Je repudiai donc la chimérique Iris ;
D'une beauté palpable enfin je fus épris.
J'ai chanté celle-ci sous le nom d'Uranie.
Ah ! que j'ai bien pour elle exercé mon génie,
Et que de tendres vers consacrent ce beau nom !

MONDOR.

Et je n'ai pas plus vu l'une que l'autre ?

DAMIS.

        Non.
La fierté, la naissance, et le rang de la dame,
Renfermaient dans mon cœur le secret de ma flamme.
Comment aurais-tu fait pour t'en être aperçu ?
Elle-même elle était aimée à son insu.

MONDOR.

Mais, vraiment, un amour de si légère espèce
Pourrait prendre son vol bien par delà l'altesse.

DAMIS.

N'en doute pas, et même y goûter des douceurs.
L'amour impunément badine au fond des cœurs.
A ce que nous sentons que fait ce que nous sommes ?
L'astre du jour se lève ; il luit pour tous les hommes,
Et le plaisir commun que répand sa clarté
Représente l'effet que produit la beauté.

MONDOR.

J'entends. Tout vous est bon ; rien ne vous importune,
Pourvu que votre esprit soit en bonne fortune.
A ce compte, un jaloux ne vous craindra jamais,
Et vos rivaux, monsieur, peuvent dormir en paix.
Et deux ! A l'autre.

DAMIS.

    Hélas ! En ce moment encore,

Je revois son image, et mon esprit l'adore.
Pour la dernière fois tu me fais soupirer,
Divinité chérie! Il faut nous séparer.
Plus de commerce! Adieu. Nous rompons.

MONDOR.

Quel dommage!
L'union était belle. Et que répond l'image?

DAMIS.

De mon cœur attendri pour jamais elle sort,
Et fait place à l'objet dont nous parlions d'abord.

MONDOR.

D'un poste mal acquis l'équité la dépose,
Et rien, avec raison, fait place à quelque chose.

DAMIS.

Que celle-ci, Mondor, a de grâce et d'esprit!

MONDOR.

C'est qu'elle aime les vers, et cela vous suffit.

DAMIS.

C'est que... c'est qu'elle en fait des mieux tournés du monde.

MONDOR.

Pour moi, ce qui m'en plaît, c'est la source féconde
Où nous allons puiser désormais les ducats.

DAMIS.

Les ducats?

MONDOR.

C'est de quoi vous faites peu de cas.
L'un de nous deux a tort; mais qu'à cela ne tienne
Aura tort qui voudra, pourvu que l'argent vienne.

DAMIS.

Enfin tu conçois donc qu'on en saura gagner?

MONDOR.

Le bonhomme du moins ne veut pas l'épargner.

DAMIS.

Le bonhomme?

MONDOR.

Oui, monsieur; si vous êtes son gendre,

Monsieur de Francaleu dit à qui veut l'entendre
Qu'il rendra là-dessus votre bonheur complet.
DAMIS.
Extravagues-tu?
MONDOR.
Non, foi d'honnête valet.
DAMIS.
Et qui diable te parle, en cette circonstance,
De monsieur Francaleu ni de son alliance?
MONDOR.
Bon! Ne voilà-t-il pas encore un quiproquo!
De qui parlez-vous donc, monsieur?
DAMIS.
D'une Sapho,
D'un prodige qui doit, aidé de mes lumières,
Effacer quelque jour l'illustre Deshoulières;
D'une fille à laquelle est uni mon destin.
MONDOR.
Où diantre est cette fille?
DAMIS.
A Quimper-Corentin.
MONDOR.
A Quimp...
DAMIS.
Oh! ce n'est pas un bonheur en idée,
Celui-ci! l'espérance est saine et bien fondée.
La Bretonne adorable a pris goût à mes vers.
Douze fois l'an, sa plume en instruit l'univers.
Elle a, douze fois l'an, réponse de la nôtre;
Et nous nous encensons tous les mois l'un et l'autre.
MONDOR.
Où vous êtes-vous vus?
DAMIS.
Nulle part. A quoi bon?
MONDOR.
Et vous l'épouseriez!

DAMIS.
Sans doute. Pourquoi non?
MONDOR.
Et si c'était un monstre?
DAMIS.
Oh! tais-toi! Tu m'excèdes.
Les personnes d'esprit sont-elles jamais laides?
MONDOR.
Oui; mais répondra-t-elle à votre folle ardeur?
DAMIS.
Je suis assez instruit par notre ambassadeur.
MONDOR.
Et quel est l'intrigant d'une telle aventure?
DAMIS.
Le messager des dieux lui-même : le Mercure.
MONDOR.
Oh! oh! bel entrepôt, vraiment, pour coqueter!
DAMIS.
Tiens, lis dans celui-ci que tu viens d'apporter.
MONDOR lit.
Sonnet de mademoiselle Mériadec de Kersic, de Quimper, en Bretagne, à monsieur Cinq-Étoiles.
DAMIS.
Ton esprit aisément perce à travers ces voiles,
Et voit bien que c'est moi qui suis les cinq-Étoiles.
Oui! Qu'à jamais pour moi, belle Mériadec,
Pégase soit rétif et l'Hippocrène à sec,
Si ma lyre, de myrte et de palmes ornée,
Ne consacre les nœuds d'un si rare hyménée!
MONDOR.
Je respecte, monsieur, un si noble transport :
Qui vous chicanerait, franchement, aurait tort.
Mais prenez un conseil. Votre esprit s'exténue
A se forger les traits d'une femme inconnue.
Peignez-vous celle-ci sous quelque objet présent :
Lucile a, par exemple, un visage amusant....

DAMIS.

J'entends.

MONDOR.

Suivez, lorgnez, obsédez sa personne.
Croyez voir et voyez en elle la Bretonne....

DAMIS.

C'est bien dit. Cette idée, échauffant mes esprits,
N'en portera que plus de feu dans mes écrits.
Le bon sens du maraud quelquefois m'épouvante.

MONDOR.

Molière, avec raison, consultait sa servante

DAMIS.

On se peint, dans l'objet présent et plein d'appas,
L'objet qu'on idolâtre et que l'on ne voit pas.
Aussi bien, transporté du bonheur de ma flamme,
Déjà, dans mon cerveau, roule un épithalame
Que, devant qu'il soit peu, je prétends mettre au net,
Et donner au Mercure en paiement du sonnet.
Muse, évertuons-nous! Ayons les yeux sans cesse
Sur l'astre qui fait naître en ces lieux la tendresse.
Cherche, en le contemplant, matière à tes crayons,
Et que ton feu divin s'allume à ses rayons!
Que cette solitude est paisible et touchante!
J'y veux relire encor le sonnet qui m'enchante.

Il va s'asseoir à l'écart.

MONDOR, seul.

Quelle tête! Il faut bien le prendre comme il est.
Voyons ce qui naîtra de ce jeu qui lui plaît.
L'assiduité peut, Lucile étant jolie,
Lui faire de Quimper abjurer la folie.

SCÈNE IX

DORANTE, LUCILE; DAMIS, à l'écart, et sans être vu.

DORANTE.

A cet aveu si tendre, à de tels sentiments,
Que je viens d'appuyer du plus saint des serments;
A tout ce que j'ai craint, madame; à ce que j'ose;
A vos charmes enfin plus qu'à toute autre chose,
Reconnaissez que j'aime, et réparez l'erreur
D'un père qui m'exclut du don de votre cœur.
Je ne veux pour tout droit que sa volonté même.
Père équitable et tendre, il veut que l'on vous aime.
Dès que c'est à ce prix que l'on met votre foi,
Qui jamais vous pourra mériter mieux que moi?

LUCILE.

Mais enfin, là-dessus qu'importe qu'on l'éclaire,
S'il ne vous en est pas pour cela moins contraire;
Et si, dès qu'il saura de qui vous êtes fils,
Nul espoir, près de moi, ne vous est plus permis?

DORANTE.

J'obtiendrai son aveu, rien ne m'est plus facile.
Mais, parmi tant d'amants, adorable Lucile,
N'auriez-vous pas déjà nommé votre vainqueur?

LUCILE, tirant des vers de sa poche.

L'auteur seul de ces vers a su toucher mon cœur,
Je l'avoue, et pour lui me voilà déclarée.

DORANTE, apercevant Damis.

On nous écoute!

LUCILE.

Eh! c'est monsieur de l'Empirée!
Lisons-les-lui ces vers; il en sera charmé.

DORANTE, à part.

Est-ce lui, juste ciel! ou moi qu'elle a nommé?

LUCILE, à Damis.

Venez, monsieur ; venez, pour qu'en votre présence
Nous discutions un fait de votre compétence :
Il s'agit d'une idylle où j'ai quelque intérêt ;
Et vous nous en direz votre avis, s'il vous plaît.

DORANTE.

Madame, on fait grand tort à messieurs les poëtes
Quand on les interrompt dans leurs doctes retraites.
Laissons donc celui-ci rêver en liberté,
Et détournons nos pas de cet autre côté.

DAMIS.

Le plus grand tort, monsieur, que l'on puisse nous faire,
C'est de priver nos yeux de ce qui peut leur plaire.
Peut-on penser si bien, étant seul en ces lieux,
Qu'étant avec madame on ne pense encor mieux?
Madame, je vous prête une oreille attentive.
Rien ne me plaira tant. Lisez ; et, s'il m'arrive
Quelque distraction dont je ne réponds pas,
Vous ne l'imputerez qu'à vos divins appas.

LUCILE.

Votre façon d'écrire, élégante et fleurie,
Vous accoutume au ton de la galanterie.
Allons, messieurs, passons sous ce feuillage épais,
Où, loin des importuns, nous puissions lire en paix.

Damis lui présente la main, qu'elle accepte au moment que Dorante lui présentait aussi la sienne.

DORANTE, seul.

Est-ce un coup du hasard ou de leur perfidie?
Voyons. Il faut de près que je les étudie,
Et que je sorte enfin de la perplexité,
La plus grande où peut-être on ait jamais été.

ACTE III

SCÈNE PREMIÈRE

DORANTE, ramassant des tablettes.

Quelqu'un regrette bien les secrets confiés
A ces tablettes-ci que je trouve à mes pieds.
Il les ouvre.
Épithalame. Ah! ah! j'en reconnais le maître.
J'y pourrais bien aussi développer un traître...
Lisons.

SCÈNE II

DORANTE, LISETTE.

LISETTE.

Suis-je une fourbe? ai-je trahi vos feux?
Le seul qu'on veut exclure est-il si malheureux?
Dès que je vous ai vu prêt d'aborder Lucile,
Je me suis éclipsée en confidente habile,
Et je vous ai laissé le champ libre à l'instant.
Eh bien, quelle nouvelle? En êtes-vous content?

DORANTE.

Ah! qu'elle est ravissante! et que ce tête-à-tête
Achève de lui bien assurer sa conquête!
Je l'aimais, l'adorais, l'idolâtrais, mais rien
N'exprime mon état depuis cet entretien.
Jusqu'au son de sa voix, tout me pénètre en elle:
Son défaut me la rend plus piquante et plus belle.

Oui, ce qu'en elle on nomme indolence et froideur
Redouble de mes feux la tendresse et l'ardeur.
            LISETTE.
La dédaigneuse, enfin, s'est-elle humanisée?
Je l'avais, ce me semble, assez bien disposée.
            DORANTE.
Tu me vois dans un trouble...
            LISETTE.
                    Eh! vivez en repos.
            DORANTE.
Ses grâces m'ont charmé, mais non pas ses propos.
            LISETTE.
A-t-elle avec rigueur fermé l'oreille aux vôtres?
            DORANTE.
Non; mais j'aurais voulu qu'elle en eût tenu d'autres.
            LISETTE.
Quoi? qu'elle eût dit : « Monsieur, je suis folle de vous;
Je voudrais que déjà vous fussiez mon époux. »
Mais oui; c'est avoir l'âme assurément bien dure
De ne pas abréger ainsi la procédure.
            DORANTE.
Ayant fait de ma flamme un libre et tendre aveu
Et promis d'agréer à monsieur Francaleu;
Comme je témoignais la plus ardente envie
D'entendre mon arrêt ou de mort ou de vie,
Elle m'a répondu (dirai-je avec douceur?) :
L'auteur seul de ces vers a su toucher mon cœur.
A ces mots, de sa poche elle a tiré l'idylle
Dont le succès me rend de moins en moins tranquille.
            LISETTE.
C'est qu'elle a cru parler à l'auteur.
            DORANTE.
                    Je ne sais.
Mais elle a mis mon âme à de rudes essais;
Elle a vu mon rival d'un œil de complaisance;
Elle a lu, malgré moi, l'idylle en sa présence :

C'était me démasquer. Sous cape il en riait,
Peut-être en homme à qui l'on me sacrifiait!
Le serais-je en effet? Serait-ce lui qu'on aime?
Me joueraient-ils tous deux? Me jouerais-tu toi-même?

LISETTE.

Les honnêtes soupçons! Rendez grâce, entre nous,
Au cas particulier que je fais des jaloux.
Sans les égards qu'on doit à leur tendre caprice,
Mon honneur offensé se ferait bien justice.

DORANTE.

L'auteur seul de ces vers a su toucher son cœur,
Dit-elle. Encore un coup, je n'en suis point l'auteur.
Suppose qu'on la trompe et qu'elle me le croie,
Où donc est encor là le grand sujet de joie?
Je jouis d'une erreur, et j'aurais souhaité
Une source plus pure à ma félicité!
Un mérite étranger est cause que l'on m'aime;
Et je me sens jaloux d'un autre dans moi-même.

LISETTE.

Que la délicatesse est folle en ses excès!
Eh! monsieur, y faut-il regarder de si près?
Qu'importe du bonheur la source fausse ou vraie?

DORANTE.

Tout ce que j'entrevois de plus en plus m'effraie.
Le bonheur du poëte était encor douteux;
Mais il est mon rival, et mon rival heureux.
De Lucile sans cesse il contemple les charmes,
Il se voit vingt rivaux sans en prendre d'alarmes;
A l'estime du père il a le plus de part;
Seule, avec son valet, je te trouve à l'écart.
Que te veut-il? Pourquoi s'enfuit-il à ma vue?
Quels étaient vos complots? d'où vient paraître émue?
Réponds.

LISETTE.

Tout bellement! vous prenez trop de soin,
Et c'est aussi pousser l'interrogat trop loin.

DORANTE.

Je t'épierai si bien aujourd'hui.. Prends-y garde !
Quelque part que tu sois, crois que je te regarde.
Cependant allons voir, en les feuilletant bien,
Si ces tablettes-ci ne m'instruiront de rien.

SCÈNE III

LISETTE.

M'épier ! Doucement ! ce serait une chaîne.
Quoiqu'on soit sans reproche, on ne veut rien qui gêne.
Ah ! c'est peu d'être injuste, il ose être importun !
Aux trousses du fâcheux je vais en lâcher un,
Qui, s'attachant à lui, saura bien m'en défaire.
Le voici justement.

SCÈNE IV

FRANCALEU, LISETTE.

FRANCALEU.
   Qu'as-tu donc à tant faire
Avec ce cavalier qui ne semble chez moi
S'être impatronisé que pour être avec toi ?

LISETTE.
De tous nos entretiens vous seul êtes la cause.

FRANCALEU.
Voyons un peu le tour qu'elle donne à la chose.

LISETTE.
Tout simple. Le jeune homme entend vanter à tous
Certaine tragédie en six actes, de vous,
Que l'on dit fort plaisante, et qu'il brûle d'entendre,
Sans qu'il sache par qui ni trop comment s'y prendre.

FRANCALEU.
Et n'a-t-il pas l'ami qui me l'a présenté ?

LISETTE.

Monsieur de l'Empirée? Il aura plaisanté;
De caustique et de fat joué les mauvais rôles,
Et parlé de vos vers en haussant les épaules.

FRANCALEU.

J'en croirais quelque chose à son rire moqueur.
Le serpent de l'envie a sifflé dans son cœur.
Oh! bien, bien; double joie, en ce cas, pour le nôtre!
Je mortifierai l'un, et satisferai l'autre.
L'autre aussi bien m'a plu, comme il plaira partout :
Il a tout à fait l'air d'un homme de bon goût;
Et d'ailleurs il me prend dans mon enthousiasme :
Je suis en train de rire, et veux, malgré mon asthme,
Lui lire tous mes vers sans en excepter un.

LISETTE.

Vous me déferez là d'un terrible importun.

FRANCALEU.

Va donc me le chercher.

LISETTE.

Faites-en votre affaire;
Je me vais occuper d'un soin plus nécessaire :
Il faut que je m'habille.

FRANCALEU.

Et pourquoi donc sitôt?

LISETTE.

Voulant représenter Lucile comme il faut,
J'ôte dès à présent mes habits de soubrette,
Pour être, sous les siens, plus libre et moins distraite.

FRANCALEU.

C'est fort bien avisé. Va; je me charge, moi...

SCÈNE V

FRANCALEU, BALIVEAU.

FRANCALEU.

Ah! c'est vous? Comment va la mémoire?

BALIVEAU.

Ma foi!
Quelques raisonnements que votre goût m'oppose,
Je hais bien la démarche où mon neveu m'expose.
Pour s'y résoudre, il faut à cet original
Vouloir étrangement et de bien et de mal.
Enfin, mon rôle est su. Voyons, que faut-il faire?

FRANCALEU.

Et moi, de mon côté, je songe à votre affaire.
Cependant soyez gai ; débutez seulement,
Et vous serez bientôt de notre sentiment.
De vos talents à peine aurons-nous les prémices,
Que nous voulons vous voir un pilier de coulisses;
Et, quoi que vous disiez, vers un plaisir si doux,
De la force du charme, entraîné comme nous.
J'ai vu ce charme en France opérer des miracles,
Nos palais devenir des salles de spectacles,
Et nos marquis, chaussant à l'envi l'escarpin,
Représenter Hector, Sganarelle et Crispin.

BALIVEAU.

Je ne le cache pas, malgré ma répugnance,
Une chose me fait quelque plaisir d'avance :
C'est le parfait rapport qui, par un cas plaisant
Se trouve entre mon rôle et mon état présent.
Je représente un père austère et sans faiblesse,
Qui d'un fils libertin gourmande la jeunesse...
Le vieillard, à mon gré, parle comme un Caton,
Et je me réjouis de lui donner le ton.

FRANCALEU.

Celui qui fait le fils s'y prend le mieux du monde,
Car nous ne jouons bien qu'autant qu'on nous seconde.
Tout dépend de l'acteur mis vis-à-vis de nous.
Si celui-ci venait répéter avec nous?

BALIVEAU.

Je voudrais que ce fût déjà fait.

FRANCALEU, appelant ses valets.

Holà! hée!
Que l'on aille chercher monsieur de l'Empirée.

A Baliveau.

Tenez, voilà par où le jeune homme entrera.
Vous pouvez commencer sitôt qu'il paraîtra.
Faites comme l'on fait aux choses imprévues :
Soyez comme quelqu'un qui tomberait des nues ;
Car c'est l'esprit du rôle, et vous vous souvenez
Que vous vous trouvez, vous et ce fils, nez à nez,
L'instant précis qu'il sort, ou d'une académie,
Ou de quelque autre lieu que vous voulez qu'il fuie
Et qu'à cette rencontre un silence fâcheux
Exprime une surprise égale entre vous deux :
C'est un coup de théâtre admirable, et j'espère...

SCÈNE VI

FRANCALEU, BALIVEAU, DAMIS.

FRANCALEU, à Damis.

Monsieur, voici celui qui fera votre père.
Il sait son rôle. Allons, concertez-vous un peu ;
Et, tout en vous voyant, commencez votre jeu.

A Baliveau, voyant son profond étonnement.

Comment! diable! à merveille! à miracle! courage!
Personne ne jouera mieux que vous du visage.

A Damis.

Vous avez joué, vous, la surprise assez bien ;
Mais le rire vous prend, et cela ne vaut rien.

Il faut être interdit, confus, couvert de honte.
BALIVEAU.
Je sens qu'ainsi que lui votre aspect me démonte.
DAMIS, à Francaleu.
C'est que, lorsqu'on répète, un tiers est importun.
FRANCALEU.
Adieu donc; aussi bien je fais languir quelqu'un.
A Damis.
Monsieur l'homme accompli, qui du moins croyez l'être,
Prenez, prenez leçon, car voilà votre maître.
A Baliveau.
Bravo! bravo! bravo!

SCÈNE VII
BALIVEAU, DAMIS.

BALIVEAU, à part.
Le sot événement!
DAMIS.
Je ne puis revenir de mon étonnement.
Après un tel prodige, on en croira mille autres.
Quoi! mon oncle, c'est vous? et vous êtes des nôtres!
Heureux le lieu, l'instant, l'emploi qui nous rejoint!
BALIVEAU.
Raisonnons d'autre chose, et ne plaisantons point.
Le hasard a voulu...
DAMIS.
Voici qui paraît drôle.
Est-ce vous qui parlez, ou si c'est votre rôle?
BALIVEAU.
C'est moi-même qui parle, et qui parle à Damis.
Voilà donc ce que fait mon neveu dans Paris!
Qu'a produit un séjour de si longue durée?
Que veut dire ce nom : *Monsieur de l'Empirée?*

Sied-il, dans ton état, d'aller ainsi vêtu?
Dans quelle compagnie, en quelle école es-tu?
DAMIS.
Dans la vôtre, mon oncle. Un peu de patience :
Imitez-moi. Voyez si je romps le silence
Sur mille questions, qu'en vous trouvant ici
Peut-être suis-je en droit d'oser vous faire aussi.
Mais c'est que notre rôle est notre unique affaire;
Et que de nos débats le public n'a que faire.
BALIVEAU, levant la canne.
Coquin! tu te prévaux du contre-temps maudit...
DAMIS.
Monsieur, ce geste-là vous devient interdit.
Nous sommes, vous et moi, membres de comédie.
Notre corps n'admet point la méthode hardie
De s'arroger ainsi la pleine autorité,
Et l'on ne connaît point chez nous de primauté.
BALIVEAU, à part.
C'est à moi de plier après mon incartade.
DAMIS, gaiement.
Répétons donc en paix. Voyons, mon camarade.
Je suis un fils...
BALIVEAU, à part.
J'ai ri, me voilà désarmé.
DAMIS.
Et vous, un père,...
BALIVEAU.
Eh oui, bourreau! tu m'as nommé
Je n'ai que trop pour toi des entrailles de père;
Et ce fut le seul bien que te laissa mon frère.
Quel usage en fais-tu? qu'ont servi tous mes soins?
DAMIS.
A me mettre en état de les implorer moins.
Mon oncle, vous avez cultivé mon enfance;
Je ne mets point de borne à ma reconnaissance;
Et c'est pour le prouver que je veux désormais

Commencer par tâcher d'en mettre à vos bienfaits,
Me suffire à moi-même en volant à la gloire,
Et chercher la fortune au temple de Mémoire.
BALIVEAU.
Où la vas-tu chercher? Ce temple prétendu
(Pour parler ton jargon) n'est qu'un pays perdu,
Où la nécessité, de travaux consumée,
Au sein du sot orgueil se repaît de fumée.
Eh! malheureux! crois-moi : fuis ce terroir ingrat
Prends un parti solide, et fais choix d'un état
Qu'ainsi que le talent le bon sens autorise;
Qui te distingue, et non qui te singularise;
Où le génie heureux brille avec dignité;
Tel qu'enfin le barreau l'offre à ta vanité.
DAMIS.
Le barreau!
BALIVEAU.
Protégeant la veuve et la pupille,
C'est là qu'à l'honorable on peut joindre l'utile,
Sur la gloire et le gain établir sa maison,
Et ne devoir qu'à soi sa fortune et son nom.
DAMIS.
Ce mélange de gloire et de gain m'importune :
On doit tout à l'honneur et rien à la fortune.
Le nourrisson du Pinde, ainsi que le guerrier,
A tout l'or du Pérou préfère un beau laurier.
L'avocat se peut-il égaler au poëte?
De ce dernier la gloire est durable et complète.
Il vit longtemps après que l'autre a disparu.
Scarron même l'emporte aujourd'hui sur Patru.
Vous parlez du barreau de la Grèce et de Rome,
Lieux propres autrefois à produire un grand homme.
L'antre de la chicane et sa barbare voix
N'y défiguraient pas l'éloquence et les lois.
Que des traces du monstre on purge la tribune,
J'y monte, et mes talents, voués à la fortune,

Jusqu'à la prose encor voudront bien déroger ;
Mais, l'abus ne pouvant sitôt se corriger,
Qu'on me laisse, à mon gré, n'aspirant qu'à la gloire,
Des titres du Parnasse anoblir ma mémoire,
Et primer dans un art plus au-dessus du Droit,
Plus grave, plus sensé, plus noble qu'on ne croit.
La fraude, impunément, dans le siècle où nous sommes,
Foule aux pieds l'équité, si précieuse aux hommes :
Est-il, pour un esprit solide et généreux,
Une cause plus belle à plaider devant eux?
Que la fortune donc me soit mère ou marâtre,
C'en est fait : pour barreau je choisis le théâtre ;
Pour client la Vertu, pour lois la Vérité,
Et pour juges mon siècle et la postérité.
BALIVEAU.
Eh bien ! porte plus haut ton espoir et tes vues.
A ces beaux sentiments les dignités sont dues.
La moitié de mon bien, remise en ton pouvoir,
Parmi nos sénateurs s'offre à te faire asseoir.
Ton esprit généreux, si la vertu t'est chère,
Si tu prends à sa cause un intérêt sincère,
Ne préférera pas, la croyant en danger,
L'effort de la défendre au droit de la juger.
DAMIS.
Non ; mais d'un si beau droit l'abus est trop facile :
L'esprit est généreux, et le cœur est fragile.
Qu'un juge incorruptible est un homme étonnant !
Du guerrier le mérite est sans doute éminent :
Mais presque tout consiste au mépris de la vie,
Et de servir son roi la glorieuse envie,
L'espérance, l'exemple, un je ne sais quel prix,
L'horreur du mépris même inspire ce mépris.
Mais avoir à braver le sourire ou les larmes
D'une solliciteuse aimable et sous les armes !
Tout sensible, tout homme enfin que vous soyez,
Sans oser être ému, la voir presque à vos pieds !

Jusqu'à la cruauté pousser le stoïcisme !
Je ne me sens point fait pour un tel héroïsme.
De tous nos magistrats la vertu nous confond,
Et je ne conçois pas comment ces messieurs font.
La mienne donc se borne au mépris des richesses
A chanter des héros de toutes les espèces,
A sauver, s'il se peut, par mes travaux constants,
Et leur nom et le mien des injures du temps.
Infortuné ! je touche à mon cinquième lustre,
Sans avoir publié rien qui me rende illustre !
On m'ignore ; et je rampe encore à l'âge heureux
Où Corneille et Racine étaient déjà fameux !

BALIVEAU.

Quelle étrange manie ! et dis-moi, misérable !
A de si grands esprits te crois-tu comparable ?
Et ne sais-tu pas bien qu'au métier que tu fais,
Il faut, ou les atteindre, ou ramper à jamais ?

DAMIS.

Eh bien, voyons le rang que le destin m'apprête.
Il ne couronne point ceux que la crainte arrête.
Ces maîtres même avaient les leurs en débutant ;
Et tout le monde alors put leur en dire autant.

BALIVEAU.

Mais les beautés de l'art ne sont pas infinies.
Tu m'avoueras, du moins, que ces rares génies,
Outre le don qui fut leur principal appui,
Moissonnaient à leur aise où l'on glane aujourd'hui.

DAMIS.

Ils ont dit, il est vrai, presque tout ce qu'on pense ;
Leurs écrits sont des vols qu'ils nous ont faits d'avance ;
Mais le remède est simple : il faut faire comme eux ;
Ils nous ont dérobés, dérobons nos neveux ;
Et, tarissant la source où puise un beau délire,
A tous nos successeurs ne laissons rien à dire.
Un démon triomphant m'élève à cet emploi :
Malheur aux écrivains qui viendront après moi !

BALIVEAU.

Va, malheur à toi-même, ingrat! cours à ta perte!
A qui veut s'égarer la carrière est ouverte.
Indigne du bonheur qui t'était préparé,
Rentre dans le néant dont je t'avais tiré
Mais ne crois pas que, prêt à remplir ma vengeance,
Ton châtiment se borne à la seule indigence.
Cette soif de briller, où se fixent tes vœux,
S'éteindra, mais trop tard, dans des dégoûts affreux.
Va subir du public les jugements fantasques,
D'une cabale aveugle essuyer les bourrasques,
Chercher en vain quelqu'un d'humeur à t'admirer,
Et trouver tout le monde actif à censurer !
Va des auteurs sans nom grossir la foule obscure,
Égayer la satire, et servir de pâture
A je ne sais quel tas de brouillons affamés
Dont les écrits mordants sur les quais sont semés!
Déjà dans les cafés tes projets se répandent.
Le parodiste oisif et les forains t'attendent.
Va, après t'être vu sur leur scène avili,
De l'opprobre, avec eux, retomber dans l'oubli !

DAMIS.

Que peut contre le roc une vague animée?
Hercule a-t-il péri sous l'effort du Pygmée?
L'Olympe voit en paix fumer le mont Etna ;
Zoïle contre Homère en vain se déchaîna,
Et la palme du Cid, malgré la même audace,
Croît et s'élève encore au sommet du Parnasse

BALIVEAU.

Jamais l'extravagance alla-t-elle plus loin?
Eh bien, tu braveras la honte et le besoin ;
Je veux que ton esprit n'en soit que plus rebelle,
Et qu'aux siècles futurs ta sottise en appelle;
Que, de ton vivant même, on admire tes vers;
Tremble! et vois sous tes pas mille abîmes ouverts;
L'impudence d'autrui va devenir ton crime;

On mettra sur ton compte un libelle anonyme
Poursuivi, condamné, proscrit sur ces rumeurs
A qui veux-tu qu'un homme en appelle?

DAMIS.

A ses mœurs.

BALIVEAU.

A ses mœurs? Et le monde, en ces sortes d'orages,
Est-il instruit des mœurs ainsi que des outrages?

DAMIS.

Oui, de mes mœurs bientôt j'instruirai tout Paris.

BALIVEAU.

Et comment, s'il vous plaît?

DAMIS.

Comment? Par mes écrits.
Je veux que la vertu plus que l'esprit y brille.
La mère en prescrira la lecture à sa fille;
Et j'ai, grâce à vos soins, le cœur fait de façon
A monter aisément ma lyre sur ce ton.
Sur la scène, aujourd'hui, mon coup d'essai l'annonce.
Je suis un malheureux; mon oncle me renonce;
Je me tais. Mais l'erreur est sujette au retour.
J'espère triompher avant la fin du jour;
Et peut-être la chance alors tournera-t-elle.

BALIVEAU.

Quoi! vous seriez l'auteur de la pièce nouvelle
Que, ce soir, aux Français, l'on doit représenter?

DAMIS.

Soyez donc le premier à m'en féliciter.

BALIVEAU.

Puisque vous le voulez, je vous en félicite.

DAMIS.

J'en augure une heureuse et pleine réussite.

BALIVEAU.

Cependant gardez-vous de dire à Francaleu
Que de son bon ami vous êtes le neveu.

DAMIS.

Tout comme il vous plaira; mais je vois avec peine
Que vous ne vouliez pas que je vous appartienne.

BALIVEAU.

J'ai de bonnes raisons pour en agir ainsi.

DAMIS.

J'obéirai, monsieur.

BALIVEAU.

     J'y compte.

DAMIS.

         Mais aussi,
Daignant de même entrer dans l'esprit qui m'anime,
Laissez-moi quelque temps jouir de l'anonyme,
Pour goûter du succès les plaisirs plus entiers,
Et m'entendre louer sans rougir.

BALIVEAU.

        Volontiers.

A part.

A demain, scélérat! Si jamais tu rimailles,
Ce ne sera, morbleu, qu'entre quatre murailles!

SCÈNE VII

DAMIS.

Il ne veut m'avouer qu'après l'événement.
Nous nous sommes ici rencontrés plaisamment:
La scène est théâtrale, unique, inopinée.
Je voudrais pour beaucoup l'avoir imaginée.
Mon succès serait sûr. Du moins profitons-en,
Et songeons à la coudre à quelque nouveau plan.
J'en ai plusieurs. Voyons. Où sont donc mes tablettes?
La perte, pour le coup, serait des plus complètes.
Tout à l'heure à la main je les avais encor.
Ah! je suis ruiné! j'ai perdu mon trésor!

Nombre de canevas, deux pièces commencées,
Caractères, portraits, maximes et pensées,
Dont la plus triviale, en vers alexandrins,
Au bout d'une tirade eût fait battre des mains !
Que j'ai regret, surtout, à mon épithalame !
Hélas ! ma Muse, au gré de l'espoir qui m'enflamme,
Dans un premier transport venait de l'ébaucher.
Deux fois du même enfant pourra-t-elle accoucher ?

SCÈNE IX

DORANTE, DAMIS.

DAMIS.

Ah ! monsieur, secourez les Muses attristées.
Mes tablettes, là-bas, dans le bois sont restées.
Suivez-moi ! cherchons-les ! aidons-nous !

DORANTE, *les lui rendant.*

Les voilà.

DAMIS.

Je ne puis exprimer le plaisir....

DORANTE.

Brisons là.

DAMIS.

Vous me rendez l'espoir, le repos et la vie.

DORANTE.

Mon dessein n'est pas tel, car je vous signifie
Qu'il faut en ce logis ne plus vous remontrer,
Et vous faire une affaire, ou n'y jamais rentrer.

DAMIS.

L'étrange alternative ! un ami la propose !
Ne puis-je, avant d'opter, en demander la cause ?

DORANTE.

Eh fi ! l'air ingénu sied mal à votre front,
Et ce doute affecté n'est qu'un nouvel affront.

DAMIS.
C'est la pure franchise. En vérité, j'ignore...
DORANTE.
Quoi, monsieur, que Lucile est celle que j'adore?
DAMIS.
Non. Quand j'ai vu tantôt mes vers entre ses mains...
DORANTE.
Vous m'avez insulté; c'est de quoi je me plains.
DAMIS.
En quoi donc?
DORANTE.
Oui, c'est vous qui les lui faisiez lire.
DAMIS.
Moi!
DORANTE.
Vous. Plus je souffrais, plus je vous voyais rire...
DAMIS.
De ce qu'innocemment la belle, malgré vous,
Révélait un secret dont vous étiez jaloux.
DORANTE.
Non; mais de la noirceur de cette âme cruelle,
Et du plaisir malin de jouir avec elle
De la confusion d'un rival malheureux
Que vous avez joué de concert tous les deux.
C'est à quoi votre esprit depuis un mois s'occupe;
Mais je ne serai pas jusqu'au bout votre dupe.
Je veux de mon côté mettre aussi les railleurs,
Et votre épithalame ira servir ailleurs.
DAMIS.
Ah! ce mot échappé me fait enfin comprendre...
DORANTE.
Songez vite au parti que vous avez à prendre.
DAMIS.
Dorante!
DORANTE.
Vous voulez temporiser en vain.

Renoncez à Lucile, ou l'épée à la main !
DAMIS.
Opposons quelque flegme aux vapeurs de la bile.
La valeur n'est valeur qu'autant qu'elle est tranquille,
Et je vois...
DORANTE.
Oh ! je vois qu'un versificateur
Entend l'art de rimer mieux que le point d'honneur.
DAMIS.
C'en est trop. A vous-même un mot eût pu vous rendre ;
Je ne le dirais plus, voulussiez-vous l'entendre.
C'est moi qui maintenant vous demande raison.
Cependant on pourrait nous voir de la maison ;
La place, pour nous battre, ici près est meilleure.
Marchons !

SCÈNE X

FRANCALEU, DORANTE, DAMIS.

FRANCALEU, prenant Dorante par le bras et ne le lâchant plus.

Eh ! venez donc, monsieur ! Depuis une heure
Je vous cherche partout pour vous lire mes vers.
DORANTE.
A moi, monsieur ?
FRANCALEU.
A vous.
DAMIS, à part.
Autre esprit à l'envers !
FRANCALEU.
Vous désirez, dit-on, ce petit sacrifice.
DORANTE.
Et qui m'a, près de vous, rendu ce bon office ?
FRANCALEU.
C'est Lisette.

DORANTE, à Damis.
C'est vous qu'elle veut servir.
FRANCALEU.
Lui!
Il voudrait qu'on fût sourd aux ouvrages d'autrui.
DAMIS.
Loin de l'en détourner, c'est moi qui l'y convie.
DORANTE, à Damis.
Je lis dans votre cœur, et je vois votre envie.
FRANCALEU.
Vous dites bien. l'envie! Oui, c'est un envieux
Qui voudrait sur lui seul attirer tous les yeux.
DAMIS.
Mon ami, par bonheur, est là pour me défendre.
Tantôt je l'exhortais encore à vous entendre.
DORANTE, bas, à Damis.
Vous osez m'attester?
DAMIS, bas, à Dorante.
Je songe à votre amour.
Songez, si vous voulez, à faire votre cour.
FRANCALEU.
On me voudrait pourtant assurer du contraire.
DAMIS.
Lisez, et qu'il admire; il ne saurait mieux faire.
DORANTE, bas.
Tu crois m'échapper; mais...
DAMIS, à Francaleu.
D'autant plus que monsieur
A besoin maintenant d'un peu de belle humeur.
FRANCALEU, tirant un gros cahier de sa poche.
Ah! quelque humeur qu'il ait, il faudra bien qu'il rie;
Et, pour cela, d'abord, je lis ma tragédie.
DAMIS.
Rien ne pouvait pour lui venir plus à propos.
FRANCALEU.
Pourvu que les fâcheux nous laissent en repos.

DAMIS, bas, à Dorante.

Dès que vous le pourrez, songez à disparaître.
Je vous attends.

FRANCALEU, à Damis.

Et vous, vous n'en voulez pas être?

DORANTE, au même, s'efforçant de faire lâcher prise à Francaleu.

Je ne vous quitte point.

DAMIS, à Francaleu.

Monsieur, excusez-moi :
J'aime, et c'est un état où l'on n'est guère à soi.
Vous savez qu'un amant ne peut rester en place.

Il s'en va.

DORANTE, voulant courir après lui.

Par la même raison...

SCÈNE XI

FRANCALEU, DORANTE.

FRANCALEU, le retenant ferme.

Laissez, laissez de grâce!
Il en veut à ma fille, et je serais charmé
Qu'il parvînt à lui plaire et qu'il en fût aimé.

DORANTE.

Oh! parbleu, qu'il vous aime, et vous et vos ouvrages!

FRANCALEU.

Comme si nous avions besoin de ses suffrages?

DORANTE.

Le mien mérite peu que vous vous y teniez.

FRANCALEU.

Je serais trop heureux que vous me le donniez.

DORANTE.

Prodiguer à moi seul le fruit de tant de veilles!

FRANCALEU.

Moins l'assemblée est grande, et plus elle a d'oreilles.

DORANTE.

Si vous vouliez, pour lui, différer d'un moment.

FRANCALEU.

Non : qui satisfait tôt satisfait doublement.

Il lâche Dorante pour tirer ses lunettes. Dorante s'évade, et Francaleu continue sans s'en apercevoir.

Et c'est le moins qu'on doive à votre politesse
D'avoir bien voulu prendre un rôle dans la pièce.

Il déroule son cahier et lit.   *Se retournant.*

« *La Mort de Bucéphale....* » Où diable est-il? Comment!
On me fuit! Oh! parbleu, ce sera vainement.
Je cours après mon homme, et, s'il faut qu'il m'échappe,
Je me cramponne après le premier que j'attrape;
Et, bénévole ou non, dût-il ronfler debout,
L'auditeur entendra ma pièce jusqu'au bout.

ACTE IV

SCÈNE PREMIÈRE

MONDOR; LISETTE, *habillée pour jouer, et tirant Mondor après elle d'un air inquiet.*

MONDOR.

A quoi bon dans le parc ainsi tourner sans cesse,
Pirouetter, courir, voltiger?

LISETTE.

Mondor!

MONDOR.

Qu'est-ce?

ACTE IV, SCÈNE I

LISETTE.

Tu ne voyais pas?

MONDOR.

Quoi?

LISETTE.

Qu'on nous épiait.

MONDOR.

Quand?

LISETTE.

Le voilà bien sot!

MONDOR.

Qui?

LISETTE.

Le trait, certe, est piquant.

MONDOR.

Quel?

LISETTE.

Quel, qu'est-ce, quoi, quand, qui? L'amant de Lucile,
Que son mauvais démon ne peut laisser tranquille,
Dorante.

MONDOR.

Eh bien, Dorante?

LISETTE.

Il nous a vus de loin,
Ainsi que tu croyais m'aborder sans témoin.
Sous ce nouvel habit, du bout de l'avenue,
Qu'il ait cru voir Lucile, ou qu'il m'ait reconnue
Près de toi, l'un vaut l'autre, et surtout son destin
Semblant te mettre exprès une lettre à la main.
Nous entrons dans le parc : il nous guette, il pétille;
Il se glisse, et nous suit le long de la charmille.
Moi, qui, du coin de l'œil, observe tous ses tours,
Je me laisse entrevoir, et disparais toujours.
Dieu sait si le cerveau de plus en plus lui tinte!
Tant qu'enfin je le plante au fond du labyrinthe,
Où le pauvre jaloux, pour longtemps en défaut,

Peste et jure, je crois, maintenant comme il faut.
Je ferais encor pis si je pouvais pis faire.
De ces cœurs défiants l'espèce atrabilaire
Ressemble, je le vois, aux chevaux ombrageux :
Il faut les aguerrir pour venir à bout d'eux.

MONDOR.

Oh! parbleu, ce n'est pas le faible de mon maître :
Au contraire, il se livre aux gens sans les connaître,
Et présume assez bien de soi-même et d'autrui
Pour se croire adoré sans que l'on songe à lui.
Du reste, sait-il bien se tirer d'une affaire?

LISETTE.

Ceux qui l'ont séparé d'avec son adversaire
Disent qu'il s'y prenait en brave cavalier;
Et, pour un bel esprit, qu'il est franc du collier.

MONDOR.

Il n'est sorte de gloire à laquelle il ne coure :
Le bel esprit, en nous, n'exclut pas la bravoure.
D'ailleurs, ne dit-on pas : Telles gens, tel patron,
Et, dès que je le sers, peut-il être un poltron?

LISETTE.

Voilà donc cet amour dont j'étais ignorante,
Et que j'ai cru toujours un rêve de Dorante?

MONDOR.

Mon maître ne dit mot; mais, à la vérité
Ce combat-là tient bien de la rivalité.
En ce cas, mon adresse a tout fait.

LISETTE.

                      Ton adresse?

MONDOR.

Oui, j'ai de sa conquête honoré ta maîtresse.
Celle qu'il recherchait ne me convenant pas,
De Lucile à propos j'ai vanté les appas,
Lui conseillant d'avoir souvent les yeux sur elle,
Et de mettre un peu l'une et l'autre en parallèle.
Il paraît qu'il n'a pas négligé mes avis.

LISETTE.

Il se repentirait de les avoir suivis :
Envers et contre tous je protége Dorante.

MONDOR.

Gageons que, malgré toi, mon maître le supplante.
Car, étant né poëte au suprême degré,
Lucile va d'abord le trouver à son gré;
Monsieur de Francaleu déjà l'aime et l'estime,
Du père de Dorante il n'est pas moins l'intime :
Et je porte un billet à ce père adressé,
Qu'après s'être battu, sur l'heure, il a tracé.
Sachant des deux vieillards la mésintelligence,
Il mande à celui-ci, selon toute apparence,
De rappeler un fils qui fait ici l'amour,
Et dont l'entêtement croîtrait de jour en jour.
Il saura, là-dessus, le rendre impitoyable.
S'il aime enfin Lucile, ainsi qu'il est croyable.
Prends de mes almanachs, et tiens pour assuré
Que le bonheur de l'autre est fort aventuré.

LISETTE.

Mais cet autre, avec qui je suis de connivence,
A pris, depuis un mois, terriblement l'avance.
J'ai vu pâlir Lucile au récit du combat.
D'une tendre frayeur le cœur encor lui bat.
Lucile s'est émue, et c'est pour lui, te dis-je :
Il a visiblement tout l'honneur du prodige.
Depuis, ils se sont même entretenus longtemps,
Et s'étaient séparés l'un de l'autre contents,
Lorsque dans cet esprit soupçonneux à la rage
Ma présence équivoque a ramené l'orage;
Mais le calme ne tient qu'à l'éclaircissement
Qui coulera ton maître à fond dans le moment.

MONDOR.

Je réponds de la barque en dépit de Neptune.
Songe donc qu'elle porte un poëte et sa fortune!
Telle gloire le peut couronner aujourd'hui,

Qui mettrait père et fille à genoux devant lui.
De ce coup décisif l'instant fatal approche.
L'amour m'arrache un temps que l'honneur me reproche.
Adieu. Que devant nous tout s'abaisse en ce jour,
Et que tous nos rivaux tremblent à mon retour!

SCÈNE II

LISETTE.

« Telle gloire le peut couronner... » J'ai beau dire,
Dorante pourrait bien avoir ici du pire.
Faisons la guerre à l'œil, et mettons-nous au fait
De ce coup qui doit faire un si terrible effet.

SCÈNE III

FRANCALEU, DAMIS, LISETTE.

FRANCALEU, à Lisette, qu'il ne voit que par derrière.

Lucile, redoublez de fierté pour Dorante;
Vous n'êtes pas encore assez indifférente.
Vous souffrez qu'il vous parle, et je défends cela
Tout net, entendez-vous, ma fille?

LISETTE, se tournant et faisant la révérence.

Oui, mon père.

FRANCALEU.

Ah!
C'est toi, Lisette?

LISETTE.

Eh bien, c'est moi; je tiens parole.
Lui ressemblé-je assez? jouerai-je bien son rôle?
L'œil du père s'y trompe; et je conclus d'ici
Que bien d'autres, tantôt, s'y tromperont aussi.

FRANCALEU, à Damis.

Admirez, en effet, comme elle lui ressemble!

LISETTE.

Quand commencera-t-on?

FRANCALEU.

Tout à l'heure : on s'assemble.
Cependant va chercher ta maîtresse, et l'instruis
Des dispositions où tu vois que je suis.
Si j'eus une raison, maintenant j'en ai trente
Qui doivent à jamais disgracier Dorante.

SCÈNE IV

FRANCALEU, DAMIS.

FRANCALEU.

La coquine le sert indubitablement,
Et m'en a, sur son compte, imposé doublement.
Sur quoi donc, s'il vous plaît, vous a-t-il fait querelle?

DAMIS.

Sur un malentendu : pour une bagatelle.

FRANCALEU.

Ce procédé l'exclut du rang de vos amis?

DAMIS.

Quelque ressentiment pourrait m'être permis;
Mais je suis sans rancune; et ce qui se prépare
Va me venger assez de cet esprit bizarre.

FRANCALEU.

Ce que j'apprends encor lui fait bien moins d'honneur.

DAMIS.

Quoi donc?

FRANCALEU.

Qu'il est le fils d'un maudit chicaneur,
Qui, n'écoutant prière, avis, ni remontrance,
Depuis dix ou douze ans me plaide à toute outrance.
Des sottises d'un père un fils n'est pas garant;

Mais le tort que me fait ce plaideur est si grand,
Que je puis, à bon droit, haïr jusqu'à sa race.
Ce procès me ruine en sotte paperasse ;
Et sans le temps, les pas et les soins qu'il y faut,
J'aurais été poëte onze ou douze ans plus tôt.
Sont-ce là, dites-moi, des pertes réparables?

DAMIS.

Le dommage est vraiment des plus considérables.
Il faut que le public intervienne au procès,
Et conclue, avec vous, à de gros intérêts.
Et Dorante n'a-t-il contre lui que son père?

FRANCALEU.

Pardonnez-moi, monsieur : il a son caractère.
Je lui croyais du goût, de l'esprit, du bon sens ;
Ce n'est qu'un étourdi : cela tourne à tous vents :
Cervelle évaporée, esprit jeune et frivole,
Que vous croyez tenir au moment qu'il s'envole ;
Qui me choque en un mot, et qui me choque au point
Que chez moi, sans ma pièce, il ne resterait point,
Mais il le faut avoir, si je veux qu'on la joue ;
Et voilà trop de fois que mon spectacle échoue.
A propos, ce bonhomme avec qui vous jouez,
Plaît-il? Que vous en semble? Excellent! avouez.

DAMIS.

Admirable!

FRANCALEU.

   A-t-il l'air d'un père qui querelle!
Hein! Comme sa surprise a paru naturelle!

DAMIS.

Attendez à juger de ce qu'il peut valoir
Que vous en ayez vu ce que je viens d'en voir :
Il est original en ces sortes de rôles.

FRANCALEU.

Pour un mois, avec nous, il faut que je l'enrôle.

DAMIS.

De l'humeur dont il est, j'admire seulement

Qu'il daigne se prêter à nous pour un moment.
FRANCALEU.
C'est que je l'ai flatté du succès d'une affaire.
Tirons-en donc parti, tandis qu'à nous complaire
Et qu'à nous ménager il a quelque intérêt.
DAMIS.
La troupe ne saurait faire un meilleur acquêt.
FRANCALEU.
Si vous le souhaitez, c'est une affaire faite.
DAMIS.
Personne plus que moi, monsieur, ne le souhaite.
FRANCALEU.
Et personne, monsieur, n'y peut mieux réussir.
DAMIS.
Que moi?
FRANCALEU.
    Que vous.
DAMIS.
        Par où? Daignez m'en éclaircir
FRANCALEU.
Vous pouvez à la cour lui rendre un bon office.
DAMIS.
Plût au ciel! Il n'est rien que pour lui je ne fisse.
FRANCALEU.
Vous êtes bien venu des ministres?
DAMIS.
                Un fat
Avouerait que la cour fait de lui quelque état;
Et, passant du mensonge à la sottise extrême,
En le faisant accroire, il le croirait lui-même.
Mais je n'aime à tromper ni les autres ni moi :
Un poëte à la cour est de bien mince aloi;
Des superfluités il est la plus futile;
On court au nécessaire, on y songe à l'utile;
Ou, si vers l'agréable on penche quelquefois,
Nous sommes éclipsés par le moindre minois;

Et, là comme autre part, les sens entraînant l'homme,
Minerve est éconduite et Vénus a la pomme.
Ainsi je n'oserais vous promettre pour lui,
Sur un crédit si frêle, un bien solide appui.

FRANCALEU.

Ma parole, en ce cas, sera donc mal gardée,
Car je comptais sur vous quand je l'ai hasardée.

DAMIS.

Et de quoi s'agit-il encor? Voyons un peu.

FRANCALEU.

Il veut faire enfermer un fripon de neveu,
Un libertin qui s'est attiré sa disgrâce,
En ne faisant rien moins que ce qu'on veut qu'il fasse.

DAMIS, vivement.

Oh! je le servirai, si ce n'est que cela,
Et mon peu de crédit ira bien jusque-là.

FRANCALEU, voulant rentrer.

Non, non, laissez. Parbleu! j'admire ma sottise!

DAMIS, l'arrêtant.

Quoi donc?

FRANCALEU.

J'en vais charger quelqu'un dont je m'avise.

DAMIS.

Ah! gardez-vous-en bien, s'il vous plaît?

FRANCALEU.

Et pourquoi?

DAMIS.

Quand je vous dis qu'on peut s'en reposer sur moi!

FRANCALEU.

C'est qu'avec celui-ci l'affaire ira plus vite.

DAMIS.

Je serais très-fâché qu'il en eût le mérite.

FRANCALEU.

Songez donc que ce soir il aura mon billet,
Et que j'aurai demain la lettre de cachet.

DAMIS.

Mon Dieu! laissez-moi faire! ayez cette indulgence.

FRANCALEU.

Mais vous ne ferez pas la même diligence?

DAMIS.

Plus grande encore.

FRANCALEU.

Oh! non.

DAMIS.

Que direz-vous pourtant
Si votre homme ce soir, ce soir même, est content?

FRANCALEU.

Ce soir! Ah! sur ce pied, je n'ai plus rien à dire.
Mais comment ce temps-là pourra-t-il vous suffire?

DAMIS

Je ne vous promets rien par delà mon pouvoir.

FRANCALEU.

Vous promettez pourtant beaucoup.

DAMIS.

Vous allez voir!
Mais, monsieur, on dirait, à cette ardeur extrême,
Qu'à ce pauvre neveu vous en voulez vous-même.

FRANCALEU.

Sans doute; et j'ai raison : l'oncle me fait pitié,
Et tout mauvais sujet mérite inimitié.
Tenez, j'ai toujours eu l'amour de l'ordre en tête.
Vous menez, par exemple, un train de vie honnête,
Vous; cela fait plaisir, mais n'étonnera pas,
Car vous me fréquentez et vous suivez mes pas.
Des travers du jeune homme un fou sera la cause.
Aussi l'ordre du roi, pour le bien de la chose,
Devrait faire enfermer, avec le libertin,
Tel chez qui l'on saura qu'il est soir et matin.
Vous riez; mais je parle en père de famille.

SCÈNE V

FRANCALÉU, DAMIS, LISETTE.

FRANCALEU.

Que viens-tu m'annoncer?

LISETTE.

Que je me déshabille.

FRANCALEU.

Quoi! la pièce...

LISETTE.

Est au croc une seconde fois.

FRANCALEU.

Faute d'acteurs?

LISETTE.

Tantôt il n'en manquait que trois;
Mais, ma foi, maintenant c'est bien une autre histoire.

FRANCALEU.

Quoi donc?

LISETTE.

Vous n'avez plus d'acteurs ni d'auditoire.

FRANCALEU.

Que dis-tu?

LISETTE.

Tout défile et vole vers Paris.

FRANCALEU.

Désertion totale?

LISETTE.

Oui, pour avoir appris
Que ce soir on y joue une pièce nouvelle
Dont le titre les pique et les met en cervelle.

FRANCALEU.

Ah! j'en suis!

LISETTE.

L'heure presse; et tous ont décampé,

Comptant se retrouver ici pour le soupé.
DAMIS.
Quelle rage! A quoi bon cette brusque sortie?
Comme s'ils n'eussent pu remettre la partie.
FRANCALEU.
Non. Le sort d'une pièce est-il en notre main?
Nous en voyons mourir du soir au lendemain.
Celle-ci peut n'avoir qu'une heure ou deux à vivre.
Si nous la voulons voir, songeons donc à les suivre.
Venez.
DAMIS.
J'augure mieux de la pièce que vous.
D'ailleurs, ce qui se vient de conclure entre nous,
De soins très-sérieux remplira ma soirée.
FRANCALEU.
Adieu donc. Demeurez, monsieur de l'Empyrée.
Votre refus fait place à monsieur Baliveau,
Qui, dans l'art du théâtre étant encor nouveau,
Ne sera pas fâché qu'on le mène à l'école.
Qui plus est, son neveu l'occupe et le désole;
Et la pièce nouvelle est un amusement
Qui pourra le lui faire oublier un moment.
DAMIS, à part.
Oui-dà, c'est bien s'y prendre.

SCÈNE VI

DAMIS, LISETTE.

LISETTE, à part.
Un peu de hardiesse!
Cet homme-ci, je crois, est l'auteur de la pièce!
Faisons qu'il se trahisse. Il en est un moyen.
Haut.
Vous risquez, en tardant, de ne trouver plus rien.

Monsieur raisonnait juste; et votre attente est vaine,
Car la pièce est mauvaise, et sa chute est certaine.
DAMIS.
Certaine?
LISETTE.
Oui, cet arrêt dût-il vous chagriner.
DAMIS.
Mademoiselle a donc le don de deviner?
LISETTE.
Non; mais c'est ce que mande un connaisseur en titre,
Dont le goût n'a jamais erré sur ce chapitre.
DAMIS.
Et ce grand connaisseur dont le goût est si fin...
LISETTE.
Ne croit pas que la pièce aille jusqu'à la fin.
DAMIS.
Je voudrais bien savoir sur quelle conjecture?
LISETTE.
Sur ce qu'hier, chez lui, l'auteur en fit lecture.
DAMIS.
Chez lui! L'auteur! Hier!
LISETTE.
Oui. Qu'a donc ce discours?...
DAMIS.
Je ne suis pas sorti d'ici depuis huit jours!
LISETTE, à part.
Je le tiens!
DAMIS.
C'est Alcipe! Oh! c'est lui, je le gage.
Nouvelliste effronté, suffisant personnage,
Qui raisonne au hasard de nous et de nos vers,
Et pour ou contre nous prévient tout l'univers.
Cela sait ses foyers, sa ville, ses provinces,
Ses intrigues de cour, son cabinet des princes;
Pèse ou règle à son gré les plus grands intérêts,
Et croit ses visions d'immuables arrêts.

Présent, passé, futur, tout est de sa portée.
Le livre des Destins s'emplit sous sa dictée.
Rien ne doit arriver que ce qu'il a prédit,
Et l'événement seul toujours le contredit.
    A Lisette.
Et n'a-t-il pas poussé l'impertinence extrême
Jusqu'à nommer l'auteur?

          LISETTE.

                Non, monsieur; c'est vous-même
Qui venez de tout dire et de vous déceler.
Alcipe en tout ceci n'a rien à démêler.
Moi seule je mentais; et je m'en remercie,
Vu le plaisir que j'ai de me voir éclaircie.
                      Elle veut sortir.

      DAMIS, la retenant.

Lisette!

         LISETTE.

    Eh bien?

         DAMIS.

      De grâce!... Étourdi que je suis!

         LISETTE.

Que voulez-vous de moi?

         DAMIS.

    Du secret.

         LISETTE.

              Je ne puis.

         DAMIS.

Quelques jours seulement!

         LISETTE.

      Cela n'est pas possible.

         DAMIS.

Hé! ne me faites pas ce déplaisir sensible!
Laissez-moi recevoir un encens qui soit pur,
En cas de réussite, ainsi que j'en suis sûr.

         LISETTE.

J'imagine un marché dont l'espèce est plaisante.

D'un secret tout entier la charge est trop pesante.
Partageons celui-ci par la belle moitié.
Tenez, si vous tombez, je parle sans pitié.
Si vous réussissez, je consens de me taire.
Voilà, pour vous servir, tout ce que je puis faire.
DAMIS.
Et je n'en veux pas plus, car je réussirai.
LISETTE.
Oh! bien, en ce cas-là, monsieur, je me tairai.
Dorante, du fond du théâtre, les voit et les écoute.
DAMIS, *baisant les mains de Lisette.*
Avec cette promesse où mon espoir se fonde,
Je vous laisse et m'en vais le plus content du monde.

SCÈNE VII

DORANTE, LISETTE.

LISETTE, *bas, apercevant Dorante et lui tournant brusquement le dos.*

Le jaloux nous surprend; le voilà furieux;
Car je passe à coup sûr pour Lucile à ses yeux.
DORANTE, *se tenant à trois pas derrière elle.*
Avec cette promesse où mon espoir se fonde,
Je vous laisse et m'en vais le plus content du monde.
Madame, on n'aura pas de peine à concevoir
Quelle était la promesse et quel est cet espoir.
Mais ce que l'on aurait de la peine à comprendre,
C'est que cette promesse et si douce et si tendre,
Reçue à la même heure et presque au même lieu,
Mot à mot dans ma bouche ait mis le même adieu.
Il faut vous en faire un de plus longue durée,
Et dont vous vous teniez un peu moins honorée.
Adieu, madame; adieu! Ne vous flattez jamais
Que je vous aie aimée autant que je vous hais!
Il fait quelques pas pour s'en aller.

LISETTE, *bas.*

Donnons-nous à notre aise ici la comédie,
Car il va revenir.

Elle s'assied à l'un des coins du théâtre, en face du parterre, et lève l'éventail du côté par où Dorante peut l'aborder.

DORANTE, *croyant voir dans cette attitude l'embarras d'une personne confondue, et sans avancer.*

Monstre de perfidie!
Pouvoir ainsi passer, d'abord et sans égard,
Des mains de la nature à ce comble de l'art!
M'avoir peint ce rival comme le moins à craindre!
M'avoir persuadé, presque au point de le plaindre!
Qu'avez-vous prétendu par cette trahison?
Pourquoi, d'un vain espoir y mêlant le poison,
Me venir étaler d'obligeantes alarmes?
Me dire, en paraissant prête à verser des larmes:
« Dorante! ou je fléchis mon père, ou de mes jours,
« A l'asile où j'étais je consacre le cours! »
Quels étaient vos desseins? répondez-moi, cruelle!
Ne les dois-je imputer qu'à l'orgueil d'une belle,
Qui, jalouse des droits d'un éclat peu commun,
Veut gagner tous les cœurs et ne pas en perdre un?
Ce reproche fût-il le seul que j'eusse à faire!
Mais, hélas! malgré moi la vérité m'éclaire.
Ce rival, dès longtemps, est le rival aimé.
C'est pour lui que j'ai vu votre front alarmé;
Et, quand vous me disiez que j'en étais la cause,
Quand vous me promettiez bien plus que l'amour n'ose,
C'est que de votre amant vous protégiez les jours,
Et vouliez ralentir la vengeance où je cours.
Oui, j'y vole; on ne l'a tantôt que différée,
Et ma rage, à vos yeux, l'aurait déjà tirée;
J'attaquais devant vous le traître en arrivant,
Si je n'eusse voulu jouir auparavant
De la confusion qui vous ferme la bouche.
Que ma plainte à présent vous révolte ou vous touche;

Repentez-vous ou non de m'avoir outragé.
Vous ne me verrez plus que mort ou que vengé!

LISETTE, effrayée.

Dorante!

DORANTE.

Je m'arrête au cri de l'infidèle!
Elle tremble, il est vrai; mais pour qui tremble-t-elle?
N'importe, je l'adore : écoutons-la. Parlez.

Se rapprochant.

Je veux encor, je veux tout ce que vous voulez.
Rejetons le passé sur l'inexpérience,
Et redemandez-moi toute ma confiance.
Un regard, un seul mot n'a qu'à vous échapper.
Mon cœur vous aidera lui-même à me tromper.
Ah! Lucile! ai-je pu sitôt perdre le vôtre?
Vous me haïssez!

LISETTE, tendrement.

Non.

DORANTE.

Vous en aimez un autre!

LISETTE.

Eh non!

DORANTE.

Vous m'aimez donc?

LISETTE.

Oui.

DORANTE.

M'y fierai-je?

LISETTE.

Hélas!

DORANTE.

Eh bien! je n'en veux plus douter! Ne sais-je pas
Que l'infidélité, surtout dans la jeunesse,
Souvent est moins un crime au fond qu'une faiblesse,
Qui peut servir ensuite à vous en détourner,
Lorsque la nôtre va jusqu'à vous pardonner.

Il s'approche enfin d'elle tout transporté.
Je vous pardonne donc, et même vous excuse.
Lisette est contre moi; Lisette vous abuse;
Ce sont ici des coups qu'elle seule a conduits :
C'est elle qui me met dans l'état où je suis.
LISETTE, *sans mettre bas encore l'éventail.*
Il est vrai.
DORANTE, *se jetant à ses genoux et lui prenant la main.*
C'est assez! Mon âme satisfaite...

SCÈNE VIII

LUCILE, DORANTE, LISETTE.

LUCILE, *haut, du fond du théâtre.*
Veillé-je ou non? Dorante aux genoux de Lisette!
LISETTE, *baissant enfin l'éventail et se levant.*
Lui-même! et qui me fait fort joliment sa cour.
A Dorante.
On vous prend sur le fait, monsieur, à votre tour;
Songez à bien jouer le rôle que je quitte;
Car vous nous voyez deux que votre faute irrite.
Enfin concevez-vous combien vous vous trompiez?
DORANTE.
Je croyais, en effet, madame, être à vos pieds.
Son habit m'a fait faire une lourde bévue.
LISETTE.
Madame, vous plaît-il que je vous restitue
Les fleurettes qu'avant d'embrasser mes genoux
Monsieur me débitait, croyant parler à vous?
N'en déplaise à l'amour si doux dans ses peintures,
Je vous restituerais un beau torrent d'injures.
DORANTE.
Et quel autre, à ma place, eût pu se contenir?

LISETTE.

Je vous devais cela, monsieur, pour vous punir.

LUCILE.

Eh quoi! Dorante, après mille et mille assurances,
Qui tout à l'heure encor passaient vos espérances,
Le reproche et l'injure aigrissaient vos discours;
Et sur le ton plaintif on vous trouve toujours?

DORANTE.

Avant que sur ce ton vous le preniez vous-même,
Vous qui savez, madame, à quel point je vous aime,
Souffrez qu'on vous instruise; après quoi décidez
Si mes soupçons jaloux n'étaient pas bien fondés.
Je surprends mon rival...

LUCILE.

Oui, j'ai tort de me plaindre.
En effet, ma faiblesse autorise à tout craindre;
Et l'aveu que j'ai fait, trop naïf et trop prompt,
De votre défiance a mérité l'affront.
Mais vous trouverez bon qu'en me faisant justice,
Cette justice même aussi nous désunisse,
Et rompe, entre nous deux, un nœud mal assorti,
Dont jamais on ne s'est assez tôt repenti.

DORANTE.

Entendons-nous, de grâce! encore un coup, madame.
Bien loin qu'en tout ceci je mérite aucun blâme,
Croyez, si j'eusse pu ne me pas alarmer,
Que je ne serais pas digne de vous aimer.
Devais-je voir en paix...

LUCILE.

Depuis quand, je vous prie.
N'est-on digne d'aimer qu'autant qu'on se défie?
Ainsi l'amour jamais doit n'être satisfait?
Et le plus soupçonneux est donc le plus parfait?
Vos vers m'en avaient fait tout une autre peinture.
Juste sujet pour moi de crainte et de rupture!
J'aime trop mon repos pour le perdre à ce prix,

ACTE IV, SCÈNE VIII

Et ne jugerai plus des gens par leurs écrits.
                DORANTE.
Mais ayez la bonté...
                LUCILE.
              Ma bonté m'a trahie!
Vous feriez, je le vois, le malheur de ma vie.
Je ne recueillerais de mes soins les plus doux
Que l'éclat scandaleux des fureurs d'un jaloux.
Que n'ai-je conservé, prévoyante et soumise,
L'insensibilité que je m'étais promise!
Lisette, je t'ai crue; et toi seule tu m'as...
        LISETTE, à Dorante, voyant pleurer Lucile.
N'avez-vous point de honte?
                DORANTE.
                Eh! ne m'accable pas!
Tu sais mon innocence. Apaisez vos alarmes,
Lucile; retenez ces précieuses larmes!
C'est mon injuste amour qui les a fait couler;
C'est lui qui toutefois pour moi doit vous parler.
L'amour est défiant quand l'amour est extrême.
                LUCILE.
S'il se faut quelquefois défier quand on aime,
C'est de tout ce qui peut, dans le cœur alarmé,
Soulever des soupçons contre l'objet aimé.
Je tiens, vous le savez, cette sage maxime,
De ces vers qui vous ont mérité mon estime;
De votre propre idylle, ouvrage séducteur,
Où votre esprit se montre, et non pas votre cœur.
                DORANTE.
Ni l'un ni l'autre. Il faut qu'enfin je le confesse,
Madame, et que je cède au remords qui me presse.
Du moins vous concevrez, après un tel aveu,
Pourquoi tout mon bonheur me rassurait si peu.
C'est que je n'en jouis qu'à titre illégitime;
C'est que tous ces écrits, source de votre estime,
Vous venaient par mes soins, mais ne sont pas de moi.

LUCILE.

Ils ne sont pas de vous!

DORANTE.

Non.

LISETTE.

Le sot homme!

LUCILE.

Quoi!

DORANTE.

Laissant lire, il est vrai, dans le fond de mon âme,
J'inspirais le poëte en lui peignant ma flamme.
Que son art, à mon gré, s'y prenait faiblement!
Et que le bel esprit est loin du sentiment!
Mais cet art vous amuse; il a fallu vous plaire,
Laisser dire des riens, sentir mieux et se taire.
N'est-ce donc qu'à l'esprit que votre cœur est dû?
Et ma sincérité m'aurait-elle perdu?

LUCILE.

Votre sincérité mérite qu'on vous aime,
Dorante; aussi pour vous suis-je toujours la même.
Tel est enfin l'effet de ces vers que j'ai lus:
J'étais indifférente, et je ne le suis plus;
Et je sens que, sans vous, je le serais encore.

DORANTE.

Vous ne vous plaindrez plus d'un cœur qui vous adore,
Où vous établissez la paix et le bonheur,
Et qui commence enfin d'en goûter la douceur.

LISETTE, à Dorante.

Trêve de beaux discours! il est temps que j'y pense.
De par monsieur, expresse et nouvelle défense
De souffrir que jamais vous osiez nous parler.

DORANTE.

Il aura su mon nom.

LUCILE.

Ah! tu me fais trembler!

LISETTE.

Et même ici quelqu'un peut-être nous épie.
Séparez-vous. Rentrez, madame, je vous prie.
Nous allons concerter un projet important.

DORANTE.

Rassurez-moi d'un mot encore, en me quittant,
Ou déjà mon espoir est tout prêt à s'éteindre.

LUCILE.

De vos rivaux, du moins, vous n'avez rien à craindre.
Mon père pourra bien, en ce commun danger,
Désapprouver mon choix, mais jamais le changer.

SCÈNE IX

DORANTE, LISETTE.

DORANTE.

Quelqu'un m'a desservi près de lui, je parie.

LISETTE.

Eh! ne vous en prenez qu'à votre étourderie,
Et qu'au brusque mépris dont vous avez heurté
La rage qu'il avait, tantôt, d'être écouté.

DORANTE.

Oui, j'ai tort, je l'avoue, à présent il peut lire :
Je l'écoute; ou plutôt, sans cela, je l'admire,
Et m'offre, en trouvant beau tout ce qui lui plaira,
De me couper la gorge avec qui le niera.

LISETTE.

Ce n'est pas maintenant votre plus grande affaire.
Songez à profiter d'un avis salutaire.
Pourriez-vous nous trouver de ces perturbateurs
Du repos du parterre et des pauvres auteurs,
Contre les nouveautés signalant leurs prouesses,
Et se faisant un jeu de la chute des pièces?

DORANTE.

Que diable en veux-tu faire? Oui, pour un, j'en sais trois

LISETTE.

Courez les ameuter, pour aller aux François,
Sur ce qui se jouera faire éclater l'orage.
La pièce est de l'auteur qui vous fait tant d'ombrage.
Le père de Lucile y vient d'aller...

DORANTE.

     Tu veux...

LISETTE.

Ah! j'en serais d'avis : faites le scrupuleux.
Damis ne l'est pas tant, lui; car, à votre père,
Il a de votre amour écrit tout le mystère.
Ce n'aura pas été pour vous servir, je croi.
Et vous le voudriez ménager? Et sur quoi?
Les plaisants intérêts pour balancer les vôtres!
Une pièce tombée, il en renaît mille autres.
Mais, Lucile perdue, où sera votre espoir?
Monsieur de Francaleu, vous dis-je, va la voir.
Il n'a déjà que trop ce bel auteur en tête.
S'il le voit triompher, c'est fait, rien ne l'arrête :
Il lui donne sa fille, et croirait aujourd'hui
S'allier à la gloire en s'alliant à lui.

DORANTE.

Ah! tu me fais frémir, et des transes pareilles
Me livrent en aveugle à ce que tu conseilles!

SCÈNE X

LISETTE, seule.

Ah! ah! monsieur l'auteur, avec votre air humain,
Vous endormez les gens; vous écrivez sous main;
Vous avez du manége, et votre esprit superbe

Croit déjà, sous le pied, nous avoir coupé l'herbe!
Un bon coup de sifflet va vous être lâché,
Et vous savez alors quel est notre marché.

ACTE V

SCÈNE PREMIÈRE

DAMIS, seul.

Je ne me connais plus aux transports qui m'agitent.
En tous lieux, sans dessein, mes pas se précipitent.
Le noir pressentiment, le repentir, l'effroi,
Les présages fâcheux, volent autour de moi.
Je ne suis plus le même, enfin, depuis deux heures.
Ma pièce, auparavant, me semblait des meilleures;
Maintenant je n'y vois que d'horribles défauts,
Du faible, du clinquant, de l'obscur et du faux.
De là, plus d'une image annonçant l'infamie:
La critique éveillée, une loge endormie,
Le reste, de fatigue et d'ennui harassé,
Le souffleur étourdi, l'acteur embarrassé,
Le théâtre distrait, le parterre en balance,
Tantôt bruyant, tantôt dans un profond silence;
Mille autres visions, qui, toutes, dans mon cœur,
Font naître également le trouble et la terreur.

Regardant à sa montre.

Voici l'heure fatale où l'arrêt se prononce!
Je sèche; je me meurs. Quel métier! J'y renonce.
Quelque flatteur que soit l'honneur que je poursuis,
Est-ce un équivalent à l'angoisse où je suis?
Il n'est force, courage, ardeur qui n'y succombe.

Car enfin, c'en est fait : je péris si je tombe.
Où me cacher? où fuir? et par où désarmer
L'honnête oncle qui vient pour me faire enfermer?
Quelle égide opposer aux traits de la satire?
Comment paraître aux yeux de celle à qui j'aspire?
De quel front, à quel titre, oserais-je m'offrir,
Moi, misérable auteur qu'on viendrait de flétrir?

Après quelques moments de silence et d'agitation.

Mais mon incertitude est mon plus grand supplice.
Je supporterai tout pourvu qu'elle finisse.
Chaque instant qui s'écoule, empoisonnant son cours,
Abrége au moins d'un an le nombre de mes jours.

SCÈNE II

FRANCALEU, BALIVEAU, DAMIS.

FRANCALEU, à Damis.

Eh bien! une autre fois, malgré mes conjectures,
Vous fierez-vous encore à vos heureux augures,
Monsieur? J'avais donc tort tantôt de vous prêcher
Que, lorsqu'on veut tout voir, il faut se dépêcher?
Voilà pourtant, voilà la nouveauté... flambée!

DAMIS.

A part.   Haut.
Et mon sort décidé! je respire. Tombée?

FRANCALEU.
Tout à plat!

DAMIS.
　　　Tout à plat!

BALIVEAU.
　　　Oh! tout à plat.

DAMIS, froidement.
A part.   Tant pis.
C'est qu'ils auront joué comme des étourdis.

BALIVEAU.

Sifflée et resifflée !

DAMIS.

Et le méritait-elle?

BALIVEAU.

Il ne faut pas douter que l'auteur n'en appelle.
Le plus impertinent n'a jamais dit : J'ai tort.

FRANCALEU.

Celui-ci pourrait bien n'en pas tomber d'accord,
Sans être, pour cela, taxé de suffisance :
Car jamais le public n'eut moins de complaisance
Comment veut-il juger d'une pièce, en effet,
Au tintamarre affreux qu'au parterre on a fait?
Ah! nous avons bien vu des fureurs de cabale;
Mais jamais il n'en fut ni n'en sera d'égale.
La pièce était vendue aux sifflets aguerris
De tous les étourneaux des cafés de Paris.
Il en est venu fondre un essaim des nuées :
Cependant, à travers les brocards, les huées,
Le carillon des toux, des nez, des paix-là ! paix !
J'ai trouvé...

BALIVEAU.

Ma foi, moi, j'ai trouvé tout mauvais.

FRANCALEU.

On en peut mieux juger, puisque l'on s'en escrime.
Morbleu! je le maintiens : j'ai trouvé... telle rime...

A Damis, qui l'écoutait avidement et qui ne l'écoute plus.

Oui, telle rime digne, elle seule, à mon gré,
De relever l'auteur que l'on a dénigré.

BALIVEAU.

Tout ce que peut de mieux l'auteur, avec sa rime,
Ce sera, s'il m'en croit, de garder l'anonyme,
Et de n'exercer plus un talent suborneur
Dont les productions lui font si peu d'honneur.

DAMIS.

C'est s'il eût réussi qu'il pourrait vous en croire,

Et demeurer oisif au sein de la victoire,
De peur qu'une démarche à de nouveaux lauriers
Ne portât quelque atteinte à l'éclat des premiers.
Mais, contre ses rivaux et leur noire malice,
Le parti qui lui reste est de rentrer en lice,
Sans que jamais il songe à la désemparer,
Qu'il ne les force même à venir l'admirer.
Le nocher, dans son art, s'instruit pendant l'orage,
Il n'y devient expert qu'après plus d'un naufrage.
Notre sort est pareil dans le métier des vers,
Et, pour y triompher, il y faut des revers.

FRANCALEU.

C'est parler en héros, en grand homme, en poëte!

A Baliveau.

Vous êtes stupéfait? Moi, non. Je le répète,
Vivent les grands esprits pour former les grands cœurs!
Mais cela n'appartient qu'à nous autres auteurs.

A Damis.

N'est-ce pas, mon confrère?

SCÈNE III

FRANCALEU, BALIVEAU, DAMIS, MONDOR.

DAMIS, à Mondor, qui le veut tirer à part.
Eh bien?

MONDOR, bas et sanglotant.
Je vous annonce...

DAMIS.

Je sais, je sais. Ma lettre?

MONDOR.
En voilà la réponse.

DAMIS.

Laisse-nous, je te suis. Messieurs, permettez-moi
D'aller décacheter à l'écart; après quoi,

Je compte vous rejoindre ; et, laissant vers et prose,
Nous nous entretiendrons, s'il vous plaît, d'autre chose.

SCÈNE IV

BALIVEAU, FRANCALEU.

BALIVEAU.

Oui, changeons de propos, et laissons tout cela.

FRANCALEU.

Si vous saviez combien j'aime ce garçon-là.

BALIVEAU.

C'est qu'à ce que je vois sa marotte est la vôtre.

FRANCALEU.

C'est que cela jamais n'a rien dit comme un autre.

BALIVEAU.

Belle prérogative !

FRANCALEU.

« Une lice ! Un nocher !
« Comme nous n'allons droit qu'à force de broncher ! »
Plaît-il ? Vous l'entendiez ?

BALIVEAU.

Moi ? non. J'avais en tête
La lettre de cachet qui, dites-vous, est prête.

FRANCALEU.

Ce jeune homme n'est pas du commun des humains.
Peste ! les grands seigneurs se l'arrachent des mains.

BALIVEAU.

J'enrage ! revenons, de grâce, à la promesse
Dont vous m'avez, tantôt, flatté pendant la pièce.

FRANCALEU.

Vous parlez d'une pièce ? Ah ! s'il en fait jamais,
Ce sera de l'exquis ; c'est moi qui le promets,
Et je défierais bien la cabale d'y mordre.

BALIVEAU, s'emportant.
Parlez! aurai-je enfin, n'aurai-je pas mon ordre?

FRANCALEU.
Eh! tranquillisez-vous; soyez sûr de l'avoir.
Oui; vous serez content, ce soir même, ce soir!
C'est le terme qu'il prend. Votre affaire est certaine.
Et, tenez, son retour va vous tirer de peine;
Car je gagerais bien que, tout en badinant,
L'ordre est dans le paquet qu'il ouvre maintenant.

BALIVEAU.
Qu'il ouvre maintenant? qui?

FRANCALEU.
Celui qui nous quitte.

BALIVEAU.
Plaît-il?

FRANCALEU.
Êtes-vous sourd? Cet homme de mérite.

BALIVEAU.
Monsieur de l'Empyrée?

FRANCALEU.
Et qui donc?

BALIVEAU.
Quoi? c'est lui
Dont le zèle, pour moi, sollicite aujourd'hui!

FRANCALEU.
Lui-même. Il a trouvé que vous jouiez en maître;
Et, votre admirateur autant que l'on doit l'être,
Il veut vous enrôler pour un mois parmi nous.
Moi, le voyant d'humeur à tout faire pour vous,
J'ai dû le mettre au fait de ce qui vous intrigue,
Et des égarements de votre enfant prodigue.
Il a, sur cette affaire, obligeamment pris feu,
Comme si c'eût été la sienne propre.

BALIVEAU.
Adieu.

FRANCALEU, l'arrêtant.

Comment donc?

BALIVEAU.
Vous avez opéré des prodiges!

FRANCALEU.
Monsieur le Capitoul, vous avez des vertiges.

BALIVEAU.
Eh! c'est vous qui, plutôt que mon neveu, cent fois,
Mériteriez... Je suis le moins sensé des trois.
Serviteur!

FRANCALEU.
Mais encore! entre amis, l'on s'explique,
Ne pourrait-on savoir quelle mouche vous pique?
Quoi! lorsque nous tenons...

BALIVEAU.
Non, nous ne tenons rien,
Puisqu'il faut vous le dire, et cet homme de bien,
Au mérite de qui vous êtes si sensible,
Est le pendard à qui j'en veux.

FRANCALEU.
Est-il possible!

BALIVEAU.
Le voilà! maintenant soyez émerveillé
Du jeu de la surprise où j'ai tantôt brillé.
Si j'eusse vu le diable, elle eût été moins grande.

FRANCALEU.
Je vous en offre autant. A présent, je demande
Où vous prenez le mal que vous m'en avez dit.
Un garçon studieux, de probité, d'esprit,
Beau feu, judiciaire, en qui tout se rassemble;
Un phénix, un trésor...

BALIVEAU.
Un fou qui vous ressemble
Allez, vous méritez cette apostrophe-là.
De bonne foi, sied-il, à l'âge où vous voilà,
Fait pour morigéner la jeunesse étourdie,

Que, par vous-même, au mal elle soit enhardie,
Et que l'écervelé qui me brave aujourd'hui,
Au lieu d'un adversaire, en vous trouve un appui?
Il versifiera donc! Le beau genre de vie!
Ne se rendre fameux qu'à force de folie!
Être, pour ainsi dire, un homme hors des rangs,
Et le jouet titré des petits et des grands!
Examinez les gens du métier qu'il embrasse :
La paresse ou l'orgueil en ont produit la race.
Devant quelques oisifs elle peut triompher;
Mais, en bonne police, on devrait l'étouffer.
Oui. Comment souffre-t-on leurs licences extrêmes?
Que font-ils pour l'État, pour les leurs, pour eux-mêmes?
De la société véritables frelons,
Chacun les y méprise ou craint leurs aiguillons.
Damis eût figuré dans un poste honorable;
Mais ce ne sera plus qu'un gueux, qu'un misérable,
A la perte duquel, en homme infatué,
Vous aurez eu l'honneur d'avoir contribué.
Félicitez-vous bien, l'œuvre est très-méritoire !

FRANCALEU.

Oncle indigne à jamais d'avoir part à la gloire
D'un neveu qui, déjà, vous a trop honoré,
Savez-vous ce que c'est que tout ce long narré?
Préjugé populaire, esprit de bourgeoisie,
De tout temps gendarmé contre la poésie.
Mais apprenez de moi qu'un ouvrage d'éclat
Anoblit bien autant que le capitoulat.
Apprenez...

BALIVEAU.

Apprenez de moi qu'on ne voit guère
Les honneurs, en ce siècle, accueillir la misère
Et que la pauvreté, par qui tout s'avilit,
Faite pour dégrader, rarement anoblit.
Forgez-vous des plaisirs de toutes les espèces.
On fait comme on l'entend quand on a vos richesses.

Mais lui, que voulez-vous qu'il devienne à la fin?
Son partage assuré, c'est la soif et la faim.
Et d'un œil satisfait on veut que je le voie?
Soit! à vos visions je l'abandonne en proie.
Il peut se reposer de ses nobles destins
Sur ceux qui, dites-vous, se l'arrachent des mains.
Qu'il périsse! il est libre. Adieu.

FRANCALEU.

Je vous arrête
En véritable ami dont la réplique est prête,
Et vais vous faire voir, avec précision,
Que nous ne sommes pas des gens à vision.
Si j'admire en Damis un don qui vous irrite,
Votre chagrin me touche autant que son mérite :
Afin donc que son sort ne vous alarme plus,
Je lui donne ma fille avec cent mille écus.

BALIVEAU.

Avec cent mille écus?

FRANCALEU.

Eh bien! est-il à plaindre?
Car elle a de l'esprit, est belle, faite à peindre...
Holà! Quelqu'un!... Vous-même en jugerez ainsi.

A un valet.

Que l'on cherche Lucile, et qu'elle vienne ici.

A part.

Aussi bien elle hésite, et rien ne se décide.

A Baliveau.

Qu'est-ce? vous mollissez? Votre front se déride?
Vous paraissez ému?

BALIVEAU.

Je le suis en effet.
Vous êtes un ami bien rare et bien parfait!
Un procédé si noble est il imaginable?
Ne me trouvez donc pas au fond si condamnable.
Nous perçons l'avenir ainsi que nous pouvons,
Et sur le train des mœurs du siècle où nous vivons.

Quand à faire des vers un jeune esprit s'adonne,
Même en l'applaudissant, je vois qu'on l'abandonne.
Damis, de ce côté, se porte avec chaleur,
Et je ne lui pouvais pardonner son malheur.
Mais, dès que d'un tel choix votre bonté l'honore...

SCÈNE V

BALIVEAU, FRANCALEU, DAMIS.

FRANCALEU, à Damis.

Venez, venez, monsieur! Une autre fois encore
Vous serez à la cour notre solliciteur.
Vous vous flattiez, ce soir, de contenter monsieur.

DAMIS, à Baliveau.

M'avez-vous trahi?

BALIVEAU.

Non. Qu'entre nous tout s'oublie,
Damis. Voici quelqu'un qui nous réconcilie,
Qui signale à tel point son amitié pour nous,
Qu'il s'acquiert à jamais les droits que j'eus sur vous.
Monsieur vous fait l'honneur de vous choisir pour gendre.

Voyant Damis interdit.

Ainsi que moi, la chose a lieu de vous surprendre :
Car, de quelques talents dont vous fussiez pourvu,
Nous n'osions espérer ce bonheur imprévu.
Mais la joie aurait dû, suspendant sa puissance,
Avoir déjà fait place à la reconnaissance.
Tombez donc aux genoux de votre bienfaiteur.

DAMIS, d'un air embarrassé.

Mon oncle...

BALIVEAU.

Eh bien?

DAMIS.

Je suis...

FRANCALEU.

Quoi?

DAMIS.

L'humble adorateur
Des grâces, de l'esprit, des vertus de Lucile;
Mais de tant de bontés l'excès m'est inutile.
Rien ne doit l'emporter sur la foi des serments;
Et j'ai pris, en un mot, d'autres engagements.

FRANCALEU.

Ah!

BALIVEAU, à Francaleu.

Le voilà, cet homme au-dessus du vulgaire,
Dont vous vantiez l'esprit et la judiciaire,
Qui tout à l'heure était un phénix, un trésor!
Eh bien! de ces beaux noms le nommez-vous encor?
Va! maudit soit l'instant où mon malheureux frère
M'embarrassa d'un monstre en devenant ton père!

SCÈNE VI

FRANCALEU, DAMIS.

FRANCALEU.

Monsieur, la poésie a ses licences; mais
Celle-ci passe un peu les bornes que j'y mets,
Et votre oncle, entre nous, n'a pas tort de se plaindre.

DAMIS.

Les inclinations ne sauraient se contraindre.
Je suis fâché de voir mon oncle mécontent;
Mais vous-même, à ma place, en auriez fait autant,
Car je vous ai surpris louant celle que j'aime,
A la louer en homme épris plus que moi-même,
Et dont le sentiment sur le mien renchérit.

FRANCALEU.

Comment! La connaîtrais-je?

DAMIS.

                Oui; du moins son esprit.
Grâce à l'heureux talent dont l'orna la nature,
Il est connu partout où se lit le Mercure.
C'est là que, sous les yeux de nos lecteurs jaloux,
L'amour, entre elle et moi, forma des nœuds si doux.

FRANCALEU.

Quoi! ce serait... Quoi! c'est... la muse originale
Qui, de ses impromptus, tous les mois nous régale!

DAMIS.

Je ne m'en cache plus.

FRANCALEU.

                Ce bel esprit sans pair.

DAMIS.

Eh oui!

FRANCALEU.

       Mériadec... de Kersic... de Quimper...

DAMIS.

En Bretagne. Elle-même! Il faut être équitable.
Avouez maintenant; rien est-il plus sortable?

FRANCALEU, éclatant de rire.

Embrassez-moi!

DAMIS.

          De quoi riez-vous donc si haut?

FRANCALEU.

Du pauvre oncle qui s'est effarouché trop tôt;
Mais nous l'apaiserons; rien n'est gâté.

DAMIS.

                      Sans doute.
Il sortira d'erreur pour peu qu'il nous écoute.

FRANCALEU.

Oh! c'est vous qui, pour peu que vous nous écoutiez,
Laisserez, s'il vous plaît, l'erreur où vous étiez.

DAMIS.

Quelle erreur? Qu'insinue un pareil verbiage?

FRANCALEU.
Que vous comptez en vain faire ce mariage.
DAMIS.
Ah! vous aurez beau dire!
FRANCALEU.
Et vous, beau protester!
DAMIS.
Je l'ai mis dans ma tête.
FRANCALEU.
Il faudra l'en ôter.
DAMIS.
Parbleu non!
FRANCALEU.
Parbleu si! Parions.
DAMIS.
Bagatelle!
FRANCALEU.
La personne pourrait, par exemple, être telle...
DAMIS.
Telle qu'il vous plaira! suffit qu'elle ait un nom.
FRANCALEU.
Mais laissez dire un mot, et vous verrez que non.
DAMIS.
Rien! rien!
FRANCALEU.
Sans la chercher si loin...
DAMIS.
J'irais à Rome.
FRANCALEU.
Quoi faire?
DAMIS.
L'épouser. Je l'ai promis.
FRANCALEU.
Quel homme!
DAMIS.
Et, tout en vous quittant, j'y vais tout disposer.

FRANCALEU.

Oh! disposez-vous donc, monsieur, à m'épouser!
A m'épouser, vous dis-je! Oui, moi, moi! C'est moi-même
Qui suis le bel objet de votre amour extrême.

DAMIS.

Vous ne plaisantez point?

FRANCALEU.

Non; mais, en vérité,
J'ai bien à vos dépens jusqu'ici plaisanté,
Quand, sous le masque heureux qui vous donnait le change,
Je vous faisais chanter des vers à ma louange.
Voilà de vos arrêts, messieurs les gens de goût!
L'ouvrage est peu de chose, et le seul nom fait tout.
Oh çà, laissons donc là ce burlesque hyménée.
Je vous remets la foi que vous m'aviez donnée.
Ne songeons désormais qu'à vous dédommager
De la faute où ce jeu vient de vous engager.
Je vous fais perdre un oncle, et je dois vous le rendre.
Pour cela, je persiste à vous nommer mon gendre.
Ma fille, en cas pareil, me vaudra bien, je crois,
Et n'est pas un parti moins sortable que moi.
Tenez, lui pourriez-vous refuser quelque estime?

DAMIS, à part.

Ah! Lisette la suit! Malheur à l'anonyme!

SCÈNE VII

FRANCALEU, DAMIS, LUCILE, LISETTE.

FRANCALEU.

Mignonne, venez çà! Vous voyez devant vous
Celui dont j'ai fait choix pour être votre époux.
Ses talents...

LISETTE.

Ses talents! c'est où je vous arrête...

ACTE V, SCÈNE VIII

FRANCALEU.

Qu'on se taise!

LISETTE.

Apprenez...

FRANCALEU.

Ne me romps pas la tête,
Coquine! Tu crois donc que je sois à sentir
Que, tout le jour, ici, tu n'as fait que mentir?

DAMIS, bas, à Francaleu.

Faites qu'elle nous laisse un moment, et pour cause.

FRANCALEU.

Va-t'en.

LISETTE.

Qu'auparavant je vous dise une chose.

FRANCALEU.

Je ne veux rien entendre.

LISETTE.

Et moi, je veux parler.
Tenez, voilà l'auteur que l'on vient de siffler.

DAMIS, à Francaleu.

Maintenant elle peut rester.

FRANCALEU.

L'impertinente!

DAMIS.

A dit vrai.

LISETTE, bas, à Lucile.

Tenez bon; je vais chercher Dorante.

Elle sort.

SCÈNE VIII

FRANCALEU, DAMIS, LUCILE.

FRANCALEU.

Elle a dit vrai?

8.

DAMIS

Très-vrai.

FRANCALEU.

La nouvelle, en ce cas,
M'étonne bien un peu, mais ne me change pas.
Non, je n'en rabats rien de ma première estime.
Loin de là ; votre chute est si peu légitime,
Fait voir tant de rivaux déchaînés contre vous,
Qu'elle prouve combien vous les surpassez tous ;
Et ma fille n'est pas non plus si mal habile...

LUCILE.

Mon père...

DAMIS.

Permettez, belle et jeune Lucile...

LUCILE.

Permettez-moi, monsieur, vous-même, de parler.
Mon père, il n est plus temps de rien dissimuler.
D'un père, je le sais, l'autorité suprême
Indique ce qu'il faut qu'on haïsse ou qu'on aime ;
Mais de ce droit jamais vous ne fûtes jaloux.
Aujourd'hui même encor, vous vouliez, disiez-vous,
Que par mon propre choix je me rendisse heureuse ;
Vous vous en étiez fait une loi généreuse :
Et c'est ainsi qu'un père est toujours adoré,
Et que, moins il est craint, plus il est révéré.
Vous m'avez ordonné surtout d'être sincère,
Et d'oser là-dessus m'expliquer sans mystère.
Mon devoir le veut donc ainsi que mon repos.

FRANCALEU.

Bas.

Au fait ! J'augure mal de cet avant-propos.

LUCILE.

Parmi les jeunes gens que ce lieu-ci rassemble...

FRANCALEU.

Ah ! fort bien !

LUCILE.

Rassurez votre fille qui tremble
Et qui n'ose qu'à peine embrasser vos genoux.

FRANCALEU.

Vous penchiez pour quelqu'un? J'en suis fâché pour vous.
Pourquoi tardiez-vous tant à me le venir dire?

LUCILE.

C'est que celui vers qui ce doux penchant m'attire
Est le seul justement que vous aviez exclu.

FRANCALEU.

Quoi? Quand j'ai mes raisons...

LUCILE.

Vous ne les avez plus.
Son cœur, à mon égard, était selon le vôtre.
Vous craigniez qu'il ne fût dans les liens d'une autre,
Et jamais un soupçon ne fut si mal fondé.
Il m'adore; et de moi, près de vous secondé...
Ah! je lis mon arrêt sur votre front sévère!
Eh bien! j'ai mérité toute votre colère :
Je n'ai pas contre moi fait d'assez grands efforts;
Mais est-ce donc avoir mérité mille morts?
Car enfin c'est à quoi je serais condamnée
S'il fallait à tout autre unir ma destinée.
Non, vous n'userez pas de tout votre pouvoir,
Mon père! Accordons mieux mon cœur et mon devoir.
Arrachez-moi du monde à qui j'étais rendue!
Hélas! il n'a brillé qu'un instant à ma vue.
Je fermerai les yeux sur ce qu'il a d'attraits.
Puisse le ciel m'y rendre insensible à jamais!

FRANCALEU.

La sotte chose, en nous, que l'amour paternelle!
Ne suis-je pas déjà prêt à pleurer comme elle?

DAMIS.

Eh! laissez-vous aller à ce doux mouvement,
Monsieur! ayez pitié d'elle et de son amant.
Je ne vous rejoignais, après ma lettre lue,

Que pour servir Dorante à qui Lucile est due.
Laissez là ma fortune et ne songez qu'à lui.
FRANCALEU.
Votre ennemi mortel! qui voulait aujourd'hui...
DAMIS.
Souffrez que ma vengeance à cela se termine.
FRANCALEU.
Mais c'est le fils d'un homme ardent à ma ruine...
DAMIS, lui remettant une lettre ouverte.
Non; voilà qui met fin à vos inimitiés.

SCÈNE IX

DORANTE, FRANCALEU, DAMIS, LUCILE, LISETTE.

DORANTE, se jetant aux genoux de Francaleu.
Écoutez-moi, monsieur, ou je meurs à vos pieds,
Après avoir percé le cœur de ce perfide!
Il est temps que je rompe un silence timide.
J'adore votre fille. Arbitre de mon sort,
Vous tenez en vos mains et ma vie et ma mort.
Prononcez; et souffrez cependant que j'espère.
Un malheureux procès vous brouille avec mon père.
Mais vous fûtes amis : il m'aime tendrement;
Le procès finirait par son désistement.
Je cours donc me jeter à ses pieds comme aux vôtres,
Faire, à vos intérêts, immoler tous les nôtres,
Vous réunir tous deux, tous deux vous émouvoir,
Ou me laisser aller à tout mon désespoir!
A Damis.
D'une ou d'autre façon, tu n'auras pas la gloire,
Traître! de couronner la méchanceté noire
Qui croit avoir ici disposé tout pour toi,
Et qui t'a fait écrire à Paris contre moi.
DAMIS.
Enfin l'on s'entendra malgré votre colère.

J'ai véritablement écrit à votre père,
Dorante; mais je crois avoir fait ce qu'il faut.
Monsieur tient la réponse et peut lire tout haut.

FRANCALEU, lit.

« Aux traits dont vous peignez la charmante Lucile,
« Je ne suis pas surpris de l'amour de mon fils.
« Par son médiateur il est des mieux servis,
« Et vous plaidez sa cause en orateur habile.
« La rigueur, il est vrai, serait très-inutile,
    « Et je défère à vos avis.
« Reste à lui faire avoir cette beauté qu'il aime.
        « Il n'aura que trop mon aveu;
        « Celui de monsieur Francaleu
        « Puisse-t-il s'obtenir de même!
« Parlez, pressez, priez. Je désire à l'excès
« Que sa fille, aujourd'hui, termine nos procès;
« Et que le don d'un fils qu'un tel ami protége
« Entre votre hôte et moi renouvelle à jamais
        « La vieille amitié de collége.

« MÉTROPHILE. »

Maîtresse, amis, parents, puisque tout est pour vous,
Aimez donc bien Lucile et soyez son époux.

DORANTE.
A Lucile.

Ah! monsieur! ô mon père! Enfin je vous possède!

DAMIS.

Sans en moins estimer l'ami qui vous la cède?

DORANTE.

Cher Damis! vous devez, en effet, m'en vouloir,
Et vous voyez un homme...

DAMIS.
Heureux.

DORANTE.

                              Au désespoir!
Je suis un monstre!

DAMIS.

Non ; mais, en termes honnêtes,
Amoureux et Français, voilà ce que vous êtes.

DORANTE, aux autres.

Un furieux, qui, plein d'un ridicule effroi,
Tandis qu'il agissait si noblement pour moi,
Impitoyablement ai fait siffler sa pièce.

DAMIS.

Quoi?... Mais je m'en prends moins à vous qu'à la traîtresse
Qui vous a confié que j'en étais l'auteur.
Je suis bien consolé : j'ai fait votre bonheur.

DORANTE.

J'ai demain, pour ma part, cent places retenues ;
Et veux, après-demain, vous faire aller aux nues.

DAMIS.

Non. J'appelle, en auteur soumis, mais peu craintif,
Du parterre en tumulte, au parterre attentif.
Qu'un si frivole soin ne trouble pas la fête.
Ne songez qu'aux plaisirs que l'hymen vous apprête.
Vous à qui cependant je consacre mes jours,
Muses, tenez-moi lieu de fortune et d'amours!

ARLEQUIN-DEUCALION

MONOLOGUE EN TROIS ACTES ET EN PROSE
— 1722 —

PERSONNAGES

ARLEQUIN-DEUCALION, le seul acteur qui parle.
PYRRHA, femme d'Arlequin-Deucalion.
APOLLON, celui de nos jours.
MELPOMÈNE, celle de nos jours.
THALIE.
MOMUS, sous la figure de Polichinelle, et parlant de même.
PÉGASE, le moderne.
LES ENFANTS nés des pierres qu'Arlequin-Deucalion et Pyrrha,
   sa femme, ont jetées derrière eux.
UNE VOIX.

La scène est sur le Parnasse, où la Fable nous dit qu'aborda Deucalion
après le Déluge.

ACTE PREMIER

Le théâtre représente le double Coupeau sur les deux ailes et le temple de Thémis, avec une mer immense qui occupe le fond. L'orchestre joue une tempête effroyable. Éclairs, tonnerre, grêle et pluie convenables à un déluge. On voit venir de loin sur les ondes Arlequin, jambe deçà, jambe delà, sur un tonneau. Le fracas cesse.

SCÈNE PREMIÈRE

ARLEQUIN-DEUCALION, sur le haut ton de la tragédie.

Quel horrible chaos et quel affreux mélange !
O prodige inouï, qui joins le Tage au Gange !

Neptune, ton courroux ne peut aller plus loin !
Cesse ; et de tes fureurs laisse vivre un témoin.
Je promets d'immoler, si d'ici tu m'arraches,
Cent bœufs...

Il fait un saut périlleux qui le présente sur ses pieds au devant du théâtre.

Mais me voici sur le plancher des vaches.

Passato il pericolo. (Se retournant du côté de la mer.)
Serviteur, seigneur Neptune. Va chercher tes cent bœufs. Non que je ne voulusse bien te les immoler, ne m'en dût-il rester pour ma part qu'un aloyau. Mais où diable les trouver, quand je suis sur terre le seul animal qui respire à présent ?... Ma foi, le genre humain vient de boire une belle rasade ! Il en a crevé. J'ai été le plus sobre : seul j'en échappe. Caron a fait là une belle journée ! Il a débarqué tout ce monde-ci dans l'autre : je l'ai manqué belle ! Et, franchement, ce n'est pas être malheureux d'attraper le bon billet à une si grosse loterie. Un peu de réflexion pourtant... Où est donc ce si grand bonheur ? Y a-t-il ici tant à rire pour moi ?

Me voilà délaissé ! Je suis seul en ce monde !
Il n'est plus à ma voix personne qui réponde [1] !

N'importe, parlons toujours, ne fût-ce que pour n'en pas perdre l'habitude.

Ah ! que nous allons faire un beau soliloque ! Quel dommage de n'avoir point d'auditeurs ! Que de bons mots perdus ! Un fameux [2] misanthrope de ma connaissance, que tout le monde courait voir par curiosité, aurait mieux été ici à sa place que je n'y suis à la mienne. Son caractère était celui d'un sauvage qui désirait et qui méritait d'être seul au monde. Ce ne fut jamais là mon goût.

---

[1] Allusion au peu de monde qu'il y eut d'abord, à cause de Timon et de Romulus, qui étaient encore dans toute leur nouveauté.

[2] Allusion à Timon le misanthrope, qui attirait la foule aux Italiens.

Soit naturel, soit habitude,
Je chéris les mortels; je meurs si je n'en vois;
Et la plus belle solitude
Est un désert affreux pour moi.
Que vais je devenir dans un tel abandon?
Dieux cruels... Mais, non, non! Forcés dans vos moyens,
Vous ne faites les maux que pour de plus grands biens[1].

Il arrivera, fin du compte, que je n'en serai que mieux. Les Dieux savent bien ce qu'ils font et ce qu'ils défont. Les hommes ne valaient pas le diable. Ils étaient si noircis de crimes, que, tenez, tel que me voilà, et peut-être un franc vaurien, je me suis trouvé, au prix d'eux, blanc comme neige. Ma foi, il ne fallait pas une moindre lessive que ce déluge pour laver la terre et blanchir l'espèce humaine! Une chose doit être bien nettoyée quand la mer a passé par-dessus. Voilà tous mes coquins noyés. Si cela ne les corrige pas, je ne sais plus ce qu'il y faut faire. Mais un peu de charité; ménageons les absents; songeons à nos devoirs; remercions les dieux de leur bonté et profitons-en. Faisons-nous à notre état présent, et sachons en tirer parti. Qu'ai-je à me plaindre, après tout? Par exemple, je n'ai plus peur que la mauvaise compagnie me fasse perdre. *Item*, toutes mes dettes sont payées. Eh bien, je ne vois personne à qui parler, il n'y aura personne aussi qui me fasse taire. Et puis ne me voilà-t-il pas roi de toute la machine ronde? Jamais monarchie universelle fut-elle acquise à plus juste titre et fut-elle aussi moins litigieuse... A propos, voici bien un autre bonheur auquel je ne songeais pas! Allegria! je suis veuf! Doucement; un peu de bienséance : pleurons une larme ou deux; encore faut-il être bon mari une fois en sa vie. Pyrrha! ma pauvre Pyrrha! il y a une heure et plus que je t'ai perdue, et, comme tu vois, le temps ne t'a pas encore effacée de ma mémoire. O ma tendre moitié! (ce mot-là me fait faire une

---

[1] Vers du *Romulus* de la Motte.

plaisante réflexion : c'est que ce n'est qu'en perdant ces moitiés-là qu'on se retrouve tout entier.) Chère moitié donc, si tu as passé comme tout le reste ici dessous, quoique j'y aie quelque petite part, ne me l'impute pas tout à fait. Je t'ai donné le bras sur terre, et la main sur les eaux le plus longtemps que j'ai pu ; mais, en conscience, ai-je pu voir voguer près de moi un gros tonneau sans le laisser aller pour lui? Pardonne la préférence : cela ne m'arrivera plus.. Adieu, Pyrrha! demeurons en paix chacun de notre côté. Penses-tu que nous recruterions l'espèce, nous qui depuis longtemps nous disions régulièrement deux ou trois fois par jour que, s'il n'y avait que nous deux au monde, il finirait bientôt? Tu devenais même d'un âge à nous faire tenir parole, malgré les raccommodements. Si je te regrette donc, ce n'est que par pure et loyale amitié pour toi-même et bien gratuitement. Je parlerai aussi de bonne foi ; tu ne m'entends pas pour t'en prévaloir : conviens de la vérité, ou jamais. Ne nous flattons pas : n'étais-tu pas grande menteuse, fort avare, très-bavarde, jalouse à l'excès, même sans te soucier de moi? Justice pour justice, je ne te désavouerai pas qu'au demeurant tu ne fusses la meilleure femme du feu monde. Voilà ton oraison funèbre. Es-tu contente? Reçois de moi ces dernières marques d'une tendresse vraiment conjugale. Adieu. Ma foi, disons vrai : il n'est que le veuvage pour rapprocher les cœurs de deux époux... Çà, çà, c'est trop lamenter! il est temps de songer à nous : mangeons un peu. J'ai sauvé mon bissac, et j'ai assez fatigué pour avoir de l'appétit. (Il ouvre son bissac.) Voici un bon gigot froid, un dindon de la bonne faiseuse, un jambon de vingt-huit livres, deux langues, et une petite bouteille de demi-setier : c'est encore là un dernier tour de ma chienne de femme, qui n'avait d'autre injure que de m'appeler sac à vin. Eh bien, je ferai comme ont fait tous les autres, mais avec modération, je boirai de l'eau : voilà des fontaines à mon service. (Il mange goulûment.) *Pian, piano, gula mea.* N'allons pas si vite. Il n'est plus ici question de retourner au marché ; ceci avalé, où en ravoir ? Parbleu ! où je pourrai : digérons, c'est mon affaire ; et, quand il n'y aura plus rien,

> C'est au ciel à me secourir :
> Je lui laisse le soin de conserver ma vie ;
> Il ne m'a pas sauvé pour me laisser périr...
> Mais je crois que je versifie.

Je m'en suis aperçu déjà une ou deux fois ; j'ai pourtant toute ma vie été assez raisonnable. Que diable ceci veut-il dire ? sur quelle herbe est-ce que je marche donc ? et quel air est-ce qu'on respire ici ? Tâchons de reconnaître où nous sommes. Cela est drôle. (Il regarde à droite et à gauche.) Je m'oriente... Ah ! par-la-ventrebleu ! me voilà bien tombé ! Miséricorde ! Oui... oui... j'y suis... Voilà la double colline ; voici le temple de Thémis. Ah ! ah ! je ne m'étonne plus si je rime ! Hoïmé ! gare la famine ! je suis sur le Parnasse : je suis tout au sommet ; il y fait diablement sec. En récompense, il fera cette année bien crotté dans le vallon. Laissons cela ; nous y regarderons tantôt de plus près au solide, au solide ! Mon demi-setier. (Il l'avale.) En tout autre temps, j'aurais bien craint ici les écornifleurs.

SCÈNE II

ARLEQUIN-DEUCALION, Une voix.

LA VOIX d'un invisible.

Coquin ! coquin ! maraud !

ARLEQUIN, surpris.

Qui m'en veut ? qui va là ?

LA VOIX.

A déjeuner, à déjeuner ! Tôt, tôt ! Apporte, apporte.

ARLEQUIN.

Ne voilà-t-il pas mes écornifleurs? Décampons. (Il remet tout dans son bissac ; et, le jetant précipitamment sur l'épaule gauche, s'en donne par-dessus la droite un grand coup à travers le nez.) Ouf! je me suis cassé le nez! Quel chien de coup!

LA VOIX.

Apporte, apporte!

ARLEQUIN.

Que le diable t'emporte toi-même! Qui vive?

LA VOIX, plusieurs fois.

Vive le roi! vive le roi!

ARLEQUIN.

Grand merci; car il n'y a plus d'autre roi que moi. Montre-toi donc. Qui es-tu?

LA VOIX.

Perroquet mignon.

ARLEQUIN.

Ah! c'est un perroquet qui a eu, comme moi, le bonheur d'échapper. Il n'a pas eu grand'peine, il était sur son terrain. Il n'a eu qu'à monter de branche en branche. T'apporte à déjeuner qui voudra; reprenons le nôtre : baffrons. (Il mange.) La soif me prend. Courage! buvons de l'eau. (Il va aux fontaines et boit.) Ah! jarnibleu! quelle eau! qu'elle est forte! la tête m'en tourne : cela vaut du vin. (Il en reboit.) Ma foi, messieurs de Bourgogne, je vous défie d'être plus gais et plus ivres que je me le sens! Mais cela prend! Ne voilà-t-il pas le cœur qui me démange de faire des hommes. Hélas! où est le temps où l'on en faisait tout seul! O Prométhée, mon père, qui eûtes ce beau secret, et qui me donnâtes le jour sans avoir eu jamais besoin de fille ni de femme pour cela! Pendant que vous allumiez mon corps au feu du soleil, et que vous étiez si près des astres, il ne tint qu'à vous de tirer mon horoscope et d'y lire mon aventure : vous m'auriez laissé la recette d'une si commode génération! J'aurais bientôt du monde avec qui jaser et me désennuyer ici... Ah! ah! gardez votre recelle, mon père, en voici une bien meilleure. Peste! la belle dame! C'en est assez : j'ai mon affaire.

SCÈNE III

ARLEQUIN-DEUCALION, MELPOMÈNE.

Melpomène entre à pas graves, et se promène comme quelqu'un qui rêve profondément. Elle est vêtue en actrice à la romaine; tient le poignard d'une main, attribut de la tragédie, et la trompette de l'autre[1], attribut du poëme épique. Elle serpente majestueusement sur la scène sans prendre garde à Deucalion, faisant des mines passionnées, poussant des ah! des hélas! des dieux! des qu'entends-je! et gesticulant à grand tour de bras.

ARLEQUIN, *après avoir tourné longtemps autour d'elle et l'avoir fixée comiquement.*

C'est Melpomène, c'est la Muse de la tragédie. Je ne la reconnaissais pas d'abord, à cause de cette trompette, qui me la faisait confondre avec sa sœur Calliope. Je ne songeais pas qu'elles font depuis peu bourse commune, et que ce que nous appelions tragédie n'était plus qu'un amas de quinze ou dix-huit cents vers épidramatiques. Elle me fait peur et pitié. Oh! comme la voilà haut guindée! Quels gestes! quels regards! De pied en cap, elle est toute convulsion. Cette figure-là ne laisserait pas que de me faire rire quelquefois et de m'amuser. Abordons-la, et lui troussons un compliment qui la dispose à notre union. (Il se présente comiquement.) Madame, oserais-je interrompre un instant vos sublimes extravagances? Il ne s'agit que d'une bagatelle : c'est de m'épouser.

J'offre à vos yeux l'unique et précieux reste du feu genre humain, dont, si cela vous plaît, au lieu de notre épithalame, nous ferons l'épitaphe. Oui, madame, vous

---

[1] Ce mélange des deux attributs est une allusion au défaut des tragédies du temps, où l'épique était le ton dominant.

voyez le genre tout entier, tant mâle que femelle, dans mon seul individu. Mes frères et moi, il n'y a qu'un instant, nous étions rangés sur la surface de la terre comme des pièces d'échecs sur un échiquier. Rois, reines, cavaliers, piétons et fous de toutes couleurs étaient à leurs places. Les Dieux s'en jouaient : nous allions et venions à tort et à travers à leur gré. Je ne sais quel mauvais joueur d'entre eux eut un échec et mat qui lui fit perdre la partie. C'était sa faute. Il voulut que ce fût celle des pièces, et, comme ceux qui perdent aux cartes et qui les mordent de rage, dans la sienne, il ramassa pêle-mêle et jeta tout cul sur tête dans cette boîte que vous voyez. (En se montrant.) Pions, cavaliers, reines, rois et fous, je suis la petite boîte qui renferme un si bon onguent. Que de moi ressorte canaille et potentats! Prenez la clef et rouvrez à cette malheureuse multitude. Marions-nous. C'est sauter un peu légèrement de la barrière au but : c'est un trait de mon métier. D'ailleurs, ne nous flattons point; nous n'avons pas de temps à perdre, vous ni moi. Je suis d'un certain âge, aussi bien que vous autres, pucelles de céans. Reculer la queue du roman jusqu'à son douzième volume, ce serait risquer la postérité; et vous toutes, comme moi, êtes ici de moitié dans le profit. Car enfin, que je meure sans lignée, adieu les hommes. Plus d'hommes, plus de fous; donc, plus de poëtes; et qui vous cultivera dès lors? Qui vous invoquera? Que ferez-vous? (Melpomène le regarde dédaigneusement et s'en va; Arlequin l'arrête.) Madame, êtes-vous muette? (Il crie de toutes ses forces.) Êtes-vous sourde? (A part.) Attends, attends, voici, voici qui te rendra l'ouïe. (Il tire un sifflet et lui en donne un grand coup dans le tuyau de l'oreille. Melpomène fait un saut et lui lance un regard de fureur.) Eh! qui diable! madame, on ne saurait avoir raison de vous sans ce petit instrument-là.

Il reprend le ton héroïque.

Eh bien, puis-je à présent,
Puis-je espérer l'honneur où mon amour aspire?

Elle redouble d'indignation, et lui, reprend le ton comique.

Ah! vous ne voulez pas! Nous allons donc bien rire!

Sur le ton fier :

Venez, allons au temple, où je veux, malgré vous,
Vous jurer à l'autel tout l'amour d'un époux [1].

Oh! pour le coup, vous avez raison de faire la mine; je suis en faute. Pardonnez-moi ce vilain mot d'époux : je voulais mieux dire. Ne vous promettre, en effet, que l'amour d'un époux, ce ne serait pas vous promettre grand'chose... Vous me plantez là ! Ah! c'est donc tout de bon? (Il la retient encore par le bras, et perdant tout respect.) Parlez donc, eh! madame la bégueule, c'est bien faire la renchérie! Sentez-vous bien ce que vous refusez? Ne suis-je pas actuellement le plus grand parti de l'univers, le ciel même y compris? Apprenez qu'un homme tel que moi, devenu le seul de son espèce, est plus rare qu'un Dieu et plus nécessaire ici-bas que ne le seront jamais vos sœurs, vous, et votre benêt d'Apollon. Laissez seulement repasser de l'eau quelque temps sous les ponts, vous verrez ce que j'ai de bon bien au soleil, et si quelqu'un de ma richesse ne mérite pas bien les Dieux pour alliés [2]. Je ne vous apporte pas moins en mariage que les quatre parties du monde, dont je découvre la dernière du haut de ce mont prophétique. Je vous fixe, pour votre douaire, des millions sans nombre, assignés sur ma galerie du Mogol et mes mines de Golconde, en attendant celles du Pérou... Cela ne la tente point. Elle me tourne le dos... Adieu donc. J'aurai à choisir entre ses huit sœurs... Madame, madame... attendez que je vous rende un service. Qu'est-ce que c'est que ce chiffon de papier qui traîne à la queue de votre robe? (Il l'ôte et lit.) « Cinquième acte de *Romulus* [3]. »

[1] Ces deux vers sont de Romulus parlant à Hersilie.
[2] Romulus dit que les Romains ont les dieux pour alliés, et des rois pour sujets.
[3] La pièce finit au quatrième acte.

SCÈNE IV

THALIE, ARLEQUIN.

Thalie entre en jouant des castagnettes, dansant, chantant, solfiant des airs légers, faisant des entrechats, etc.

ARLEQUIN.

La malepeste! voici une gaillarde, celle-ci. Monsieur le commissaire, alerte[1]. Je n'en réponds pas. Sauvez-nous l'amende! La commère aura autant de peine à se taire que l'autre en avait à parler. (Elle approche d'Arlequin, la bouche ouverte; il met la main dessus, crie au secours, et dit tout ce qui suit avec une volubilité qui lui coupe continuellement la parole.) Te tairas-tu, serpent! Je te connais. Tu es, je gage, Thalie, la Muse de la comédie... Te tairas-tu! Il t'appartient bien de babiller quand ton aînée a la gueule morte... Tu ne l'ouvres que pour médire du tiers et du quart. Je suis sûre que c'est ta langue qui vient d'allumer contre nous le courroux céleste... en publiant ses fredaines... Petite ridicule, qui ne saurais souffrir qu'on le soit en repos... Que dira-t-elle?... Que dira-t-elle?... Paix, paix, de par le diable et les comédiens français! Paix donc, bavarde, impertinente, étourdie! Te tairas-tu! te tairas-tu! Ta, la, la, ta, la, la.

Elle s'enfuit de rage en se bouchant les oreilles.

SCÈNE V

ARLEQUIN.

Ouf! je n'en puis plus. J'ai perdu haleine. Quel travail de fermer la bouche à une femme en train de parler! (Il

---

[1] Apostrophe au commissaire qui assistait là, de la part des comédiens français, pour verbaliser en cas de dialogue. La risée lui déplut beaucoup; mais il lui fallut avaler la pilule.

est interrompu par les sauts périlleux de cinq ou six de ses camarades.)
Tubleu, quelles gambades! Ce sont apparemment les sylphes, habitants de l'air, joyeux de le voir plus serein. Allons voir aux sept autres Muses à qui jeter le mouchoir.

Exercices des sauteurs.

ACTE II

SCÈNE PREMIÈRE

PYRRHA.

Elle descend du haut du cintre, assise sur Pégase, qui se renvole et disparaît dès qu'elle a sauté sur terre; et, comme quelqu'un qui vient d'échapper du plus affreux danger par une voie extraordinaire autant qu'inespérée, elle va, vient, et s'agite avec les émotions d'une femme hors d'elle-même. Après s'être enfin remise un peu de cette altération, elle pleure et se lamente en malheureuse qui se croit seule au monde, et tombe accablée enfin de douleur et de lassitude sur un gazon où elle s'endort.

SCÈNE II

PYRRHA, APOLLON.

Apollon, une flûte allemande à la main, au lieu de lyre, entre en fredonnant des airs d'opéra; et tout à coup, apercevant Pyrrha endormie, tombe en admiration, la considère, se passionne pour elle, s'en approche à pas lents, de peur de l'éveiller, embouche sa flûte, et joue le *Sommeil d'Issé*.

SCÈNE III

APOLLON, PYRRHA, ARLEQUIN.

ARLEQUIN, abîmé dans ses pensées, ne voyant ni n'entendant rien, à part.

Quel chien de pays! Maugrebleu des caillettes! Et ce sont là ce qu'on appelle les Filles de mémoire! A la bonne heure, de mémoire tant qu'on voudra : ce ne sont pas assurément des Filles de jugement; car il faut l'avoir entièrement perdu pour refuser, comme elles font, une main telle que la mienne. J'emploie, depuis deux heures, toute ma rhétorique pour faire accepter mon auguste personne et mes vastes États; c'est comme si je parlais à des folles. L'une me répond en me raclant le boyau au nez; l'autre me paye d'une cabriole ; celle-là d'une chanson ; celle-ci en me montrant les cornes avec deux pointes de compas prêtes à me crever les yeux; celle-là tient les yeux fichés au ciel pendant que je lui marche et remarche sur les deux pieds, comme si je marchais sur les pieds d'une statue de bronze ; les autres me donnent de leurs marottes par le nez. Ah! la sotte académie! 1, 2, 3, 4, 5, *ut, ré, mi, fa, sol, la, si, ut,* voilà tout leur dictionnaire. Ces sons-là ne laissent pas pourtant que d'exprimer quelque petite chose; car, lorsqu'une de ces carognes-là m'a chanté je ne sais quel air brusque, j'ai fort bien entendu : « Vous y perdez vos pas, Nicolas. » Quand une autre m'est venu corner aux oreilles un air terrible, j'ai entendu, comme si l'entendais encore, qu'elle me disait:

> Non, ne t'oppose point au penchant qui m'entraîne !
> Je suis accoutumée à ressentir la haine,
> Je ne veux inspirer que l'horreur et l'effroi.

Ains du reste. D'abord, ne voyant que chanteuses et danseuses, j'ai cru qu'il n'y avait qu'à rire, que c'était du vin en perce, et que j'étais à même; et me voici tout aussi avancé qu'auparavant. D'où viendrait ce prodige? C'est qu'apparemment celles-ci ont peur des Dieux, et qu'à cause des petites tracasseries qu'il vient d'y avoir entre eux et les hommes elles craindraient de se brouiller en cour si elles faisaient bon visage à un disgracié. Elles n'osent en réparer l'espèce. Le scrupule est rare et nouveau parmi des filles de magasin. Eh bien, soit, point de ménage; ce n'est plus ma faute : j'en prends acte. Madame la Postérité, tirez-vous du néant comme vous pourrez. J'y ai regret, car voici le seul temps, l'heureux temps où le père serait aussi certain que la mère. Qui pourrait rendre ma race problématique? Il n'y a de mâle ici que moi. Apollon n'est qu'un efféminé. Depuis des siècles qu'il est avec neuf filles, ne sont-elles pas encore pucelles?... (Il entend ici la flûte d'Apollon, se tourne, et le voit.) Qui parle du loup... J'entends son patois; il parle à une belle dormeuse : voyons-la. (Il s'avance, regarde par-dessus l'épaule d'Apollon, et reconnaît Pyrrha. Il revient épouvanté.) Comment! c'est bien le diable! Ma femme!

> Ah! je n'en doute plus, au transport qui m'anime :
> Ma main, tu n'as commis que la moitié du crime [1].

Malheureux! je me croyais le plus innocent des humains, parce que les Dieux m'avaient sauvé des eaux! J'étais le plus coupable, puisqu'ils me conservaient à ma femme!... Elle s'est bientôt lassée d'être morte! Mais à quelle intention le drôle est-il si près d'elle? Écoutons un peu. (Apollon en est à l'endroit de l'air fait sur ces paroles : « Coulez si lentement, etc. ») Je suis au fait; j'entends tout cela mot à mot. Il parle aux ruisseaux, au zéphyr, à l'écho, et il leur ordonne de couler lentement, de murmurer tout bas, de souffler légèrement, et même à l'écho de se taire : cela est mignon et galant. (La flûte passe à l'air de ces paroles du Som-

---

[1] Deux vers de Rhadamiste en reconnaissant Zénobie.

meil d'Issé : « Que d'attraits! que d'appas! Contentez-vous, mes yeux, Parcourez tous ces charmes. ») Est-il fou? Le voilà qui parle à ses yeux, comme si ses yeux avaient des oreilles! Il leur dit de parcourir les charmes de ma femme! Ah! par ma foi, ils n'auront pas bien du chemin à faire... Ahi! ahi! (Payez-vous, s'il se peut.) Doucement, seigneur Apollon! Vous vous passionnez par trop. (Apollon se courbe sur sa belle dormeuse.) Je vais vous payer, moi, en monnaie courante du pays. Comme diable vous y allez! Il n'y aurait qu'à vous laisser faire, vraiment!

Il fait tomber une grêle de coups sur le dos d'Apollon, qui s'enfuit.

SCÈNE IV

ARLEQUIN, PYRRHA.

Pyrrha, éveillée aux cris d'Apollon, se lève brusquement et voit son mari. Le mari regarde sa femme comme un homme en extase. L'étonnement de la femme n'est pas moindre. La surprise réciproque donne lieu à une scène muette et comique. Arlequin rompt enfin le silence et déclame :

Victime d'un époux contre vous conjuré [1],
Victime d'un amour gourmand, désespéré,
Que mon ventre a poussé jusqu'à la barbarie,
Comment diable as-tu fait pour échapper, ma mie?

Pyrrha met le doigt sur sa bouche et fait signe qu'elle est muette.

ARLEQUIN.

Elle a perdu la parole! Ah! je vois ce que c'est : le saisissement lui aura gelé le bec. Gare le dégel! Ce sera une belle débâcle! Écoute, ma femme, je vois trop ce que tu me veux dire. Je t'ai un peu laissée là dans le besoin; mais, quand je t'aurai tout dit, tu entreras dans mes raisons et tu m'excuseras.

Quand j'eus dévidé tout le peloton de ficelle attaché au

[1] Parodie de la reconnaissance de Rhadamiste et de Zénobie.

cerf-volant sur lequel je t'avais posée en m'abandonnant sur les eaux, et qu'alors je t'avais perdue de vue dans les airs, je pris le parti, ne pouvant mieux faire, de me nouer vite le reste autour du cou, et de continuer à nager de mon côté pendant que du tien tu continuais à voler au gré du grand vent qu'il faisait. Tu me servais de voile, et la bise qui te soufflait en poupe me faisait fendre les flots avec une rapidité de tous les diables. Après avoir voyagé de cette étrange façon tous les deux pendant la matinée, nous servant l'un et l'autre, toi de force mouvante, et moi de point d'appui, j'entendis sonner midi sous mon ventre à un clocher sur le coq duquel je me trouvais. J'étais à jeun et passablement fatigué; ne voilà-t-il pas que j'aperçois peu loin de moi un tonneau roulant sur les ondes : à la vue d'un objet si intéressant, je fais les cinq sens de nature pour en approcher. Le courant l'entraînait à gauche; le maudit vent qu'il faisait te faisait voler à droite; l'instinct me tirait vers le tonneau. Je voyais l'instant où tu t'allais souiller du meurtre de ton cher époux : tu m'étranglais. Pour t'épargner ce parricide, j'ai tiré des ciseaux de ma poche, et crac, je me suis mis à l'aise en te recommandant aux Dieux. J'ai agrippé le tonneau, l'ai enjambé; et, ne te voyant pas tomber, je m'étais flatté jusqu'ici, t'ayant laissée plus près du ciel que de la terre, que tu aurais pris le plus court chemin, en achevant la montée au lieu de tenter la descente. Tu as pensé autrement : tu ne m'as pas voulu quitter que tu ne me susses noyé. Grâce au ciel, nous ne le sommes ni l'un ni l'autre; nous voici encore ensemble, et je n'ai été veuf qu'une heure ou deux. Mais, dis-moi, par quelle diable de voiture as-tu pu débarquer du haut des airs ici-bas?

Pyrrha désigne encore ici, plus fort que la première fois, qu'elle ne saurait parler.

ARLEQUIN.

Ce n'est, ma foi, pas pour rire : voilà une femme devenue absolument muette. Cela lui vient de la peur. Parbleu! la peur, convenons-en, est une divinité bien puissante. J'ai lu, dans une vieille histoire, qu'elle délia la langue à un enfant de trois mois qui voyait qu'on allait tuer son père. Le prodige était grand, puisqu'il frappa les assassins et les désarma. En voici bien un autre! Arrêter la langue d'une femme! et d'une femme comme la mienne! cela passe le prodige; il faut le voir pour le croire. Il se faut résigner à tout, et même tout prendre, tant qu'on peut, du bon côté. Eh bien, j'avais le bonheur d'être veuf; je ne le suis plus : patience! Elle est muette; du moins, il n'y a que demi-mal. (A Pyrrha.) Apprends-nous au moins par quelque signe comment, après t'avoir laissée au haut des nues, je te retrouve ici sans que tu te sois cassé bras ni jambes.

Pyrrha fait les démonstrations qu'elle imagine, faisant claquer sa langue contre le palais, et remuant ses bras comme deux ailes, pour faire entendre qu'elle est venue montée sur le cheval Pégase.

ARLEQUIN.

J'y suis; je t'entends. Tenez, ce sera ce maudit Pégase qu'elle aura trouvé en l'air sous sa main au moment précis où je tranchais le fil de ses jours. (A part.) Ce cheval-là est né pour se charger de bien mauvaises marchandises. (Haut.) Je te félicite d'une si belle rencontre; et où est-il? Ne pourrais-tu pas me montrer où tu l'as laissé?

Pyrrha lui montre l'endroit où il a disparu, en la posant à terre. Il y court, et Pyrrha, restée seule, fait un monologue pantomime qui tend à exprimer sa joie et son étonnement.

Arlequin rentre, monté sur Pégase, qui a des oreilles d'âne et des ailes de dindon. Il est caparaçonné d'affiches de pièces nouvelles jouées cette année. *Romulus* est sur le poitrail, et la *Mort d'Annibal* au cul[2] : le *Cavalier*, dans son style polisson, plaisante sur cette *Mort*, au cul. Puis, reprenant son style de théâtre :

Enfin le voilà donc, ce cheval admirable,
Si fameux, si vanté dans l'histoire et la fable!

Le temps lui a bien accourci les ailes, mais lui a diablement allongé les oreilles en récompense. Pendant que

---

[1] Pièce de Marivaux.

nous sommes dessus, caracolons un peu et faisons le manége. (Il pique des deux, la mazette rue.) Ma femme, gare! gare! mets-toi de côté; tu vas voir beau jeu, encore que la corde soit rompue. Choisissons : sur quel ton le prendrai-je? Faisons du tragique; cela est beau, long et facile. Allons, gai! un impromptu de deux mille vers.

Il pique, repique; Pégase fait des haut-le-corps, des voltes, etc. Arlequin se tient aux crins et s'écrie :

Oui, tous ces conquérants rassemblés sur ce bord,
Soldats sous Alexandre, et rois après sa mort [1].

Là il culbute sur le dos, se relève pesamment, la main sur le bas de l'échine, qu'il se frotte douloureusement, répétant :

« Après sa mort, après sa mort... » Me voilà tout éclopé. Jarnibleu! c'est bien dommage! J'allais beau train! Regagnons l'étrier. (Il se rapproche de Pégase, qui continue ses courbettes; il le flatte, et fait si bien, qu'il se remet en selle.) Où en étais-je? Là, là, là, bellement, mon ami. Allons, bride en main! Pian, piano; pian, piano. Un peu d'épidramatique. Cela repose les poumons. Partons!

Il rentre en enthousiasme et prononce avec emphase :

Je chante Romulus... Pégase, attends, demeures!
Je chante Romulus, qui pendant vingt-quatre heures,
Vit tramer contre lui quatre ou cinq attentats,
Et sut les esquiver par quatre ou cinq combats...

Oh! ma foi, voilà trop de besogne pour le moment! remettons cela à une autre fois, et pelotons en attendant partie. (A Pégase.) Çà, mon drôle, je veux ne faire qu'une petite fable; là, quelque chose de gai, de riant, de léger, d'enfantin. Mettons-nous au pas, comme quand tu vas à la fontaine.

Il récite.

Dom Jugement, dame Mémoire
Et demoiselle Imagination...

---

[1] Les deux premiers vers d'*Artémire*, seconde tragédie de Voltaire.

Et demoiselle Imagination! voilà un vers heureux! Qu'on dise encore qu'on s'y perd en épithètes superflues! Et demoiselle Imagination! La mesure y est : il n'y a qu'une rime à trouver. Et demoiselle Imagination! Les cinq pieds y sont. Parle donc, cheval! où sont les tiens? Es-tu de bronze? Il s'appesantit de plus en plus. Et demoiselle Imagination! Le voilà fourbu! il s'arrête; il plie le jarret. Et demoiselle Imagination! Il donne de la croupe à terre : nous voici bien! Peste soit de la lourde Imagination qui rompt bras et jambe à ma rosse! Et demoiselle Imagination! Bon! nous voilà embourbés. Je veux pourtant aller jusqu'à la rime : je n'en suis pas loin. Iras-tu, criquet! chienne de haridelle! Imagination... Imagination... Il faut un coup de feu pour rimer là-dessus. Je m'y rends. Ma femme, par charité, va m'emplir le cul de mon chapeau de l'eau de l'une de ces fontaines. (Elle prend le chapeau, en creuse la forme, et va puiser.) Tenez, voilà mon bidet sur ses quatre jambes comme sur quatre piliers! Quand branlerons-nous d'ici?

Pyrrha revient le chapeau plein; Arlequin le vide, se le renfonce dans la tête, broche son destrier, lâche la bride et s'envole criant :

> Quelle fureur trouble mes sens [1].
> Quel feu d'enfer en moi s'allume!
> Démon des flons flons, je te sens!
> Vite qu'on m'apporte une plume...

Les deux derniers vers se perdent dans les nues, où l'emporte Pégase.
Pyrrha, qui le croit perdu, fait tous les gestes d'une femme au désespoir, et qui pense de nouveau être seule au monde.
Arlequin, à la faveur d'un beau saut périlleux, dont Francisque se tirait en maître de l'art, retombe des nues sur le théâtre.

Ouf! c'est pour l'amour de toi que je reviens à terre. Je serais dans l'Olympe à cette heure, si je ne m'étais heureusement accroché après l'arc-en-ciel, d'où j'ai fait le joli

---

[1] Parodie des quatre premiers vers des fameux couplets de Rousseau.

saut que tu viens de voir, heureux de l'avoir perdu, comme toi de l'avoir trouvé. Où en serais-tu? Quel chien de cheval est-ce là? S'il n'est aux cieux, il est à tous les diables. Il va toujours trop haut ou trop bas. Bien fou qui s'y frottera désormais, fussent les pages [1] des grandes et petites écuries... Or çà, ma chère moitié, parlons d'autre chose. Rentrons dans le domestique et voyons aux affaires du ménage. Nous voilà face à face, pour le coup, et bien au large : il n'y a plus que nous d'homme et de femme sur la terre! Le beau lit de grandeur! qu'en dis-tu? Il est temps, depuis je ne sais quand, de nous rapprocher une bonne fois et de nous faire quelque petite compagnie, ou bien, seul à seul, nous allons furieusement nous ennuyer. Hélas! où est le temps que nous peuplions plus que nous ne voulions et sans qu'il en fût besoin? Nous avions un enfant tous les ans : c'était une rente infaillible; et, malheureusement, nous n'avions alors que celle-là. Comme tout vient mal à propos! En ce temps-là nous n'avions rien à laisser; aujourd'hui que nous regorgeons de biens, nous nous trouvons sans héritiers. Je ne sais, le cœur me dit pourtant qu'il m'en viendra de façon ou d'autre. Entrons dans le temple de Thémis que voilà. Graissons le marteau pour que la porte s'ouvre. Avec des offrandes on a des oracles... Mais quoi! on nous prévient! Une invisible main ouvre les deux battants! L'Amour et la plus jeune des Grâces nous font signe d'avancer. Ce sont deux jolies divinités qui s'intéressent à la population : nous ne pouvons agir sous de meilleurs auspices.

L'Amour et une jeune Grâce exécutèrent un pas de deux, qui fut fort applaudi : c'était le début de mademoiselle Sallé et de son frère, devenus depuis si célèbres.

---

[1] Les pages avaient l'entrée gratis aux théâtres de la Foire ; et tout en était plein dans celui-ci : aussi eurent-ils bonne part à la risée.

ACTE III

SCÈNE PREMIÈRE

ARLEQUIN, PYRRHA.

ARLEQUIN, à Pyrrha.
Y entends-tu quelque chose?
Pyrrha fait signe que non.
ARLEQUIN.
Ma foi, ni moi non plus : il vaudrait autant ne nous avoir rien dit. Que nous prenions les os de notre grand'-mère, et qu'après nous être voilés nous les jetions derrière nous, c'est là de l'algèbre. Notre grand'mère! Est-ce de la mienne, ou de la tienne, ou des deux, que l'oracle veut parler? Ce ne saurait être de la mienne : je suis petit-fils de Prométhée : il n'eut jamais de femme. Tout le monde sait qu'il fabriqua mon père de ses propres mains et qu'il l'anima avec un verre ardent. Pour ta grand'mère à toi, tu n'ignores pas que nous la mîmes, il y a plus de vingt ans, sur un bûcher bien allumé, et que le vent emporta les cendres à tous les diables : cours après. Je m'y perds. O déesse Thémis, qu'on vous reconnaît bien à ce maudit jargon-là! Je courais à vous comme on fait pour trouver des lumières, et me voici plus emberlicoqué et plus incornifistibulé que jamais! Le piquant, c'est qu'elle m'a dit que, moyennant cela, elle et moi nous aurons plus de monde que nous ne voudrons, et je voudrais déjà, aussi bien que toi, voir autour de nous une famille de quinze ou vingt enfants tout formés, comme elle nous promet qu'ils seront tout en naissant. Mais nous renvoyer

aussi pour cela aux os de nos grand'mères, c'est ne plus rien nous dire. Quand même nous les aurions, les beaux passe-temps de les jeter, d'engendrer en les jetant derrière soi ! Le pré ne vaut pas encore si fort la fauchure, que du moins la fauchure ne dût avoir les agréments de l'ancienne façon. (Il rêve profondément.) Patience ! Je crois entrevoir d'où vient l'obscurité dont on nous a régalés. Nous avions les mains vides. Ce n'est pas là le compte de la divinité du lieu. Je lui ai bien, à la vérité, beaucoup promis, mais elle veut du comptant ; comme s'il y avait, à cette heure, quelque chose à risquer avec moi ! avec le monarque universel ! Voilà pourtant l'enclouure, ou je suis bien trompé !... Paix ! paix ! Je vois venir un autre oracle qui pourra nous expliquer celui-là.

SCÈNE II

APOLLON, ARLEQUIN, PYRRHA

Apollon, voyant Arlequin, veut fuir.

ARLEQUIN l'arrête.

Faisons la paix, brave Apollon : j'ai besoin de vous. Touchez là ; point de rancune. Vous en contiez à ma femme. Je vous en ai un peu voulu d'abord, mais tout cela, ce n'était que pour rire. Expliquez-nous, de grâce, ce que veut dire Thémis. Nous lui demandons comment nous ferons pour repeupler la terre : elle nous dit de jeter derrière nous les os de notre grand'mère : c'est comme si elle nous avait dit de prendre la lune avec les dents. O vous, recteur de l'université de l'Olympe, expliquez-nous cet hébreu-là. Je ne vous demande qu'un monosyllabe : cela ne commettra pas votre divinité comique.

Apollon chante l'air qui a pour refrain : *Ne m'entendez-vous pas ?* et finit par prononcer le refrain : *Ne m'entendez-vous pas ?*

ARLEQUIN.

Non : je suis pris sans vert cette fois-ci. Vous chanterez

demain, parlez à cette heure, et vous expliquez mieux si vous voulez que je vous entende.

<small>Apollon gesticule agréablement, en chantant l'air de *Vous m'entendez bien*, jusqu'aux trois premiers vers.</small>

ARLEQUIN.

Eh bien?

<small>Apollon continue l'air, et finit par dire le refrain : *Vous m'entendez bien?*</small>

ARLEQUIN.

Comme auparavant : comme si vous n'aviez rien dit. Tirez-nous-en d'un autre.

<small>Apollon entonne lugubrement l'air des Pendus : *Or écoutez, petits et grands...*</small>

ARLEQUIN.

Au diable la chienne de musique! je vois bien qu'il en faut encore venir à battre la mesure.

<small>Il tire sa batte; Apollon s'enfuit.</small>

SCÈNE III

ARLEQUIN, PYRRHA.

ARLEQUIN.

Je suis bien las de tout ceci et du sot rôle d'avoir à parler seul. Depuis que je suis ici, je n'ai entendu jaspiller que le perroquet et Thémis, qui ne savaient ni l'un ni l'autre ce qu'ils disaient. N'y a-t-il donc céans que les pierres et les bêtes qui parlent? Car, pour me faire au langage des neuf femelles et de leur sot président, j'aimerais autant passer ma vie à l'Opéra, c'est-à-dire, en deux mots, ô mon grand papa! que j'aimerais mieux être côte à côte avec vous sur le mont Caucase qu'en pareille compagnie sur le mont Parnasse. Que ce gros tonneau qui m'a sauvé la vie n'était-il plein de vin, comme je l'ai cru d'abord! A peine l'avais-je enjambé, que je m'en enquis par un petit trou que je fis, et qui me détrompa. La peste! si

c'eût été du vin, je ne consulterais pas d'autre oracle.
Voyons du moins ce qu'il a dans le ventre. (Il le met sur cul
et le défonce.) Ah! ah! cela m'a tout l'air d'avoir été le trésor de quelque hobereau, qui n'a pas été aussi heureux
que son bagage. (Il tire un gros volume et lit :) « Nobiliaire de
la Thessalie. » Ah, ah, ah, ah! jolie pièce de cabinet, le lendemain d'un déluge! Voilà une lecture bien de saison, bien
curieuse et bien amusante pour ma femme et pour moi!
Laissons la toutefois à nos neveux. Si les Dieux nous en
donnent, et qu'ils soient aussi sages que leurs prédécesseurs le furent peu, que penseront-ils d'une génération
de la même espèce qui se sera coupée, et dont le demi-quart d'une aura dit au reste : Retirez-vous, insectes, vous
ne nous ressemblez point; vous et nous sommes deux?
Cela les fera rire. Ils béniront le brouillement des cartes.
Ma suprématie aura soin de les égaliser : les cadets seront
frères de leurs aînés, et, l'inégalité détruite, je réponds du
bon ordre et de la félicité universelle. Je ne suis pas bête,
je remarquais cela longtemps avant que la pluie tombât :
elle est tombée, la maudite génération a disparu. Je reste;
renouvelons la police, et que tout aille comme il faut. (Il
met le Nobiliaire à côté et tire un sac de procès.) Oh! oh! voici un
procès qui a duré plus que le monde.

ÉTIQUETTE.

POUR le sieur Mathanaze, admirateur des anciens;

CONTRE dame Philantie, admirateur des modernes.

Ce procès ne pouvait mieux tomber. Il est ici chez le juge
compétent. Je remettrai tantôt les pièces sur le bureau
d'Apollon : il ferait bien d'être pour l'admirateur des anciens; mais les neuf Pucelles seront, à coup sûr, pour les
modernes. On se tignonnera, et cela me donnera du passe-temps. (Il aveint une paire de pistolets.) Tubleu! voici une autre drogue, celle-ci! (Il les examine, les bande, les tourne et les
vire.) Il faut dire la vérité, ces coquins d'hommes étaient

bien adroits. Si je ne suis le plus fort, a dit l'un, je serai le plus traître. On inventa cela pour tuer, et tuer à coup sûr, à l'aise, en remuant un doigt. Avec cela, le plus lâche tuait le plus brave. Et fi! dans les premiers temps, on s'assommait avec des pierres et des massues : quelle grossièreté! Vivent les nations policées! Puisque nous ne pouvons nous passer de nous tuer, tuons-nous, soit, mais tuons-nous proprement, facilement, et comme on ne se tuait pas dans les temps de barbarie. Une pincée de poudre, du plomb gros comme rien là dedans : paf! je mets un César à terre.

> En disant cela il lâche le pistolet, qui part; il le laisse choir, et lui-même tombe à terre de frayeur. Pyrrha, qui est tombée aussi, se relève la première, et lui prend la main pour le relever à son tour.

ARLEQUIN, d'une voix faible.

Qui est-ce qui me tire? Est-ce Alecton, Mégère ou Tisiphone? (Il se lève.) Ah! c'est toi, Pyrrha. Je ne suis donc pas encore mort? Continuons de vivre, en attendant mieux. (Il ramasse les pistolets.) Voilà une arme bien brutale! J'en fus aussi toujours l'ennemi capital. Il ne sera pas dit que j'aurai transmis cette machine scandaleuse à la postérité, s'il y en a jamais une. (Il les jette le plus loin qu'il peut dans la mer, l'un après l'autre.) Allez-vous-en à tous les diables, d'où vous venez; et que d'ici à la fin des temps on n'entende plus parler de pistolets, de fusils, ni de Fuzilier[1]. (Il tire du tonneau un nouveau sac de procès.) Autre procès; voyons l'étiquette :

POUR le sieur LYCAON, demandeur;

CONTRE sa mère, ses frères, ses sœurs, ses enfants, ses neveux et autres défendeurs.

BROCHET, Pr.

Jetons aussi cette pierre de scandale au fond de la mer, après les armes à feu. Avouons que, quand les Dieux se

---

[1] Auteur qui, avec Lesage, triomphait alors aux Marionnettes.

déterminèrent à la ruine de cette méchante race, il y avait longtemps qu'elle y travaillait de son mieux. Mais voilà des guenilles bien sérieuses! N'en trouverai-je pas qui me donnent un peu à rire? (Il tire un sac d'argent.) Bon! voici qui me fait encore plus prendre mon sérieux. On peut appeler ce sac-ci le sac aux forfaits et la vraie boîte de Pandore. Que d'horreurs en sont sorties! Quels crimes n'a pas fait commettre l'amour de ces fanfreluches-là! Combien cette rage n'a-t-elle pas fait de juges iniques, de femmes infidèles, d'enfants dénaturés, d'assassins, d'empoisonneurs, de fous, de sots, de méchants! Finissons : jetons la cause après l'effet. Venez, venez, messieurs les écus, que je vous envoie où vous avez envoyé tant d'hommes. Oh! combien il en a péri en vous allant chercher! Vous aurez du moins l'avantage sur eux de n'être pas la pâture des poissons, et de rester entiers au fond des eaux, tels que vous êtes, jusqu'à l'arrivée d'un nouveau chaos plus parfait que celui-ci. (Il fait un pas vers la mer et s'arrête en prenant une poignée d'écus.) Ce que c'est que la raison contre les préjugés et l'habitude! Je me faisais un régal, en homme sensé, de traiter cela comme au fond cela le mérite, et à cette heure surtout plus que jamais : point du tout; je ne sais quoi me retient la main; je ne sais quelle magie accoquine à ce maudit métal. Je trouve que le jeter là, tout peu qu'il vaut, c'est dommage. Pourquoi le haïr? Thémis, qui est la justice même, le chérit. Je m'attendris sur sa perte : j'y aurais du regret. Le tact, la vue, l'oreille, s'en réjouissent machinalement. Montrons-le à Thémis; faisons-le sonner devant elle; offrons-le-lui, cela la fera jaser; et cependant visitons le tonneau jusqu'au fond.

Il tire un Polichinelle, qui sur-le-champ parle son baragouin. Il le laisse retomber de frayeur au fond du tonneau, posé sur une trappe, d'où le compère a ses aises pour faire parler Polichinelle, dont l'organe n'était pas compris parmi les voix proscrites par l'arrêt du parlement; ce que n'avaient pas prévu les comédiens dans leur requête, et que le commissaire n'eut pas droit d'empêcher.

SCÈNE IV

ARLEQUIN, POLICHINELLE-MOMUS, PYRRHA.

ARLEQUIN.

En voici bien d'un autre! (Après s'être rassuré, il repêche la figure et la relève de façon que le buste et les bras entiers paraissent et restent en dehors.) C'est apparemment le Dieu pénate de notre gentilhomme noyé. Sa figure est bouffonne.

POLICHINELLE, en son baragouin.

Ma foi, l'ami, écoute donc, la tienne ne l'est guère moins.

ARLEQUIN.

Oh! oh! vivat! Voici quelque chose qui parle. Et qui es-tu?

POLICHINELLE.

Parle avec plus de respect à un Dieu. Je ne suis pas moins que Momus, le Dieu des fous et le fou des Dieux.

ARLEQUIN, s'agenouillant.

Grand Dieu des Petites-Maisons,
Qu'il vous plaise ici nous instruire!

POLICHINELLE.

Je suis tout prêt; tu n'as qu'à dire:
Sur quoi veux-tu de mes leçons?

ARLEQUIN.

Mon épouse et moi nous songeons
Au moyen de pouvoir repeupler votre empire.

Nous avons là-dessus consulté Thémis. Prenez, nous a-t-elle dit, les os de votre grand'mère et les jetez derrière vous. O vous, qui avez si savamment inspiré tant de commentateurs, ne pourriez-vous pas nous donner la clef de cet oracle?

POLICHINELLE.

Rien n'est plus facile à faire ;
Vous le saurez en deux mots :
La terre est votre grand'mère.
Et les pierres sont ses os.

Ramassez ici des pierres ; jetez-les par-dessus votre tête ; tournez-la : toi, tu auras fait des garçons que tu verras aussi sots que toi ; elle, des filles qui lui ressembleront.

ARLEQUIN.

Voilà parler, cela! Rien n'est plus simple. J'enrage de ne l'avoir pas deviné. Morbleu! je t'admire d'avoir si bien dit, maître fou comme tu l'es.

POLICHINELLE.

Il est bon là! Et qui est-ce qui ne se dément pas quelquefois? Pourquoi le fou, de temps en temps, ne dirait-il pas de bonnes choses, puisque Lesage[1], de temps en temps, en dit de si mauvaises?

ARLEQUIN.

Il a raison, et je commence à mieux penser d'Apollon et des Muses que je ne faisais. Ils font bien d'être muets; il vaut mieux se taire que de mal parler. Et que me demandez-vous, seigneur Momus, pour votre droit d'avis?

POLICHINELLE.

Une petite grâce qui ne te coûtera guère.

ARLEQUIN.

Et quelle?

POLICHINELLE.

Fais-moi l'amitié de me jeter au fond de la mer.

ARLEQUIN.

Et pourquoi cette vapeur de misanthropie?

POLICHINELLE.

Je deviens honteux et las de mon baragouin.

---

[1] Lesage, dont on jouait alors les pièces, dans la loge voisine, aux Marionnettes.

ARLEQUIN.

Eh bien, demeure ici. Tu ne pouvais être mieux tombé. Te voilà chez Appollon. C'est le grand maître de langue; il t'en enseignera une propre à mieux prononcer tes oracles.

POLICHINELLE.

Lui et les siens ne m'apprendront qu'à dire des sottises. Jette-moi dans la mer, encore une fois, par charité.

ARLEQUIN.

Volontiers : aussi bien n'ai-je plus besoin de toi.

Il jette à la mer la marionnette, qui baragouine un cri de joie en l'air.

SCÈNE V

ARLEQUIN, PYRRHA.

ARLEQUIN.

Çà, çà, ma femme, ayons du monde. Voici des pierres; si l'on ne nous trompe, toutes communes qu'elles sont, elles vaudront mieux que la pierre philosophale et que son grand œuvre. Voilons-nous. L'oracle a bien dit : Il ne faut voir goutte pour ne savoir ce qu'on fait. Ravoir son monde à coup de pierres, cela est drôle. Allons, ma femme, allons, accouchons : pousse comme je fais.

Ils se mettent à l'opposite l'un de l'autre, chacun au-devant d'une coulisse dans laquelle ils jettent leurs pierres. Il sort des garçons du côté d'Arlequin, et des filles du côté de Pyrrha. Les hommes se battent dès qu'ils se voient : Arlequin les sépare, et range ceux-ci à sa droite et celles-là à sa gauche.

SCÈNE VI

ARLEQUIN, PYRRHA ; cinq Hommes, un Laboureur, un Artisan un Homme d'épée, un Robin et quatre Femmes.

ARLEQUIN, *séparant encore les hommes prêts à se rebattre.*
Le joli présage pour l'amitié fraternelle! Vous ne vous tiendrez pas, canaille inhumaine! Ma foi, les Dieux, avec leur déluge, n'auront fait que de l'eau toute claire, ou je me trompe fort. Çà, qu'on se range! Bonjour, les belles. (Les cinq hommes veulent courir à elles.) Tout beau, messieurs : cela ne va pas comme vos têtes. Il y faut auparavant quelque petite cérémonie que je vous dirai, qui vous joindra si près que vous voudrez, et qui rabattra bien de cette fougue. Eh bien, mes enfants, que vous dit le cœur? N'êtes-vous pas bien aises d'être? N'est-ce pas que le jour est une belle chose? Ils me regardent et ne disent mot. Tout est muet. Quoi! mes filles, et vous aussi? Ah! parbleu! j'ai fait là de belle besogne! J'aimerais autant avoir fait des marionnettes. Après tout, on ne parle pas tout en venant au monde. Ils paraissent du moins entendre ce qu'on leur dit; que sais-je même s'ils ne parleront pas partout ailleurs qu'ici, où la parole n'est permise apparemment qu'à des génies supérieurs comme le mien. Avant qu'ils en sortent, donnons-leur du moins quelques leçons. (Au laboureur.) Tu es mon aîné, toi, et le premier de tous ces drôles-là, comme le plus nécessaire à leur vie. Laboure; en profitant de ta peine, ils te mépriseront : moque-toi d'eux. Sue, vis, vis en paix; vis et meurs dans l'innocence. Tu auras toujours cette innocence et cette tranquillité plus qu'eux. Peste, comme je moralise. Ma foi, il n'y a que d'avoir de la famille, qu'elle vienne d'où l'on voudra, pour rendre sérieux. (A l'artisan.) Serviteur à monsieur l'artisan. Marche après ton aîné, toi, comme le siècle d'argent

suivit le siècle d'or. Il sera nécessaire, tu ne seras qu'utile. Vivant dans les villes, tu seras plus près de la corruption : ne t'y laisse pas aller ; travaille en conscience et vends de même, tu seras heureux. (A l'homme d'épée qui tranche du capitan, en lui jetant bas, d'un revers de main, son chapeau à plumet, qu'il a insolemment sur la tête.) Chapeau bas devant ton père, quand tes deux aînés sont dans leur devoir. Ne croit-il pas avoir été formé d'une pierre plus précieuse que les autres? Mon gentilhomme, un peu de modestie. Tout ton talent sera de savoir tuer, pour tuer ceux qui voudront tuer tes frères et les troubler dans leurs respectables professions. (Au robin.) Le vilain garçon ! Celui-là me déplaît. Il a dans sa physionomie je ne sais quoi de malin, de flasque et de suffisant qui dégoûte et qui révolte. Mon drôle, songe à ce que tu seras. Mets bas cette physionomie et ce vilain masque. Parais sage, humble et tranquille, comme un garçon de boutique qui tient la balance de Thémis pour vendre sa marchandise au poids de son sanctuaire. Je te vois là des yeux fripons, un nez tourné à la friandise, et des mains crochues, bien à craindre pour ceux qui auront recours à toi contre des riches et des belles. Je voudrais, quand j'ai jeté la pierre dont il est formé, l'avoir poussée à cent lieues en mer, ou bien avoir eu la crampe. (Au cinquième garçon, qui a une large calotte sur la tête, une perruque à la cavalière en bourse, une longue barbe de capucin, un petit collet, un habit de couleur, une épée au côté, un paquet de plumes à la main, un bas blanc, un bas noir, une culotte rouge d'un côté, noire de l'autre, etc., etc., etc.) Quelle étrange espèce est celle-ci? Je remarque même qu'il n'y a que quatre femelles, et que celui-là n'a pas son vis-à-vis. Ah ! j'y suis. Il n'en a que faire pour se multiplier. La race n'en sera que trop nombreuse sans que le mariage s'en mêle. Ainsi que Prométhée, mon grand-père, ils se perpétueront sans avoir jamais chez eux de femmes en couche. J'ai connu de ces gens-là à milliers avant le déluge. Les uns nous en menaçaient de la part des Dieux offensés; les autres nous chantaient les mœurs innocentes des premiers temps, et tous accumulaient les crimes et grossissaient l'orage. Ils y sont enveloppés aussi comme les autres. (Aux filles et aux garçons.) Or çà, donnez-vous la main. (Le coucou chante.) Tu prends bien ton temps : tu devais bien attendre au moins à la seconde génération.

DIVERTISSEMENT

Les Amours, les Sylphes et une Grâce forment une danse et terminent pièce.

POÉSIES

ÉPITRES

A MADEMOISELLE CHÉRÉ

A SAINT-OUEN, 1752.

O bel objet désiré
Du plus amoureux des hommes ;
O mon aimable Chéré,
Que n'êtes-vous où nous sommes !
Jamais plus juste désir
N'anima mon cœur sincère :
Les belles faites pour plaire
Sont faites pour le plaisir ;
Et c'en est ici l'asile
De ces plaisirs tant aimés ;
La paix les tient renfermés
Dans ce prieuré tranquille.
Hier il en était plein :
J'en vois naître aujourd'hui mille,

Mille y renaîtront demain.
Je n'y ressens qu'un chagrin,
C'est que le temps soit mobile,
Et que son sable inhumain
Trace déjà le chemin
Qui nous ramène à la ville.
Décrirai-je ces plaisirs
Que rappelle chaque aurore,
Plus riants que les Zéphyrs
Quand ils vont caresser Flore?
Mais pourquoi les peindre? Hélas!
Un seul mot les rend croyables
Et vante assez leurs appas :
Ils m'ont rendu supportables
Des lieux où vous n'étiez pas.

Je veux toutefois les peindre
Pour occuper mon loisir;
Y puissé-je réussir
De manière à vous contraindre
A venir vous éclaircir
Par le propre témoignage
Des beaux yeux qu'on désira!
Des plaisirs, en ce cas-là,
Parfait serait l'assemblage :
Les peigne alors qui pourra!
De quatre heureux personnages
Que nous nous trouvons ici,
Deux sont fous et deux sont sages :
Providence en tout ceci;
Mélange qui, Dieu merci,
Sans relâche nous ballotte
Et nous promène à grands pas
Du compas à la marotte,
De la marotte au compas.
Figurez-vous le tracas

D'un quatrain de cette espèce,
Et voyez courir sans cesse
La sagesse après les rats,
Les rats après la sagesse;
Tantôt les règles en jeu,
Et tantôt les purs caprices :
Voilà quant aux gens du lieu,
Voici, quant à ses délices.

Sachez que, premièrement,
Le prioral ermitage
Consiste en un bâtiment
Mal conçu pour l'ornement,
Très-bien conçu pour l'usage.
Tout s'y resserre ou s'étend
Selon son juste mérite;
C'est pour cela, dit l'ermite,
Que le réfectoire est grand
Et la chapelle petite.
Aussi l'heureux parasite,
De la cave au galetas,
Voit cette sentence écrite :
« Courte messe et long repas. »
Rien ne manque aux délicats :
Table en entremets féconde,
Cave où le nectar abonde,
Et la glacière à deux pas;
Les lits les meilleurs du monde;
Plume entre deux matelas;
Doux somme entre deux beaux draps;
Un calme dont rien n'approche.
Jamais le moindre fracas
De carosses ni de cloche :
Paix, bombance, liberté,
Liberté sans anicroche.
L'horloge, à la vérité,

Qui voudra nous le reproche,
Rarement est remonté,
Mais non pas le tournebroche

Une autre félicité,
Après *Bénédicité*
C'est de voir, par la fenêtre
De notre salle à manger,
Cueillir dans le potager
La fraise qui vient de naître,
De voir la petite faux
Moissonner à notre vue,
Là de jeunes artichauts,
Ici la tendre laitue,
Le pourpier et l'estragon
Qui tout à l'heure en salade,
Va piquer, près du dindon,
L'appétit le plus malade.

Du même endroit nous voyons
Venir l'innocence même,
Lise qui sur des clayons
Nous apporte de la crème,
Blanche un peu plus que sa main,
Mais moins blanche que son sein
Et que la perle enfantine
D'un râtelier des plus nets,
Que ne touchèrent jamais
Capperon ni Carmeline [1].

C'est elle aussi qui, le soir,
En cent postures gentilles,
(Où, sans jupe ni mouchoir,
Vous seriez charmante à voir,)

[1] Fameux dentistes.

Dresse et redresse nos quilles :
Jeu tout des plus innocents,
Où, pour aiguiser nos dents
Quand la faim nous abandonne,
Nous nous exerçons un temps,
Avant que le souper sonne.

Le quiller est dans un bois
Qui touche à la maisonnette;
Bois d'une beauté complète,
Triste et charmant à la fois;
Bois qui peint ces lieux terribles,
Où, loin des profanes yeux,
Nos druides et leurs dieux
Se rendaient inaccessibles
A nos crédules aïeux.
Mais dans ces cantons paisibles
Et moins superstitieux,
Bois où l'amour a des armes,
A qui l'austère pudeur
Se soumettrait sans alarmes;
Bois où, même avec douceur,
Dans les plus cruels malheurs
L'amant verserait des larmes;
Bois où tout, jusqu'à l'horreur,
Pour un cœur tendre a des charmes.
Là, dans le sein du repos,
L'âme s'égare et s'oublie;
Sa douce mélancolie
Transforme des lieux si beaux,
Et n'en fait qu'un seul enclos
D'Amathonte, de Paphos,
De Cythère et d'Idalie.
Jamais, en effet, l'Amour
Ne trouverait un séjour
Plus propre à son badinage.

Qu'il y serait amusé !
Car je le sais par usage :
C'est un enfant avisé ;
Dans un quinconce, il est sage ;
Mais plus l'endroit est sauvage,
Plus il est apprivoisé.
Disparaissez, lieux superbes !
Où rien ne croît au hasard,
Où l'arbre est l'enfant de l'art,
Où le sable, au lieu des herbes,
Nous attriste le regard ;
Lieux où la folle industrie
Arrondit tout au ciseau,
Où rien aux yeux ne varie,
Où tout s'aligne au cordeau
De la froide symétrie
Et de l'ennuyeux niveau.

Ici l'auguste Nature,
Dans toute sa majesté,
Offre une vive peinture
De la noble liberté.
Sublime et toujours nouvelle,
Sous l'œil elle s'embellit :
Sa variété révèle
Une ressource éternelle
Que jamais rien ne tarit.
Qu'en ce point l'art est loin d'elle !
Son chef-d'œuvre se décrit ;
Mais la beauté naturelle
Reste au-dessus du récit.
Sous l'épais et haut feuillage
De ce bois qu'ont révéré
Le temps, la hache et l'orage,
De l'engageante Chéré
Je me retrace l'image.

Ah! qu'au fond de ce bocage
Son aspect serait charmant!
Le beau lieu! l'heureux moment!
Que de fleurs sur son passage!
Que de soupirs éloquents!
Que les gages de ma flamme
Seraient tendres et fréquents!
Mais où s'égare mon âme?
O bel objet désiré
Du plus amoureux des hommes!
O mon aimable Chéré!
Que n'êtes-vous où nous sommes!

A MADAME DE BOULLONGNE

QUI SE PLAIGNAIT DE L'INSOMNIE, ET NE POUVAIT S'ENDORMIR QU'UN LIVRE A LA MAIN; EN LUI ENVOYANT UNE LANTERNE DE NUIT ET DE CHEVET.

Vous vous plaignez, belle Uranie,
Et ne vous plaignez pas pour rien :
C'est un grand mal que l'insomnie,
Car le sommeil est un grand bien.
Par le secours de la lecture,
Vous espérez vous en tirer;
Mais vous ne pouvez ignorer
Que lire pendant qu'elle dure
Ne sert qu'à la faire durer.
Avouez que votre esprit l'aime;
Et, sans vous en apercevoir,
Que vous l'entretenez vous-même
Par la démangeaison extrême
Que vous avez de tout savoir.
De tout savoir! et pourquoi faire?
Qu'auriez-vous plus qu'auparavant?

Quoi que sache le plus savant,
Vous savez mieux : vous savez plaire.
Plus d'une qui, sur ce grand point,
N'aura jamais, n'eut et n'a point
L'honneur d'être votre pareille,
Fière de ses simples attraits,
Vit satisfaite à moins de frais,
N'a d'autre souci qui l'éveille
Que celui d'avoir le teint frais,
L'œil brillant, la bouche vermeille ;
Et pour cela ne lit jamais,
Dîne, soupe, se couche en paix,
Et dort sur l'une ou l'autre oreille.

Mais, puisque enfin c'est votre goût,
Qu'aux champs, à la ville, partout,
Sans lire vous ne sauriez vivre,
Et que, sur le chevet surtout,
A la main il vous faut un livre
Pour mettre à profit les instants
Que le sommeil tarde à se rendre,
Où, tandis qu'il est chez vos gens,
Vous vous ennuyez à l'attendre,
Je ne m'oserais plus répandre
En un trop long raisonnement,
Et je soumets mon sentiment
A la raison qui vous gouverne
Lisez. Que j'ose seulement,
Moi, petit esprit subalterne,
En présentant cette lanterne,
Hasarder un petit conseil,
Qui, si vous cherchez le sommeil,
N'est rien moins qu'une baliverne.

Attendant l'effet du pavot,
Gardez vous au moins d'un Voltaire,

D'un Montesquieu, d'un Tannevot,
De tel autre qui peut trop plaire ·
C'est moins remède que venin ;
Morphée étant, quand on l'appelle
Avec tels appeaux à la main,
Un vrai chien de Jean de Nivelle.
De Nivelle, plutôt, lisez
Les vers anathématisés ;
Lisez quelque pièce nouvelle
Qu'a fait réussir la Clairon ;
Quelque semblable bagatelle
Que vend Duchesse au quarteron ;
Quelque essai d'une Muse obscure,
Débutante dans le Mercure ;
Ou bien quelque autre rogaton,
Vous dormirez, je vous l'assure.

A MADAME DE ***

EN LUI ENVOYANT DES JARRETIÈRES.

Sur le sommet du mont Ida.
Quand, sous les yeux d'un beau jeune homme,
Vénus, pour obtenir la pomme,
De ses vêtements ne garda
Que la merveilleuse ceinture
Où l'on prétend que résida
Tout le charme de la nature,
Je gage, Iris, que ses appas,
Qui l'emportèrent sur tant d'autres,
Tout considéré, n'allaient pas
A la jarretière des vôtres.
Quoi qu'il en soit, Iris, voilà
Les deux siennes, que déroba

Un des plus grands fripons du monde,
Quand, de dessus la belle Blonde,
Cotte et chemise, tout tomba.
Et quel était ce fripon-là?
Pour vous la chose est peu douteuse :
Qui mieux, en effet, le saura
Que sa plus grande recéleuse?
C'était l'Amour, à qui vos yeux
Et jour et nuit donnent retraite :
Un logement si précieux
Est digne que cher on l'achète.
Aussi, pour avouer la dette
Et commencer à s'acquitter,
Le petit brigand de Cythère
Vous prie humblement d'accepter
Les jarretières de sa mère.

A MADEMOISELLE LECOUVREUR

QUI JOUAIT LE RÔLE D'ANGÉLIQUE DANS MA COMÉDIE DE L'ÉCOLE DES PÈRES.

Un émule de Praxitèle,
Et de son siècle le Coustou,
Fit une Vénus, mais si belle,
Si belle, qu'il en devint fou.
Vénus, s'écriait-il sans cesse,
Ta gloire animait mon ciseau!
Sers donc maintenant ma tendresse :
Anime cet objet si beau !
Vénus entendit sa prière ;
La pierre, en effet, respira.
De ce moment le statuaire
N'aima plus, il idolâtra.

Bientôt il fut aimé lui-même ;
Et, ce que mille extravagants

Envieraient comme un bien suprême,
A coup sûr il en eut les gants.
Bergers, gravez bien sur les arbres
Ce que je viens de vous narrer.
L'Amour peut attendrir les marbres :
C'est le sens qu'il en faut tirer.
Et vous, Déesse de la scène,
Que tous les jours nous encensons ;
Vous que Thalie et Melpomène
Préfèrent à leurs nourrissons,
Reine du prestige agréable
Et de la douce illusion,
Belle Lecouvreur, à ma fable,
Souffrez une autre allusion :
Mon Angélique est ma statue,
Et vous venez de l'animer.
Ma fable est la vérité nue,
Pour peu que vous veuillez m'aimer.

A M. LE COMTE DE LIVRY

Admirons comme les vieux temps
Savent influer sur les nôtres,
Et comme les événements
Sont enchaînés les uns aux autres.
Dans le céleste reposoir,
La Discorde jette une pomme,
Et trois Déesses, pour l'avoir,
Lèvent leur jupe aux yeux d'un homme.
Avançons, et vous allez voir
Jusqu'où mène cette aventure

Le juge fait bien son devoir :
Il allonge la procédure,

Analyse chaque figure.
Voit le blanc, le rouge et le noir,
Mis, par les mains de la nature,
Partout où l'on en peut vouloir.
Ma foi, c'était là, je vous jure,
Un fort joli venez-y-voir.

Vénus gagne enfin la gageure
Qu'elle avait faite à son miroir
En se parant de sa ceinture.

Pallas et l'autre, au désespoir,
En vengeance de cette injure,
Conduisent à Mycène, exprès,
Du bon Priam la géniture.
Pâris voit Hélène de près :
Il enlève la créature.
Toute la Grèce court après,
Et le feu grégeois, en mesure,
Change Ilium, qui n'en peut mais.

Vénus, en mère consternée,
Tire du feu son cher Énée
Et le donne à garder aux eaux.
Mais sa rivale forcenée,
Au lieu de laisser en repos
Ce peu de canaille troyenne,
Sans pousser la vengeance à bout,
Aime mieux, résolue à tout,
Faire office de bohémienne.

Elle promet au Dieu des vents
De lui faire voir, sous la cotte,
Un tendron tout des plus fringants,
Si de ses ennemis voguants
Il veut bien abîmer la flotte.

Le vieux ribaud, qu'elle dorlote,
Ouvre à ses fils extravagants
La fatale et terrible grotte
Où mitonnent les ouragans.

Hors de la caverne ils s'élancent :
Ils sifflent, et les Troyens dansent
Dans le goût de la Camargo ;
Les vents s'en donnent à gogo
Et font un train de l'autre monde ;
Neptune sort du sein de l'onde,
Et dit le fameux *Quos ego !*
Ici, monsieur, admirons comme
De fil en aiguille la pomme
Me coûte un louis, à vous cinq[1] :
Car d'elle seule est dérivée
L'aventure des vents, gravée
Par un émule d'Édelink [2].

A M. LE COMTE DE LA M***.

QUI, EN PARTANT POUR SES TERRES DU MANS, M'EN AVAIT PROMIS DES PERDRIX QU'IL NE M'ENVOYAIT PAS.

Ami, je sors de table et du sein des délices :
Ce qui fut doux à faire est doux à raconter ;

---

[1] M. le comte de Livry avait regardé, chez moi, une très-belle estampe du *Quos ego*, d'après Coypel. Il me parut, à la manière dont il la regardait, qu'elle lui faisait plaisir ; il me demanda combien je l'avais achetée. Je lui répondis, dix écus. A peine fut-il sorti, que je lui envoyai l'estampe, et qu'il la trouva en rentrant chez lui. Il me fit l'honneur de venir me remercier, et laissa, sans que je m'en aperçusse, cinq louis sur le coin de la cheminée, que le hasard seul, plusieurs jours après, me fit découvrir.

[2] Excellent graveur.

Laisse-moi donc me contenter.
Les Dieux, en ce repas, à tous mes vœux propices,
M'ont procuré des biens capables de tenter
Les plus délicats Sybarites.
Puissent tous les plaisirs que là-bas tu médites
Ressembler à celui que je viens de goûter !
De l'ordre, ainsi que du caprice,
Et surtout de la propreté,
Trois enfants de la volupté,
Le couvert était l'édifice.
De deux perdrix du Mans d'un excellent fumet,
Une couple admirable a décoré la fête.
Comus sur la cuisson avait eu l'œil au guet ;
Bacchus avait préparé le buffet
Et Cupidon le tête-à-tête.
Tel qu'on voit le soleil, dans les jours les plus beaux
Du plus haut de sa carrière,
Sur la surface des eaux,
Lancer, doubler sa lumière :
Tels, autour des flacons remplis d'un jus divin,
Les flambeaux d'une nuit si belle
Lançaient une clarté rebelle
Qui semblait disputer au vin
Cet éclat ravissant dont un verre étincelle.
Dans le brillant cristal de ce verre enchanté,
Je m'enivrais d'un vin plus doux que l'ambroisie,
Et m'enivrais à la santé
D'une jeune et tendre beauté
Qu'aussi bien que mon vin les Dieux avaient choisie.
Jusqu'où d'un fol amour ne va pas le transport !
J'ai, sur le rond d'un rouge bord,
Forcé ma belle amante à pencher son visage,
Tandis que, l'œil fixé sur ce joli tableau,
Je buvais lentement avec un chalumeau,
Pour abreuver ainsi mon cœur de son image.
Gens sages, s'il en est, donnez-moi mon congé ;

Aux Petites-Maisons marquez ma résidence;
Chassez-moi d'entre vous : je signe ma sentence;
Mais gardez-vous d'aimer, je serais bien vengé.
    J'aurais pourtant de l'indulgence.
Je frondais comme vous : Amour m'a corrigé.

Mon bonheur a fini par le bonheur suprême :
Bonheur qui n'est connu que du parfait amant.
Qu'on se peigne un objet simple, neuf et charmant,
    Que nous adorons, qui nous aime;
    D'abord d'une rigueur extrême,
  Humanisé de moment en moment;
Rendu capable enfin d'un tendre emportement,
Qui tombe dans nos bras, et presque de lui-même!

Tel vient d'être mon sort. O moments fortunés
Et trop tôt disparus! restez dans ma mémoire.
    Mais j'entends mes sens étonnés
Qui se plaignent qu'ici je leur en fais accroire.
Où prends-tu, disent-ils, une si belle histoire?
    Ce repas entre deux amants?
Ce vin, tel que les Dieux seraient heureux d'en boire?
    Ces cristaux, ces perdrix du Mans?
Cette image abreuvante et dont tu te fais gloire?
Où l'eus-tu, cette gloire, et nous tant de bonheur?
Où ce fut? Le dirai-je? Au pays des chimères;
Au pays des amis fidèles et sincères;
Où l'on voit des Manceaux de parole et d'honneur;
    Aux espaces imaginaires.

A M. LE COMTE DE SAINT-FLORENTIN

DEPUIS M. LE DUC DE LA VRILLIÈRE.

Monseigneur, quand je me présente,
Ordonnez qu'on me laisse entrer :
Si vous ne voulez vous montrer,
De vos bontés je vous exempte.
Allant vous en rendre, mardi,
Mille et mille actions de grâces,
Il me survint tant de disgrâces,
Que j'en suis encore étourdi.
La malicieuse fortune,
Pour me jouer tout le matin,
Prit le rôle de la rancune,
Et fit de moi son Ragotin.

J'étais sorti de ma chambrette,
Des Muses, tranquille retraite,
Et j'allais chez vous, monseigneur,
A pied, comme un petit rimeur.
Vous demeurez au bout du monde.
Si les pas ne me coûtent rien
Quand je vais voir les gens de bien,
C'est quand le beau temps me seconde.
Mais il en advint autrement,
Car le ciel, voilant sa lumière,
Voulut impitoyablement
Me baptiser à pleine aiguière.

Faut-il vous tracer un tableau
Plus vrai que ceux de Largillière?
Sous les ailes d'un vieux chapeau,
Tenant à l'abri ma crinière,
Je cheminais en serpentant,
Pour éviter, à chaque instant,

Une cascade, une rivière,
Des torrents, qu'à mes environs
Vomissait le haut des maisons.

En tout sens, en toute manière,
Ma démarche en vain biaisait;
Comme je suis court de visière,
Mon mauvais ange me faisait
Heurter de gouttière en gouttière

Cependant l'orgueilleux ruisseau
A mon courage offre matière :
Je recule un pas en arrière.
Et crois, léger comme un oiseau,
Franchir cette large barrière.
Mais, à coup sûr, j'avais, à Dieu,
Fait mal, ce jour-là, ma prière;
Je partage en deux la carrière,
Et je me plante au beau milieu.
A cette chute singulière,
De ma moue un Turc eût frémi.
En un bon grand pas et demi,
Je sors de cette fondrière,
Jurant comme un Suisse endormi
Qu'un page a pincé par derrière.
Hélas! que j'étais loin encor
De l'hémistiche en lettres d'or
Du bel hôtel de la Vrillière!

Enfin je respire un moment;
Phœbus avait percé la nue.
Je redresse mon col de grue,
Et suis mon chemin doucement.

Me voilà donc, avec prudence,
Sautant de pavés en pavés,

Les pieds sur la pointe élevés,
Comme au premier pas d'une danse.
Qui m'eût vu marcher en cadence,
Eût dit que, durant le chemin,
Je répétais la révérence
Qu'à monsieur de Saint-Florentin
Préparait ma reconnaissance.

Mais que de peines sans profit!
Tout à coup un fiacre maudit,
Croisant le pauvre philosophe,
Vous lui vient broder son habit,
A n'en pas laisser voir l'étoffe.
Vingt mouches, pour dernier malheur,
Qui n'étaient pas du bon faiseur,
Volent à ma face interdite.
A cette apostrophe subite,
Les bras ouverts; je reste coi.
Un diable aspergé d'eau bénite
N'eût pas enragé plus que moi!
Aux yeux de la foule attentive,
Je me secoue; enfin j'arrive.
Mais, proche de votre palais,
Arlequin fit son personnage.
De loin, j'avais eu du courage,
Je ne fus qu'un poltron de près;
On ne peut l'être davantage.
De qui, de quoi donc avoir peur?
Rassurez votre humeur affable.
Ce n'est pas de vous, monseigneur!
Vous humanisez la grandeur,
Et votre caractère aimable
Imprime un respect sans terreur.
Bien loin de m'être redoutable,
Vous êtes mon cher protecteur;
Vous m'avez été secourable,

ÉPITRES

Et j'augure bien du début.
Qui redoutais-je donc? Le diable,
L'ennemi de notre salut.
Non, je ne tiendrai point pour fable
Ce qu'on nous dit de Belzébut,
Las! il n'est que trop vrai!... le traître,
Chez les grands vient nous apparaître
Tantôt en suisse sans pitié,
Et tantôt en valet de pied,
Qui nous barre l'aspect du maître,
Pour nous souvent plein d'amitié.
Ce diable est-il qualifié?
Il n'en a que plus de malice.
Hélas! je l'ai bien éprouvé!
Déjà je me croyais sauvé :
Déjà j'avais franchi le suisse,
Passé la cour et le perron;
J'entre dans la salle prochaine
Avec tout aussi peu de peine
Que les ennuyeux chez *Piron*.

Hardiment j'ouvre une autre salle,
Et, m'avançant huit ou dix pas,
De ma figure originale
J'incline le masque assez bas,
Et prie humblement qu'on m'annonce.
Un beau monsieur froid et bénin,
Représentant l'esprit malin,
Me fait une douce réponse,
Et, tandis que, très-poliment,
En vrai papelard, il m'exhorte
A patienter un moment,
De pas en pas, tout doucement,
Il me ramène vers la porte,
Où je recule un peu surpris.
Là, ne cessant de me promettre,

Sa bonté daigne me remettre
Où la témérité m'a pris.

Ainsi, quand aux pieds d'une belle,
Sur l'herbe, assis nonchalamment,
Un berger timide et fidèle
Veut préparer l'heureux moment,
De la bergère un peu rebelle
D'abord il prend le pied mignon ;
Puis, faisant le bon compagnon,
Admire la mule avec elle,
L'ôte, la baise, la remet.
On souffre cette bagatelle.
Mon drôle, suivant son projet,
Conçoit une audace nouvelle ;
Sa main veut se glisser plus haut,
Dans l'espérance la plus douce.
Halte-là, s'il vous plaît. Bientôt
En vient une qui le repousse.
L'effronté reste un peu confus,
Et tel à peu près que je fus.
Voyons la fin de la querelle.
Au cœur, vrai souverain du lieu,
Un tendre regard en appelle.
L'un devine, l'autre chancelle ;
Aux poudres l'Amour met le feu ;
Le cœur à la main vigilante
Ordonne de se retirer...
Monseigneur, quand je me présente,
Ordonnez qu'on me laisse entrer ;
Et puisse le cœur des bergères,
Quand vous en serez aux genoux,
Aux mains qui feront les sévères,
Donner le même ordre pour vous !

AU MÊME

LA QUENOUILLE UNIQUE ET MERVEILLEUSE

Quand le pauvre Binbin mourut
(Car, puisqu'il faut bientôt qu'il meure,
Autant vaut dire cela fut,
Que cela sera tout à l'heure),
Quand donc j'eus vu le sombre bord,
Tout en descendant de la barque,
Mon premier soin, ce fut d'abord
D'aller remercier la Parque
De m'avoir coupé le filet
D'une vie obscure et chagrine,
Pour faire, en un cabriolet,
Nommé bière en son origine,
D'une célébrité divine,
Rouler mon vieil esprit follet
Sur les remparts de Proserpine.

En curieux et franc Binbin,
J'avais bien aussi quelque hâte
De voir en face, un jour, enfin,
Ces trois servantes du Destin,
Bien pires que celle à Pilate,
Dont j'avais, à tort, à travers,
En véritable enfant qu'on gâte,
Médit tant de fois dans mes vers.

Mais parlons une fois sans rire.
Disons la pure vérité :
J'avais au trio redouté

Quelque petite chose à dire
Au sujet d'un mortel chéri
Dont la douce et riante image
Me suit par delà le rivage
Du triste fleuve de l'oubli.

Dieu sait, dès qu'elles m'aperçurent,
Dans quelle surprise elles furent
De voir, pour la première fois,
Une ombre qui riait sous cape
En lieux où pleurent le bourgeois,
Le noble, le prince et le pape.
Vive la Mort! vive Esculape!
S'écria la vieille des trois,
Au ciseau de qui rien n'échappe ;
Voici celui qui ne fut rien,
Pas même académicien,
Pour avoir fait l'Ode à Priape.
Nous lui devons un compliment
Pour une strophe de cette ode,
Où le gaillard, effrontément,
Nous en faisait un à sa mode.
Faisons danser le médisant :
Il s'y vantait en téméraire
Aussi bien qu'en mauvais plaisant,
Et s'y promettait de nous faire
Ce qu'assurément il n'est guère
En état de faire à présent.

Or çà, l'ami, sortons d'affaire,
Me dit-elle en s'humanisant
Et prenant le ton débonnaire;
Nous vous tenons : voyons un peu,
Avec un septuagénaire,
Si la parole vaut le jeu!

Je perdis un peu contenance,
En rougissant de souvenance :
Eh! mon Dieu! leur dis-je, laissons
Les reproches et les leçons :
J'en eus là-haut ma suffisance.
Eh quoi donc, comme un Iroquois,
Traité partout de Turc à Maure,
Serai-je toujours, suis-je encore
Devant monsieur de Mirepoix?
Non, non : je suis devant vous trois;
Et, plus sage un peu qu'autrefois,
En mourant, on s'améliore :
Une petite potion
De votre excellent opium
En vaut bien une d'ellébore.

Laissons donc là le temps jadis :
Pour Dieu, rayons de notre histoire
Un péché qu'à vingt ans je fis,
Et que trente ans, comme on peut croire,
Auraient effacé des esprits
Et fait oublier sans les cris
D'un prélat d'heureuse mémoire,
Qui crut qu'il était de sa gloire
D'en rafraîchir le souvenir,
Et de rendre le fait notoire
A tous les siècles à venir.
Le saint homme, en grand capitaine,
M'excluant de la quarantaine,
Me tuait de honte et de faim :
Je n'avais plus fauteuil ni table;
C'était fait du pauvre Binbin
Sans un seigneur plus équitable,
Qui daigna me tendre une main
Aux malheureux toujours propice.
De mon mal il fit ma santé,

Et mon repos de mon supplice.
Ainsi la douce humanité
Me retira du précipice
Qu'avait creusé la piété.
Dames, par curiosité,
Que dans vos magasins je fouille ;
Et de l'humain dont la bonté
Fit toute ma félicité,
Que je voie un peu la quenouille.

Les aveugles sont curieux,
Dit Lachésis la dégourdie,
Par qui toute trame est ourdie,
Tiens, elle te crève les yeux !
Lorgne et disparais : expédie ;
Un Quinze-Vingt, dans le grand tas,
La distinguerait de cent pas,
Tant elle est grosse et rebondie.

Ma lorgnette en l'air, en effet,
Je la vis selon mon souhait,
C'est-à-dire dodue, et telle,
Que peut-être jamais si belle,
Pour Nestor, pour Mathusalem,
Pour un décuple Fontenelle,
Jusqu'aujourd'hui par le destin,
Ne fut mise encore à la main
De Clotho la sempiternelle.

Cette quenouille est un morceau
Incrusté de nacre et d'ivoire ;
Une perle de très-belle eau,
Longuette et finissant en poire,
Tourne, vire, et sert de fuseau.

Omphale, beauté lydienne,
En fit présent au fils d'Alcmène,
Quand chez elle il fut séjourner ;
Et, sur la rive Stygienne
Allant de là se promener,
Ce héros, à la bohémienne,
Eut la sottise de donner
Ce joyau qui ferait tourner
La tête à monsieur de Julienne.

La quenouillée est d'un beau lin,
Plus blanc que la neige, et si fin,
Qu'à l'œil il est imperceptible,
Et qu'il lui serait impossible
D'en distinguer le brin du brin.
Son volume aussi, comme on pense,
Éparpillé serait immense.
N'était qu'un ruban bleu turquin,
L'entoure en serpentant, le serre,
Et, l'emmaillotant tout des mieux,
Fait qu'il ne paraît presque aux yeux
Que de la grosseur ordinaire.

Patience, voici le beau :
C'est que certain petit bourreau,
Marmot n'aimant que le désordre,
Garnement qu'on appelle Amour,
La nuit, s'amusant à détordre
Le fil qu'on a tordu le jour,
Aux fileuses du noir séjour
En donne sans cesse à retordre ;
Et la trame ainsi devenant
Une toile de Pénélope,
Du mortel chéri, maintenant,
Qu'on tire l'heureux horoscope.

Vivez donc en paix et contents,
Beaux amis et belles amies,
Qui pour lui donneriez vos vies :
Vous le posséderez longtemps ;
Tandis que moi dont la fusée
A fait le tour du dévidoir,
Je vais, tout ce temps, sans le voir,
Bien m'ennuyer dans l'Élysée,
Tant beau puisse être le manoir.

ODES

ODE ANACRÉONTIQUE

Je bénissais ma faible vue :
Heureux, disais-je, le malheur
Qui ferme la seule avenue
Par où l'Amour entre en un cœur!

Hélas! de cette attente vaine,
Le fils de Vénus, irrité,
Entre les mains de Célimène
Mit un luth qu'il avait monté!

J'ouvre l'oreille. Que de charmes!
L'Amour entre avec les accords.
Je brûle; on me hait : que de larmes!
Que de regrets et de remords!

Quoi! chez moi ce feu tyrannique
Par cent portes pourra passer,
Lorsque Célimène a l'unique
Par où je le puisse chasser!

STANCES

La femme est un sot animal.
Le pécheur à qui Dieu veut mal,
Dit le sage, est amoureux d'elle.
Oui, ce feu qui paraît si doux
Est la marque la plus cruelle
Qu'on ait du céleste courroux.

Que ne peut le sexe adoré !
Nous périssons, bon gré, mal gré,
Lorsque ce démon nous possède :
Notre cœur, notre âme en dépend ;
Honneur, étude, tout y cède :
L'âge vient, et l'on s'en repent.

Ce penchant n'apporte aucun fruit ;
L'amant, toutefois, jour et nuit
Veille, va, revient, se démène :
Cela s'appelle, en vérité,
Chercher, avec bien de la peine,
Les malheurs de l'oisiveté.

L'amour, par ses indignes feux,
Nous ôte l'avantage heureux
Qu'ici-bas la raison nous donne ;
Et, pour s'en venger à son tour,
La raison toujours empoisonne
Les plus doux moments de l'amour.

Tel est le sort des amoureux :
Le désir ardent d'être heureux
Longtemps les tyrannise en maître.
Le sont-ils enfin devenus,

La crainte de ne le plus être
Fait qu'ils ne le sont déjà plus.

Si l'amour, selon nos désirs,
Nous procure quelques plaisirs,
Un chagrin les balance au double.
Et puis sont-ils jamais complets?
Délicat, toujours on les trouble;
Brutal, on les goûte imparfaits.

Cependant du vieillard ailé
Le sable fatal a coulé :
Le plaisir avec lui s'envole;
L'amour nous laisse à mi-chemin
Qu'emportons-nous de son école?
De l'ignorance et du chagrin.

Lis, travaille, compose, écris,
J'***. Conçois un beau mépris
Pour une insipide mollesse :
Thésaurise en tes jeunes ans
De quoi pouvoir dans la vieillesse
Adoucir tes ennuis pesants.

Mon cinquième lustre a passé;
Le tien a déjà commencé.
Tu vois mes regrets : fais-toi sage.
Qu'un ami, tel que je le suis,
Ne m'imprima-t-il à ton âge
Ce que je conseille aujourd'hui !

ODE

LES MISÈRES DE L'AMOUR

D'APRÈS L'ODE DE ROUSSEAU, SUR LES MISÈRES DE L'HOMME.

Que l'homme est sot et ridicule
Quand l'amour vient s'en emparer !
D'abord il craint, il dissimule,
Ne fait longtemps que soupirer.

S'il ose enfin se déclarer,
On s'irrite, on fait l'inhumaine ;
N'importe, il veut persévérer :
Que de soins, d'ennuis et de peine !

On l'aime : tant pis ! double chaîne.
Mille embarras dans son bonheur.
Contre-temps, humeur incertaine ;
Père, mère, époux, tout fait peur.

Est-ce tout ? Non : reste l'honneur :
L'honneur, du plaisir l'antipode.
On veut le vaincre, il est vainqueur ;
On se brouille, on se raccommode.

Vient un rival, autre incommode.
Loin des yeux le sommeil s'enfuit.
Jaloux, on veille, on tourne, on rôde :
Ce n'est qu'alarmes jour et nuit.

Après bien des maux et du bruit,
Un baiser finit l'aventure.
Le feu s'éteint, le dégoût suit
Le pré valait-il la fauchure ?

LE SALON

> Digito compesce labellum.
> Juv., *Sat.*

Quel siècle! où sommes-nous? Quels hommes! quelles femmes
Quels enfants! quelles mœurs! quels esprits! quelles âmes!
Oh! comme en peu de temps tout s'est défiguré!
Car un douzième lustre à peine est expiré
Depuis que l'on voyait régner encore en France,
Sinon la vertu pure, au moins la bienséance.
Vicieux, mais prudent, le vieux moralisait;
Le jeune avantageux devant lui se taisait;
La mère était un ange au sein de sa famille;
Pour l'innocence même on aurait pris la fille.
L'athée ou l'esprit fort, s'il en fut par hasard,
Se gardait de lever le masque et l'étendard;
L'abbé représentait un ecclésiastique;
Le moine ou le pasteur, un homme apostolique;
Le magistrat, monté sur l'un et l'autre ton,
Vivant comme un Pétrone, avait l'air d'un Caton.
Sous le respect humain, tyran fier et sauvage,
L'amour-propre tenait le vice en esclavage.

Ce n'était au dehors que sagesse et candeur,
Et les plus dissolus avaient quelque pudeur.

Mais, quoi? sans être sage, avoir à le paraître!
Autant vaudrait tâcher, parvenir même à l'être.
De ce fardeau chacun, dès longtemps, était las;
Et, d'un commun accord, tous enfin l'ont mis bas.

Je vous entends d'ici, mignons du moyen âge :
« Porte, bonhomme, porte ailleurs ton radotage.
« De tout temps le vieillard humoriste et cassé
« Au présent qu'il envie, opposa le passé.
« Dis-nous : lorsque du sang la douce effervescence
« T'échauffait les esprits, dans ton adolescence,
« Ce beau zèle des mœurs entra-t-il dans ton plan?
« Et fut-ce là le ton que tu pris? Souviens-t'en. »

Je n'ai point oublié mes écarts de jeunesse,
Ni, pour m'en repentir, attendu la vieillesse.
Le prélat rigoureux qui m'en a châtié,
S'il eût su mes remords, eût eu plus de pitié.
Quiconque professa la doctrine cynique,
Je le sais bien encor, doit se taire au portique;
Et surtout dans un âge où, quel qu'il ait été,
Le docteur a de l'air du renard écourté.
Aussi ne viens-je point, d'un ton qui vous attriste,
En vieillard effronté trancher du rigoriste.
Ami du vrai plaisir, loin de le déprimer,
Je viens pour vous induire, au contraire, à l'aimer.
Je voudrais que, guéri d'illusions sans nombre,
Seulement on le sût distinguer de son ombre;
Qu'on laissât moins les sens y conduire à leur gré;
Que la délicatesse y menât par degré,
Et non que le jeune homme, en commençant à naître,
S'y livrât en aveugle avant de le connaître;

Ou que, l'ayant connu, l'homme en maturité
L'épuisât avant terme et sans l'avoir goûté.
Funeste et vrai tableau du siècle que je quitte!
Tout y pense, y raisonne, y parle en Sybarite;
Je n'y vois toutefois que dégoûts et qu'ennui :
Le Sybarite bâille, et je bâille avec lui.
Faut-il être surpris de cette léthargie?
Le plaisir sans obstacle est bientôt sans magie;
Et, sans elle, en amour, point de félicité!
Sans elle, l'essai touche à la satiété.
Aimer, plaire et jouir, c'est tout votre système;
Système vraiment sage, et la sagesse même,
N'était que vous voulez et voulez vainement
Faire de ces trois points l'ouvrage d'un moment,
Moment qui vous plongeât dans ces torrents de joie
Où le cœur amoureux se dilate et se noie;
Et qui, vous replongeant de plaisirs en plaisirs,
Accrût, perpétuât et comblât vos désirs.
Doucement! De l'amour, l'aise est la sépulture.
Aux travaux du guerrier la palme se mesure.
La proie est peu de chose et ne plaît aux chasseurs
Qu'autant qu'elle a coûté de course et de sueurs.
Il fallut bien des pas au berger de Virgile
Que fuyait, en riant, une bergère agile,
Et bien du temps à ceux que nous a peints Durfé,
Qui, pour avoir langui, n'ont que mieux triomphé.
Éprouvez donc ceux-ci! Fuyez, sexe adorable!
Par pitié, montrez-leur un front inexorable!
De là d'honnêtes feux et d'exquises faveurs;
De là le vrai plaisir : les vôtres joints aux leurs.
Le droit d'un beau refus ne peut trop loin s'étendre,
Ni le moment heureux se faire trop attendre.
Plus il aura tardé, plus il aura de prix;
Plus les deux cœurs seront solidement épris,
Moins il donnera même atteinte à votre gloire.
Une longue défense égale une victoire.

Le guerrier [1] dont Belle-Isle atteste la valeur
En sortit couronné de la main du vainqueur.

Loin d'abord, loin de vous l'injurieux hommage
De ces prétendus grands qui, tirant avantage
De je ne sais quel sang ou quelle dignité,
Font de vous le jouet de leur frivolité.
Loin, ces hommes de fer et ces autres espèces,
Qui, le tarif en main, marchandant vos caresses,
Prétendent, sans l'aveu de l'amour et des ris,
Passer, de leurs bureaux, de plain-pied dans vos lits.
Laissez-les s'éblouir de ces objets folâtres
Que la danse ou le chant divinise aux théâtres;
Venimeux hameçons de la fausse Vénus,
Qui n'amorça jamais que des cœurs corrompus.
De la beauté sur nous signalez mieux l'empire.
Que pour vous seul on vive, on existe, on respire!
Qu'on vous aime ardemment, sans être bien traité,
Plus ardemment encore après l'avoir été.
Par delà vos faveurs, qu'au ciel on ne demande
Qu'une célébrité qui sur vous se répande.
Le dirai-je? Peut-être une si belle ardeur
Rendrait-elle à l'État sa première splendeur.
Que ne peut cette idée? En m'illustrant moi-même,
J'illustre la beauté que j'adore et qui m'aime.
A de si nobles feux, l'honneur se ranimant,
On redeviendrait homme en devenant amant.
Pour vous mériter mieux, la jeunesse guerrière,
A son noble métier se donnant tout entière,
Sous Broglie irait apprendre avec docilité
A joindre la bravoure à la capacité;
Sous Choiseul, en des temps et de crise et d'orage,
A tenir dignement, d'une main ferme et sage,

---

[1] M. de Sainte-Croix.

Le timon de l'État troublé par des rivaux,
Ennemis des humains, d'eux-même, et du repos ;
Et l'effet merveilleux du pouvoir de vos charmes
Ne se bornerait pas aux succès de nos armes,
Il n'influerait pas moins sur nous de toutes parts :
Tout renaîtrait, les lois, les mœurs et les beaux-arts !
Aspirant à la main de quelque objet aimable,
Qu'on n'obtiendrait jamais sans se rendre estimable,
Le jeune magistrat voudrait faire au barreau
Briller en sa personne un second Daguesseau.
Sous les pas des amours unis à la sagesse,
Que de nouvelles fleurs aux rives du Permesse !
Et, mûrissant bientôt sous l'œil de chastes sœurs,
Que de fruits précieux renaîtront de ces fleurs !
L'esprit, qui ne s'arrête aujourd'hui qu'à l'écorce,
Percerait à la séve et reprendrait sa force ;
Du juste et du solide, à l'harmonique unis,
Couleraient l'agréable et le beau rajeunis.
Le philosophe au gland ne renverrait pas l'homme ;
L'orateur parlerait comme on parlait à Rome ;
Le poëte, en ses vers, libre dans sa prison,
Ferait servir la rime et régner la raison.
Épique, il chanterait, non comme a fait Homère,
Un héros seulement fameux par sa colère,
Mais un roi de son peuple et le père et l'amour,
Qui ne peut sans bienfaits laisser couler un jour.
Lyrique, sans écarts il volerait aux nues ;
Bucolique, il peindrait les grâces ingénues ;
Satirique, il rirait, ferait rire, et ses coups
N'offenseraient personne en s'adressant à tous.
Tragique, il irait droit, sans portrait ni maxime,
Au simple, au pathétique, au grand, au vrai sublime ;
Ou comique, imitant la nature et ses jeux,
En riant instruirait et nous et nos neveux.
Oh ! que, morigénés par ces nouveaux Molières,
Nos marquis à venir riraient bien de leurs pères,

12.

Représentés, chez eux, entourés, les matins,
De parfumeurs, d'escrocs, de juifs et de catins !
Puis, le reste du jour, n'ayant projets ni vues,
En cochers maladroits, embarrassant les rues,
Et gagnant le rempart, pour aller, tout en eau,
De leurs cabriolets tomber chez Ramponeau !
Et que penseriez-vous, amantes réformées,
Quand par nos Rabutins vous seriez informées
Que, d'un éclat fâcheux loin de craindre l'affront,
Nos aïeules gaiement y couraient de plein front,
Et, sans autre plaisir que la commune ivresse
De conquérir le nom de petite-maîtresse,
A de petits soupers, en de petits réduits,
Avec de petits ducs allaient passer les nuits ?
Quoi ! la mère allait là ? direz-vous ; *et la fille ?*
La fille cependant, de derrière une grille,
Esclave impatiente, attendait le moment
De jouir à son tour des droits du sacrement.
Le moment arrivé dépossédait la mère.
Elle était la seconde, et l'autre la première,
Qui, dans ses passe-temps, quelquefois, par pitié,
Daignait mettre et mettait sa mère de moitié.
Mais le père, l'époux, le frère ?... Plaisants titres,
Pour avoir là-dessus quelques voix en chapitres,
Quand l'amour du désordre, à la ville, à la cour,
Était et le bel air et la vertu du jour !
Quand, loin de nuire au cours d'un abus si commode,
Chacun se disputait l'honneur d'être à la mode,
Et le premier, d'avance, établissait chez lui
Les aises qu'il voulait rencontrer chez autrui.
Le clergé haut et bas, mitré comme en sandale,
Avait lieu de gémir sur un si grand scandale ;
Et, brûlant d'un saint zèle, on va s'imaginer
Qu'il faisait beau l'ouïr et le voir fulminer.
Le clergé se taisait. Les prélats pacifiques,
Recueillant humblement leurs droits honorifiques,

Se soulageaient le cœur par de pieux élans,
Tandis qu'à leurs foyers viraient les ortolans;
Et, du reste, à des sourds, de prêcher l'Évangile,
Ils laissaient aux curés la fatigue inutile;
Aux moines l'embarras de se mortifier;
Aux abbés répandus le soin d'édifier.
Mais le curé n'avait que bâtiments en tête;
L'abbé que rendez-vous; le moine que sa quête.
Au dur apostolat chacun d'eux renonçait,
Et de Pierre endormi la nacelle enfonçait.
Mais, du moins, direz-vous, la mesure ainsi pleine,
Thalie avait beau jeu pour égayer la scène;
Et vos jolis esprits devaient, à peu de frais,
Sur de si riches fonds triompher, ou jamais.
Nous avions des esprits fort jolis, mais sans verve;
Si quelqu'un s'en mêlait, c'était malgré Minerve.
Des Muses le palais, par Plutus habité,
N'avait plus pour enseigne : *A l'Immortalité.*
Le meilleur écrivain n'était plus qu'un manœuvre,
Aimant mieux faire alors son chemin qu'un chef-d'œuvre,
Préférant un gain vil à l'éclat d'un beau nom,
Et la bourbe du Tage au laurier d'Apollon.
Le rimeur indigent chantait la bienfaisance;
L'opulent fatiguait les cours de sa présence;
Sous un masque de prude, et le col de travers,
Thalie, en larmoyant, psalmodiait ses vers;
Et, dans les siens, bouffis d'épithètes sonores,
Melpomène faisait ronfler des matamores :
Drames par la nature au néant condamnés,
Avortons de l'esprit, de l'art enfants mort-nés,
Adoptés toutefois par une troupe ignare,
Et, qui pis est, courus d'un parterre bizarre,
Qui, ne se rappelant Corneille ni Baron,
Confondait le héros avec le fanfaron;
Et qui, du bel antique ayant perdu la piste,
Las des originaux, couronnait le copiste;

Goûtait *Rome sauvée* après *Catilina*,
Se pâmait à *Tancrède* et bâillait à *Cinna*.

Du siècle où j'ai vécu tels furent le génie,
Les sentiments, le goût, les mœurs et la manie.
Deux fléaux concouraient à sa caducité :
L'indécence applaudie et la cupidité.

O vous, nos chers neveux, que je me plais à croire
Au sein des vrais plaisirs, du calme et de la gloire!
Laissez-moi croire aussi que de votre bonheur
Pour son propre intérêt le beau sexe eut l'honneur.
Lui seul aura tout fait : sa faiblesse et ses grâces,
Flattant notre mollesse, ont causé nos disgrâces ;
Ses charmes, relevés de l'amour du devoir,
De vous remettre au vôtre auront eu le pouvoir.
Ce temps, non loin peut-être, à mes yeux se dévoile.
J'y revois des Français briller l'heureuse étoile,
La victoire, en tous lieux, fidèle à nos drapeaux,
Et notre pavillon respecté sur les eaux.
Je vois votre commerce embrasser les deux mondes,
Vos hameaux repeuplés et vos landes fécondes.
Dans vos cours, vos cités, votre église et vos camps,
Partout, l'ordre est en règne ainsi qu'aux premiers temps,
Le ministère y vole au-devant du mérite ;
Le vertueux y fait reculer l'hypocrite ;
L'honneur, la piété, n'y sont rien moins qu'un jeu,
L'honnête homme en est un ; le dévot y craint Dieu ;
La faveur est sans voix ; la bonne renommée
Seule indique un prélat, donne un grade à l'armée ;
Courses, temps, ni manége au rustre postulant,
Ne procurent la place acquise au vrai talent.
Sur la femme arborant le fard et l'impudence
La beauté simple et douce obtient la préférence,
Le véritable amant sur le galant musqué,
Et l'esprit naturel sur le sophistiqué.

Chez vous, l'auteur tragique instruit, touche, imagine;
Pense comme Corneille, écrit comme Racine;
Et Molière, du haut de ses talents divins,
Avouerait le comique où vous battez des mains.
Vos théâtres enfin, sources de grands exemples,
Sont plus édifiants que ne l'étaient nos temples.

Tout cela, pur effet, je le soutiens encor,
Du retour fortuné des feux du siècle d'or.

D'être plus ou moins tard que n'ai-je eu l'avantage ?
J'eusse été plus content: soyez-le d'âge en âge,
Et rendez grâce au ciel de vous avoir gardés
A des temps tels que ceux qui nous ont précédés.

CONTES

ROSINE

OU TOUT VIENT A POINT A QUI PEUT ATTENDRE

Chacun trouve à la fin son compte.
Gens mécontents de votre état,
Patientez. C'est de ce conte
La morale et le résultat.

Rosine à peine avait quinze ans.
Peignons d'un trait ses agréments :
Le moindre de tout était l'âge.
Ne détaillons pas davantage
Un portrait qui court les romans.
Rosine, en un mot, était belle,
Belle à mériter mille amants :
Pas un pourtant n'approchait d'elle.

Son père vivait en dévot,
Et sa mère était une prude :
Couple aussi rigoureux que sot,
Aussi ridicule que rude,
Nuit et jour en inquiétude,

Et l'œil ouvert sur le tendron.
Crainte de quelque tour fripon
Que se reprochait leur sagesse,
Et qui, dans leur temps de faiblesse,
Avait hâté leur union.
Il n'est Argus pires, dit-on,
Que les Argus de cette espèce.
Mais il n'en est ni plus ni moins :
Ils en furent pour leurs alarmes.
Rosine prit garde à ses charmes,
Et sentit ses petits besoins.
Le sein naissant de la fillette
Couva bientôt certains désirs,
Sources de maints profonds soupirs
Qui le soulevaient en cachette.

Et quand surtout ces déplaisirs?
Sans faute, aux heures de toilette.
« Hélas ! disait-elle souvent,
Quand sa parure était complète,
Et qu'elle se mirait seulette,
Je jette bien ma poudre au vent!
Quoi donc! j'aurai, toute ma vie,
Pour tout jeu, pour tout entretien,
J'aurai, pour toute compagnie,
Mon oiseau, ma chatte et mon chien?
Avec le monde, qui m'oublie,
Tout commerce m'est interdit!
Et pour qui me suis-je embellie?
C'est bien me parer à crédit!
Me parer est grande folie!
Que m'importe d'être jolie,
Si mon miroir seul me le dit?
Veut-on me laisser mourir fille?
Si je puis, il n'en sera rien;
Et j'y saurai plus d'un moyen.

Ah! qu'une mère de famille
A de beaux droits qui m'iraient bien!
Droit d'être coquette ou béguine,
D'être précieuse ou badine,
D'agacer un cercle flatteur,
Ou de passer, à la sourdine,
Le temps avec un directeur;
Droit, selon l'une ou l'autre humeur,
De porter l'or ou l'étamine;
Droit d'oser tout sous la courtine,
De faire la paix ou le bruit,
D'être caressante la nuit,
Et le jour de faire la mine;
Droit, s'il arrivait un malheur,
De convoler en tout honneur;
Tant d'autres droits que j'imagine,
Droits si bien dus à nos appas,
Dont la jouissance est si belle!
Puissance maritale, hélas!
Bientôt ne me viendras-tu pas
Délivrer de la paternelle? »

Le ciel prit au mot la pucelle.
Le père avait un vieux château
Au bord de la mer infidèle.
Un jour, que, sur une nacelle,
La belle s'égayait sur l'eau,
Une bourrasque, un vent de terre,
Fait faire largue à son bateau.
A point nommé, passe un corsaire
Qui la ramasse en son vaisseau,
Cingle en Afrique, et, sur la plage,
Met sa belle proie à l'encan.

Un beau jeune mahométan
(Nommons Osmin le personnage)

La convoite, et paye au forban
Tout ce qu'on veut, et davantage.
Et croyez que le musulman
N'eut pas plus regret à la somme
Qu'à l'aspect d'un si beau jeune homme
Rosine en eut à sa maman.

Or déjà le Turc, à son dam,
Avait vingt-neuf femmes; en somme,
En avoir trente était son plan;
Et cela, grâce à l'Alcoran,
Sans nulle dispense de Rome.
Otez-moi la peur de Satan,
Gens indévots, et qu'on m'assomme,
Si demain je n'ai le turban.

Ainsi payée en belle espèce,
L'ouaille fut mise au bercail,
Non sans quelques mots de tendresse;
Bref, et laissant tout long détail,
Rosine entra dans le sérail,
Moins en esclave qu'en princesse.

Pendant le jour tout fut des mieux.
Rien d'abord qui ne rît aux yeux.
Mais, à la fin de la journée,
Voici la chance bien tournée.

Dans un spacieux promenoir,
Elle trentième est amenée.
Pensez qui fut bien étonnée,
Quand, face à face, par un noir,
Ces anges, rangés sur deux lignes,
A l'arrivante firent voir
Vingt-neuf rivales, toutes dignes,
Comme elle, de n'en point avoir.

Le fier Osmin, à pas tranquilles,
Grave comme un consul romain,
Et toutefois d'un air humain.
Se promène entre les deux files;
Lève un menton, découvre un sein,
L'admire à son aise; examine
Le lis, la neige et le jasmin
Du demi-globe que termine
Un petit bouton de carmin;
En enveloppe de sa main
Le contour aussi doux qu'hermine,
En fait autant à son germain;
Puis de belle en belle chemine,
Et, devant qu'il se détermine,
Refait trente fois le chemin.
Cependant, des fines femelles.
Pour fixer les faveurs d'Osmin,
C'est à qui jouera des prunelles;
Mais un mouchoir qu'il jette enfin,
A la plus heureuse d'entre elles,
Remet le reste au lendemain,
Et Rosine était de ce reste.
Nouvel état, en vérité,
Pour peu qu'il dure, plus funeste
Que le premier qu'elle a quitté!
« Mais c'est un choix peu médité;
L'injustice est trop manifeste:
Demain j'aurai la primauté. »
Des femmes, en fait de beauté,
Tout monologue est peu modeste.
D'un second choix moins indigeste,
Espérance endort vanité;
Le tiers jour, pas plus d'équité.
Soit guignon, soit mauvais manége,
Soit tous les deux: que vous dirai-je?
Elle en est au vingtième jour,

Sans avoir encore eu son tour
Elle ne retient plus ses larmes :
« Quel est donc l'étrange séjour
Où j'étale aux yeux tous mes charmes,
Sans pouvoir inspirer d'amour?
Ah! disait la belle éplorée,
Que mon cœur s'était bien mépris!
Hélas! si j'étais ignorée,
Du moins j'ignorais les mépris!
Être vingt fois déshonorée!

« O l'indigne et l'affreux destin !
M'a-t-il un moment désirée,
Le tyran! de quel air hautain
Il se présente à notre vue!
Ce coup d'œil errant, incertain,
De quelque attrait qu'on soit pourvue !
Ce geste presque de dédain,
Porteur de l'arrêt qui me tue,
En m'exposant au ris malin
De celle dont il s'infatue!
Quel empire absolu sur nous!
Comme sous lui tout s'humilie!
Quelles rivales! quel époux !
Mais que leur nombre multiplie;
Qu'elles triomphent, qu'il m'oublie,
Et que, tandis que je le fuis,
Aux pieds du monstre prosternées,
Les lâches passent les journées
A briguer de honteuses nuits;
Pour nous, songeons mieux qui nous sommes,
Relevons un rang avili ;
Méritons un sexe, embelli
Pour commander à tous les hommes.
Fuyons de ces barbares lieux
Où la beauté n'a point d'empire ;

Et couronnons, sous d'autres cieux,
Quelque amant moins audacieux,
Quelque amant du moins qui soupire. »
Elle aurait pu fuir à l'instant ;
Si demeura-t-elle, pourtant,
Curieuse encor de voir celle
Qu'Osmin recevrait dans son lit.

Point de mouchoir encor pour elle :
Donc l'héroïsme ne faillit
De la reprendre de plus belle.

Des jardins le mur treillissé
La nuit l'invite à l'escalade.
Quelque peu de vivre amassé,
Elle monte, saute et s'évade
Du plus austère des couvents ;
Trouve un brigantin, s'en empare,
Manœuvre de son mieux, démarre,
Et s'abandonne au gré des vents.

Rosine avait lu les romans :
Leurs plus rares événements
Pour elle étaient mots d'évangile ;
Mais l'héroïne au cœur d'argile
Manqua de foi bien des moments ;
Et bien des fois, malgré ses dents,
Elle observa jeûne et vigile.

Après quelques jours de gros temps,
Où des bons vents la troupe agile
S'épuisa de soins obligeants,
Elle et son bâtiment fragile
Vinrent échouer près d'une île,
Qu'habitaient de fort bonnes gens.

A quel degré, sous quelle zone,
Ce pays-là? Je n'en sais rien :
Le fait est qu'il différait bien
Avec celui des Amazones.
C'étaient femmes sans homme : ici,
C'étaient dans l'île hommes sans femme ;
La dernière avait rendu l'âme.
Un cocu dirait : Dieu merci !
Mais moi qui ne le serai mie,
Femme n'ayant, ains bonne amie,
N'ai garde de parler ainsi.

Pour vous mieux expliquer ceci,
La mortalité s'était mise
Sur tout le beau sexe du lieu.
Le nom du mal importe peu :
Mais enfin telle en fut la crise,
Que fille, mère, et, de par Dieu,
Voire la grand'mère y fut prise.
De l'Ile-Neuve, cependant,
Nulle terre n'était voisine ;
Onc on y connut la marine :
Donc nul remède à l'accident.
Jugez, cette vérité sue,
Si Rosine y fut bien reçue.
L'État était républicain,
Partant, tout commun, perte ou gain :
Si qu'au ciel, chacun rendant grâce,
Compta qu'il aurait de sa race.
Pour moi, la façon d'en avoir
Eût fait mon seul et bel espoir.

Chacun prétend donc à l'aubaine,
Sans que personne ose y toucher,
Pas seulement en approcher ;
C'était déjà leur souveraine :

Un objet si rare et si cher,
Même est pour eux plus qu'une reine.
C'est quand parfois le bien nous faut,
Qu'alors le prisons ce qu'il vaut.

En pompe, et de fleurs couronnée,
Dans un palais elle est menée.
D'abord on lui fait sa maison :
Cour leste, amoureuse et galante;
La garde, ainsi que de raison,
Sage, discrète et vigilante;
Cœurs sans nombre pour tout blason
Quant à l'étiquette, excellente,
Plus d'une femme en conviendra :
Elle porte qu'avant huitaine,
Sa Majesté prendra la peine
De se choisir qui lui plaira.
Le choix, au cas qu'elle soit mère,
Une fois par an changera ;
Quatre fois, en cas du contraire;
Qu'au reste, tout ce qu'en secret
Elle fera, sera bien fait,
Et que ce sera son affaire.

Quel heureux et prompt changement!
De honte ainsi gloire est voisine :
Fortune, par ce règlement,
De toute l'île, en un moment,
Forme un beau sérail à Rosine.
Que lui désirer de plus doux?
Elle peut avoir plus d'époux
Qu'un sultan jamais n'eut d'épouses,
Faire, en un jour, plus de jaloux,
Que l'autre, en mille ans, de jalouses!
Et notez que murs ni verrous,
De ses plaisirs ne lui répondent;

Au-devant d'elle ils volent tous :
Sous ses pas d'eux-mêmes ils abondent
Hommes orgueilleux, jugez-vous !
Comparez sa gloire à la vôtre !
Que l'une est au-dessus de l'autre !
Quels droits, selon vous, à l'orgueil
Présentent la plus douce amorce,
De ceux que s'acquiert un bel œil,
Ou de ceux qu'usurpe la force ?

Par la ville, où tout l'adorait
(Ce n'est conte de Méluzine),
Tant que le joli jour durait,
Sur un char élevé, Rosine
Roulait, cherchant qui lui plairait
Vous eussiez vu, sur son passage,
Les hommes, ces bons habitants,
Du moins sensé jusqu'au plus sage,
Petits, plus souples que des gants,
S'empresser à lui rendre hommage,
Et maints Adonis arrogants,
Habillés à leur avantage,
Se carrant bien de tous les sens,
De leurs grâces faire étalage.
Rire pour faire voir leurs dents,
Minauder et mettre en usage
Tout l'art des coquettes du temps
Qu'on reproche à nos jeunes gens ;
Enfin, pour primer sur les rangs,
Faire un plus mauvais personnage
Qu'aux yeux du plus fier des sultans
N'en fait le sexe qu'il outrage.

Le sort bientôt se déclara.
Le lot fut pour un insulaire
Beau, bien fait, jeune, et cætera,

Hylas est le nom qu'il aura ;
Le reste m'est peu nécessaire.
Suffit qu'il eut le don de plaire,
Que la sympathie opéra,
Et qu'au lit, contre l'ordinaire,
L'Hymen en locataire entra,
Et l'Amour en propriétaire.

Hylas époux, Hylas heureux,
N'en devint que plus amoureux,
Que plus aimé, que plus aimable.
On vit la paix inaltérable
Et l'hymen en même maison.
Je vous en ai dit la raison :
Cet hymen était peu durable,
Ils allaient être désunis.
Trois mois incessamment finis
De fruits n'offraient point d'apparences.
D'Hylas imaginez les transes :
Céder un si parfait bonheur !
Se dessaisir de tant de charmes !
Le désespoir entre en son cœur ;
La rage y resserre les larmes :
Il y parut à sa pâleur.
« Qu'avez-vous, Hylas ? dit la belle.
— Ce que j'ai, dit-il ; ah ! cruelle !
Demain je vous perds pour toujours,
Et vous me tenez ce discours !
Avez-vous déjà dans votre âme
Nommé celui qui jouira
Du prix qui n'est dû qu'à la flamme
De l'époux qui vous adora ?
D'un tendre amant qui vous adore,
Comme les dieux sont adorés
Qui va vous adorer encore,
Tandis que vous le trahirez ?

Demain mon sort n'est plus le vôtre,
Demain votre cœur m'est fermé,
Et ce cœur n'est pas alarmé!
Rosine entre les bras d'un autre!
Rosine qui m'a tant aimé!...
— Et qui plus que jamais vous aime!
Interrompt-elle en soupirant;
Ma tendresse est toujours extrême,
Pour vous je suis toujours la même;
Que ce baiser en soit garant!
Mais mon pouvoir n'est pas suprême,
Le droit public est mon tyran.
Reine en ces lieux moins que captive,
De vous seul en vain je fais cas.
Les lois sont faites, cher Hylas!
Il faudra bien que je les suive;
Mais je ne vous oublierai pas. »

A cet arrêt qui l'assassine,
Il jette un cri plus douloureux,
Tient des propos plus langoureux
Que tous les héros de Racine.
Il voulut se percer le sein;
Vingt fois on désarma sa main.
Rosine, aussi vive, aussi tendre,
S'emportait contre le destin.

« Mais, cher Hylas, que faire enfin?
Pour être à vous, par où m'y prendre?

— Fuyons, dit-il, et promptement!
Pourquoi répugner à la fuite?
Confions-nous à l'élément
Qui sur ces bords vous a conduite.
Seule, vous l'osâtes braver

Dans votre première aventure.
Les arbitres de la nature
Ont pris soin de vous conserver
C'est qu'ils voulaient vous réserver
A la tendresse la plus pure.
Après vous l'avoir fait trouver,
Leur protection vous est sûre ·
Venez avec moi l'éprouver.
Venez; à ce nœud légitime,
Je vois ce que vous immolez,
Quand d'ici vous vous exilez :
Cette île entière est ma victime.
Vous abandonnez les douceurs
D'un séjour où l'on vous accable
D'hommages, de vœux et d'honneurs
Pour courir un risque effroyable;
Vous quittez l'empire des cœurs,
Des empires le plus aimable.
Mais, Rosine, vous me suivrez!
C'est avec moi que vous vivrez!
Et pour vous seule je veux vivre.
Est-il ici-bas quelque bien
Plus doux que ceux qu'amour nous livre?
Ah! quand c'est lui qui se fait suivre,
Qui le suit ne regrette rien.
Que n'ai-je été maître du monde!
J'eusse, au mépris d'un rang si beau,
Bravé le fer, la flamme et l'onde,
Pour être à vous jusqu'au tombeau! »

Il en jura. La belle, en somme
(Qui n'avait pas laissé d'abord
De regretter un peu le sort
Qu'elle abandonnait pour un homme),
La belle, dis-je, avec transport,
En amante un peu trop fidèle,

Fut généreusement d'accord
De tout ce qu'on exigeait d'elle.

« Eh bien, dit-elle, cher époux,
Fuyons! un tel avis m'oblige.
Une seule chose m'afflige :
Je quitte encor trop peu pour vous.
Partons : je vous suis. » De ses voiles,
La nuit, couvrant jusqu'aux étoiles,
Par l'aveugle amour conseillé,
Voilà notre couple héroïque
Embarqué dans l'esquif unique,
Presque aussi mal appareillé
Que lorsqu'il arriva d'Afrique,
Mais un peu mieux ravitaillé;
Et Rosine, heureuse et tranquille,
Était déjà bien loin de l'île
Quand le monde y fut réveillé.

Pour se consoler de sa perte,
Chacun fit quelque chose, ou rien ;
Chacun fit bien ou mal ; mais certe,
Que chacun fît ou mal ou bien,
L'île, au bout d'un temps, fut déserte.

Cependant Rosine en repos,
Voguant à la merci des flots,
Semblait avoir dans ses voyages
Éole et Neptune à ses gages.
Celui-ci, bien que de long cours,
Parut toutefois des plus courts;
Elle voyait mille avantages
A ses innocentes amours;
Et, pour n'avoir pas à se plaindre,
En soi-même elle se peignait
Mille inconvénients à craindre

Dans l'état qu'elle abandonnait,
Et qu'elle eût dû plus tôt se peindre,
Car en effet le dénoûment,
A moins d'un secours tout céleste,
Après un beau commencement,
Lui pouvait devenir funeste.

Un bourguemestre saugrenu,
Pressé d'une ardeur indiscrète,
Dont le tour ne fût pas venu,
A l'époux, nouveau parvenu,
De force à la fin l'eût soustraite,
Sans nul égard à l'étiquette.
Les sénateurs, sur ce viol,
Auraient, en confisquant le vol,
Fait justice du bourguemestre,
Et dit que chacun d'eux en paix
Exercerait seul désormais
L'emploi de mari par semestre.
Le peuple se fût révolté.
Quel enfer alors eût-ce été
Que ce beau paradis terrestre!
Surtout si pendant un traité,
Où tout le monde eût contesté,
On eût mis la reine en séquestre
Chez le plus vieux de la cité?
Quel embarras de tous côtés!
Ici, quelle paix, au contraire!

Je serai donc heureuse enfin!
S'imaginait-elle en chemin.
J'ai trouvé le point salutaire :
Un seul homme fait mon destin,
Seule, j'ai son cœur et sa main.
Rien jusqu'ici ne m'a dû plaire .
Pas le moindre amant chez ma mère!

Trente rivales chez Osmin!
Dans l'île, un monde à satisfaire,
Ennui, dépit, dégoûts, misère!
Mais un tendre époux plein de feu
N'est ni rien, ni trop, ni trop peu :
C'est assez, et c'est mon affaire.

Avec ce beau raisonnement,
Rosine est, par la Providence,
De vague en vague heureusement
Poussée au lieu de sa naissance.
Mais, par malheur pour la constance
De son époux toujours amant,
Son lieu natal était la France.
Père, mère, tout était mort;
Elle, unique et riche héritière,
Partant le mari gros milord,
Et sa bonne fortune entière.
D'abord il en parut confus;
Rien n'égalait sa gratitude.
Vertu de toutes les vertus,
Dont l'homme, en la vantant le plus,
Se fait le moins une habitude.

Des libres façons du pays
Bientôt l'insensé prend ombrage,
Devient jaloux jusqu'à la rage,
Croit sur un rien ses feux trahis
Rosine, qui prévoit l'orage,
Cherche à rassurer son époux
Par un volontaire esclavage.
Mais rassure-t-on un jaloux?
Il faudrait qu'un jaloux fût sage.
Celui-ci, le plus fou de tous,
N'aborde plus qu'il n'injurie,
Ne s'éloigne plus qu'en furie,

Et que sur la foi des verrous;
Bientôt encore il s'en défie;
Et l'outrageante jalousie,
Dominant ce cœur déréglé,
Le fait recourir à la clé
Que Vulcain forge en Italie.
Clé maudite, infâme instrument!
Qui, lorsqu'il faut qu'un mari sorte,
Condamne la dernière porte
Par où se peut glisser l'amant.

Jusque-là, soumise et fidèle,
Rosine ne murmure pas;
Tout ce qui tranquillise Hylas
Produit le même effet en elle.
Mais, gens de bien, admirez tous
L'iniquité du personnage,
De l'ingrat, qui du mariage
Ose ressentir les dégoûts
Et fausser la foi qui l'engage!
L'air du pays, me direz-vous,
Influait; mais être volage,
Sans rien rabattre du jaloux,
Ce n'est ni le droit ni l'usage.
La belle en eut le cœur percé
De l'atteinte la plus cruelle :
Elle regretta du passé
Jusqu'à la maison paternelle;
Le regret surtout lui rappelle
L'île dont elle avait été
L'amour et la divinité;
Vrai paradis perdu pour elle,
D'où, pour se voir abandonner
En aveugle et tendre victime,
Elle s'était laissé traîner
Du sein des plaisirs dans l'abîme!

Même encore au sérail, du moins,
Entre elle et ses vingt neuf rivales,
Le Turc eût partagé ses soins.
L'espace d'un mois, de tous points,
Les eût rendues toutes égales.
Trente maîtresses sur son cœur
Avaient prétention commune;
S'il en mécontentait quelqu'une
Par une trop volage ardeur,
Il n'en abandonnait aucune;
Au lieu qu'Hylas, n'en eût-il qu'une,
Cette une a toute la faveur,
L'épouse toute l'infortune,
Et point de terme à son malheur.

Elle était trop infortunée.
Le ciel enfin la secourut :
Elle changea de destinée,
Un beau matin l'ingrat mourut ;
Et, serviteur à l'hyménée,
Rosine en réchappe à vingt ans!
Fraîche comme rose au printemps,
De toute gentillesse ornée;
Riche, point des plus importants,
Appât de triomphante espèce,
Grâce aux nobles cœurs de ce temps.

A beauté, chevance et jeunesse,
Ajoutons pleine liberté,
Plus de savoir, moins de simplesse :
La voilà sans difficulté
Plus heureuse qu'une princesse!

Des autres états celui-ci
Est l'agréable raccourci.

Sans père ni mère, elle est fille;
Sans mari, mère de famille.
Sur ces petits-maîtres altiers,
Qui sont, par un bonheur extrême,
Coqueluches de leurs quartiers,
Elle a tout au moins son trentième;
Chez elle enfin, par ses appas,
Attirant la cour et la ville,
Elle peut choisir entre mille
Et jouir jusqu'à son trépas
Des prérogatives de l'île
Sans en craindre les embarras.

CONTE ÉPIGRAMMATIQUE

Un financier près de sa fin,
Demandait pardon de sa vie :
« Allez, dit père Passefin,
Je vous la promets impunie,
Pourvu qu'à notre compagnie
Léguiez vos biens par testament. »
Le notaire entre en ce moment :
Le legs se fait; du misérable
Les biens allèrent au couvent,
Le corps en terre, et l'âme au diable

LE MOINE BRIDÉ

OU LA BRIDE NE FAIT PAS LE CHEVAL.

Blaise, à la ville un jour ayant porté
Et bien vendu son avoine et son orge,

Sur un cheval, qu'il avait acheté,
S'en revenait monté comme un saint George.
Saint George, soit. Mais saint George descend,
A ses besoins, ou quand le pied lui gèle.
Les pieds gelés, Blaise en vain s'en défend :
Il lui fallut abandonner la selle;
De cavalier devenir fantassin ;
De son cheval lui-même être le guide,
Et dans la neige entr'ouvrir un chemin,
Tirant la bête après lui par la bride.

Suivaient de loin deux grisons bien dispos,
Non des grisons de l'espèce indolente
De celui-là qui porta, sur son dos,
Le palfrenier du fameux Rossinante :
C'étaient vraiment bien d'autres animaux;
C'étaient de ceux que Bocage nous vante :
De ces matois connus par plus d'un tour,
Ou de galant, ou d'espiègle, ou d'ivrogne;
De ces bons saints qui se firent un jour
Martyriser et cuire en Catalogne :
Deux cordeliers, pour vous le trancher net,
Suivent de loin et l'homme et le genet.

« Sus, sus, l'ami, dit l'un des deux à l'autre,
Vois devant nous ce rustre et son cheval.
Faisons un tour ici de carnaval.
Entendons-nous, et la monture est nôtre.
Seulement songe à nous bien seconder.
Goutte ne faut avoir ici ni crampe :
Je le saurai doucement débrider.
Toi, cependant, habile à t'évader,
Sur le cheval monte, pique et décampe;
Puis sur nos pas, derrière ce rocher,
Tandis qu'à fin je mènerai l'affaire,
Tournant tout court, tu courras te cacher.

Je suis un sot, ou tu n'attendras guère
Que sain et sauf je n'aille t'y chercher. »

Le complot fait, et la marche hâtée,
Gaillardement à l'œuvre les voilà.
Déjà, par l'un, voici la bride ôtée,
Et proprement à son col ajustée,
Tandis que l'autre en galopant s'en va,
Sans que le bruit des pieds du quadrupède
Fût et ne pût de Blaise être entendu :
Le paillasson sur la plaine étendu,
Un pied de neige, y mettait bon remède.

Au lieu marqué le cavalier alla ;
Qu'il ne soit plus parlé de celui-là.
Son compagnon, cette affaire arrangée,
Reste pour gage, et, seul dans l'embarras,
Sur les talons de Blaise, pas à pas,
La bride au cou, pendante et négligée,
La tête basse et l'échine allongée,
Allait un train dont il était bien las.
Quand Blaise aussi, las de marcher lui-même
Voulut enfin reprendre l'étrier,
Figurez-vous quelle surprise extrême,
Se retournant, de voir un cordelier !
Est-il esprit si fort qui n'y succombe ?
En cas pareil, en croiriez-vous vos yeux ?
Au pauvre Blaise, homme simple et pieux,
La bride échappe et de la main lui tombe.

Le papelard, humble à fendre les cœurs,
S'agenouillant, et d'un cœur de colombe
Bien tendrement laissant couler des pleurs,
S'écrie : « Hélas ! je suis père Panuce,
De saint François indigne et lâche enfant,
Que de la chair le démon triomphant

Dans ses filets fit tomber par astuce !
Que voulez-vous? le plus sage a bronché.
Le tentateur mit un morceau d'élite
A l'hameçon : j'y mordis, je péchai :
J'y remordis, j'y restais attaché ;
C'en était fait : j'allais, en proie au diable,
Être du vice à jamais entiché.
Mais Dieu, qui veut, en père pitoyable,
L'amendement, non la mort du coupable,
Pour me tirer de l'abîme infernal,
Où m'entraînait cette habitude au mal,
Et m'emmener à la résipiscence,
Constitua mon âme en pénitence,
Pendant sept ans dans le corps d'un cheval !
Le terme expire, et vous êtes le maître
De me traiter à votre volonté.
Ordonnez-moi l'écurie ou le cloître,
A vous je suis : vous m'avez acheté.

— Eh oui, dit Blaise, au diable soit l'emplette !
J'eus belle affaire à vos péchés passés,
Pour en payer aussi les pots cassés !
De Dieu pourtant la volonté soit faite !
Car, après tout, comme vous j'ai péché ;
J'ai, comme vous, mérité pénitence :
Chacun son tour. Toute la différence
Qu'ici je vois (dont je suis bien fâché),
La vôtre est faite, et la mienne commence :
Quitte j'en suis encore à bon marché.
Dieu m'aurait pu sept ans envoyer paître.
Un roi pécheur fut ours pendant sept ans :
Vous fûtes, vous, cheval un pareil temps,
Un temps pareil âne je pouvais être :
Et maintenant, travaillant au moulin,
Bien autrement je rongerais mon frein.
Eh bien, je perds une assez grosse somme :

Mais cinq cents francs ne sont la mort d'un homme.
Soyez donc libre, et libre sans rançon.
Vous serez sage, et vous n'irez pas, comme
Un étourdi, remordre à l'hameçon :
Qui de si près a frisé les chaudières
Sur son salut n'est pas si négligent.
Père Panuce, au moins, pour mon argent,
Souvenez-vous de moi dans vos prières ! »

Notre bon Père, alors se prosternant
Et par trois fois ayant baisé la terre,
Son chapelet et le pied du manant,
Gai, sur ses pas s'en retourne en grand erre,
Tandis que, triste et le gousset vidé,
Blaise, chargé d'une bride inutile,
En véritable et franc oison bridé,
Regagne à pied son petit domicile.
Il ne dit rien de l'accident fatal,
Et s'en fût tu longtemps, comme on peut croire,
Si, quelques mois après, dans une foire,
Il n'eût revu, reconnu son cheval,
Que marchandait son compère Grégoire.
Il s'émerveille, et souriant à part :
« Ami, dit-il, le tirant à l'écart,
N'achète point ce cheval, et pour cause.
Tu t'en mordrais les pouces tôt ou tard.
Je le connais. Sois bien sûr d'une chose,
C'est qu'un beau jour, te panadant en roi
Sur cette bête, en effet assez belle,
Crac! en chemin, tout à coup, au lieu d'elle,
Tu trouveras un cordelier sous toi.

— Un cordelier ! Tu voudrais que je crusse...
Un cordelier! Tu gausses? — Point du tout;
Un maître moine, ayant cordon, capuce,
Grise vêture, et nom père Panuce. »

Lors il conta le fait de bout en bout,
L'achat, la route et la métamorphose,
Et l'hameçon fatal au franciscain,
Et les sept ans de purgatoire; enfin
Tout ce qu'il sait : le reste il le suppose.
« Tiens, poursuit-il : à peine le bourreau
S'est retrouvé sous sa première peau
Et sous le froc, que, perdant la mémoire
Du châtiment qui lui fut si bien dû,
A l'hameçon il aura remordu;
Et le voilà. — Peste! interrompt Grégoire,
Qu'il aille au diable avec son hameçon
Et ses sept ans de nouveau purgatoire.
Vraiment, sans toi, j'étais joli garçon!
C'est cinq cents francs que je gagne. Allons boire. »

LE MOINE DEFROQUÉ

Muses, de grâce, au fait, et point d'exorde.
Des écumeurs, gens sans miséricorde,
Firent descente à je ne sais quel port,
Et tout de suite y descendit la mort,
L'affreux dégât, le viol équivoque,
Qu'Agnès redoute et dont Barbe se moque;
L'ardente soif du sang et du butin;
Tant d'autres maux; le sacrilége, enfin,
Péché mignon des âmes scélérates.

Ce dernier-ci conduisit les pirates
Dans un couvent des pères cordeliers.
Châsse, encensoir, croix, soleil, chandeliers,
Vases sacrés, tout fut de bonne prise;
Burettes, brocs, le cellier et l'église,

Tout fut pillé. Notez que les vauriens
N'étaient pourtant Juifs, ni Turcs, mais chrétiens,
En qui peut-être eût agi le scrupule,
S'ils n'avaient pas, dans plus d'une cellule,
Trouvé de quoi se dire : Eh! ventrebleu!
N'en ayons point, puisqu'ils en ont si peu!
Quoi trouvé donc? Quoi? Gentilles commères
Que sur la nef on mène avec les pères,
Pour y passer le temps dorénavant,
Eux à ramer, elles, comme au couvent.
Père Grichard, bilieuse pécore,
Prêche et fulmine en pieux matamore;
Père Grichard est traité d'étourneau,
Et pour réponse on vous le jette à l'eau.
D'autres encor de prêcher ont la rage.
Ils prêchaient donc, mais sur un ton plus sage;
Quand le plus fier de tous les ouragans,
Mieux qu'un sermon convertit nos brigands.
Les voilà tous devenus des Panurges,
Se fiant moins à Dieu qu'aux thaumaturges,
Et promettant chandelle à tous les saints
Du paradis et lieux circonvoisins.
Tout l'équipage est au pied de la chiourme!
On crie, on pleure, on sanglote, on se gourme.
Meâ culpâ! mon père, mon mignon,
Ce n'est pas moi, c'était mon compagnon.
Moine de dire, en faisant grise mine :
« Punition et vengeance divine! »
Le bon larron, contrit comme à la croix,
De se vouer à monsieur saint François
S'il en échappe. A l'instant le temps change;
Vous eussiez dit que, sur l'aile d'un ange,
Le séraphique avait dit : *Quos ego.*
Le ciel reprend l'azur et l'indigo;
L'eau reverdit, et sa claire surface,
S'aplanissant, redevient une glace;

Tout rentre enfin dans son premier état;
Tout. J'y comprends le cœur du scélérat.
Il rit du vœu formé pendant l'orage.
Le capitaine absout tout l'équipage;
Réunissant les deux pouvoirs en soi,
Et sur son bord étant pontife et roi :
« Buvons, rions, chantons, dit le corsaire;
Frappez, comite, et vogue la galère. »
Les penaillons disaient : « Vous avez tort;
On fait la figue au saint plus près du port.
De Pharaon tel était le vertige.
Moïse aussi coup sur coup le fustige. »
Le chef repart : « Qu'on ait tort ou raison,
Ramez, faquins. Belle comparaison
De fouet à fouet! La verge de Moïse
Et le cordon de saint François d'Assise! »

Trois jours avaient coulé sans accidents,
Le quatrième, ainsi qu'entre leurs dents,
Les gris vêtus priaient leur patriarche
De se venger en purifiant l'arche,
L'un d'eux soudain s'écrie : « Ah! le voilà!
— Qui? — Saint François. — Où? — Sur l'eau, là-bas, là
Tenez, voyez, vis-à-vis de la poupe. »
Sur le tillac aussitôt l'on s'attroupe.
« Oui, c'est, dit-on, vraiment un cordelier! »
C'en est bien un. Le fait est singulier :
En pleine mer un homme, et, n'en déplaise,
Qui paraît même être là fort à l'aise.
« C'est, s'écriait un moinillon servant,
C'est ce grand saint, qu'à la merci du vent,
Dans le péril, ingrat, vous réclamâtes;
Mon œil, d'ici, distingue les stigmates;
Je vois, je vois l'ange exterminateur,
Le bras levé sur le profanateur.
Tremblez, méchants! » La frocaille en tumulte

Passait déjà de l'espoir à l'insulte ;
La soldatesque, incertaine et tout bas,
Se demandait : « L'est-ce ? ne l'est-ce pas ? »

La nuit laissa leur âme irrésolue.
L'indévot crut avoir eu la berlue,
Et du soleil attendit le retour.
Il reparaît. On revoit tout le jour
Le même objet à pareille distance.
Lors le relaps incline à pénitence.
C'est saint François : qui pourrait-ce être donc ?
Voilà des gens penauds s'il en fut onc.
Le commandant, dont la visière est nette,
Pour le plus sûr met l'œil à la lunette,
Et dit : « Ma foi, vous ne vous trompez point ;
Je vois capuce et froc : c'est de tout point
Un cordelier bien vif, bien à la nage,
Voulant venir peut-être à l'abordage ;
Il faut l'attendre. Holà ! ho ! le grapin ! »
Chacun se signe au cri du turlupin.
D'horreur le poil en dresse à tout son monde.
L'objet s'enfonce et disparaît sous l'onde.
A l'instant souffle un vent plus que gaillard ;
Et, fut-ce un coup du ciel ou du hasard,
Vous en allez savoir le pour et contre,
Tout au plus près le nageur se remontre :
Le grapin tombe, accroche et tire : qui ?
Était-ce bien un cordelier ? Nenni,
Car, de par Dieu, sa mère, et saint Antoine,
Jamais l'habit ne fit si peu le moine.
C'était au vrai l'habit d'un franciscain,
Mais sous lequel ne gisait qu'un requin,
Poisson goulu, vorace, anthropophage,
Poisson béant, poisson pour tout potage.
Mais un poisson froqué ! par quel hasard ?

Vous avez vu noyer père Grichard :
Figurez-vous ce requin qui le gobe,
Non pas avec, mais par-dessous sa robe;
Des pieds au col, tantôt il fut grugé,
Et là du tronc la tête prit congé.
Le froc, alors présentant l'ouverture,
Avait du monstre embéguiné la hure;
Et, de ce jour, quêteur humble et gourmand,
Frère requin suivait le bâtiment.

LE NEZ ET LES PINCETTES

Les saints et les diables ensemble
Eurent toujours maille à partir :
Mais ce qui doit nous avertir
Qu'il faut que chacun de nous tremble,
C'est que le serviteur de Dieu
N'a pas toujours avec le diable
Tiré son épingle du jeu,
Ou la légende est une fable.

Jadis un vieux saint existait,
Lequel apothicaire était;
Car, en quelque état que l'on vive,
Est saint qui veut, noble, vilain,
Voire pis, témoin saint Crépin,
Sainte Madelaine et saint Yve.
Un jour que, pour le bien public,
Manipulant quelques recettes,
Le distillateur en lunettes,
Dans un fourneau, sous l'alambic,
Fourgonnait avec des pincettes,
Voici venir le tentateur

En intention de distraire
Le vigilant opérateur,
Et d'être ainsi l'instigateur
D'un quiproquo d'apothicaire
Devant le saint, monsieur Satan
Culbute, caracole et fringue.
Le fanatique charlatan
De mille façons se distingue :
Entre autres, le corps du lutin
Se tourne en cylindre d'étain
Représentant une seringue ;
Il fait de son nez le canon,
Soupirail exhalant la peste,
De sa gueule un mortier bouffon,
Et de sa langue un gros pilon,
Dont le mouvement circulaire
Faisait un petit carillon
Tel qu'au sabbat on peut le faire.

Des ténèbres le roi falot
Épuisa là tout son Calot :
Mais ce qu'il y gagna fut mince,
Car le bon saint, ne disant mot,
Fait cependant rougir sa pince,
Puis, l'adressant au nez du prince,
Vous le lui serre comme il faut.
Le diable fait un soubresaut,
Montre de longues dents qu'il grince,
Veut avancer, veut reculer,
Tend les griffes, serre la queue,
Rue et beugle à faire trembler
Toute la terre et sa banlieue.
Cependant, en malin sournois,
L'autre jouit de sa victoire,
Et fait faire au diable vingt fois
Le tour de son laboratoire,

Jusqu'a ce que, las de ce jeu,
Il renvoya la bête au gîte ;
Et, pour l'y faire aller plus vite,
Il lui seringua, pour adieu,
Quelques petits jets d'eau bénite.

C'est s'en tirer avec honneur.
Heureux le saint pharmacopole,
S'il eût d'une telle faveur
Rapporté la gloire au Seigneur.
Par malheur, en tournant l'épaule,
Le diable avait trouvé moyen,
Pour se dépiquer de son rôle,
De jeter au cœur du chrétien
Un grain de sa vanité folle,
Dont, à son tour, le Tout-Puissant,
Très-mécontent avec justice,
Châtia le saint, en laissant
Triompher un temps la malice
Du maudit lion rugissant,
Dont voici quel fut l'artifice.

Il s'enveloppa d'une peau
De ces gens chargés de cuisine,
Masse de chair faite en tonneau,
Pesante espèce de pourceau
Qui roule ici-bas sa machine,
Et qui, pliant sous le fardeau,
Sur deux pieds quelquefois chemine
A la ville et dans le quartier
Où le saint faisait son métier.
Le masque à figure massive
En moine de Cîteaux arrive,
Va descendre chez le baigneur,
Se met au lit, fait le malade,
Et mande le premier docteur,

Qui vient lui débiter par cœu
Cent mille et une colonnade,
Et termine le sot narré
Par la formule régulière
Du *clysterium donare*
De la faculté de Molière.
Là paraît l'humble apothicaire
Tout prêt à donner de sa main,
Avec sa mine débonnaire,
Le remède chaud et bénin.

Dieu des vers et de la peinture,
Aidez-moi dans cette aventure !
Voilà tout bien appareillé,
Le mousquetaire agenouillé,
Et le malin corps en posture ;
Mais, quoique longue outre mesure,
La canule n'arrivait point
A mi-chemin de l'embouchure.
Pour que tout donc aille à son point,
De deux valets l'effort s'y joint :
Chacun d'eux du fessier difforme
Prend une part, la tire à soi,
Et de l'ennemi de la foi,
Présente le podex énorme.

Le collateur, un peu butor,
Qui, malgré cela, craint encor
De s'égarer dans la bruyère,
Et qui, pour ses péchés, de plus,
Était un peu court de visière,
Met le nez si près du derrière,
Qu'il est à deux doigts de l'anus.

C'est où mon drôle attend son homme :
On ne peut trop admirer comme

Droit au-devant la bague alla,
Et d'elle-même s'enfila.
Alors sur chaque joue on laisse
Retomber l'une et l'autre fesse.
L'impitoyable Lucifer
A cris ni pleurs ne veut entendre,
Et change en tenailles d'enfer
L'endroit où le nez s'est fait prendre.
« Ah ! vous avez beau trépigner,
Vous voilà pris, l'homme aux pincettes
C'est à vous de vous résigner ;
Car, de la façon dont vous êtes,
Vous ne pouvez pas vous signer. »

Il dit, et, plus fier de sa proie
Que ne le fut le beau Pâris,
Rapportant la sienne dans Troie,
L'infâme ravisseur déploie
Ses ailes de chauve-souris,
Et s'élève en l'air avec joie.
Spectacle horrible et scandaleux !
Au cul du démon cauteleux,
Et de qui triomphe la fraude,
L'un d'entre les prédestinés,
Un saint en l'air, et par le nez
Pendu comme une gringuenaude !
Ainsi sur le saint homme Job,
Le Dieu d'Isaac et Jacob,
Jadis de la même puissance
Toléra l'affreuse licence,
Et bientôt sut y mettre fin ;
Aussi mit-il ici la main.
Le saint reconnut son offense ;
Dieu tonna ; le malin esprit
Ouvrit la pincette maudite ;
Et, de la foire qui lui prit,

Aspergeant le nez du contrit :
« Adieu, lui dit-il : quitte à quitte. »

L'AMOUR FILIAL

Injuriant un honnête Manceau,
Des gens du lieu lui reprochaient son père.
Dont en public il est vrai qu'un cordeau
Naguere avait serré la jugulaire.
Ils ajoutaient qu'au lieu patibulaire,
Où lui, treizième, on l'avait accroché,
Tout au plus haut on le voyait branché,
Comme des treize étant le plus insigne.
Ce dernier trait le révolte et l'indigne ;
Il veut y voir, et voit qu'il n'en est rien.
L'un ne passait pas l'autre d'une ligne.
« Voyez, dit-il, la langue : il n'est que bien ! »

FABLES

LA POULE AUX QUARANTE COQS

Parfois plusieurs valent moins qu'un.
Dans un poulailler peu commun
Sont neuf poules belles à peindre,
N'ayant qu'un coq pour elles neuf,
Et sans en être plus à plaindre,
Le coq étant toujours tout neuf.
Tous les jours nouvelles couvées,
Éternel caquet d'accouchées :
On n'entend que poulets chanter,
On ne voit partout que nichées
De poussins prêts à voleter.

Une poule, de par le monde,
Crut, prenant maints coqs à son choix,
Devenir seule aussi féconde
Que toutes ces neuf à la fois.
La sotte, bien que mal en plumes,
Était fière sur son paillier ;
Elle y bravait lois et coutumes,
Et, par un abus singulier,

D'un coq au lieu d'être contente,
Elle en voulut avoir quarante.
Le coq aux neuf poules feignit
D'applaudir au nouveau ménage;
Mais au fond le sultan craignit
L'incursion du voisinage.
La disette et l'occasion,
Grandes faiseuses de larron,
N'annonçaient que honte et ruine.

Que fait mon coq? il entre un soir,
Pian-piano dans le dortoir
De la sultane Messaline;
Et là, muni d'un bon rasoir,
Légèrement, à la sourdine,
Et sans qu'aucun d'eux le sentît,
Il ôte à messieurs les quarante
Le double morceau qui les fit,
Tout ce qui fait que le coq chante.
Chacun d'eux s'éveilla chapon,
Dont cuit à la pauvre volaille,
Qui depuis ce temps-là ne pond
Ni ne couve un seul œuf qui vaille.

Démasque-nous, me dira-t-on,
Les héros de l'allégorie;
Oui-da : le coq, c'est Apollon,
Et la poule, l'Académie.

LE PIGEON ET L'HIRONDELLE

Jadis un pigeon ramier
S'entêta d'une hirondelle.

Il ne fut pas le premier
Ni le dernier épris d'elle.
Elle était jeune, était belle,
Ou peu s'en était fallu ;
Et ce peu la laissait telle
Qu'une plus belle eût moins plu
Bref, le fuyard, dit l'histoire,
S'empêtra dans le lien :
Pigeon n'aime que trop bien,
N'étant pas, comme on peut croire,
L'oiseau de Vénus pour rien.
On l'aimait, en récompense,
Peut-être au fond presque point,
Mais assez en apparence ;
Et c'est toujours un grand point
Pour l'amant en défiance.
Déjà cependant en l'air
Régnait l'orageux Borée :
Déjà s'approchait l'hiver.
Au voyage d'outre-mer
L'hirondelle est préparée.
Ne plus vivre en même lieu !
O disgrâce sans égale !
Arriva l'heure fatale
Qu'il fallut se dire adieu.
Quand ce mot des bouches tombe,
Malheur aux cœurs de colombe !
« Consolez-vous, mon ami,
Lui répétait l'hirondelle ;
C'est trop pleuré, trop gémi :
Je vaux une tourterelle.
Je retournerai fidèle
Et sans déchet ni demi. »
A ces mots, la favorite
Passe au pays tempéré ;
Et, par un bras d'Amphitrite,

Le couple est tôt séparé.
L'oiseau reste, se désole.
Eh! pourquoi ces cris perçants?
Le voyage, pour qui vole,
Ne paraît pas des plus grands.
Trois mois ne sont pas mille ans,
Surtout trois mois d'espérance.
Non; mais, pour un tendre amant,
Fut-il jamais courte absence
Ni petit éloignement?
A chaque moment qui passe,
L'amour, en cas pareil, fait
Compter plus d'un siècle, et met
Entre l'un et l'autre objet
Les deux pôles pour espace.
Enfin le printemps paraît
Et ramène l'hirondelle.
Le pigeon la voit, l'appelle,
Et Progné le reconnaît.
« Que me voulez-vous? dit-elle.
— Ce que je vous veux, cruelle!
Quoi? vous... » Mais, sourde à ses cris,
L'infidèle vole et passe :
Le pigeon meurt sur la place;
Et je n'en suis pas surpris.

ALLÉGORIE[1]

Dans un poulailler solitaire,
Quinze coqs observaient le vœu de chasteté,
   Et remplissaient toute la terre
   Du bruit de leur austérité.
Si, dès l'aube du jour, du Dieu de la lumière
   Leurs chants annonçaient le retour,
  Ce n'était point pour vaquer à l'amour :
   C'était pour se mettre en prière :
L'on n'avait jamais vu rien de plus exemplaire.
   Ennemis de ce jeu vanté,
Dont le beau sexe fait sa principale affaire,
   Et dont le nom seul doit déplaire,
Ces coqs, dans ce réduit, du grand monde écarté,
   Vivaient comme en un monastère.
On ne leur voyait point ce fier ajustement
Dont leurs pareils se font distinguer d'une lieue :
Les crêtes sur le bec tombaient modestement,

---

[1] Après un souper fort gai, où j'étais, les dames proposèrent d'aller à une abbaye, à deux lieues de Dijon, et de partir sur-le-champ. Ce qui fut accepté. On arriva de très-grand matin à l'abbaye, où nous passâmes trois jours.

Le cochet, le vieux coq, tous laissaient humblement
    Pendre leur longue et belle queue.
    Une nuit que sur l'oreiller
    Ils dormaient, attendant matines,
    Cinq ou six charmantes gelines
    Vinrent frapper au poulailler.
Je les vis, et jamais je n'en vis de si belles;
Un plumage éclatant relevait leur beauté;
Tous les feux de Paphos étaient dans leurs prunelles,
    Et l'on voyait briller en elles
    La jeunesse ou la majesté.
Mon âme, à l'aspect d'une entre autres, fut émue.
Qu'elle avait de beaux yeux! que je lui vis d'appas!
    Pour jamais elle est disparue.
Grâces, plaisirs, amour, ne l'abandonnez pas!
Je ne la verrai plus, et peut-être qu'hélas!
Je me repentirai longtemps de l'avoir vue!
La belle troupe entra dans la commmunauté.
    Les droits de l'hospitalité
Ne s'accordent que trop avec les lois divines.
    Par la mollesse et par la volupté,
Un gîte auprès des coqs fut bientôt apprêté
    A nos aimables pèlerines.
    Aussitôt dans le chaste enclos
Du démon de la chair on vit jouer les mines;
Contre la pureté de nos saints animaux
On vit dresser partout ses horribles machines.
« Ah! disait un cochet, je serais un grand sot
De n'oser une fois en passer mon envie!
Frais, dispos, vigoureux, passerai-je ma vie
    Sans avoir fait quoquericot?
— Dussé-je, disait l'autre, être un peu sacrilége,
Je prétends m'en donner tandis qu'il y fait bon.
Foin de la règle! eh quoi! ferme et jeune, attendrai-je
    Que l'âge m'ait rendu chapon?
— Mon Dieu! disait un coq dont la plume était grise,

Mon Dieu! secourez-moi contre un corps mutiné;
    Car encore à la friandise
Mon bec, mon vilain bec, comme un autre est tourné.

Mon esprit, que l'objet, pour qui mon cœur soupire,
    Ne forçait que trop à veiller,
    Courant de paillier en paillier,
Allait bientôt tout voir, tout entendre et tout dire,
    Quand un dieu nommé le respect,
Dieu qui sait imposer le silence à merveille,
M'arrête là tout court, et, de son seul aspect,
Sut me fermer les yeux, la bouche et les oreilles.
Je ne dis donc plus rien, sinon qu'en vérité
    L'amour est un subtil apôtre,
    Et je crois, sans difficulté,
    Que tant de charmes d'un côté
    Laissa peu de vertu de l'autre.
  Quoi qu'il en soit, le séjour était doux,
    Et nos voyageuses lassées.
    Mais deux nuits y furent passées;
    N'est-ce pas trop d'une, entre nous?
    Les belles seraient offensées
    Que leurs amants ou leurs époux
    Osassent en être jaloux;
Et sans doute ils seraient des têtes peu sensées.
Les lois de la pudeur n'y furent point blessées :
Cupidon jusque-là ne poussa pas ses coups.
    Mais deux nuits y furent passées;
    N'est-ce pas trop d'une, entre nous?
On y dit quelquefois : Fi donc! finirez-vous?
    Et quelques poulettes pincées
    S'en mirent si vite en courroux,
Que les ardeurs des coqs furent bientôt glacées
    Et les pardons demandés à genoux.
    Mais ces deux nuits furent bientôt passées,
    N'est-ce pas trop d'une, entre nous?

Tout n'aboutit enfin qu'à de vains badinages ;
L'on y vécut ensemble ainsi que frère et sœur ;
    Et l'honneur et les pucelages
    En furent quittes pour la peur.
L'on pécha, mais du moins ce ne fut qu'en pensées,
Et le diable camus eut enfin le dessous ;
Enfin, sans coup férir, l'on battit la retraite ;
    On le veut ainsi, je le croi.
Oui, chacun s'en revint la conscience nette.
Que l'on m'appelle encore homme de peu de foi !

POÉSIES DIVERSES

A L'AIMABLE V***

A MON DÉPART DE DIJON, EN 1719.

Belle et jeune Amarille, avant l'heure fatale
Qui me va pour jamais arracher de ces lieux,
    Souffrez qu'un instant de morale
    Se mêle à mes derniers adieux.
Pour enchaîner les cœurs, vous n'avez qu'à paraître,
Et vous en avez un facile à s'enflammer :
    Vous êtes telle qu'il faut être
    Pour être aimée et pour aimer.
Je ne bornerai point le pouvoir de vos charmes;
Bientôt le temps rapide en saura disposer;
    Mais épargnez-vous les alarmes
    Que vous seule devez causer.
N'aimez jamais. Fuyez l'amour impitoyable !
Malheur au faible cœur qui s'y laisse emporter !
Son joug est un fardeau qui nous semble agréable
Tant qu'un autre avec nous se plaît à le porter.
Mais cet autre bientôt vient à se rebuter :
Tout le fardeau nous reste alors et nous accable
    Sous un air simple et doucereux,

C'est un enfant malin dont le ris puérile
Ne promet rien d'abord que de doux et d'heureux ;
  Mais ce ris est plus dangereux
  Que les larmes du crocodile.
  C'est un monstre plein de venin
  Dont la seule approche empoisonne,
  Et qui, sous un masque bénin,
  Cache une face de Gorgone ;
Un barbare, un tyran, un traître, un séducteur,
De l'aveugle jeunesse ardent persécuteur,
  Pour vous d'autant plus redoutable,
  Que, rencontrant dans vos appas
  De quoi se rendre inévitable,
  Il est sans cesse sur vos pas.
  Qu'est-ce, au fond, qu'une tendre flamme ?
  Tout en est vain, tout en est faux ;
  Si vous en exceptez les maux,
Rien de vrai, de réel, ne s'y présente à l'âme.
Entretiens dérobés, ouvertures de cœurs,
  Contre des parents en furie,
Soupirs, complots secrets, doux baisers, tendres pleurs,
Jalousie obligeante et sur-le-champ guérie ;
  Tout cela, source de malheurs !
  C'est pour ces douceurs délicates
Que le perfide amour nous mène à mille ennuis
Qu'il me parut charmant quand vous me l'inspirâtes !
  Qu'il me l'a paru peu depuis !
  Je ne fus pas longtemps paisible ;
Tout me devint contraire, après que tout m'eût ri !
  Revers, en amour, infaillible !
  Pensez-vous en être à l'abri ?
N'est-il pas des ingrats comme il est des ingrates ?
  Votre cœur seul est-il léger ?
Peut-être le rival pour qui vous me l'ôtâtes
  Est sur le point de me venger.
  Et qu'avez-vous qui vous réponde

Que vous ne soyez pas, comme un autre, en danger?
Est-ce sur vos attraits que votre esprit se fonde?
    Inutile et faible raison!
Les bords de Naxe ont vu les plus beaux yeux du monde
D'un fugitif ingrat pleurer la trahison.
Le caprice est la loi qui seule est obéie.
Tel adore aujourd'hui qui demain peut haïr.
Vous n'aviez qu'un moyen de n'être point trahie :
    C'était de ne me point trahir.
Vous l'avez fait : ma perte en rendra témoignage.
C'est à moi d'en gémir, à vous d'en profiter;
Heureux, dans mes malheurs, si du moins leur image
    Sert à vous les faire éviter.

LE BON PARTAGE

    Un jour, le dieu de qui la loi
    Sur la terre et les cieux domine,
    Nous amena, Morphée et moi,
    Auprès du chevet de Rosine :
« Partageons, nous dit-il, la belle entre nous trois;
    Que chacun de nous, dans son choix,
    Trouve, s'il peut, son avantage.
Pour moi, depuis longtemps, mes vœux sont décidés
    Je prends son cœur pour mon partage.
    Adieu vous dis : à vous le dez. »
Alors, examinant cette beauté céleste,
Je dis au dieu Morphée : « Ami, prends ses beaux yeux. »
Il le fit, et, content d'un lot si précieux,
    Il me laissa prendre le reste.

LE BERGER MALADROIT

Sur un tendre gazon Célimène étendue
    Laissait à ses pieds son amant
    Et l'écoutait nonchalamment
Sans lui répondre un mot, sans en paraître émue.
    « Tournez du moins vers moi la vue,
    Lui disait-il languissamment;
Bergère, après avoir aimé si constamment,
    Toute ma peine est donc perdue!
    Où vîtes-vous plus de respect?
    Où voyez-vous plus de tendresse?
Les aurai-je toujours, quand j'éprouve à regret,
Que l'un m'est inutile et que l'autre vous blesse!
    Comment de vous se fait-on donc aimer?
Que dois-je?... » D'en plus dire il ne prit pas la peine,
    Voyant les yeux de Célimène
    S'appesantir et se fermer.
    Elle s'endort! « Ah! la cruelle!
    Dit tout bas l'innocent berger.
Laissons-la donc en paix et nous éloignons d'elle.
Adieu; repose, ingrate, et je vais m'affliger
    De ne pouvoir être infidèle. »
Dans la mélancolie, aimant à se plonger,
A ces mots il passa dans un lieu solitaire.
    Pouvait-il pis ni mieux faire
    S'il eût voulu se venger?

VERS

QUE J'ATTACHAI, LE JOUR DE L'AN, AU COU D'UNE CHIENNE, APPELÉE PRINCESSE,
APPARTENANT AU CHEVALIER DE BELLE-ISLE [1].

Puissiez-vous, chevalier, au milieu des batailles
Où vous emportera la défense des lis,
    Donner la chasse aux ennemis
    Ainsi que je la donne aux cailles !
Ou, si l'amour vous tient par hasard sous sa loi,
    Puisse l'heureuse et tendre amante
    Qui vous aura donné sa foi
    Être, s'il se peut, caressante
    Et fidèle encor plus que moi !
    Vous n'aurez pas l'âme assez fière
    Pour blâmer ce petit transport
    D'une princesse que le sort
    A rendu votre prisonnière,
Et qui veut de bon cœur l'être jusqu'à sa mort.
    Si j'avais pu gagner les plaines
    Et m'échapper de ma prison,
    Vous auriez eu de ma façon

---

[1] En arrivant à Paris, je me trouvai dans la nécessité d'entrer chez le chevalier de Belle-Isle, qui m'employa à copier toutes sortes de vieux grimoires du comte de Boulainvilliers, qu'il regardait comme les oracles de la Sibylle. J'avais pour compagnon de travail un soldat aux gardes, qui, de son côté, copiait à vingt sous par jour d'autres misères à sa portée. Notre laboratoire commun était un bouge de laquais. Ayant travaillé pendant quelques mois, n'entendant pas parler du chevalier, ne l'ayant pas même aperçu, et ayant besoin d'argent pour vivre, je m'avisai d'attacher ces vers au cou d'une chienne de chasse qui nous tenait quelquefois compagnie, espérant que le chevalier, en voyant ces vers, s'informerait au moins de qui ils étaient, et me payerait ; mais je fus trompé dans mon attente.

Quelques perdrix pour vos étrennes.
Puisque je ne l'ai pu, vous n'aurez que des vœux.
Qu'est-ce que des vœux? Rien. Mais mettez-vous en tête
    Que les pauvres chiens sont des gueux.
    Je suis chien, qui pis est, poëte :
    Pour une excuse, j'en ai deux.

A LA PRINCESSE HÉRÉDITAIRE DE SUÈDE

EN LUI ENVOYANT UN ÉTEIGNOIR A RESSORT.

Sage et brusque éteignoir, sachez au gré des gens
    Vous bien tenir, tomber à temps;
Et, comme un capuchon, guidé sur la bougie,
Quand la princesse lit, demeurez en arrêt
    Tant que le livre lui plaît,
    Et partez dès qu'il ennuie.
    L'avis serait-il obscur?
    Pour jouer à coup plus sûr,
    En deux mots, je le renferme :
Des moments dans son lit à l'amour dérobés,
Respectez la durée et marquez bien le terme :
    Quand elle est seule, tenez ferme;
    Quand le prince arrive, tombez.

RONDEAU

A D. P. DES CHARTREUX.

Vous devinez, beau sire, ainsi qu'un ange,
De prophétie avez comme eux le don.
Selon vos dits, que la sagesse arrange,

POÉSIES DIVERSES

Chez Jean Bertaud, à qui Dieu doit guerdon,
Hier je trouvai chapon de graisse étrange.

Or cuidez-vous que le trouvâmes bon ?
Qu'on mangea tout jusqu'au dernier lardon,
Et sans qu'il fût pour ce besoin d'orange ?
  Vous devinez.

Item fut dit maint joyeux rigodon ;
Mais, direz-vous, quand on chante et qu'on mange,
On doit bien boire. Ah dame ! ainsi fit-on.
Très-bien coula le jus de la vendange,
Et ce toujours à la santé de Dom...
  Vous devinez.

INGÉNIEUX BOUTS-RIMÉS.

DONNÉS PAR LA MOTTE ET REMPLIS MILLE ET MILLE FOIS.

Que de balivernes	Voilà,
Avec la diable d'	Isabelle !
Ta rime en sa, ta rime en	La,
Corbleu ! tu nous la bailles	Belle.
Mon tonneau serait bu	Déjà.
Vois ce vin comme il	Étincelle ;
Tope à Catin, qui le ver	Sa.
Hem ! est-ce du jus de	Prunelle ?
Donne : j'en prends tant qu'on m'en	Offre :
Rasade encor ! Que je la	Coffre.
Halte-là ! ma foi, je suis	Plein
Comme un feuillet de la	Pucelle :
Un coup m'endormirait	Soudain ;
Sortons... non, restons, je	Chancelle.

15.

Monseigneur le comte de SAINT-FLORENTIN ayant eu la bonté de m'écrire que le ROI m'avait accordé une pension sur le MERCURE, je lui envoyai sur-le-champ, en réponse, les vers suivants, sur lesquels il ne faut chercher ni mettre d'air; car ce n'est rien moins qu'une chanson.

Celui qui me donna la vie,
En mourant ne me laissa rien.
Bon appétit, niaiserie
Et gaieté furent tout mon bien.

Une épouse habile et bien née
M'affila tant soit peu le bec;
Mais, du reste, peu fortunée,
Ne me laissa que du pain sec.

Un seigneur d'exquise mémoire,
Ne voulant pas que son Binbin
Mangeât ce peu de pain sans boire,
Chez Mirey me laissa du vin.

Un inconnu, non moins aimable,
Voulut que j'eusse, à ses dépens,
De quoi mettre couteau sur table,
Et me renta de six cents francs.

Vous, monseigneur, pour autre chose
Qui pouvait me manquer encor,
De ma bourse en triplant la dose,
Vous venez de faire un puits d'or.

Voilà cinq bienfaits d'importance,
Et je n'ai rien pour prix, sinon
Un cœur plein de reconnaissance.
Le partagerai-je en cinq? Non.

Mon cœur était une tontine
Où quiconque a mis son denier,
Hors vous, en paradis festine;
Ayez tout comme le dernier.

RONDEAU

Vivent les bruns, en dépit des blondins!
Vive la brune, en dépit de la blonde!
Dans tes tournois, dis-nous, dieu des jardins,
Des deux couleurs laquelle est plus féconde
En beaux faits d'arme et gentils paladins?

Blonde aura bien beaux doigts incarnadins,
Blonds auront bien jolis airs grenadins;
Mais quant au point où ta gloire se fonde,
    Vivent les bruns!

Du ciel un jour laissant les citadins,
Vénus tâta des galants de ce monde;
Pour tous les blonds elle n'eut que dédains,
Si qu'on l'ouït, en finissant sa ronde,
Dire tout haut et se plaignant des reins:
    Vivent les bruns!

ENVOI D'UNE ÉCRITOIRE

A MADEMOISELLE Q***.

J'enverrais une aiguille à la fille qui coud;
Une quenouille à la fileuse;

Une navette à cette merveilleuse
Qui fait des nœuds à table, au cercle, au lit, partout ;
Un chapelet à la religieuse.
Mais à celle qui brille entre nos beaux esprits,
A la dixième sœur des filles de Mémoire,
Fertile, inépuisable en excellents écrits,
Que puis-je offrir de mieux qu'une écritoire?

BALLADE

A MONSIEUR ROBERT, SECRÉTAIRE DU ROI.

Amour est de toute saison :
Femelle en tout temps nous enchante ;
Et, dès qu'elle est belle et charmante,
Le vert galant ou le grison
Vers elle aussitôt prend sa pente.
La chair a sa démangeaison,
A soixante ans ainsi qu'à trente :
C'est bien tard ; mais, vienne qui plante,
Amour est de toute saison.

Ami, ta conduite est prudente,
D'amour le chatouilleux poison
Jour et nuit seulet te tourmente :
Il y faut trouver guérison.
Une dame à toi se présente,
Jeune encore, belle, opulente,
Comme toi d'honnête maison :
Prends-la, puisqu'elle en est contente,
Amour est de toute saison.

J'entends déjà quelque forfante
(Il en est partout à foison)

Qui, d'une voix dogmatisante,
Te dit : Perdez-vous la raison ?
Quoi donc! une femme vous tente!
Vous êtes le plus grand oison
Onc qui soit sur notre horizon.
Taisez-vous, bouche médisante,
Amour est de toute saison.

ENVOI

Enchaîne, malgré leur attente,
Ton cœur en si belle prison ·
Quoi que l'on dise et que l'on chante,
Amour est de toute saison.

EXPÉRIENCE

Travaille sans songer au gain ;
Ne sois intéressé ni vain ;
Aime, ne hais ni ne dédaigne ;
Sois sobre et gai ; bois de bon vin ;
Ta vie, arrivée à sa fin,
Aura valu plus qu'un long règne.

DIALOGUE ENTRE FRÉRON ET MOI

TIRÉ DE CE DYSTIQUE,

Quid levius pluma? Flumen. Quid flumine? Ventus.
Quid vento? Mulier. Quid muliere? Nihil.

P. Quoi de plus léger que la plume?
F. L'onde. *P.* Que l'onde? *F.* L'air. *P.* Fort bien:
C'est parler en grivois qui fume.
Que l'air? *F.* La femme. *P.* Qu'elle? *F.* Rien.

PLACET A M. MIREY

MARCHAND DE VIN DU ROI, ET ANCIEN ÉCHEVIN.

Plaise à monsieur Myrey, demain,
Ordonner qu'on porte où je loge,
Sur les neuf heures du matin,
Cinquante bouteilles de jauge,
Non vides, mais pleines d'un vin
Qui point aux autres ne déroge,
Et digne de sa noble main.
Le dernier plaisait au passage;
Il me mettait sur le Thabor,
Mais il était, dont bien j'enrage,
Trop gaillard et trop jeune encor
Pour un bonhomme de mon âge.

Je ne veux donc, pour le présent,
Qu'un vin qui soit doux comme soie,

Loyal, généreux[1], bienfaisant,
Comme celui qui me l'envoie.

SONNET

SUR LE SIÈCLE DE LOUIS XV.

J'ai vu bien des guerriers descendre dans l'arène,
Bien des rimeurs monter sur le double coupeau.
J'espérais voir mon siècle, en un concours si beau,
S'honorer d'un poëte et d'un grand capitaine.
Je ne vois rien d'égal à *Condé* ni *Turenne*,
A *Molière*, à *Corneille*, à *Racine*, à *Boileau*,
A celui[2] qu'à *Lulli* dut envier *Rameau* :
Rien qui puisse approcher du divin *la Fontaine*.

Me voici toutefois au déclin de mes jours ;
Mon quatorzième lustre a terminé son cours ;
Et d'une part ni d'autre on ne voit rien éclore.
Mais je ne me plains point ; j'ai vu mieux mille fois :
J'ai vu Louis, j'ai vu le modèle des rois,
Un prince aimant son peuple, et que son peuple adore.

---

[1] Il m'avait fait, le jour de l'an, la galanterie de m'envoyer un quartaut d'excellent vin blanc du clos de Montmorillon, qui avait appartenu autrefois au fameux Despréaux.
[2] Quinault.

CANTATES

L'AMOUR ET LE SOMMEIL

Sur un lit de gazon, dans le fond d'un bocage,
Iris se délassait du soin de ses troupeaux,
    Et sous un favorable ombrage
    Goûtait le frais et le repos.

    Sensibles bergères
    Qui fuyez l'amour,
    Craignez le séjour
    Des lieux solitaires !
Le ramage des oiseaux,
Les prés, les champs, la verdure,
Le doux murmure des eaux,
Touchent l'âme la plus dure.

    Sensibles bergères, etc.

Secondés des zéphyrs, Morphée et Cupidon
Voltigeaient alentour de l'aimable bergère.
L'un de son cœur approchait son brandon,

L'autre de ses pavots accablait sa paupière,
Quand le dieu qui préside aux secrets des amours,
 Voyant Iris prête à se rendre,
 Apparut en songe à Lysandre,
Lui montra le bocage, et lui tint ce discours :

Berger, tu dors, tandis que pour ta gloire
L'Amour et le Sommeil vont triompher d'Iris !
 Viens, sois témoin d'une victoire
 Dont je te réserve le prix !

Pour venir à bout d'une belle,
Amants, suivez partout ses pas.
La rigueur s'éloigne enfin d'elle
Quand on ne s'en éloigne pas.

 Dans la violence
 De nos tendres feux,
 Point de nonchalance,
 Fuyons l'indolence :
 C'est la vigilance
 Qui nous rend heureux.
 Pour nous l'amour veille,
 Repos, loin d'ici !
 Quand l'amant sommeille,
 Ce n'est pas merveille,
Si l'amour s'endort aussi !

Pour venir à bout d'une belle, etc.

Lysandre, que ranime une douce espérance,
Vole aux lieux dont l'image a frappé ses esprits.
 Il arrive, il y trouve Iris
Au moment précieux qu'elle était sans défense.
De ses yeux le sommeil était déjà vainqueur ;
 L'amour avait gagné son cœur :
Le berger eut bientôt le reste en sa puissance.

Dieux, auteurs d'un destin dont mon cœur est jaloux,
  Favorisez le feu qui me dévore!
    Sommeil, Amour, unissez-vous
  Pour me livrer la beauté que j'adore.

    Déjà son cœur est abattu,
    Mais son invincible vertu
Ne me permit jamais d'oser rien entreprendre.
  Amour, Amour, rends-le plus tendre!
  Sommeil, viens lui fermer les yeux,
    Et tes pavots victorieux
  Achèveront de me le rendre.

  Déjà son cœur est abattu, etc.

PAN ET ÉCHO

  L'onde suspendait son murmure,
Les vents n'osaient d'un souffle agiter les roseaux,
Les oiseaux se taisaient, et toute la nature
Prêtait silence à Pan qui proférait ces mots:
  « Plaintive Écho, séchez vos larmes,
  Narcisse a dû perdre le jour.
Les dieux, par son trépas, devaient venger vos charmes,
Ne les obligez point à venger mon amour.
Écoutez mes soupirs. Qu'espérez-vous encore
Des mânes impuissants que votre voix implore?
  Ah! laissez des cris superflus!
Pour un mortel ingrat que vous ne verrez plus,
Voulez-vous mépriser un dieu qui vous adore? »

  Roulez, précipitez vos eaux!
  Murmurez, paisibles fontaines!

Volez, zéphyrs! chantez, oiseaux!
Égayez nos bois et nos plaines!
Que Flore embellisse nos champs,
Qu'elle y répande l'allégresse :
Que tout, dans ces lieux ravissants,
Inspire la douce tendresse!

Roulez, précipitez, etc.

Rien ne peut de la nymphe adoucir la rigueur;
Ce qui doit la charmer est pour elle un supplice :
Elle n'aime que sa douleur,
Et Narcisse au tombeau, son aimable Narcisse
Vit encore au fond de son cœur.
Le dieu presse, elle fuit : ils volent, ils traversent
Les champs, les bois et les vallons,
La poussière s'élève et vole en tourbillons,
Et sous leurs pas les épis se renversent.
Pan triomphe, et, déjà la flamme dans les yeux,
Il étend sur la nymphe un bras victorieux.
Mais, hélas! quel objet funeste
Pour un amant qui touche au moment d'être heureux!
Écho n'est plus qu'un roc affreux,
Et le son de sa voix est tout ce qui lui reste.

Rocher, ah! qu'il est doux
De vous conter sa peine!
La cruelle Climène
Est plus sourde que vous.
Quand au fond de ce bois
Je gémis sans contrainte,
Je vous trouve une voix
Pour répondre à ma plainte.

Rocher, ah! qu'il est doux, etc.

    Pan tient son ingrate et l'appelle :
Écho, ma chère Écho ! La nymphe lui répond ;
Il l'entend près de lui sans se voir auprès d'elle.
Ce prodige étonnant l'afflige et le confond ;
    Enfin sa perte est trop certaine.
S'abandonnera-t-il à des cris douloureux ?
    Non ; dans les maux la plainte est vaine.
Il sait mieux se venger d'un sort si rigoureux,
Du jeu du chalumeau la douceur le soulage ;
Ce plaisir calme un peu ses transports amoureux.
    Son cœur en goûte enfin l'usage,
    Et du fier objet de ses vœux
    Perd ainsi l'importune image.

    Un berger guérit de l'amour
    Par mille jeux doux et paisibles.
    Bergères, soyez insensibles,
    Je saurai bien l'être à mon tour.

    Thyrsis, n'espérant plus de plaire
    Aux bergères de son hameau,
    En jouant de son chalumeau,
    Chantait assis sur la fougère :

    Un berger guérit de l'amour
    Par mille jeux doux et paisibles.
    Bergères, soyez insensibles,
    Je saurai bien l'être à mon tour.

ROMANCES

TOUT EST BIEN COMME IL EST

Sur l'air : *Sommes-nous pas trop heureux?*

Au gré du sexe charmant
L'amour cherchait un remède
Contre l'ennui qui possède
L'amante loin de l'amant.
Dans ce dessein, l'on assure
Qu'un jour il prit le chemin
De la forge où la nature
Fabrique le genre humain.

La carte de Cupidon
Met cette forge divine
Sous une aimable colline,
Où croît le plus fin coton
Deux jolis piliers d'ivoire,
De l'ébène et du corail,
Du sacré laboratoire
Ornent le petit portail.

Les jeux et les ris badins,
Par qui la flamme s'allume,

Volent autour de l'enclume
Que bat le dieu des jardins.
Du cyclope infatigable,
Le marteau va jour et nuit,
Et, par un art admirable,
Frappe sans faire de bruit.

Lorsqu'à grands coups répétés,
Le fer est battu de reste,
Un charme doux et céleste
Se répand de tous côtés.
La nature, prompte et sage,
Qui, de la part du destin,
Préside sur tout l'ouvrage,
Y met la dernière main.

Le fils de Vénus entra
Jusqu'au fond du sanctuaire,
Où le mortel téméraire
De ses jours ne pénétra.
Les forgerons de Cythère
Reçurent leur souverain
Comme l'on reçoit sa mère
Dans les forges de Vulcain.

Bonjour, bel enfant! bonjour.
Dans ces lieux dont je dispose,
Puis-je pour vous quelque chose?
Dit la Nature à l'Amour.
Le dieu répond : Je désire,
Sans différer un instant,
Aux belles de mon empire
Rendre un service important.

Que l'homme puisse, à son gré,
Se dessaisir en main sûre

Du présent que la nature
A mon culte a consacré.
Faites si bien votre compte,
Que, tournant sur une vis,
Ce beau présent se démonte
Et se mette à rémotis.

Nature ayant la leçon,
Cupidon prit congé d'elle,
Et, sur le nouveau modèle,
L'homme est formé de façon
Que le plus solide immeuble
Des amants et des époux,
Désormais devient un meuble,
Le plus mobile de tous.

Mais tel était l'art divin,
Que si l'affaire allongée
N'était à son apogée,
On tournait la vis en vain.
L'envoi ne pouvait se faire
Que l'amour de son cachet
Et du grand sceau de Cythère
N'eût bien scellé le paquet.

L'homme étant ainsi formé,
Le beau sexe, en patience,
Du nôtre endurait l'absence
Et n'en fut plus alarmé.
De ce qui rend infidèle,
L'absent ne fut plus porteur,
Et toujours avec la belle
Marchait le consolateur.

Chacune de se munir,
Basque de courir sans cesse ;

Beaux paquets à leur adresse
D'aller et de revenir.
Il n'est grêle ou vent qui puisse
Retarder un tel envoi :
La tourière ni le suisse
N'eurent jamais tant d'emploi.

L'époux, sortant de chez soi,
Laissait à sa chère épouse,
Nouvelle encore et jalouse,
Cet otage de sa foi.
Le passe-temps des fillettes,
Grâce au consolant hochet,
Quand elles étaient seulettes,
Ne souffrait aucun déchet.

Vous noterez qu'à ce jeu,
Outre que celui qu'on tronque
Ne trouve profit quelconque,
Il risque encor son enjeu.
Un dépôt de cette espèce
Ne se laissait pas sans peur ;
Mais est-il rien qu'on ne laisse
Où l'on a laissé son cœur?

Aussi plus d'un accident
Et plus d'un tour de friponne
Fit d'une action si bonne
Repentir l'homme imprudent.
Chaque jour la négligence
Ou l'appétit déréglé
Coûtait cher à l'indulgence
De quelque amant démeublé.

Le beau rameau d'olivier,
Qui fait la paix du ménage,

Est par un mari volage
Prêté pour un jour entier.
Le soir, Hymen le réclame ;
La nuit, s'il ne revient pas,
Du mari près de sa femme
Figurez-vous l'embarras.

Par mégarde, une autre fois,
Une Agnès, au lieu du vôtre,
Vous en renvoyait un autre,
Où vous perdiez deux sur trois ;
Et bienheureux ceux qui surent
En ravoir encore un tiers !
Mille honnêtes gens en furent
Pour les gages tout entiers.

A l'affût de ce butin,
Une mère de famille,
Dans le coffre de sa fille,
Furetait soir et matin ;
La prude, mal assistée
Dans ses besoins importuns,
De la belle accréditée
Escamotait les emprunts.

Le vieux jaloux désolé,
Ne fermant plus la prunelle,
Quelquefois dans la ruelle,
Trouvait le drôle isolé ;
Alors, ne vous en déplaise,
L'impitoyable vieillard,
Sans scandale et tout à l'aise
Vous faisait un Abailard.

A son galant éperdu,
La dame, avec un sourire,

En était quitte pour dire :
Mon ami, je l'ai perdu.
Aussitôt, affiche énorme ;
Par son nom tout s'y nommait;
Même on y gravait la forme
Du bijou qu'on réclamait.

Que dirons-nous du chagrin
Et de la rumeur affreuse
Que d'une grande emprunteuse
Causa le trépas soudain?
Les commissaires posèrent
Le scellé sur ses effets;
Et sous le scellé restèrent
Trente ou quarante paquets.

Messieurs les intéressés,
Privés de tout exercice,
Des longueurs de la justice
Furent fort embarrassés :
Surtout ceux que la décence
Et l'honneur de leur état
Réduisaient à l'impuissance
D'oser faire aucun éclat.

Le cavalier effronté
Se plaint tout haut qu'on le vexe,
En fait juge le beau sexe,
Qui crie à l'iniquité.
La procédure s'achève ;
Nouvelle opposition ;
Enfin le scellé se lève :
L'on fait exhibition.

Personne, à la vérité,
N'y saurait trouver à mordre.

La défunte avait de l'ordre :
Tout est bien étiqueté :
Gens de cour et gens d'affaires,
Gens de robe et gens de rien,
Abbés et révérends pères,
Chacun retrouva le sien.

Aussi n'est-ce rien au prix
De ce qu'une Messaline
Entreprit à la ruine
De l'empire de Cypris.
Chez elle étaient en fourrière
Effets rares et communs :
Elle était la trésorière
De la caisse des emprunts.

Un beau matin, haut-le-pié,
A son comptoir elle manque :
Madame emporte la banque
Et fait rafle sans pitié.
Amour et galanterie
N'eurent bientôt qu'à déchoir :
C'était une loterie :
Vingt billets blancs pour un noir.

Cupidon sentit l'abus.
Pour en prévenir la suite,
Le dieu revola bien vite
Vers la forge de Vénus,
S'en remit à la Nature
De leur commun intérêt.
D'où nous devons tous conclure
Que tout est bien comme il est.

CHANSONS

Sur l'air de *Cahin-caha*.

Dans ma jeunesse
Cythère fut la cour
Où je fis mon séjour;
Sur l'échelle d'amour
Je montais nuit et jour,
Et remontais sans cesse.
Aujourd'hui, ce n'est plus cela.
   Sérieux et grave,
   Du régime esclave,
   Je lis *Boerhave*,
   Descends dans ma cave,
Et remonte cahin-caha,
Et remonte cahin-caha.

Sur l'air : *Comment faire?*

Les saumaises, les casaubons,
Ne sont que de petits garçons
Auprès du bonhomme Grégoire.

Lui seul en sait plus que tous.
Que sait-il? me demandez-vous :
Il sait boire.

———

Air à boire.

Amour, adieu pour la dernière fois!
Que Bacchus avec toi partage la victoire.
La moitié de ma vie a coulé sous tes lois;
J'en passerai le reste à boire.
Tu voudrais m'arrêter en vain;
Nargue d'Iris et de ses charmes!
Ton funeste flambeau s'est éteint dans mes larmes;
Que celui de mes jours s'éteigne dans le vin!

———

Air : *Jupin, de grand matin.*

Ce petit air badin,
Ce transport soudain
Marque un mauvais dessein,
Tout ce train
Me lasse à la fin.
De dessus mon sein
Retirez cette main.
Que fait l'autre à mes pieds?
Vous essayez
De passer le genou;
Êtes-vous fou?
Voulez-vous bien finir,
Et vous tenir!
Il arrivera, monsieur,
Un malheur.

Ah! c'est trop s'oublier!
Je vais crier :
Tout me manque à la fois,
Et force et voix...
En entrant, avez-vous
Tiré, du moins, sur nous,
Les verrous?

Air de la *Frelane.*

Vive notre vénérable abbé
Qui siége à table mieux qu'au jubé!
Le service était, ma foi, bien tombé :
Sans lui le réfectoire était flambé.
Son devancier parlait latin :
Celui-ci se connaît en vin.
C'est un bon vivant,
Nargue du savant!
Qu'est-ce que la drogue qu'il nous vend?
Du vent,
Souvent.
Tout est mieux dans l'ordre qu'auparavant.
L'abbé, le moine, le frère servant,
N'observent le silence qu'en buvant.
Jamais de carême ni d'avent :
L'abbé les a mis hors du couvent.
Dans ce bel institut de son estoc,
Chacun de nous vit ferme comme un roc.
Pas un de son froc
Ne ferait le troc,
Pour tout l'or du monde en bloc.
Tic toc, chic choc, cric croc!
Chantons, frère Roc,
En vidant ce broc :

Vive notre vénérable abbé
Qui siége à table mieux qu'au jubé!
Le service était, ma foi, bien tombé :
Sans lui le réfectoire était flambé.

Air de l'ouverture de Bellérophon.

Prends ton froc,
Ton sac et ton broc;
Sus! frère Roc,
Va faire le pieux escroc.
Dans le dortoir,
Tout est, ce soir,
Au désespoir;
Il y faut pourvoir :
C'est ton devoir.
J'ai voulu voir
Notre réservoir;
J'ai visité la cave et le saloir.
Tout le salé
S'en est allé,
Est avalé;
Le vin de Condrieu
Nous dit adieu;
Père Matthieu
Blasphème, au lieu
De prier Dieu.
Si ton retour n'est prompt,
Tous nos moines se damneront.
Prends ton minois
Humble et courtois,
Ta doucereuse voix
Et le cordon de Saint-François.
Le sexe, plein de charité
Pour la communauté,

Fournira de quoi mettre au pot.
Tends à propos ton esquipot :
L'affaire est de ton tripot ;
Mais sois fidèle au dépôt.
Le diable
Étranglerait
Qui rognerait
Notre prébende respectable.
Va, reviens
Et te souviens
Qu'un bon frère quêteur vaut mieux que cent gardiens.

ÉPITAPHES

ÉPITAPHE

DE FEU M***, ÉPOUX DE MADAME ***, VEUVE ET PUCELLE

Ci-gît le pauvre époux de l'aimable Sylvie,
Qui, la première nuit, à sa tendre moitié
    Ne donna pas signe de vie;
    Et de son sort digne d'envie
    Fit un sort digne de pitié.
La mariée au lit demeura la future :
    L'indigne marié ne put,
    Par la plus cruelle aventure,
    A l'amour payer le tribut.
Mais bientôt, malgré lui, le ciel vengeur voulut
    Qu'il le payât à la nature :
    De honte et de froid il mourut.
    Que la dame était bien lotie!
L'hymen, si l'on en croit le proverbe commun,
  A deux bons jours : l'entrée et la sortie;
Et, grâce au trépassé, celui-ci n'en eut qu'un.
Tenez-vous-en, Sylvie, aux douceurs du veuvage!

Le soir, en vous couchant, faites votre examen.
Un peu d'amour et point d'hymen.
Que le défunt vous rende sage,
Et Dieu lui fasse paix! *Amen*.

ÉPITAPHE D'UN GRAMMAIRIEN

Ci-gît maître Jobelin,
Suppôt du pays latin,
Juré piqueur de diphthongue;
Endoctriné de tout point
Sur la virgule, le point,
La syllabe brève et longue;
Sur l'accent grave, l'aigu,
Le circonflexe tortu,
L'U voyelle et l'V consonne.
Ce genre, qui le charma,
Et dans lequel il prima,
Fut sa passion mignonne.
Son huile il y consuma;
Dans ce cercle il s'enferma,
Et de son chant monotone
Tout le monde il assomma.
Du reste il n'aima personne :
Personne aussi ne l'aima.

ÉPIGRAMMES

SUR M. DE V***

On nous dit bien que V***
Est un effronté plagiaire.
Admirez l'excès du larron !
Le trait léger dont il égorge,
Ou croit bien égorger Piron,
Il le lui vole dans sa forge.

SUR LE MÊME

En deux mots voulez-vous distinguer et connaître
Le rimeur dijonnais et le parisien ?
Le premier ne fut rien ni ne voulut rien être ;
L'autre voulut tout être, et ne fut presque rien.

Sur l'air de *Joconde*.

Un pieux évêque a repris
Et puni ma jeunesse ;

Mais le roi très-chrétien a pris
 Pitié de ma vieillesse.
L'histoire n'en finirait pas,
 En deux mots je l'achève :
La crosse m'avait mis à bas,
 Le sceptre me relève[1].

En France, on fait, par un plaisant moyen,
Taire un auteur quand d'écrits il assomme :
Dans un fauteuil d'académicien,
Lui quarantième on fait asseoir cet homme ;
Lors il s'endort et ne fait plus qu'un somme ·
Plus n'en avez prose ni madrigal :
Au bel esprit, ce fauteuil est, en somme,
Ce qu'à l'amour est le lit conjugal.

A L'ACADÉMIE FRANÇAISE

Gens de tous états, de tout âge,
Ou bien, ou mal, ou non lettrés,
De cour, de ville ou de village,
Castorisés, casqués, mitrés,
Messieurs les beaux esprits titrés,
Au diable soit la pétaudière
Où l'on dit à Nivelle : Entrez,
Et *Nescio vos* à Molière.

---

[1] Le roi venait de m'accorder une pension annuelle de mille livres sur sa cassette, pour me dédommager de l'exclusion de l'Académie.

N'aspirez plus au cercle des Quarante,
Preux chevaliers ni vous, gentils prélats :
Si de lauriers la couronne vous tente,
Dans vôtre choix soyez plus délicats.
Vanité folle en a pour tous états.
Voyez ailleurs ; car, à ne vous rien taire,
De celle-ci l'éclat imaginaire,
A gens d'élite et de votre façon,
Va comme irait une mitre à Voltaire,
Ou le plumet à l'abbé Terrasson.

TRIOLET

Grâce à monsieur l'abbé Ségui,
Messieurs, vous revoilà quarante.
On dit que vous faites aussi
Grâce à monsieur l'abbé Ségui.
Par la mort de je ne sais qui
Vous n'étiez plus que neuf et trente :
Grâce à monsieur l'abbé Ségui,
Messieurs, vous revoilà quarante.

A LA VILLE DE MONTPELLIER

Secourable mont des Pucelles,
Puissiez-vous longtemps prospérer!
Puissent de vos plantes nouvelles
Les vertus toujours opérer,
Et ne jamais dégénérer,

Comme la robe mémorable
Qui fut un harnais honorable
Tant que Rabelais l'eut sur lui;
Mais qui, par un sort déplorable,
N'est plus qu'un bât d'âne aujourd'hui.

ÉPIGRAMME CONTRE PIRON

FAITE PAR LUI-MÊME.

Le vieil auteur du cantique à Priape,
Le cœur contrit, s'en allait à la Trappe,
Pleurant le mal qu'il avait fait jadis.
Mais son curé lui dit : « Bon métromane,
C'est bien assez de ton *De profundis;*
Rassure-toi; le Seigneur ne condamne
Que les vers doux, faciles, arrondis,
Qui savent plaire à ce monde profane.
Ce qui séduit, voilà ce qui nous damne :
Les rimeurs durs vont tous en paradis. »

SUR CE QU'ON ME MENAÇAIT DE LA COLÈRE DE M. DE VOLTAIRE.

De Corneille et de Crébillon
Le réformateur téméraire,
Que prône à triple carillon
Tiriot le thuriféraire;
Le prince des badauds, Voltaire,
Du haut de son trône bourgeois,
Va sur moi vider son carquois.
Du mien ne tirons qu'une flèche,
Dont la douce pointe n'ébrèche

L'honneur ni l'intérêt d'autrui ;
Malheur à lui seul s'il en sèche !
Louons quelque autre auteur que lui.

A M. L'ABBÉ TRUBLET

A SA RÉCEPTION A L'ACADÉMIE.

L'abbé Gédoyn, en galant glorieux,
Faisait fanfare et se vantait sans cesse,
Ninon ayant dix-sept lustres et mieux,
D'en avoir eu la dernière caresse.
Le beau triomphe et la rare prouesse !
L'Académie, aujourd'hui, de ses fleurs,
A, cher abbé, couronné tes labeurs :
Ta gloire est bien à plus haut apogée !
Tu viens d'avoir les dernières faveurs
D'une catin bien autrement âgée.

Alidor court après le bonnet de docteur.
Tout s'achète. Il est riche : il fera des merveilles.
Mais, ma foi, ce bonnet, n'en déplaise au payeur,
Sera diablement grand s'il cache ses oreilles.

A quoi ressemble en un point
Votre illustre compagnie ?
Vous ne vous en doutez point,
Messieurs de l'Académie :
A la grande confrérie,

Plus grande à Paris qu'ailleurs.
D'elle nos mauvais railleurs
Font, d'un ton de petits-maîtres,
Cent contes, tous des meilleurs,
Puis finissent par en être.

LA FORCE DES FURIES

Monsieur l'abbé, lorsque l'Envie
A vidé tous ses arsenaux,
Chez vous elle se réfugie.
Vos yeux lui servent de fourneaux,
Pour y forger des traits nouveaux.
Le bonheur d'autrui les allume,
Votre lourde et bruyante plume
Se change en marteau dans sa main,
Votre front devient son enclume,
Et votre cœur son magasin.

Sur l'air de Joconde.

Connaissez-vous sur l'Hélicon
   L'une et l'autre Thalie?
L'une est chaussée, et l'autre non;
   Mais c'est la plus jolie.
Elle a le rire de Vénus;
   L'autre est froide et pincée.
Honneur à la belle aux pieds nus,
   Nargue de la Chaussée.

C'est trop peu que d'une amourette
Pour satisfaire à tous mes vœux :
A la Vestale, à la coquette,
Tour à tour je fais les doux yeux,
Et c'est le sort le plus heureux
Où l'homme à mon gré puisse atteindre.
La Vestale allume les feux,
Et l'autre sert à les éteindre.

« Songe à finir, disait une rusée
A Fontenelle, attentif à briller.
Qu'hier au soir je fus malavisée
De te laisser ici déshabiller!
L'aurore luit; mes gens vont s'éveiller.
— Rassurez-vous, lui repart Fontenelle;
La nuit sera, si je veux, éternelle,
Puisque du jour je tiens l'astre en mes bras.
— Encor! pour Dieu! bel esprit, se dit-elle,
Deviens un sot, finis, ou bien t'en vas. »

A LA BL***

Lise dit que je ne vois goutte,
Et de mes mauvais yeux se moque à tout moment.
Lise, vous avez tort : pensez-vous qu'on en doute
Depuis qu'on m'a vu votre amant?

Dans un beau corps, Nature et Maladie
Étaient aux mains. Une aveugle vient là :
C'est Médecine, une aveugle étourdie,
Qui croit par force y mettre le holà.
A droite, à gauche, ainsi donc la voilà,
Sans savoir où, qui frappe à l'aventure

Sur celle-ci comme sur celle-là,
Tant qu'une enfin céda. Ce fut Nature.

Nymphes des bois, s'il vous rencontre un jour,
Ce beau Sylvain, que je veux faire peindre,
Ne fuyez point. Contre vous son amour
N'entreprend rien : vous n'avez rien à craindre.
Par courtoisie il pourrait pourtant feindre
Une algarade; alors doublez le pas
Pour feindre aussi, mais laissez-vous atteindre :
Vous le verrez dans un bel embarras!

Sur l'auteur, dont l'épiderme
Est collé tout près des os,
La mort tarde à frapper ferme,
Crainte d'ébrécher sa faux.
Dès qu'il aura les yeux clos
(Car si faut-il qu'il y vienne),
Adieu renom, bruit et los,
Le temps jouera de la sienne.

Un écrivain, fameux par cent libelles,
Croit que sa plume est la lance d'Argail.
Au haut du Pinde, entre les neuf pucelles,
Il est planté comme un épouvantail.
Que fait le bouc en si joli bercail?
S'y plairait-il? penserait-il y plaire?
Non. C'est l'eunuque au milieu du sérail;
Il n'y fait rien, et nuit à qui veut faire.

ESPRIT DE PIRON

En 1715, les chevaliers de l'arquebuse de Dijon rendirent le prix d'usage, et y invitèrent les compagnies de l'arquebuse des villes voisines. Dans cette fête, la victoire favorisa les chevaliers beaunois. La muse de Piron s'égaya sur les vainqueurs, et célébra leurs exploits dans une ode burlesque et satirique. Quoiqu'il eût gardé l'anonyme, il passa pour l'auteur des couplets, et la guerre s'alluma.

Les hostilités commencèrent par un déluge de couplets dont on accabla Piron. Celui-ci, par ses traits plaisants et malins, rangeait toujours les rieurs de son côté. Jamais la scène n'était vide : Piron l'occupait sans cesse aux dépens de ses ennemis ; il allait dans la campagne des environs de la ville, coupant, abattant, arrachant tous les chardons qui s'offraient à sa vue. « Eh, parbleu, répondait-il aux passants qui l'interrogeaient, étonnés de la fureur avec laquelle il moissonnait ces chardons, je suis en guerre avec les Beaunois, je leur coupe les vivres. » On aurait pu, de part et d'autre, en demeurer là. Quoi qu'il en soit, le ressentiment de l'injure dura jusqu'en 1717, que les Beaunois rendirent à leur tour le prix de l'arquebuse. Piron voulut y aller : on l'avertit en vain du danger qu'il courait ; il partit à pied, de Dijon, pour se rendre à Beaune. Son ami Jeannin l'accompagna jusqu'à une demi-lieue de la ville, et Piron continua sa route jusqu'à Vougeot, où il s'arrêta pour en goûter le bon vin. Là, de nouveaux compagnons de voyage se joignirent à lui, et l'on marcha toute la nuit. Il était cinq heures du matin, lorsque la joyeuse caravane arriva aux portes de Beaune. Il descendit dans la maison où il était attendu ; il s'y délassa jusqu'à cinq heures du soir, qu'un bruit d'instruments guerriers, qui annonçait l'ouverture du prix, le fit sortir de table où il était encore avec ses amis. Il descendit dans la rue, pour être plus à portée de voir défiler les chevaliers. Ceux de l'arquebuse de Dijon ouvraient la marche : à peine eurent-ils aperçu Piron, qu'ils s'arrêtèrent, et, l'ayant entouré, le pressèrent de venir se ranger sous leur drapeau. Les propos qu'ils avaient entendus les effrayaient pour lui. On lui dit que son arrivée avait fait du bruit dans la ville et qu'il était menacé de quelque danger. Piron n'écouta rien ; il ne fut sensible qu'à l'amitié qu'ils lui témoignaient dans cette circonstance critique : il les en remercia en disant :

Allez ! je ne crains pas leur impuissant courroux,
Et, quand je serais seul, je les *bâterais* tous.

Les chevaliers dijonnais, voyant l'impossibilité de le déterminer à les suivre, reprirent leurs rangs et le quittèrent à regret. Toutes les compagnies passèrent ainsi en revue devant lui ; les Beaunois fermaient la marche. Comme ils l'avaient reconnu de loin, dès qu'ils furent près de lui, ils firent briller à ses yeux quarante épées nues ; mais chaque chevalier, en lui présentant la pointe baissée, l'honora d'un salut auquel il répondit par une profonde inclination, deux doigts appuyés sur ses lèvres, en leur faisant entendre par ce signe qu'il serait désormais plus circonspect.

Piron, le lendemain, au lieu d'assister aux divertissements, alla passer la journée chez les prêtres de l'Oratoire, qui l'avaient invité à dîner, et où il avait un frère. Il ne sortit de la communauté qu'à huit heures du soir pour aller à la comédie.

Les Beaunois n'avaient rien épargné pour rendre la journée brillante ; ils avaient arrêté une troupe de comédiens et fait dresser un théâtre dans une vaste grange. Piron, arrivé à la porte du spectacle, ne sachant quelle pièce on allait jouer, s'adressa au plus apparent de ceux qui faisaient foule, et qui, par un air plus avantageux que les autres et donnant des ordres, paraissait devoir être plus instruit : « Les *Fureurs de Scapin*, lui dit le jeune Beaunois. — Ah ! monsieur, répond Piron en le remerciant, je croyais que c'étaient les *Fourberies d'Oreste*. » Et tout de suite il alla se placer dans le parterre.

A peine fut-il dans la salle, qu'on lui lança mille brocards qu'il repoussa toujours avec sa supériorité ordinaire. Enfin la toile se lève ; le bruit cesse jusqu'au troisième acte ; mais, au moment où Scapin enferme Géronte dans le sac, un petit-maître, qui, sans doute, trouva cette scène attendrissante, apostropha tout à coup le parterre qui était fort tranquille, d'un : « Paix-là, paix, messieurs, on n'entend pas ! — Ce n'est pas faute d'oreilles, » cria Piron : mot qui pensa coûter cher à notre poëte. Après beaucoup de bruit, le calme se rétablit heureusement.

Il n'attendit pas que la toile fût baissée pour sortir, espérant se sauver à la faveur de la nuit. Il fut atteint dans sa course par une troupe de jeunes gens, l'épée à la main ; alors il redoubla sa course en leur criant : « Messieurs, vos fers me blessent, » et leur fit perdre bientôt la trace de ses pas. Comme il n'entend plus de bruit, il croit ses ennemis bien loin ; il s'arrête un moment pour respirer, et se félicite déjà d'avoir échappé au plus grand danger, lorsqu'il se voit de nouveau assailli par cette jeunesse furieuse, prête à le percer de mille coups. Malgré sa force et sa vigueur, il allait succomber sous le nombre, si le maire de la ville, devant la maison duquel cette scène se passait, ne l'eût arraché des mains de ses ennemis. Il le retira chez lui, où il passa le reste de la nuit. Il sortit de Beaune aussitôt qu'on en eut ouvert les portes.

.*. Un jour Piron, Gallet et Collet, devaient aller souper chez une femme bel-esprit ; ils se firent attendre : on se mit à table plus tard qu'à l'ordinaire. Tout annonçait la présence du plaisir, et tout invitait à s'y livrer sans contrainte. La gaieté s'empara des convives dès le premier service : la chair était délicate et fine, les vins excellents, de toute espèce. L'hôtesse, qui avait de l'esprit, faisait les honneurs du repas avec des grâces qui ajoutaient encore à ses attentions, et ses yeux semblaient reprendre leur empire par mille propos aimables qu'ils inspiraient. Jamais Piron ne fut plus brillant, plus varié, plus fertile en bons mots : c'étaient des éclairs continuels entremêlés de joyeux couplets et des impromptus de Gallet et de Collé qui s'attaquaient et se répondaient alternativement. Pour intermède, un champagne mousseux et frais, pétillant dans des verres remplis aussitôt que sablés, faisait oublier l'heure et ranimait à chaque instant le plaisir et la joie.

La nuit était déjà fort avancée, et l'on ne songeait pas encore à sortir de table. Enfin on se lève, on se sépare, en se faisant les plus tendres adieux, avec promesse de renouveler souvent cette joyeuse orgie. Les trois amis sortirent ensemble. Quand ils furent au coin de la rue du Harlay, sur le quai des Orfèvres, Piron, voulant congédier ses deux compagnons, s'arrête tout à coup, leur montre le chemin qu'ils doivent prendre pour regagner le quartier Saint-Eustache, où ils logeaient, et se dispose à aller seul dans le faubourg Saint-Germain, où il demeurait. Loin d'y consentir, Gallet et Collé s'obstinent à ne le point quitter, et veulent le reconduire malgré lui. Grand débat des plus comiques de part et d'autre : ils lui représentent tous les dangers auxquels il s'expose et lui racontent mille histoires de voleurs ; ils cherchent à l'intimider, lui rappellent l'heure qu'il est, lui font remarquer la profonde obscurité de la nuit : vaines représentations ! il persiste, sous divers prétextes, à s'en aller seul ; il leur donne surtout pour raison qu'il a dans la tête une pièce de vers qu'il veut composer en chemin. Nouvelles instances de la part des deux amis : « Songe donc, mon cher Piron, lui dirent-ils avec une effusion de cœur que le vin rendait encore plus tendre, songe donc que tu as un habit de velours tout neuf ; qu'au premier coin de rue le premier voleur qui te rencontrera, trompé par l'apparence, en te voyant si bien vêtu, te prendra pour un financier, t'attaquera et te tuera pour avoir ton argent et ton habit. Quelle douleur d'apprendre demain matin que..... — Ah ! messieurs, interrompit brusquement Piron, c'était mon habit que vous vouliez reconduire ! que le disiez-vous plus tôt ? tenez, le voilà ; quand les voleurs me verront en chemise, ils ne m'attaqueront plus... » En un clin d'œil, l'habit est bas, tombe aux pieds de Gallet et de Collé, et Piron part comme un éclair. Après un instant de surprise, ils ramassent l'habit, se mettent à courir après Piron, lui criant qu'il va s'enrhumer ; mais le temps qu'ils avaient perdu à s'étonner, Piron l'avait employé à gagner le bout du quai ; il revenait même sur ses pas, escorté d'une escouade du guet, qui, voyant un homme en chemise, courant à toutes jambes, l'avait interrogé, et, sur ses réponses, l'avait cru effectivement dépouillé par des voleurs.

L'escouade en fut convaincue dans l'instant même, à la rencontre de deux hommes courant avec un habit qu'ils emportaient. On les entoure : on demande à Piron si ce ne sont pas là les voleurs qui l'ont dépouillé ? Oui, répond-il. Aussitôt on reprend l'habit qu'on lui rend, et l'on arrête Gallet et Collé. Gallet, auquel une nuit passée au Châtelet pouvait faire grand tort dans son commerce, ne se souciait point de suivre l'aventure jusqu'au bout : il veut expliquer le fait; mais la garde est sourde, et lui dit de marcher, il résiste; on lui présente les menottes. Cette offre lui fit prendre son parti ; il marcha. Quant à Collé, le guet lui ayant demandé son épée, il la remit entre les mains de l'officier, avec la même fierté et en parodiant les paroles que prononce le comte d'Essex, dans la tragédie de ce nom, lorsqu'il remet la sienne :

. . . . Prenez;
Vous avez dans vos mains ce que toute la terre
A vu plus d'une fois terrible à l'Angleterre;
Marchons; quelque douleur que j'en puisse sentir,
Vous voulez votre perte, il faut y consentir.

Aussitôt on les conduit chez le commissaire.

Piron, en pleine liberté, marchait à la tête de l'escouade, à côté du sergent qu'il questionnait comiquement en chemin sur le sort des deux voleurs; et le sergent lui répondait très-sérieusement : « Ils seront pendus s'il ne leur arrive pas pis. » Cependant, voyant qu'il était temps de ne pas pousser plus loin l'aventure, Piron voulut changer de ton et persuader, tant au sergent qu'à l'escouade, que ces deux personnes étaient ses amis, qu'ils venaient de souper ensemble, et que c'étaient de très-honnêtes gens. Le guet n'en veut rien croire : Piron se fâche et se met en devoir de faire relâcher les deux prisonniers. « Maintenant que vous avez votre habit, lui dit-on, ce sont d'honnêtes gens et vos amis ! Vous voulez sauver des voleurs; patience : vous allez voir que le commissaire va envoyer vos amis en prison..... » Comme ce colloque finissait, on arrive à la porte du commissaire qui était couché; mais son clerc ne l'était pas encore.

Qu'on se figure, en présence de ce clerc, nos trois personnages, dispos, gaillards, aimant à rire, sortant de faire bonne chère, et ayant la tête un peu échauffée, on aura l'idée de la scène qui se passa. D'abord le sergent commence son rapport; mais il est si plaisamment interrompu, et tant de fois par Piron, qu'il ne peut l'achever. Alors Piron, prenant la parole, fait un récit fidèle et succinct du prétendu délit. Malheureusement le clerc, difficile à persuader, traite l'histoire de mensonge, et l'historien d'imposteur; il prend sa plume, ordonne qu'on réponde, et dit qu'il va dresser procès-verbal. « Tout comme il vous plaira, dit Piron, dépêchez-vous ; je vous aiderai à le mettre en vers si vous voulez. » Parler de vers à ce clerc, c'était lui parler hébreu ; aussi répliqua-t-il : « Pas tant de verbiage, procédons, et commençons par vous : votre nom ? — Et le vôtre ? — Ah! vous plaisantez la justice. — Je ne plaisante point la justice, poursuit Piron ; mais je vous trouve plaisant de vouloir savoir mon nom avant que je sache le vôtre. » Le clerc, dont l'esprit n'était pas des plus déliés, traite le propos de rébellion à la justice et menace Piron de l'envoyer en prison. A la fin, Piron se nomme, le clerc continue de l'interroger, et lui demande: « Quel est votre état ? que faites-vous? — Des vers. — Qu'est-ce que des vers; vous moquez-vous encore de moi? — Je ne me moque point, je fais des vers ; et, pour vous le prouver, je vais en faire tout à l'heure sur vous, pour ou contre, à votre choix.
— Je vous ai déjà dit que je n'entendais rien à tout ce verbiage, et, si vous me poussez à bout, vous pourrez bien vous en repentir. »

Le clerc, ayant cessé d'interroger Piron, entreprit Gallet, auquel il fit également décliner son nom. Puis, élevant la voix: « Quelle est votre profession ? que faites-vous? — Des chansons, monsieur, lui répond modestement Gallet.
— Oh! pour le coup, je vois qu'il faut nécessairement éveiller M. le commissaire. — Ne troublez point, mon-

sieur, le repos de M. le commissaire, repartit respectueusement Gallet ; laissez-le dormir : vous êtes si fort éveillé, que vous valez à vous seul, sans compliment, un commissaire, deux commissaires, trois commissaires ensemble. Au reste, rien n'est plus vrai ; je fais des chansons, et vous devez même, si vous avez du goût, savoir par cœur la dernière qu'on chante depuis un mois, dont voici le refrain, » et tout de suite Gallet chante :

> Daphnis m'aimait,
> Et le disait
> Si joliment,
> Qu'il me plaisait
> Infiniment.

« Vous voyez, ajouta-t-il, que je ne vous en impose point : je suis réellement chansonnier, et de plus (en faisant au clerc une profonde révérence), marchand épicier en gros, pour vous servir, rue de la Truanderie. »

A peine Gallet eut-il cessé de parler, que Collé, saisissant la parole pour ne pas donner au clerc le temps de l'interroger : « Je vais, lui dit-il, vous éviter la peine de me faire des questions ; je m'appelle Charles Collé ; je demeure rue du Jour, paroisse Saint-Eustache : ma profession est de ne rien faire, dont ma famille enrage ; mais, lorsque les couplets de monsieur sont bons, je chante. » Aussitôt Collé se met à chanter :

> Avoir dans sa cave profonde
> Vin excellent, en quantité ;
> Faire l'amour, boire à la ronde,
> Est la seule félicité.
> Il n'est point de vrais biens au monde,
> Sans vin, sans amour, sans gaieté.

Puis, en montrant Piron, « et, quand monsieur fait de bons vers, je les déclame. » Et soudain il déclame avec emphase :

> J'ai tout dit : tout, Seigneur; cela doit vous suffire.
> Qu'on me mène à la mort, je n'ai plus rien à dire.

En achevant ces mots, Collé s'avance en héros vers la garde, qui riait à gorge déployée de ce burlesque interrogatoire. Le clerc seul, loin de rire, pâlissant de colère, devient furieux, se lève, et court éveiller le commissaire. Piron lui crie, d'un ton railleur : « Eh ! monsieur, ne nous perdez pas, nous sommes des enfants de famille. »

Le commissaire était si profondément endormi, qu'on eut toutes les peines du monde à le tirer de son lit. Pendant qu'on l'attendait, la scène avait changé de lieu, et se passait dans la cour. Piron, le principal héros de la pièce, soutenait merveilleusement son caractère et ne laissait point refroidir l'action. Il y jetait à toute minute l'intérêt le plus vif et le plus piquant. Les voisins, depuis le haut de la maison jusqu'en bas, étaient à leurs fenêtres, une lumière à la main, et faisaient, avec les gens du guet, retentir l'air de si grands éclats de rire, que ce bruit, mieux que les efforts du clerc, réveilla le commissaire. Il descend tout chancelant, bâillant encore et se frottant les yeux. Sa maison illuminée du haut en bas; sa cour remplie de monde; les rires immodérés des voisins, hommes, femmes, enfants et domestiques tous en chemise [1]; la garde presque pâmée, et se tenant les côtés à force de rire; nos trois acteurs au milieu, debout, dont l'un parlant avec une admirable volubilité, et les deux autres l'écoutant dans des attitudes grotesques et comiquement sérieuses : tout cela lui paraît un songe, il ne sait où il est; il se frotte de nouveau les yeux, les ouvre de toute leur grandeur, promène ses regards incertains à droite, à gauche, de tous les côtés, bâille pour la dernière fois, et se réveille enfin tout à fait. « Ouf! voilà bien du bruit! qu'est-ce que tout ceci? Voyons. »

---

[1] La scène se passait vers la fin du mois de mars, en 1731.

Alors, s'adressant à Piron : « Qui êtes-vous? Votre nom? — Piron. — Quel est votre état? — Poëte. — Poëte? — Oui, monsieur, poëte. Eh! où vivez-vous donc pour ne pas connaître le poëte Piron? Je le passais à votre clerc. Quelle idée aurais-je de vous d'ignorer mon état quand je me nomme? Oui, monsieur, mon état est d'être poëte, état le plus grand, le plus noble, le plus sublime que les hommes puissent embrasser, quand c'est du génie qu'ils le tiennent. Quelle honte pour un officier public de ne pas connaître le poëte Piron, auteur des *Fils ingrats*, applaudis si justement de tout Paris; de *Callisthène*, qu'il a si injustement sifflé, comme je viens de le prouver au public, par des vers qui valent une démonstration! » Piron aurait poussé plus loin cette véhémente tirade si le commissaire, avec une sorte de vivacité assez plaisante, ne l'eût interrompu en lui disant: « Que parlez-vous de pièces de théâtre? Savez-vous que Lafosse est mon frère, qu'il en a fait d'excellentes, et qu'il est l'auteur de la belle tragédie de *Manlius*? Comment la trouvez-vous? Hem? Oh! mon frère était un homme de beaucoup d'esprit! — Je le crois, monsieur, car le mien n'est qu'une... bête, quoique prêtre de l'Oratoire, et que je fasse des tragédies, » répond Piron avec une sorte d'enthousiasme risible, et se donnant en même temps des louanges outrées. Ce trait assez vif, et très-cavalièrement exprimé, ne fâcha point le commissaire Lafosse, qui le prit en galant homme. A la contenance des acteurs, à la gaieté de leurs propos, il ne fut pas longtemps à percer le mystère de toute cette aventure. Il se la fit raconter par Piron, et s'en amusa beaucoup; après quoi il renvoya ces messieurs, en leur faisant la politesse de les prier de venir chez lui, le samedi suivant, dîner et manger des huîtres. « Ah! mes amis, dit Piron, en sortant de la maison du commissaire, rien ne manque plus à ma gloire, j'ai fait rire le guet. »

La nouvelle de cette joyeuse nuit se répandit bientôt

par toute la ville. Le commissaire Lafosse en fit le lendemain son rapport à M. Hérault, alors lieutenant de police. Ce magistrat connaissait beaucoup Piron, avec lequel il avait dîné quelques jours auparavant. Il le manda pour savoir jusqu'aux plus petites particularités de l'histoire et voulut en divertir sa famille. Piron se rendit aux ordres de M. Hérault, lequel, affectant un air grave et sévère en le voyant paraître, le traita d'abord de tapageur et lui ordonna de rendre compte de sa conduite et du bruit qu'il avait fait la nuit précédente. Piron ne se démonta pas ; sa mauvaise vue l'empêcha de reconnaître les personnes qui étaient dans le cabinet, et, s'imaginant être devant un juge assis dans son tribunal, il commença et poursuivit si comiquement son récit jusqu'à la fin, que la gravité de ses auditeurs se démentit, de manière qu'un éclat de rire général se fit entendre, et M. Hérault, après avoir ri tout à son aise, dit : « C'est fort bien, mon cher Piron, mais convenez que vous mériteriez une bonne calotte pour cette folie? — Eh! qui serait assez hardi, monsieur, répliqua Piron, de m'en donner une quand votre chapeau m'en tient lieu?... » Effectivement il présenta, dans le moment même, le chapeau de M. Hérault, qu'il avait pris, par mégarde, pour le sien, le jour qu'il avait dîné avec ce magistrat.

.*. La mort de l'abbé Terrasson laissa, en 1750, une place vacante à l'Académie française. Plusieurs académiciens engagèrent Piron à se présenter, malgré toutes les plaisanteries qu'il s'était permises et qu'il se permettait journellement sur ce corps en général, et sur ses membres en particulier. Ils étaient trop sensés pour lui en faire un crime et ils riaient les premiers de ses bons mots. Ils le déterminèrent donc à faire les visites d'usage.

Piron remplit le cérémonial accoutumé, non avec cette gravité religieuse qu'observent ordinairement les candidats, mais très-gaiement, et peut-être même un peu trop cavalièrement. Entre autres plaisanteries, il laissa chez un des trente-neuf électeurs, Nivelle de la Chaussée, son billet sur lequel il écrivit ces deux vers amphigouriques tirés de l'une des pièces de ce comique larmoyant :

> En passant par ici, j'ai cru de mon devoir,
> De joindre le plaisir à l'honneur de vous voir.

Le directeur l'engagea même de prendre tout le temps nécessaire pour composer son discours de réception. Piron l'en remercia et lui répondit en riant : « Ne vous inquiétez point de cette corvée, nos deux discours sont déjà faits ; ils seront prêts du jour au lendemain de mon élection. — Comment cela ? lui demanda le directeur un peu surpris. — Comment cela ? repartit Piron. Le voici : je me lèverai, j'ôterai mon chapeau, puis à haute et intelligible voix je dirai : Messieurs, grand merci ; et vous, sans m'ôter votre chapeau, vous me répondrez : Monsieur, il n'y a pas de quoi... » A ces mots, le directeur partit d'un faux éclat de rire et lui tourna le dos.

Le jour de l'élection arrivé, l'abbé de la Bletterie fut élu ; mais, cette nomination ayant déplu au roi, ce fut M. de Mairan qui obtint la place vacante.

On avait desservi Piron auprès du roi. Nivelle de la Chaussée ne fut pas un des moins ardents pour écarter du fauteuil l'auteur de la *Métromanie*, qui en fut dédommagé, en quelque sorte, par une pension de 1,000 livres, qui lui fut accordée sur la cassette du roi par l'entremise de madame de Pompadour.

.*. Peu de jours après son exclusion, comme il était à dîner, on frappa à sa porte ; le domestique ouvre, et trouve un homme rangeant des bouteilles. Piron se lève de table, voit les bouteilles, interroge le porteur. Une voix de stentor lui crie du bas de l'escalier : « Prenez toujours, et buvez : ce sont quarante bouteilles de vin d'Espagne, le plus exquis... Porteur, achève et descends vite ; je t'attends. — Mais encore faut-il savoir de quelle part? » demande Piron à la voix. Point de réponse ; le porteur, finissant de poser les bouteilles, reprend sa hotte et s'en va.

Cette aventure donna lieu à conjecturer à Piron que ce ne pouvait être qu'un présent des quarante de l'Académie, ou une galanterie espagnole, faite à une muse bourguignonne. Parmi les quarante bouteilles, il s'en trouva une dont le goulot était cassé net, et cependant elle était bouchée comme les autres. « Oh! pour le coup, dit Piron, cette bouteille confirme ma conjecture, elle est le contingent du président de l'Académie naissante de Berlin, le géomètre Maupertuis, lequel, étant en froid avec moi depuis quelque temps, aura voulu calculer la somme de plaisir qu'il est forcé de me procurer, à l'exemple de ses confrères, en me fournissant son quarantième, moins un goulot. Ce problème est aisé à résoudre. »

Plein de son idée, il écrit à l'Académie, et il commence sa lettre par ces beaux vers que la Fontaine met dans la bouche du paysan du Danube :

> Romains, et vous sénat, assis pour m'écouter,
> Je supplie avant tout les dieux de m'assister ;
> Veuillent les immortels, conducteurs de ma langue,
> Que je ne dise rien qui doive être repris !
> Sans leur aide il ne peut entrer dans les esprits
>   Rien qui ne gâte une harangue.

« Messieurs,

« Depuis que, de votre mouvement, vous daignâtes m'honorer de vos suffrages, et que, par vos officieuses représentations, il a plu au roi, qu'on avait indisposé contre moi, de substituer à l'honneur peu mérité que vous m'avez fait, des bontés encore moins méritées, je vous dois des remercîments, et je les médite... Mais souffrez que je les diffère encore quelque temps, et que je m'occupe aujourd'hui, tout entier, de l'objet qui me fait prendre la liberté de vous écrire. Je reçois, dans le moment, quarante bouteilles de vin d'Espagne, sans avoir pu me procurer la satisfaction de savoir à qui je suis redevable d'un cadeau si galant et si fort de mon goût. Je suis, à la vérité, dans la singulière habitude de cette espèce de torture. En bon philosophe, je tâche de m'y faire, et je m'y fais. Mais ici, un peu fondé sur les circonstances, je m'avise, et je me plais dans l'idée que c'est vous, messieurs, qui vous êtes divertis à faire cette galanterie espagnole à une muse bourguignonne. Ma modestie néanmoins me jette dans l'incertitude, et c'est la première fois que je ne veux point l'écouter. Je suis trop glorieux des bontés que vous me témoignez. Il ne me reste qu'une grâce à vous demander, c'est de continuer ces mêmes bontés après ma mort. Daignez être les dépositaires de mes dernières volontés. Je les joins ici telles que la franchise, dont j'ai fait profession toute ma vie, me les a dictées.

« J'emporterai dans le tombeau la reconnaissance éternelle que vous m'avez inspirée. Heureux de mourir, après vous avoir donné des preuves du profond respect avec lequel je suis, messieurs, votre admirateur.

« Piron. »

Son testament était à la suite de cette lettre. On y reconnaît sans peine l'originalité de l'auteur, et cette gaieté aimable qui ne l'a jamais abandonné. Le voici :

« Je me recommande à la postérité. J'espère plus dans son indulgence que dans celle de mes contemporains. Comme j'ai toujours fui la vaine gloire, et que je crains qu'une main amie ou ennemie ne barbouille mon tombeau d'une plate ou méchante épitaphe, je veux qu'on y grave celle-ci :

Ci-gît Piron, qui ne fut rien,
Pas même académicien.

« Je laisse mes ouvrages en proie à tous les journalistes, de quelque pays, profession, qualité et secte qu'ils soient, sauf l'hypothèque des satiriques, des critiques, des compilateurs, des plagiaires et des commentateurs. Le grand Corneille ne leur étant point échappé, il y aurait de l'indécence à moi, du ridicule même, de ne pas me laisser tourmenter, fouiller et saisir par ces barragers.

« Je lègue aux jeunes insensés qui auront la malheureuse démangeaison de se signaler par des écrits licencieux et corrupteurs ; je leur laisse, dis-je, mon exemple, ma punition et mon repentir sincère et public.

« Je laisse enfin mon cœur à l'immortelle Académie française, et la supplie de vouloir bien recevoir à gré ce petit diamant, assez précieux par sa rareté, n'y ayant, chez le Mogol même, aucuns joyaux qui vaillent un cœur vraiment reconnaissant. »

Sa lettre et son testament écrits, il prend son verre rempli de vin d'Espagne, et, s'adressant à sa nièce : « Voilà, dit-il, mes grandes affaires faites. Dût ce verre de vin terminer ma vie, j'aurai du moins eu le plaisir de la finir aussi délicieusement que ce drôle d'Anglais, qui, ayant le choix du genre de sa mort, aima mieux se noyer dans une tonne de Malvoisie que de se faire ouvrir les veines, comme Sénèque. » Puis, après avoir bu la moitié de son verre : « Quel parfum ! s'écria-t-il. »

> Ah qu'il est bon ! c'est la liqueur choisie,
> Le pur nectar, la céleste ambroisie,
> Qu'on sert aux Dieux dans leur félicité !
> Boire à longs traits de cette malvoisie,
> C'est partager leur immortalité.

Sa nièce riait de tout son cœur de la gravité comique avec laquelle il rendait ses actions de grâce. « Mais, mon oncle, lui dit-elle, si ce n'est pas l'Académie qui vous a fait ce cadeau, voilà toutes vos belles actions de grâce perdues. — Non, ma fille, non ; que ce soit l'Académie ou toute autre qu'elle, j'aimerais mieux ne boire que de l'eau toute ma vie que de passer pour un ingrat. »

.˙. Piron avait coutume d'aller presque tous les matins au bois de Boulogne pour y rêver à son aise. Un jour il s'y égara, et n'en sortit qu'à quatre heures du soir, si las de sa promenade, qu'il fut obligé de se reposer sur un banc tenant à un des piliers de la porte. A peine est-il assis, que, de droite et de gauche, il est salué par tous les passants qui entraient et sortaient à pied, à cheval ou en voiture. Piron d'ôter son chapeau, plus ou moins bas, suivant la qualité apparente des personnes. « Oh ! oh ! disait-il en lui-même, je suis beaucoup plus connu que je ne le pensais ! Que M. de Voltaire n'est-il ici pour être témoin de la considération dont je jouis en ce moment ! lui, devant lequel je me suis presque prosterné ce matin, sans qu'il ait daigné autrement y répondre que par un léger mouvement de tête ! »

Pendant qu'il faisait ces réflexions, le monde allait et venait à la fois, tant qu'à la fin l'exercice du chapeau devint très-fatigant pour Piron : il l'ôta tout à fait, se contentant de s'incliner devant ceux qui le saluaient.

Une vieille survient qui se jette à ses genoux, les mains jointes. Piron, surpris et ne sachant pas ce qu'elle veut : « Relevez-vous, lui dit-il, bonne femme, relevez-vous ; vous me traitez en faiseur de poëme épique ou de tragédie ; vous vous trompez, je n'ai pas encore cet honneur-là ; je n'ai fait parler jusqu'à présent que des marionnettes. » Mais, la vieille restant toujours à genoux sans l'écouter, Piron croit s'apercevoir qu'elle remue les lèvres et qu'elle lui parle ; il se baisse, s'approche et prête l'oreille. Il entend en effet qu'elle marmotte quelque chose entre ses dents : c'était un *Ave* qu'elle adressait à une image de la Vierge, placée directement au-dessus du banc où Piron était assis. Alors il lève les yeux et voit que c'est à cette image que s'adressaient aussi tous les saluts qu'il avait pris pour lui. « Voilà bien les poëtes, dit Piron en s'en allant, ils croient que toute la terre les contemple ou qu'elle est à leurs pieds, quand on ne songe pas seulement s'ils existent ! »

∴ Voltaire avait quelques petits ressentiments contre Piron : il chercha à s'en venger. Ce dernier était bien reçu chez la marquise de Mimeure, où Voltaire allait assez souvent. Un jour l'auteur de la *Henriade* arrive chez la marquise d'un air triomphant et tenant à la main l'*Ode à Priape* de Piron, et que celui-ci croyait ensevelie depuis quinze ans dans l'oubli le plus profond. Dès la porte de l'appartement de la marquise, Voltaire s'écrie : « Madame, voici du neuf; il y a un peu de gravelure, mais un bon esprit comme le vôtre n'est pas à cela près. » Et de suite il se met à déclamer la première strophe, continue hardiment la lecture de la seconde, malgré l'étonnement de la marquise qui lui ordonne en vain de se taire ; il n'en fait rien ; elle se bouche les oreilles, il élève la voix davantage ; elle appelle ses gens, il en rit, poursuit jusqu'à la fin, gagne la porte, en disant à la marquise : « C'est pourtant l'ouvrage de cet innocent que vous appelez votre benêt ! »

Voltaire n'avait pas encore fait trois pas dans la rue, qu'il rencontra Piron face à face. Celui-ci, charmé de cette rencontre, lui dit qu'il venait de chez lui, pour lui porter une épître en vers marotiques sur sa convalescence. « Je la crois bonne, répondit Voltaire, car je n'ignore pas ce que vous savez faire. Je viens dans le moment même d'en entretenir la marquise, entrez-y, vous serez bien reçu. »

Piron entre en effet : à peine l'a-t-on annoncé : « Je songeais à vous faire fermer ma porte, lui dit la marquise en le voyant. — A moi, madame ! qu'ai-je donc fait qui ait pu m'attirer votre disgrâce ? — Une ode abominable, que ce fou de Voltaire, à qui je ne le pardonnerai jamais, vient d'oser me réciter tout entière. — Ah ! le traître ! s'écria Piron, frappant des mains et courant comme un furieux par la chambre. — Écoutez, reprit la marquise, d'un ton plus radouci, vous voilà pour vous justifier; vous êtes franc et naïf, peut-être cette ode n'est pas de vous. Voltaire est malin ; je croirai ce que vous m'en direz; car je me sens disposée, sur la connaissance que j'ai de vos deux caractères, à croire que ce n'est qu'une imposture. — Dites une méchanceté, madame; plût à Dieu que ce ne fût qu'une imposture ! Oui, je le voudrais pour toutes choses au monde; mais pour rien je ne voudrais vous avoir menti. Ne me disgraciez pas pour une première folie de ma jeunesse, hélas! bien criminelle; je ne l'ai que trop expiée. » En prononçant ces mots il était si pénétré, si ému, si tremblant, que la marquise en fut touchée. « Asseyez-vous là, grand nigaud, lui dit-elle ; dans le fond j'en dois plus vouloir au délateur qu'au pénitent. Il est vrai, je l'avoue, qu'à votre simplicité je ne vous aurais jamais cru capable d'un pareil écart, et il ne me fallait pas moins que votre aveu pour me désabuser. »

∵ Piron a donné plusieurs opéras-comiques qui ne répondent pas tout à fait à la réputation qu'il s'est acquise depuis; c'est ce qui lui fit dire : « J'ai fait toutes les nuits des opéras-comiques qui tombaient tous les jours »

∵ Parlant d'un journaliste qui ne passait pas pour modeste, et dont le maintien annonçait la hauteur, Piron disait : « Son visage appelle les soufflets. »

∵ Dans un voyage qu'il fit à Bruxelles pour voir J.-B. Rousseau, ils se trouvèrent un jour seuls dans la campagne: midi sonne; Rousseau se met à genoux pour dire l'*Angelus*: « Monsieur Rousseau, dit Piron, cela est inutile. Dieu seul nous voit! »

∵ Étant à la représentation des *Chimères*, opéra-comique de sa composition, il se trouve à côté d'un homme qui ne cessait de se récrier contre cette farce, en disant : « Que cela est mauvais! que cela est pitoyable ! qui est-ce qui peut faire des sottises pareilles ? — C'est moi, monsieur, lui répondit Piron, mais ne criez pas si haut, parce qu'il y a ici beaucoup d'honnêtes gens qui trouvent cela bon pour eux. »

.*. Dans un dîner chez madame de Tencin, où il était question de faire un académicien, la compagnie se trouvait partagée entre Son Éminence le cardinal, alors abbé de Bernis, et l'abbé Girard. Piron était du dîner et de la consultation. Comme il se disait consolé de tous les fauteuils possibles par une pension de cent pistoles, on lui demanda auquel des deux il donnerait sa voix : « A l'abbé Girard; c'est un bon diable... » Ayant la vue basse, il ne s'était pas aperçu que M. Bernis n'était pas loin de lui. On l'en avertit à l'oreille, et alors se tournant de son côté : « Y penseriez-vous, monsieur l'abbé, de vous mettre sur les rangs? Vous êtes trop jeune, ce me semble, pour demander les invalides. »

.*. Une dame jolie et spirituelle avait grande envie de voir Piron et de causer avec lui; on lui en procura le plaisir. La dame, instruite de la haute estime du poëte pour Montesquieu, entama la conversation par l'éloge et l'analyse de l'*Esprit des lois*. Elle soutint à merveille son texte pendant quelques minutes; mais, commençant à s'embrouiller, Piron lui dit : « Croyez-moi, madame, sauvez-vous par le temple de Gnide. »

.*. Piron trouva un matin, chez la marquise de Mimeure, M. de Voltaire, plongé jusqu'aux épaules dans un large fauteuil, les jambes écartées et les talons posés sur l'un et l'autre chenet. Il fit une légère inclination de tête à Piron, pour cinq ou six de ses révérences. Celui-ci prend un fauteuil et s'assied le plus près de la cheminée qu'il peut. L'un tire sa montre, l'autre sa tabatière; celui-ci prend les pincettes, celui-là du tabac. L'un éternue, l'autre se mouche. Voltaire enfin se met à bâiller d'une si grande force, que Piron allait en faire autant lorsque M. de Voltaire tire de sa poche une croûte de pain et la broie sous ses dents, avec un bruit si extraordinaire, qu'il étonna Piron. Celui-ci, sans perdre de temps, tire un flacon de vin et l'avale d'un trait. M. de Voltaire s'en trouva offensé et dit d'un ton sec à Piron : « J'entends, monsieur, raillerie tout comme un autre, mais votre plaisanterie, si c'en est une, est très-déplacée. — Ce n'en est pas une, répondit Piron, le pur hasard a part à tout ceci. » M. de Voltaire l'interrompit alors pour lui dire qu'il sortait d'une maladie qui lui avait laissé un besoin continuel de manger. « Mangez, monsieur, mangez, répliqua Piron, vous faites bien; et moi je sors de Bourgogne avec un besoin continuel de boire et je bois. »

.*. Un poëte apporta à Piron un gros cahier de vers et le pria de l'examiner. Quelques jours après, l'auteur de la *Métromanie* lui rendit son manuscrit. « Quoi! monsieur, point de croix? s'écria le jeune homme avec satisfaction. — Point de croix! reprit Piron : vouliez-vous donc que je prisse votre ouvrage pour un cimetière? »

.*. Un jeune homme, après la représentation du *Tartufe*, s'écriait sans fin : « Ah! mon Dieu! ah! mon Dieu! quel bonheur! quel bonheur! oh! messieurs, quel bonheur! — A qui en avez-vous donc? lui demanda un de ses voisins. — Quoi, répondit le jeune enthousiaste, vous n'avez pas vu, vous n'avez pas senti; vous ne sentez pas que, si cette pièce admirable que nous venons de voir n'était pas faite, elle ne se ferait jamais? » L'admirateur de ce chef-d'œuvre était Piron, alors commis dans un bureau.

.*. Piron disait en parlant de Corneille et de Racine : « Je voudrais être Racine et avoir été Corneille. »

.*. Il avait un faible pour sa comédie des *Fils ingrats:* il ne cessait d'en parler dans les sociétés. Il fut un jour contrarié par un homme qui mettait avec raison la *Métromanie* fort au-dessus. « Ne m'en parlez pas, s'écria le poëte avec humeur, c'est un monstre qui a dévoré tous mes autres enfants. »

∴ Passant dans le Louvre avec un de ses amis : « Tenez, voyez-vous, lui dit-il, en lui montrant l'Académie française : ils sont là quarante qui ont de l'esprit comme quatre. »

∴ Le plaisir de la conversation mêlé à celui de la bonne chère est un préparatif contre l'intempérance. Il disait à ce sujet : « Les morceaux *caquetés* se digèrent plus aisément. »

∴ Un jeune poëte, qui était fort lié avec Piron, lui avait envoyé un faisan. Le lendemain, il fut le voir, et tira de sa poche une tragédie sur laquelle il venait le consulter. « Je vois le piége, dit Piron ; remportez vite votre faisan et votre tragédie. »

∴ Un jour qu'il était chez un financier, une personne distinguée de la compagnie l'engagea à passer devant lui pour se rendre dans la salle à manger. Le maître de la maison, s'apercevant de leur cérémonial, dit à l'homme titré : « Eh ! monsieur le comte, c'est un auteur, ne faites point de façons... » Piron, qui sentait qu'on voulait l'abaisser, met aussitôt son chapeau, marche fièrement le premier en disant : « Puisque les qualités sont connues, je prends mon rang. »

∴ Un de ses amis lui disait : « Il faut prendre tous les jours quelques moments pour vous rappeler et pour écrire ce que vous avez dit de mieux dans la journée. » Piron lui répondit : « Il y a de la malice dans votre conseil, et vous ne me le donnez que pour m'humilier. »

∴ En sortant de voir une de ses tragédies qui n'avait pas été goûtée, il fit un faux pas. Quelqu'un s'empressant de le soutenir, il lui dit : « C'est ma pièce qu'il fallait soutenir, et non pas moi. »

∴ La pièce du *Fat*, donnée aux Français en 1751, tomba, parce que l'auteur n'avait pas bien saisi les nuances de ce caractère. Piron, instruit de cette chute, s'écria :

« Je m'y attendais. Jamais un homme ne se connaît assez pour se peindre au naturel. »

∴ Piron nous apprend lui-même qu'à la première représentation de *Callisthène*, en 1730, le poignard qu'on présentait à Callisthène, et dont il devait se percer le sein, se trouva en si mauvais état, qu'en passant de la main de Lisimaque dans la sienne le manche, la poignée, la garde et la lame, tout se déjoignit et se sépara, de façon que l'acteur reçut l'arme pièce à pièce, et fut obligé de tenir tous ces morceaux le mieux qu'il put, à pleine main. Il s'éleva une risée générale au fatal instant où le comédien se poignarda d'un grand coup de poing, et jeta au loin l'arme meurtrière en quatre ou cinq morceaux. « Il n'y eut que le faux moribond et moi qui ne rîmes point, dit Piron ; ce fut là le vrai coup de poignard qui tua ma pauvre *Callisthène*. »

∴ Un de ses amis vint lui annoncer la fausse nouvelle de la mort de Voltaire ; il fut témoin de l'agitation qu'elle lui causa, et le vit se lever avec vivacité de son fauteuil, s'écrier à plusieurs fois : « Ah ! le pauvre homme ! quelle perte ! c'était le plus bel esprit de la France ! » Puis il ajouta, par réflexion : « Au moins, monsieur, vous répondez de votre nouvelle ! »

∴ Piron, ayant eu à se plaindre de l'abbé Desfontaines, lui envoya l'épigramme suivante, et la première qu'il eût lâchée contre lui :

> Un écrivain fameux par cent libelles
> Croit que sa plume est la lance d'Argail ;
> Au haut du Pinde, entre les neuf pucelles,
> Il est planté comme un épouvantail.
> Que fait le bouc en si gentil bercail ?
> S'y plairait-il ? penserait-il y plaire ?...
> Non, c'est l'eunuque au milieu du sérail :
> Il n'y fait rien, et nuit à qui veut faire.

Ce qu'il y a de plus plaisant, c'est que, Piron étant allé

voir l'abbé, qu'il trouva avec deux jésuites, le journaliste, pâlissant de colère, s'écria : « Comment êtes-vous assez hardi pour vous présenter à ma vue, après l'horrible épigramme que vous avez faite contre moi ? — Horrible ! dit Piron ; comment vous les faut-il donc ? elle est pourtant fort jolie... » Ce grand sang-froid redoubla la colère de l'abbé et fit partir d'un grand éclat de rire les deux jésuites. « Point d'emportement, reprit Piron ; jurer et crier ne remédie à rien ; l'épigramme n'en est pas moins faite : mais, puisqu'elle vous fâche, dites, dans la première de vos feuilles, qu'elle a été faite il y a plus de cinquante ans, on ne sait par qui, ni contre qui, et tout sera dit là-dessus. » Ce qui choquait le plus l'abbé dans cette épigramme était ce vers :

Que fait le bouc en si gentil bercail?

« Eh bien ! lui dit Piron, qu'à cela ne tienne : au lieu d'écrire le mot *bouc* tout entier, mettez seulement le b...; le vers y sera toujours, et le lecteur y suppléera. »

.*. Un ami de Piron rencontra un jour le poëte se promenant aux Tuileries. Il fit remarquer aux personnes de sa compagnie sa haute taille, l'air vénérable de l'auteur de la *Métromanie*, et surtout le grand bâton qu'il avait en main. « Voyez Piron, dit-il en riant, ne lui trouvez-vous pas, comme moi, l'air d'un prélat ?... » Sur-le-champ, il va au-devant de lui, se met à genoux sur son passage, comme pour recevoir la bénédiction. Piron, qui n'avait pu entendre le projet de cette plaisanterie, le devine sur-le-champ ; il lève majestueusement sa canne ; et, ayant béni son ami en digne prélat : « Lève-toi, dit-il, ou je te confirme. »

.*. Il avait plaisanté assez vivement un homme qui n'entendait pas raillerie ; celui-ci se fâcha et lui demanda raison de ses sarcasmes. « A la bonne heure, » dit Piron. Les champions partent pour aller se battre hors Paris.

Piron, à demi-chemin, s'arrête (la soif le pressait) ; il entre dans le premier endroit et y boit abondamment de la bière. Son camarade, toujours marchant, s'excède de fatigue, et, tout en sueur, se retourne enfin pour voir si son adversaire le suit. Point de Piron. L'homme court de plus belle, vole à la découverte ; mais c'est inutilement. Harassé, il rentre chez lui, et meurt en deux jours d'une fluxion de poitrine. Piron en fut instruit. Quelque temps après, plusieurs personnes lui demandèrent malignement des nouvelles de son affaire : « Comment vous en êtes-vous tiré avec un tel ? lui dirent-elles. — Fort bien, répondit Piron, je l'ai enrhumé. »

.*. Un évêque de Bayonne vint un jour rendre une visite à Piron. Ce poëte lui dit avec sa gaieté ordinaire : « Monseigneur, j'ai en grande vénération les jambons de votre diocèse. »

.*. A la première représentation d'*Arlequin-Deucalion*, opéra-comique de Piron, le poëte fut complimenté par la marquise de Mimeure et la marquise de Colandre. Il allait leur répondre lorsqu'il aperçut, par-dessus la tête de ces deux dames, Voltaire élevant subitement la sienne, et qui l'apostropha ainsi : « Je me félicite, monsieur, d'être pour quelque chose dans votre chef-d'œuvre. — Vous, monsieur, lui répondit Piron, et quelle part, s'il vous plaît, pouvez-vous y avoir ? — Quelle part ! Qu'est-ce que ces deux vers que vous faites dire à votre Arlequin lorsque vous le faites tomber de dessus Pégase :

> Oui, tous ces conquérants rassemblés sur ce bord,
> Soldats sous Alexandre, et rois après sa mort[1].

— Je l'ignore, dit Piron : seraient-ils malheureusement de vous ? — Quittons le sarcasme, monsieur, interrompit M. de Voltaire en colère, et dites-moi ce que je vous ai fait pour me tourner ainsi en ridicule ? — Pas plus, ré-

---

[1] Vers d'*Artémise*, tragédie de M. de Voltaire.

pondit Piron, que Lamothe à l'auteur du *Bourbier* [1]. » A cette réplique, Voltaire baissa la tête et disparut en disant: « Je suis embourbé. »

.˙. Il envoya sa tragédie de *Gustave* à la reine de Suède, et accompagna cet envoi de vers de sa façon. Cette princesse, en répondant à son ambassadeur, écrivit ces mots, par apostille, de sa propre main: « J'ai reçu la tragédie de Gustave, et je l'ai lue avec un vrai plaisir. Témoignez-en ma satisfaction à l'auteur, et faites-lui de ma part un présent tel qu'il convient que je lui fasse. Je m'en remets à vous là-dessus. » L'ambassadeur montra la lettre à Versailles, au souper. M. le comte de Livri, qui s'intéressait à Piron, vint chercher le lendemain notre poëte pour le présenter à Son Excellence. « Notifiez, dit-il à l'auteur, le présent que vous souhaitez qu'on vous fasse. » On était en guerre dans ce temps-là, et la cour de France négociait avec la Suède pour en obtenir du secours. « M. l'ambassadeur, dit gaîment Piron, je ne demande pour tout plaisir à la reine que d'envoyer dix mille hommes au roi Stanislas. »

.˙. Piron, se trouvant en loge à l'Opéra, à côté d'une femme de la réputation la plus suspecte, et qu'il connaissait bien, ne cessait de jeter des yeux malins sur elle. Celle-ci enfin s'en impatiente et dit au poëte avec humeur: « M'avez-vous de vos yeux assez considérée? — Je vous regarde, reprit gaîment Piron, mais je ne vous considère pas. »

.˙. A l'occasion de la pastorale des *Courses de Tempé* et de la comédie de l'*Amant mystérieux*, qui virent le jour en même temps, avec un succès bien différent, il dit à ses amis: « Le public m'a baisé sur une joue, et m'a donné un bon soufflet sur l'autre. »

.˙. Au sortir de la répétition de la *Métromanie*, suivant son usage, il entra au café de Procope, superbement vêtu.

---

[1] Pièce satirique de M. de Voltaire contre Lamothe.

Tout le monde l'entoura et lui fit compliment. L'abbé Desfontaines était présent; il voulut plaisanter Piron, et, soulevant, avec une curiosité affectée et une feinte admiration, la basque de l'habit, pour en mieux faire remarquer la richesse : « Quel habit, s'écria-t-il, pour un tel homme ! » Piron, soulevant aussitôt le rabat de l'abbé, repartit sur-le-champ : « Et quel homme pour un tel habit ! »

∴ Les comédiens pressaient vivement Piron de faire des corrections à sa tragédie de *Fernand Cortez* et lui citaient l'exemple de Voltaire qui corrigeait et refondait même quelquefois jusqu'à des actes entiers. « Parbleu, messieurs, je le crois bien, dit-il, il travaille en marqueterie, et moi je jette en bronze. »

∴ Piron, dans un accès de mauvaise humeur contre Voltaire, dont il avait à se plaindre, lâcha contre lui l'épigramme suivante. Sa propre vieillesse (car il était alors âgé de 80 ans) l'autorisait à plaisanter sur celle de son rival.

> Sur l'auteur dont l'épiderme
> Est collé tout près des os,
> La mort tarde à frapper ferme,
> De peur d'ébrécher sa faux.
> Lorsqu'il aura les yeux clos,
> (Car si faut-il qu'il y vienne),
> Adieu renom, bruit et los,
> Le temps jouera de la sienne.

∴ Un jeune homme vient lire à notre poëte une tragédie qui allait bientôt être jouée. A chaque vers pillé, Piron ôtait son bonnet et continuait ce manége à tout moment. L'auteur de la pièce, étonné de ce geste perpétuel, lui en demanda la raison : « C'est, dit l'auteur de la *Métromanie*, que j'ai pour habitude de saluer les gens de ma connaissance. »

∴ Il disputait un jour vivement avec un grand seigneur; après quelques paroles trop piquantes de part et d'autre, le poëte dit au grand, qui se fâchait tout de bon :

« Finissons, monsieur, la partie n'est pas égale ; je ne suis qu'un insolent, et vous êtes brutal. »

.⋅. Il avait une nièce chez lui, qui s'était mariée à son insu avec Capron, fameux violon ; quoique cet hymen fût fait depuis longtemps, elle s'imaginait que Piron l'ignorait absolument. Il disait de temps en temps : « J'en rirai bien après ma mort, Nanette a le paquet. » Elle était en effet nantie d'un testament dans lequel il dit : « Je laisse à Nanette, femme de Capron, musicien, etc., » ce qui prouve qu'il n'ignorait pas la supercherie et qu'il avait eu la générosité de ne rien diminuer de ses sentiments pour sa nièce.

.⋅. Il a souvent donné du chagrin à l'auteur de la *Henriade* par ses bons mots. Après la première représentation de *Zulime*, qui ne vaut pas mieux aujourd'hui qu'alors, Voltaire rencontra Piron et lui demanda ce qu'il pensait de cette pièce : « Je pense, monsieur, lui répliqua-t-il, que vous voudriez bien que je l'eusse faite. — Je vous aime assez pour cela, » répondit Voltaire.

.⋅. L'ingénuité maligne de Piron fut en partie la cause qui l'exclut de l'Académie française : « Je ne pourrais, disait-il, faire penser trente-neuf personnes comme moi, et je pourrais encore moins penser comme trente-neuf. »

.⋅. Un auteur médiocre lui disait qu'il voudrait bien faire un ouvrage où personne n'eût travaillé et ne travaillât jamais : « Vous n'avez, lui repartit le poëte, qu'à faire votre éloge. »

.⋅. Piron, aveugle sur ses vieux jours, se promenait un jour aux Tuileries, accompagné de sa nièce, son guide et son soutien. A peine Piron eut-il fait quelques pas, que tous les yeux se fixèrent sur lui ; chacun riait, et la pauvre nièce se trouvait honteuse, embarrassée ; elle s'aperçut bientôt d'un certain désordre dans la toilette de son cher oncle. « Mon oncle, tout le monde nous regarde... cachez... votre histoire. — Ah ! mon enfant, reprit Piron, il y a longtemps que cette *histoire*-là n'est qu'une *fable*. »

DERNIÈRE ÉPIGRAMME DE PIRON

J'achève ici bas ma route ;
C'était un vrai casse-cou ;
J'y vis clair, je n'y vis goutte ;
J'y fus sage, j'y fus fou.
Pas à pas j'arrive au trou
Que n'échappent fou ni sage,
Pour aller je ne sais où.
Adieu Piron, bon voyage.

ÉPITAPHE DE PIRON

FAITE PAR LUI-MÊME.

Ci-gît... Qui ? Quoi ? Ma foi, personne, rien.
Un, qui vivant, ne fut valet ni maître :
Juge, artisan, marchand, praticien,
Homme des champs, soldat, robin ni prêtre :
Marguillier, même académicien,
Ni frimaçon. Il ne voulut rien être,
Et vécut nul : en quoi certe il fit bien :
Car, après tout, bien fou qui se propose,
Venu de rien et revenant à rien,
D'être en passant ici-bas quelque chose !

POUR LE SOULAGEMENT DES MÉMOIRES, ET POUR LE MIEUX, PIRON CRUT DEVOIR
RÉDUIRE CETTE ÉPITAPHE A DEUX VERS.

Ci-gît Piron, qui ne fut rien,
Pas même Académicien.

FIN

TABLE

NOTICE SUR PIRON.	I
LA MÉTROMANIE.	1
ARLEQUIN-DEUCALION.	143
ÉPITRES.	175
ODES.	201
SALON.	205
CONTES.	214
FABLES.	247
ALLÉGORIE.	251
POÉSIES DIVERSES.	255
CANTATES.	268
ROMANCES.	273
CHANSONS.	280
ÉPITAPHES.	285
ÉPIGRAMMES.	287
ESPRIT DE PIRON.	295

PARIS. — IMPRIMERIE SIMON RAÇON ET COMP., RUE D'ERFURTH, 1.

www.ingramcontent.com/pod-product-compliance
Lightning Source LLC
Chambersburg PA
CBHW051827230426
43671CB00008B/864